書畫名家年譜大系

陳淳年譜

朱愛娣 編著

上海書畫出版社

陳淳像，清葉衍蘭繪製。

序

黄　惇

陳淳(1484—1544)是明代吴門書派、畫派中堅。因畫史上“白陽、青藤”并稱，歷來學者大都關注他在畫史上的地位，研究其寫意花鳥與山水畫的突出貢獻，而其書法成就往往被忽略。他是文徵明弟子，卻遠離其風格而不爲所囿；他因病去世於文徵明前，故當其同輩文彭、文嘉、王穀祥等人活躍的時代，他又成了缺席者。他在行草、篆書上的豪放浪漫和金石趣味，在花鳥、山水上的水墨運用和寫意手法，以及書畫融合所形成的鮮明風格，完全脱去了蘇州人的甜糯習氣，在明代書畫史上可謂突破前人而獨樹一幟，并對後世産生了積極影響。沈、祝、文之後，陳淳是又一高峰，他的同代人無法與之匹敵。正如此，陳淳不可忽視，然關於他的研究在晚近的研究中卻實在未得到應有的地位，自然未有一本他的年譜問世。

十幾年前，學棣朱愛娣因愛好書法，渴望求學，讀了我的碩士研究生，并共同擬定《陳淳書法研究》課題。作爲基礎研究，《陳淳年譜》的編撰從那時候便開始了。我還清楚地記得，畢業答辯時，其論文附録有厚厚的一疊《年譜》。不久，她的碩士論文部分發表在《書法研究》上。而《年譜》仍有開拓的空間，則成爲她畢業之後的全部學術追求。於是奔走於全國各大圖書館、博物館，傾心收集文獻史料，擴展到陳淳詩文書畫等方方面面。可是，越深入進展越漸緩慢。問其由，她説起先快是因爲易，後來慢是因爲難，具體有四：收集書畫信息易，考訂人物行實難；獲得展轉記載易，掌握原始資料難；人云亦云易，發現問題難；模仿他人易，獨闢蹊徑難。然而她不畏難，在寂寞的道路上默默耕耘，讓人敬佩。

今《年譜》即將付梓，讀此，深感她多年來積累之富，考證之勤，發現問題之多，逐條落實之穩。究其特色，大約可歸結以下幾點。

一、填補史傳闕略

作爲首部對陳淳資料進行全面整理的專著，解決了其生平中若干重大問題，如何時讀書習畫？何時從文徵明遊和與其發生矛盾而走上書畫變革道路？何時選補諸生、進入國學和卒業歸隱？何時因何人擢拔而書畫名聲大震？何時患肺病直至逝世等等，還糾正了歷史文獻和當代成果中的諸多錯誤，填補了史傳闕略，有助於陳淳和吴門書派、畫派，乃至明代書畫史研究的深入。

二、突破前人體例

在體例上，她採用了《傳略》與《年譜》互補法，從綜合與具體兩個不同角度介紹陳淳及其親屬的行事。凡譜中陳淳及其親屬重要交遊者，於首次和再次繫入時，簡述其生平和身份變更。所涉地名和名勝，也予以簡介。附録基礎資料和相關索引。具有實證價值和方便學者使用。

三、引證資料豐富

引證資料凡數百餘種，有衆多資料屬首次披露，包括冷僻文獻。如容易被忽略的《鄉鎮志》，往往記載了大量府縣志無法容納的鄉賢。陳淳世代居長洲縣甫里鎮大姚村，其中晚年也隱居於此，家人、親友很多都是當地的鄉賢，他們的志傳表在一般文集、文編中已難尋到，但事跡卻録入《（康熙）吴郡甫里志》中，还有其交遊詩。《（道光）滸墅關志》、費善慶《垂虹識小録》等，也載其親友的消息。此外，《進士登科録》同樣存其親友的資料。這些鮮見文獻的開掘與運用，解決了許多疑難問題，彌足珍貴。

四、忠於歷史事實

對古代文獻和當代成果，不迷信盲從，而是追根溯源，以事實説話。下面僅以對待一篇史料來瞭解一下她的嚴謹學風。

《陳白陽集》附録張寰《白陽先生墓志銘》，歷來被視爲研究陳淳的重要史料，然介紹的事跡卻很籠統，將之繫年，必須釋疑。

1. 對文中所云“先墓在白陽山，故以爲號”這件事，她從陳淳書畫署款和用印入手，知其號“白陽山人”。再查地方志得悉，蘇州無白陽山，衹有小白陽山，一名伏龍山，屬吴縣。而陳淳晚年也常用“小白陽山”朱文長印。又從文徵明爲其父陳鑰所作《墓志銘》中知曉，陳鑰卒之明年即正德十二年(1517)二月二十五日葬吴縣塘灣伏龍山之新阡。由是肯定，其因紀念父葬小白陽山而號白陽山人，時間應在此後不久。糾正了當今學者認爲其號是因“長年隱居活動之陽山地區”和“附近另有白豸山”而來的錯誤。

2. 文中説：“免（父）喪……未幾，援例北遊太學。”自清永瑢等撰《四庫全書總目》卷一百七十八《白陽集》提要，直至當今學者，無一不謂陳淳是援貢生例而爲國子生。但她没有輕信，而在《明武宗實録》卷一百七十二中發現，其是正德十四年(1519)三月十四日以已故祖父南京左副都御史陳璚捕海賊功援例蔭爲國子生,從而糾正了這個幾乎成爲定論的錯誤。

3. 此文談到,陳淳國學卒業,大學士楊廷和、吏部尚書陸完欲薦留秘閣,其婉言辭歸。就此,她一方面理清楊廷和、陸完與陳淳的關係,指出陸完是陳淳祖父陳璚的同鄉僚友,又是其夫人張氏表叔和姑父姊妹夫,这也是他欲薦其留秘閣的内在原因。楊廷和爲首輔大學士兼吏部尚書,是陸完的上司和同僚,也是陸完得到重用步入仕途快車道的舉薦人。所以他是因陸完而贊助薦陳淳留秘閣者,并非直接關係人。另一方面求證楊廷和、陸完欲薦陳淳留秘閣的時間。在對陳淳國學卒業時間的考察中,知其卒業於嘉靖二年(1523)春。而陸完已於正德十五年(1520)十一月六日以交通朱宸濠罪被捕,次年充軍。於是根據陸、楊倆人與陳淳的親疏關係和欲薦留秘閣的主次,斷定此事是在陸完被捕前,不在陳淳卒業時。

4. 此文曰,陳淳國學卒業後,隱居五湖田舍。她首先從陳仁錫《家乘・居第考記》中獲悉,五湖田舍是其大姚别業齋號。再梳理陳淳書畫款識,確定其嘉靖四年(1525)正月開始題署。又結合其他資料,得知其祖父陳璚喜好收藏與故里相關的書畫。而宋代米友仁妹嫁大姚,故常來探望,留下了許多書畫作品。陳璚曾從友人手中獲得兩件,有一件即紹興八年(1138)作《行書三詩卷》,署"書於大姚五湖田舍"。所以陳淳自幼得觀米友仁書畫,知其稱探妹所居之處爲五湖田舍。而他以此作自家别業齋號,正處於书画變革中,并自此一直鑽研其書畫,形成自我風格。故斷言這是表達對米友仁的仰慕和以其爲楷模的决心。

5. 此文謂,陳淳因巡撫都御史陳公知其精於篆法,開館,禮聘俾書《五經・周禮》,鏤板置學,而名益大震。她通過大量資料,層層論證,最終鎖定使之名益大震的"巡撫都御史陳公",就是嘉靖四年(1525)六月二十五日至六年(1527)三月二十五日任右都御史巡撫應天等府陳鳳梧。并收録多件陳淳篆書引首、題跋、題款,以及王世貞、王穉登、詹景鳳的評論,證明其"精於篆法"的事實,揭示其在明代書法史上的貢獻。

類似上述例子舉不勝舉。據粗略統計,經考證落實的問題約一百多個,糾正古代文獻和當代成果中的錯誤約一百多個。

五、突出譜主身份

有效突出了陳淳詩書畫家的身份特徵,詳細記述了他的藝術活動,對創作成果的著録尤爲獨到。陳淳創作内容廣泛,形式多樣,既有書作、畫作和書畫合璧,也有爲他人書畫題跋,且卷、軸、扇、册俱全。而今幸存者,大多散落在國内外各大博物館,少量私人收藏。欲以寓目,主要借助於出版的各種書畫圖録。還有一部分，歷經滄桑，已經散失，但通過歷代書畫著録，仍能瞭解它們的概貌。

可現實情況比較複雜，如有些圖録部分作品衹影印局部，或目録記載而不附圖；有些著録過於簡略，釋文舛錯，也不鮮見；有些作品在流傳中發生了變化——缺損、分割、改裝、補款、加印等等，導致不同圖録，不同著録，圖録與著録有别。

爲了盡量完整地呈現原貌，防止錯誤，她堅持以圖録爲主，著録爲輔，兩者互參的原則，考察内容歸屬、創作地點、贈予對象、變化情況、作品真僞等等。現收入陳淳書畫作品二百五十餘件，判疑似僞作十六件，同時還配備了部分作品圖片，體現了藝術家年譜的特色。

年譜在史學界、文學界早已與論文同等看待。從收集文獻史料到排比考辨，從去僞存真到探賾索隱，所涉文獻之廣、知識之博，對撰寫者來説都是一種專門的訓練、長期的積累。從這一意義上看，現在應該提倡藝術史碩博士們去下這樣的功夫，以奠定堅實的學術基礎。年譜屬於微觀研究，但是正因爲有這樣的微觀研究，纔可能在宏觀發聲時不説錯話。

昔賢有詩云："寧將鐵硯磨穿底，不讓浮雲上筆端。"如今能有磨穿硯底之精神，不受浮虚學風影響者，實在太少。朱愛娣这十幾年，能一點一滴、樂此不疲地專注學術，堅守自己的理想，是人生有意義的追求。爲此，提筆寫下這篇序言，相信她今後的學術道路會越來越寬廣。

2016年冬於金陵

自　序

陳淳(1484—1544),字道復,後以字行,别字復甫,號白陽山人,生長在蘇州府長洲縣(今江蘇蘇州市)大姚村的一個著族之家。自幼受到良好的家庭教育。約十六歲遵父蘇州府陰陽正術陳鑰命從文徵明遊,稱入室弟子。二十六歲補諸生。三十六歲因已故祖父南京左副都御史陳璚捕海賊功蔭爲國子生,居四年,歸隱田里。六十一歲逝世。爲明中葉吴門書派、畫派鼎盛期的代表人物。其書法各體皆善,尤以行草、篆書卓著,與祝允明、文徵明、王寵并稱"吴中四名家"。繪畫工山水、花鳥,特别是寫意花卉,被董其昌推爲"當代第一名手",王鐸亦喻其爲"書家羲之也"。詩詞緣情而發,天真爛熳,自出機杼。故編撰其年譜,不僅對他本人的研究,而且對吴門書派、畫派,乃至明代書畫史的研究,都有重要意義。

年譜是以編年體記載個人生平事跡的著作,通常依據三方面資料:譜主傳世的編年體詩文集和其他著作,時人撰寫的傳記,後人編著的《年譜》。就陳淳而言,三者均有困難。

其一,陳淳生前雖有《白陽集》稿本,然因家業衰落,未能付梓以傳。現可見的《陳白陽集》,是明萬曆四十三年(1615)陳仁錫閲帆堂刻陳、沈兩先生稿本,僅北京大學等少數圖書館有藏,後被收入齊魯書社 1997 年版《四庫全書存目叢書》集部 146 册,得以通行。可是這個版本并非原集,而是其從玄孫陳仁錫在此基礎上,旁搜博採,纖悉網羅,重編而成。凡十卷,詩詞八卷,題畫聯一卷,雜述一卷。附録一卷。詩詞以文體編次,非編年體,經過考證可知創作時間者鮮少,大多無法查尋。

其二,時人撰寫的傳記,有陳淳門生周光所作《行狀》、友人張寰所作《墓志銘》和從玄孫陳仁錫所作《小記》,然前者已經散失,後兩者亦不詳盡。更多的資料衹能散見於相關人員的文集、筆記和各種書畫圖録、著録等。

其三,此前學界關於陳淳研究基本是繪畫。如陳葆真女士的《陳淳研究》,爲開山之篇。蕭平先生的《陳淳》、單國霖先生的《陳淳精品畫集》序《墨中飛將軍,花卉豪一世——陳淳花鳥藝術性格論》,亦頗具心得。而各自所附《陳淳書畫編年表》，内容簡略，大同小異。

基於上述背景，筆者曾在南京藝術學院攻讀碩士階段，開始研究其書法，并於 2002 年完成了畢業論文《陳淳書法研究》，在翌年第 4 期《書法研究》上發表。與此同時，爲了支持這一課題的順利開展，編著了《陳淳年譜》，雖解决了一些問題，然限於時間倉促，學力不足，未能深入。所以畢業後，繼續收集歷史文獻中與其相關資料，進行整理、比較、分析和考證，發現問題，糾正錯誤，進一步理清了其家世淵源、生活狀况、師友交遊、藝術活動、思想意識等方面的發展軌跡，使之有了現在的規模。於體例功能、内容構成、資料採用和圖文互參上，亦作了一定探索。

一、體例功能。本譜結合前人經驗，採用了《傳略》與《年譜》互補法，介紹陳淳及其親屬的行事。在《年譜》中，對陳淳及其親屬重要交遊者，於首次和之後出現時，簡述其生平和身份變更。而地名和名勝，亦予簡介。附録基础資料和相關索引。提高服務功能和文獻價值。

二、内容構成。本譜内容由陳淳家庭影響和自身發展構成。家庭影響以父族爲主，尤其是他的祖父陳璚、父親陳鑰的仕途和交遊，兼及母族和妻族，主要分布在《傳略》和《年譜》三十四歲前。自身發展以藝術活動爲主，着重創作和交遊，主要分布在《傳略》和《年譜》十九歲後。

三、資料採用。本譜根據陳淳書畫家的身份，重點採集了其創作成果和有關人物行實。經過甄别校勘，遴選符合需要而内容翔實、錯誤較少的資料，加以運用。現採用資料所涉圖書凡三百三十餘種，拍賣和私家所藏作品若干種。通過它們，解决了大量存疑已久的問題。

四、圖文互参。由於史實的複雜性，有很多問題，除文字説明外，再配備相關圖片，會更加明晰。爲此本譜選用了九十八張圖片，輔助文字，呈現史實和陳淳不同時期的書畫成果。

因見聞未廣，學識淺薄，引證推論，難免有誤，懇請方家不吝賜教，以備他日修訂。

2015 年 8 月 28 日於廬州

凡　例

一、本譜採用《傳略》和《年譜》互補法，介紹譜主行事及其親屬部分行事。

二、本譜以農曆紀年。每年以皇帝年號、干支（公曆）、譜主年齡爲標目。首置譜主行事及其親屬部分行事，以月日冠之；次置同時代重要人物生卒，以“是年”冠之；再置時事，亦以“是年”冠之。凡行事有年、有季而無月日者，有月而無日者，置當年、當季、當月末。凡月日者，皆以今稱。譜文下附基础資料，凡需考辨、説明者，附按語於後。

三、本譜中凡譜主及其親屬重要交遊者，於首次和之後出現時，簡介其生平和身份變更。無考者，予以説明。凡生平資料，將名字號、籍貫置前，行跡置後，内容從略。若生卒在農曆十一月或十二月而公曆跨年者，以公曆表示時，直接跨年，不再説明。

四、本譜中凡地名和名勝者，於首次出現時簡介，之後則略。

五、歷代書畫圖録、著録中有關譜主書畫甚多，然有些作品在不同圖録或不同著録或圖録與著録中有異，故本譜根據需要引用一種或多種資料，以便參證。凡後人題跋重要者，亦予録入，以反映譜主的貢獻和影響。凡疑似僞作者，附當年末，以【是年僞作】冠之，供於參考。

六、本譜資料以譜主同時代爲主，稍後時代爲輔。凡古文獻者，文字多依舊；原注，以〔〕表示；夾注，以（）表示；字詞多少删補和錯誤修正，以[]表示。

七、本譜時事本《明實録》《明史》有關條目，除政治大事外，着重轉引與蘇州及周邊地區相關事件，不再注明出處。

八、本譜末附《主要引用書目》《人名字號齋號索引》《地名名勝索引》，以及《（乾隆）蘇州府志》載《蘇州府城圖》《吴縣疆域圖》《長洲元和二縣疆域圖》，以便翻檢。

目　録

陳氏世系簡表

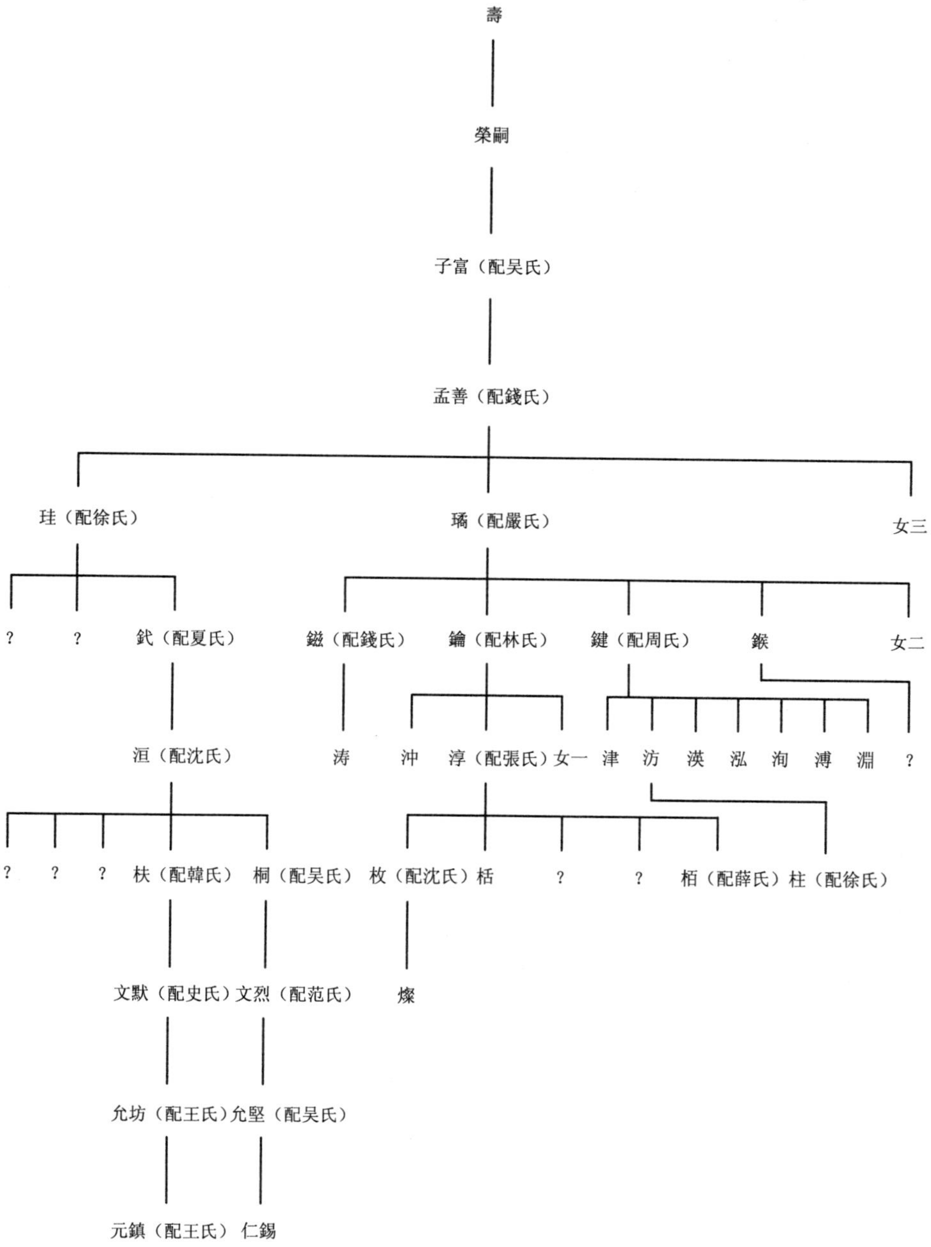

按：陳珪有子名銓，不知是長子還是仲子；陳淳有子名樹，不知是三子還是四子，故未列入表中。凡不詳者，略。

傳　略

陳淳(1484—1544),字道復。後以字行,别字復甫。因父陳鑰葬小白陽山,而號白陽山人。蘇州府長洲縣(今江蘇蘇州市)大姚村人。自幼讀書習畫。約弘治十二年(1499)遵父本府陰陽正術陳鑰命從文徵明遊,稱入室弟子。正德四年(1509)補邑庠生。十四年(1519)由已故祖父南京左副都御史陳璚捕海賊功蔭爲國子生,卒業歸。晚樂真率,以齊彭殤,同物我,忘得喪,益事曠達。爲高逸絶塵之士。張寰云:"君有雲林之飄灑而無其癖,同石田之高潔而通於和,真所謂'遠性風疏,逸情雲上'者耶!"其詩詞書畫,自成一家。詩詞有《陳白陽集》。書法各體皆善,尤以行草、篆書卓著,與祝允明、文徵明、王寵并稱"吴中四名家"。繪畫工山水、花鳥,特别是寫生花卉,被推爲"當代第一名手"和喻爲"書家羲之也"。

陳淳《陳白陽集》附録張寰《白陽先生墓志銘》:"吴中有高逸絶塵之士,以文學才藝爲時欽,聲光殷殷聞於海内者,曰白陽先生陳君,諱淳,字道復。後以字行,别字復甫。蘇郡長洲之大姚村人也。祖諱璚,南京都察院左副都御史。考諱鑰,爲郡陰陽正術。母林氏,浙江左布政使加右副都御史致仕符之女。君膺内外之懿,挺明秀之質,望之若瑶笋琪樹,鸞翔鳳舉,使人心醉,既爲父祖所鍾愛。時太史衡山文公有重望,遣從之遊,涵揉磨琢,器業日進,凡經學、古文、詞章、書法、篆籀、畫詩,咸臻其妙,稱入室弟子。選補邑庠生。……援例北遊太學……卒業……辭歸。……晚樂真率,以齊彭殤,同物我,忘得喪,益事曠達,其高致如此。善乎!周君光之論君曰:'其質美,故多能於藝;其見確,故克踐於言;其志曠,故不爲時束;其心諒,故爲物所親。斯學士之通裁,逸民之高軌也!'予與君有世雅,亦嘗僭評之曰:'君有雲林之飄灑而無其癖,同石田之高潔而通於和,豈真所謂"遠性風疏,逸情雲上"者耶!'久之,懷義興山水幽奇,冬日往遊,感疾不治,卒於家,嘉靖二十三年十月二十一日也。距其生成化二十年六月二十八日,春秋六十有二。先墓在白陽山,故以爲號,而當世亦稱之。有詩文若干卷,亦曰《白陽集》。"

《明武宗實録》卷一百七十二:"正德十四年三月……丁未(十四日)……蔭故

南京左副都御史陳璚孫貴[淳]爲國子生。璚未滿考例，不得蔭。援捕海賊功，特蔭之。"

陳淳《陳白陽集》錢允治《陳白陽先生集序》："白陽先生天才駿逸，援筆立就，調古辭暢，語玄意幽，機軸自别。"

又陳詩雅《陳白陽先生集後序》："白陽先生詩韵大有風致，宛似靖節先生，與刻意繪琢者迥異。"

又傅汝霖《陳白陽先生集叙》："嘗謂先生畫山水如大小米，而骨氣過之；花卉如董馬，而生色過之。書法淵源羲獻，而出入顛旭醉素之間，更峭拔遒勁，别創法門。其形之篇什，則冲夷閑雅，横溢飛動，本諸高寸絶學而和以天倪。以故獨暢玄情，兼饒逸響，有青蓮之豪邁，無少陵之悲惋；具王孟之恬曠，祛郊島之酸寒。"

王世貞《弇州四部稿》卷一百三十二《茂苑菁華卷》："吴中希哲、徵仲、履吉、道復稱四名家。"

又卷一百五十四《藝苑卮言附録三》："三君子下有陳淳道復，以字行。正書初從文氏，欲取風韻，遂成媚側。行書出楊凝式、林藻，老筆縱横可賞而結構多疏，亦南路之濫觴也。""陳道復作篆不甚經心而自有天趣。"

詹景鳳《詹氏理性小辨》卷四十《畫旨下》："陳惇[淳]小篆……可觀……瀟洒而勁。"

王穉登《國朝吴郡丹青志・逸品志・兩陳君》："陳太學名淳，字道復。後名道復，更字復甫。天才秀發，下筆超逸。畫山水師米南宫、王叔明、黄子久，不爲效顰學步，而蕭散閑逸之趣，宛然在目。尤妙寫生，一花半葉，淡墨欹豪而疏斜歷亂，偏其反而咄咄逼真，傾動群類。若夫翠辨紅尋，葩分蕊析，此俗工之下技，非可以語高流之逸足也。出其餘，作草篆，幽勝可觀。"

金瑗《十百齋書畫録》寅集《陳道復墨花卷》。後董其昌跋："白陽陳先生深得寫生之趣，當代第一名手不虚也！"

曹鎮《石鼓硯齋所藏書畫録》卷一《陳淳百花圖卷》。後王鐸跋："道復花卉即書家羲之也，吾見道復還敷當推此盟主，近代名手皆在坫壇之下……"

姜紹書《無聲詩史》卷三《陳淳》："陳淳……工詞翰。少年作畫，以元人爲法。中歲斟酌大小米、高房山間，淡墨淋漓，極高遠之致。花鳥樹石，生動有韻。更善草書。"

按：一、自張寰《白陽先生墓志銘》於嘉靖二十五年(1546)左右問世以來，陳淳生卒年和年齡有五種説法。就此，筆者曾於2015年第7期《榮寶齋》發表了《淺議陳淳生卒年和年齡》一文，對它們的産生、正誤以及流傳過程進行了考辨，指出：其一，陳淳"生於成化二十年甲辰(1484)，卒於嘉靖二十三年甲辰(1544)，年六十二”，是該文將“六十一”誤作“六十二”，以致生卒年和年齡不合，不便採信。其二，陳淳“生於成化十九年癸卯(1483)，卒於嘉靖二十三年甲辰(1544)，年六十二”，是以該文載卒年、年齡推出生年，然無理由，難以採信。其三，陳淳“生於成化二十年甲辰(1484)，卒於嘉靖二十三年甲辰(1544)，年六十一”，是以該文載生卒年，將“六十二”修正爲“六十一”，與實際相符，應當採信。其四，陳淳“卒年六十二”，是以該文誤作年齡，而使生卒年具不確定性，應當擯棄。其五，陳淳“生於成化十八年壬寅(1482)，卒於嘉靖十八年己亥(1539)，年五十八”，是誤將該文載其夫人張氏生卒年和年齡冠之，亦當擯棄。

二、陳淳於書畫上自署“白陽山人”，亦用“白陽山人”白文和朱文印。而張寰所言“先墓”即其父鑰墓，“白陽山”即小白陽山，又曰伏龍山。參見第126頁譜文。

三、《陳白陽集》雜述《題大覺寺疏引》云：“予幼時常讀書其間，常住竹林中，蓋吾祖都御史成齋府君暨吾伯父昆弟遊詠之處。”七言絶《夢水仙》序曰：“十月廿四夜，分明夢見一人，美容姿，飄飄仙裾，坐余書‘東舍’；一人同坐。余至則起，禮余四拜，初拜無語，次三、四拜且語且拜云：‘余别你門，穿江蹈海’，有嗚咽之狀；同坐者坐自若也。既醒，繹其詞旨，得：非水仙耶！豈余自幼愛畫此花乃致然耶！……”文物出版社《中國古代書畫圖目》十四《明陳道復牡丹繡球圖軸》款識稱：“余自幼好寫生，往往求爲設色之致，但恨不得古人三昧，徒煩筆研，殊索興趣。”郁逢慶《書畫題跋記》卷十一《陳白陽仿米氏雲山卷》後彭年跋云：“昔米南宫女嫁吴中大□(姚)村某氏，故敷文每過吴必往視妹，嘗作《雲山卷》留其家。越四百年，而先達中丞陳公大姚人也，乃於京得之，甚以爲奇。……白陽先生即中丞之孫，幻[幼]而篤好，日就臨拓，領其真趣逸思，故所作多煙巒雲樹、約略點染而已。”鑒此，陳淳自幼讀書習畫。

商務印書館《明賢墨跡》一《文徵明〈西齋獨坐，有懷道復茂才，輒寄短句〉》云：“不見元龍費我思，十年相長敢稱師”，此詩作於正德四年己巳(1509)五月二十二日，因而陳淳遵父鑰命從文徵明遊在弘治十二年己未(1499)。“茂才”即庠生，是文徵明首次於詩文中作此稱，故陳淳爲邑庠生在正德四年己巳(1509)五月二十二日前不久。

四、陳淳《白陽集》在世時已有稿本，然因家業頽落，未能刻版以傳。後從玄孫陳仁錫爲纂承家學，以原本爲基礎，旁搜博採，纖悉網羅，重編而成，名曰《陳白陽集》。凡十卷，詩詞八卷，題畫聯一卷，雜述一卷。附録一卷。於萬曆四十三年乙卯(1615)刊行。(圖1)

五、文物出版社《中國古代書畫圖目》三《明陳道復採蓮圖卷》前有其隸書引首“若邪溪”，可見其亦擅隸書。(圖2)

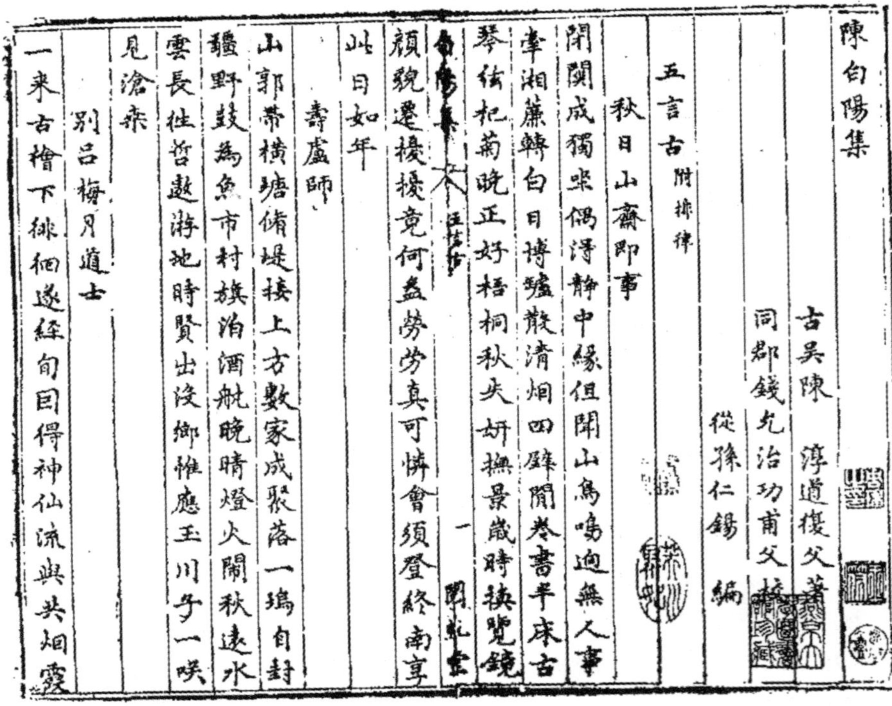

陳白陽集

古吳陳　淳道復父著

同郡錢允治功甫父校

從孫仁錫　編

五言古 附排律

秋日山齋即事

閉關成獨坐偶得靜中緣但聞山鳥鳴逈無人事牽湘簾轉白日博鑪散清烟四壁閒卷書半床古琴絃杷菊晚正好梧桐秋失妍撫景歲時換覽鏡顏貌遷擾擾竟何益勞勞真可憐會須登終南享此日如年

壽盧師

山郭帶橫塘脩堤接上古數家成聚落一塢自封疆野鼓爲魚市村旗泊酒舡晚晴燈火鬧秋遠水雲長徃哲遨游地時賢出沒鄉惟應玉川子一咲見滄桑

別呂梅月道士

一來古檜下徘徊遂經旬回得神仙流與共烟霞

圖 1　陳淳《陳白陽集》五言古首頁

圖 2　陳淳《採蓮圖卷》引首“若邪溪”

自始祖陳壽南渡,徙居長洲縣大姚村,遂爲村著族。

陳仁錫《無夢園初集》駐集四《家乘·始祖至高曾祖父小記》:"自南渡十一世祖諱壽來陳湖,陳湖有村曰大姚,始居之。村以吾宗著。"

按:大姚村又曰姚城,在長洲縣東南三十餘里的陳湖西。

陳仁錫(1579—1634),字明卿,號芝臺。天啓二年(1622)進士第三,授翰林編修。明年,丁内艱。服闋,起故官。尋直經筵,典誥敕。因忤逆璫魏忠賢,削籍歸。崇禎改元,召復故官。旋擢右中允,署國子司業事,再直經筵。以預修神、光二朝《實録》,進右諭德,乞假歸。越三年,即家起南京國子祭酒。甫拜命,得疾卒。福王時,贈詹事,謚文莊。(《明史》卷二百八十八《列傳·文苑四》等)

始祖陳壽(生卒不詳)。二世祖陳榮嗣(生卒不詳)。高祖陳子富(生卒不詳),贈通議大夫、南京都察院左副都御史。高祖母吴氏(生卒不詳),贈淑人。曾祖陳孟善(1403—1469),終身事農,以勤苦、醇慤、長厚、高潔、孝敬稱於鄉。贈通議大夫、南京都察院左副都御史。曾祖母錢氏(1403—1495),能紡織。贈淑人。庶曾祖母吉氏(生卒不詳),贈淑人。

陳仁錫《無夢園初集》駐集四《家乘·始祖至高曾祖父小記》:"始祖壽生榮嗣,榮嗣生子富,子富生孟善。……以子成齋公璚貴,贈都御史,賜封三世。"

王鏊《震澤集》卷二十八《通議大夫南京都察院左副都御史陳公墓志銘》:"公諱璚,字玉汝,世家長洲之陳湖。大父諱子富,考諱孟善,皆贈通議大夫、南京都察院左副都御史。祖妣吴氏,母錢氏,累贈淑人。"

吴寬《家藏集》卷六十五《陳處士墓志銘》:"處士(孟善)之父某贅於邑大姓吾氏。國初,吾既遠徙,而陳亦衰落。處士極力田畝間,以贍其家。其妻錢氏,躬紡織,以助之。兩税既充,至身之衣食有不暇顧。蓋其勤苦有如此者。久之,家乃裕。所買田宅予人,直寧厚里之。無行者以處士仁而可欺也,取其田欲更售之。處士再予之,直不校。他售田者以處士真可欺也,輒欲更售。處士輒再予之,既而里人亦感愧。蓋其醇慤有如此者。遭歲,惡富室貸民粟,取息倍他日。處士……卒少取。之後,人負其粟至八百餘斛……皆爲之折券。蓋其長厚有如此者。郡有納粟補官之例,所司以處士名上,處士不欲。部使者固强之,處士亦固辭之……其後郡邑俾董區賦,處士辭之不獲,則使其子珪代之。蓋其高潔有如此者。處士年既老,母氏尚無恙,依依其旁若孺子。然每旦問安否莫,必設酒肴於中堂,使子孫以次奉觴,歡呼歌嘯,以極其樂。及親以天年終,居喪盡禮,不以老故廢。蓋其孝敬有如此者。……處士生於癸未十一月之哉生魄,没於己丑閏二月之旁死魄。子男二:長即珪,次即瓊。女三,皆有所歸。"

王熙桂等編《太原家譜》卷二十一楊循吉《思南公元配陳太宜人墓志銘》："……宜人陳氏，南京都察院左副都御史長洲陳公璚之女也。……宜人祖考孟善，封如考官。祖妣錢、妣吉，皆贈淑人。"

按：始祖母、二世祖母無考。吴寬所云"吾氏"即王鏊所云"吴氏"，蓋避國初張士誠吴國諱。

《家藏集》卷十九有《題朱竹慶玉汝母宜人九十》詩，弘治五年壬子(1492)六月作。據此，錢氏永樂元年癸未(1403)生。《明孝宗實録》卷一百〇五載，陳璚弘治八年乙卯(1495)十月二十日服闋。以守喪二十七個月，約弘治六年癸丑(1493)七月丁憂。知錢氏是年卒，年九十一。

祖父陳璚(1440—1506)，初作瓊，字汝玉，後更璚，字玉汝，號成齋。成化十四年(1478)進士，官至南京都察院左副都御史。階通議大夫。能書法，善詩文。有《成齋稿》等著。祖母嚴氏(生卒不詳)，封淑人。

陳淳《陳白陽集》附録張寰《白陽先生墓志銘》："祖諱璚，南京都察院左副都御史。"

據王鏊《震澤集》卷二十八《通議大夫南京都察院左副都御史陳公墓志銘》：公諱璚，字玉汝，世家長洲之陳湖。公積官自翰林庶吉士，授兵科給事中，歷刑科左給事中、大理寺左右寺丞、左右少卿、南京都察院左僉都御史、左副都御史。階通議大夫。正德元年九月十日卒於家，享年六十有七。配嚴氏，封淑人。孫八：濤、淳、津、汸、漢[渼]、泓、洵、汭。公少入郡庠，已頎然出其輩類。成化戊子，占應天解額。戊戌，今少卿李公同考會試，得其文，知其爲奇士也，置之高等，遂被選爲庶吉士。時文定公在翰林，聲稱藉甚。公初與同席硯，遂屈己師之，相與劘切，爲古文詞。公質若重遲而思致獨遠，不肯爲尋常熟爛語。始務奇倔，卒造平澹，時輩推之。

李東陽《懷麓堂集》卷八十《明故嘉議大夫南京都察院左副都御史陳君玉汝神道碑銘》："舉進士，爲翰林庶吉士。擢兵科給事中，歷遷刑科都給事中、大理寺左右丞、左右少卿、兩京都察院左僉都御史，以左副都御史致仕南京，卒於家。……孫八：濤早世，次淳、津、汸、渼、泓、洵、汭。……初玉汝爲生，從吴文定公爲古文歌詩，弗屑程試。……所著有《成齋稿》，使歸有《二上録》《三上録》。其詩清簡有思致，文亦如之。"

《(康熙)蘇州府志》卷三十《選舉二・進士》："成化十四年戊戌曾彦榜：長洲，陳瓊汝玉，一作玉汝。"

吴寬《家藏集》卷四十七《成齋箴》序："陳玉汝，本其字，以成齋自號。"

陳仁錫《無夢園初集》駐集四《家乘・成弘聯句跋》:"此先中丞公讀中秘書,與諸友生觴詠玉堂之上,成弘間所刻爲《聯句録》者也。"

朱存理《樓居雜著・題匏庵詩後》:"右《雜詩》一帙,乃吴文定公匏庵先生所作,陳中丞成齋先生所書。……中丞書妙,真行間出清勁,有晋人風度。"(圖 3)

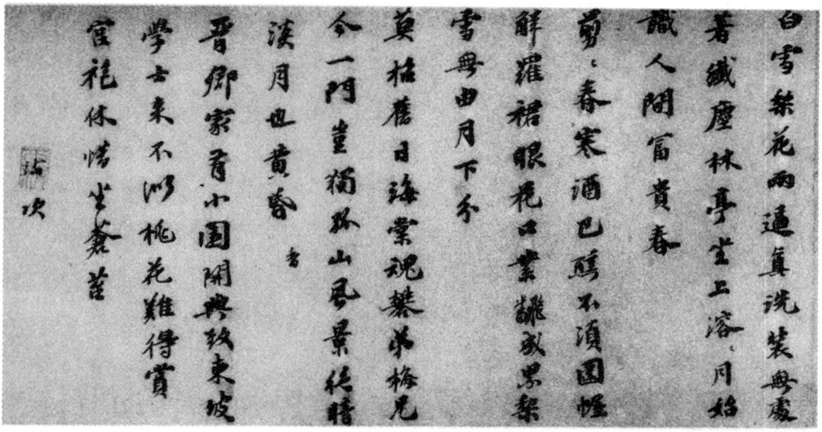

圖 3　陳璚《次吴寬賀王鏊得子之喜四首》

按:明劉鳳《續吴先賢贊》卷十三《藝事・陳淳》云:"陳淳者,御史大夫璚之子。"清姜紹書《無聲詩史》卷三《陳淳》曰:"陳淳……吴郡人。御史大夫璚之子。"今陳傳席《中國山水畫史》第七卷第五章第三節《吴門畫派》稱:"陳道復……吴郡人。其父陳璚爲御史大夫。"顯然,三者都誤將陳淳祖父璚當作其父親。而從時間和文字上,也可清晰瞭解他們的源流——姜紹書從劉鳳,陳傳席從姜紹書。

又,澳門藝術博物館 2006 年版《故宫上博珍藏青藤白陽書畫特集》别册《陳淳、徐渭年表》載陳淳二十三歲那年九月十日條謂:"璚字玉汝,號成齋……成化十四年(公元 1478 年)中進士,改翰林院庶吉士,散館授編修,累官南京都察院左副都御史。"2010 年第 8 期《中國美術館》刊載了談晟廣《陳淳與文徵明的師友交遊及其隱居生涯考》,他在第一節《家世》中因襲此説,曰:"陳淳的祖父陳璚(1440—1506),字玉汝,號成齋……成化十四年(1478)進士,改翰林院庶吉士,散館授編修,官至南京左副都御史。"毫無疑問,兩者所言"散館授編修",與事實相悖。

伯祖父陳珪(? —1490),字汝器,號東湖。國子生。長鄉賦,晚年官承事郎。伯祖母徐氏(生卒不詳),能偕隱。

陳仁錫《無夢園初集》駐集四《家乘・五世祖東湖公小傳》:"東湖公諱珪,字汝器，居陳湖之東，故以號也。……讀書，了大義。……卧煙霞，釣落月，以湖上老。……公雖一長鄉賦，迫於父令。晚年以成齋公强官承事郎。……公配徐碩人，能偕隱。”

《(康熙)吴郡甫里志》卷八《胄監・補遺》：“陳珪，字[號]東湖，長洲人。成化間承事郎。”

按：《家藏集》卷十八有《次韻玉汝哭兄》詩，作於弘治三年庚戌(1490)歲暮，知陳珪卒於是年，生年不詳。

外曾祖父林昌(1414—1496)，字士隆，號守軒，吴縣(今江蘇蘇州市)人。教師。封文林郎、監察御史，贈浙江左布政使。外曾祖母夏氏(1415—1495)，長洲縣(今江蘇蘇州市)人。封孺人，贈夫人。外祖父林符(生卒不詳)，字朝信。成化二年(1466)進士，累官浙江左布政使，加右副都御史致仕。外祖母范氏(生卒不詳)，吴縣(今江蘇蘇州市)人。累封夫人。

錢穀《吴都文粹續集》卷四十一林昌《林士隆自撰墓志銘》：“吾姓林氏，諱昌，字士隆，號守軒，蘇之吴縣人。……吾六歲遊鄉校，賴祖母(范氏，文正公之後)朝夕訓讀啓蒙等書。及長，遵奉教誡，益勉於學。年二十，授徒邑中。見知於令尹吴公復，延教諸子，重加禮貌。後葉公錫以庶吉士出宰邑，荷不鄙，建立義學，以禮幣招我典教。又舉爲境内儒士，名載《須知册》。景泰五年，朝廷遣使，纂修《志》書。郡候汪公滸以書敦請，獲預紀述。平昔守分，不矜持，不忮求，不輕造公門取辱。學吟吟，以自適情，素不爲謔浪誚人語。……成化戊戌，子符由進士授廣東道監察御史。荷聖朝推恩，封吾如其官。妻夏氏，封孺人。又蒙恩例，分俸養親。……子男二：長即符……娶范氏，封孺人。……吾生於永樂甲午十一月十五日……”附録：“先考府君自撰《墓志銘》後，不幸於弘治九年六月十七日辭世，享年八十三歲。……孤哀男符、節泣血拜識。”

吴寬《家藏集》卷七十五《封文林郎廣東道監察御史林公墓表》：“公諱昌，字士隆，號守軒。……娶長洲夏氏，封孺人，賢行克配。以弘治八年正月二十四日卒，享年八十一。子男：長即符，娶范氏，亦出文正公後。”

《(乾隆)吴縣志》卷四十九《封蔭》：“林昌，字士隆。以子符累封廣東道御史，累贈浙江左布政使。”

王鏊《姑蘇志》卷六《科第表下・進士》：“成化二年丙戌羅倫榜：吴，林符朝信。行人、監察御史、廣西副按察使、南雄知府、浙江參政、布政使。”

《(康熙)蘇州府志》卷六十一《人物・列傳七》：“林符，字朝信，吴縣人。……成化丙戌第進士，授行人。擢廣東道御史。……轉浙江督糧右參政，遷右布政使，進左。秩滿，上疏乞休，詔加右副都御史致仕。符德器老成，操履潔白，坦夷質直，不僞色詞。爲治罔峻刑威而法亦不弛，人咸德之。居鄉，舉動尤慎重，爲後學所師。”

按：張寰《白陽先生墓志銘》云：“母林氏，浙江左布政使加右副都御史致仕符之女。”而林昌乃符之父，即陳淳外曾祖父。

夏氏、范氏（吴縣人）應與林昌同時贈封。據《明孝宗實録》卷一百八十八、《明武宗實録》卷二十六，林符弘治十五年壬戌（1502）六月二十八日陞浙江左布政使，正德二年丁卯（1507）五月二十四日加右副都御史致仕。其母夏氏已於此前去世，妻范氏健在，以官二品，應分别贈、封夫人。

父陳鑰（1464—1516），字以可，號韋齋。少侍父宦遊京師，從學儒士潘辰。比長，歸蘇州，爲府陰陽學正術。後解官，隱居大姚。能賦詩作字，尤善審畫世務。母林氏（生卒不詳），符長女。

陳淳《陳白陽集》附録張寰《白陽先生墓志銘》：“考諱鑰，爲郡陰陽正術。母林氏，浙江左布政使加右副都御史致仕符之女。”

李東陽《懷麓堂集》卷二十六《送廣西按察副使林君詩序》：“玉汝仲子鑰，實聘君（符）長女，同家於官，歲在辛丑，醮於季冬之月，所謂脊[眷]也。”

文徵明《甫田集》（三十六卷本）卷二十九《陳以可墓志銘》：“以可諱鑰，故都察院左副都御史長洲陳公諱璚之仲子也。公起家進士，官中朝，涉歷臺寺，所交遊皆當世偉人。以可以佳子弟周旋其間，珠玉朗潤，進止詳雅，大爲諸公貴人所喜。比長，歸吴中，更激昂任事，啓拓門户，廣事生殖，田園邸店，縱横郡中，尋用推擇爲陰陽正術。……俄解官，築室姚城江之上……於是，劭農振業，疆理阡陌，陂魚養花，以文酒自適，不復與城市闤闠。晚得末疾……竟以正德十一年九月癸酉卒於姚城，年五十有三。……娶林，生子淳，今爲郡學生。側出子沖。女，嫁國子生顧岕。孫男四，女一。以可性資明豁，不樂委瑣。少嘗學舉子，以不能受程格謝去。賦詩作字，亦有思致。……獨能審畫世務，有所規創，往往出人意表。菑播蓄牧，必盡地利，而訾算乾没，尤其所長。然能緩急赴人，數致千金，亦緣手散去。翕張揮霍，殆不可以銜橛局束，亦一時之雄俊矣乎！”

《（康熙）吴郡甫里志》卷八《武、雜職・補遺》：“陳鑰，字以可，號韋齋。郡陰陽學正術。進士璚子。”

按：文徵明所云“癸酉”，誤。參見第124頁譜文。

日本二玄社《宋元明清四朝翰墨》第五卷《明人書翰一・陳璚致吴寬札》曰：“自小兒到此，一向俱平安。近送在潘時用處讀書，鑰亦頗知向進。”陳璚爲成化十四年(1478)進士,隨官京師。時陳鑰正值少年。

潘辰(?—1520),字時用,號南屏,浙江景寧縣人。少孤,隨從父家京師,以文學名。弘治六年(1527)薦授翰林待詔,累官太常少卿。

由上所述,陳淳父親陳鑰少於京師從學儒士潘辰。

又,陳葆真《陳淳研究》第二章第一節《陳淳的家世與吴派畫家的關係》云:"陳淳的父親陳鑰……一生未曾仕宦"。單國霖在《陳淳精品畫集》序《墨中飛將軍,花卉豪一世——陳淳花鳥藝術性格論》中,沿用是説,稱:"陳淳的父親陳鑰……一生未曾仕宦",并以此生發出新的觀點,曰:"其父陳鑰未入仕途,又熱衷於陰陽方術,自然不諳生産理財"。

據張廷玉等撰《明史》卷七十五《志・職官四》載,陰陽學,府正術一人,從九品。陳淳父親陳鑰正是自京師回蘇州後,更加激昂任事,啓拓門户,廣事生殖,田園邸店,縱横郡中,纔被推擇爲府陰陽學正術。後解官,隱居大姚。

可見,陳葆真、單國霖先生所言,與事實不符。

又,2008年第4期《榮寶齋》刊載了王麗《官宦門第書香世家,一門三代皆善書畫——陳淳書畫的家學淵源》,此文在第二節《侍親宦遊京國,廣事生殖田園》中,專門談了他的父親。其一,辭官歸吴事農桑:"陳淳的父親陳鑰(1464—1516)爲陳璚次子……自身的聰慧加之父親的幫助,'公起家進士,官中朝,涉歷臺寺,所交遊皆當世偉人。以可以佳子弟周旋其間,珠玉朗潤,進止詳雅,大爲諸公貴人所喜,比長'。其早年爲官,也可謂一帆風順。也許是其不羈的個性受不了官場的諸多程式,也許是其早已看透官場的險惡欺詐。與其父陳璚一生於朝中爲官不同的是,'性資明豁,不樂委瑣'的陳鑰後來辭官歸吴,築室陳湖,專事農業。"其二,賦詩作字,獨能審畫:"陳鑰除'賦詩作字'方面有思致外,亦'獨能審畫'。"

從中不難看出,其一是誤將陳淳祖父陳璚和父親陳鑰事跡混爲一談,以爲陳鑰早年在朝中做官,後來辭官歸吴,築室陳湖,專事農業。其二是誤將陳鑰"獨能審畫世務",當作"獨能審畫"。

庶母無考。

大伯陳鎡(生卒不詳),字以時,號弦齋。國子生。官承事郎。能畫山水,喜藏書畫。伯母錢氏(生卒不詳),名醫愼庵長女,長洲縣(今江蘇蘇州市)人。

王鏊《震澤集》卷二十八《通議大夫南京都察院左副都御史陳公墓志銘》:"子男四:鎡、鑰、鍵、鋹。"

李東陽《懷麓堂集》卷八十《明故嘉議大夫南京都察院左副都御史陳君玉汝

圖 4　陳鎡《山水圖》

神道碑銘》:“子四:鎡、鑰、鍵、鍭。”

《(康熙)吴郡甫里志》卷八《胄監・補遺》:“陳鎡,字以時,號弦齋,長洲人。承事郎。”

按:文物出版社《中國古代書畫圖目》三《明黄昌言等山水册》第二幅款署:“長洲陳鎡寫意。”鈐“陳”白文圓印、“以時之章”朱文方印。(圖 4)吴寬《家藏集》卷四十九《跋虞氏遺墨》云:“友人陳玉汝之子鎡得此數幅,乞予題之。”卷五十三《跋元暉雲山圖》曰:“玉汝因令其子鎡與詩跡并藏,仍乞予題其後。”朱存理《珊瑚木難》卷五録《工齋説》等作,後記謂:“右《工齋説》至此,借陳以時所藏二卷鈔得,亦虞氏物也。”鑒此,陳鎡能畫山水,喜藏書畫。

顧清《東江家藏集》卷二十九《慎庵錢君配徐孺人合葬墓表》云:“慎庵處士,院使君(汝礪)之母弟……其於醫,視疾緩急,不以寒暑風雨爲解,不以地遠近人富貧爲後先,活人甚多,而口不言利。……女三:長適陳鎡,都御史汝玉之子。”《(崇禎)吴縣志》卷五十三《人物十九・方術・醫術》載:“錢恒,字伯常。……成化間,召入太醫院……進院判。……子鈍,字汝礪。能世其業,亦仕爲院判。”吴寬《家藏集》卷六十八《太宜人董氏墓志銘》曰:“太宜人董氏……爲故太醫院判錢公伯常之妻,今御醫鈍之母也。錢世家江都……占籍長洲。……子男四,曰鉉、鈍、鑄、銘。”可見,錢慎庵乃蘇州名醫,名是鑄還是銘以及字不詳。

三叔陳鍵(1468—1518),字以嚴,號懷山。弘治三年(1490)府學生。善屬文,能詩書,爲群從中最雅馴、操行多長者。累贈奉直大夫、兵部員外郎。三叔母周氏(生卒不詳),南京太醫院判庚之女,吴縣(今江蘇蘇州市)人。能詩。累封宜人。

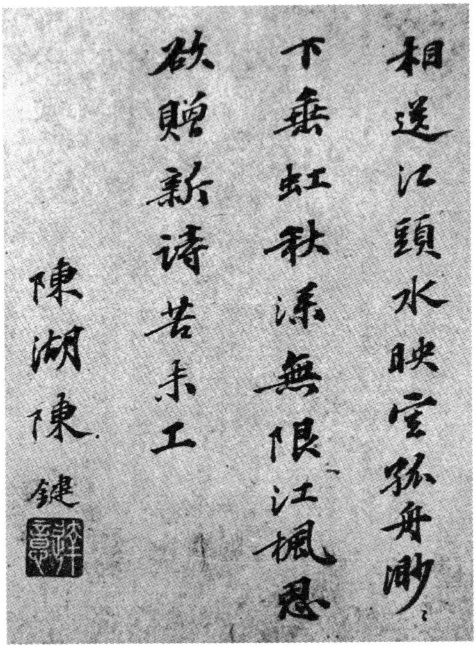

圖5　陳鍵題《唐寅垂虹别意圖卷》

蔡羽《南館集》卷七《懷山子傳》:“懷山子姓陳氏,名鍵,字以嚴,世家陳湖。……弘治庚戌,提學御史山陰王公仲明[明仲]選充郡膠,得……爲弟子……懷山子神玉骨雪,軀幹嶷嶷,疇人之表,鸞停鵠峙,德度融融,而嚴整不苟。……懷山子孝行素著,恭於順兄,當其取不自取,故父母安其孝,兄弟安其義。往往與人緩急,其與人緩急也,應不旋踵。聞義舉,欣然從之。有言驛丞孔某,成都人,失官,不能歸,將鬻女優人,方計得之。懷山子躍起,以金授丞,嫁其女爲良人婦。故人金秋野死,無葬,則買地葬之。……懷山子善屬文,詩亦放,書善東坡。(圖5)樂與高人處,座客無虚日。雖座客無虚日,必談文講學,爲諸郎擇友。……年五十一卒於家。”

徐階《世經堂集》卷十九《贈壽寧知縣懷山陳君墓表》:“君卒以正德戊寅三月十七日。……(子)職方名津,嘗爲壽寧知縣,能舉其職,贈君如其官。”

《(康熙)吴郡甫里志》卷八《封贈・補遺》:“陳鍵,字以嚴,號懷山。府庠生。係舉人津父,累贈奉直大夫、兵部員外郎。”

陳仁錫《無夢園初集》駐集四《家乘・懷山公小記》:“公於群從中最雅馴、操行多長者。……周宜人,院判周原己庚之女。克相公,能賦詩。”

吴寬《家藏集》卷七十二《南京太醫院判周君墓表》:“原己初名經,更名京,後又更名庚,號菊田……爲吴人。……一女,陳出,壻即陳鍵。”

四叔陳鏃(生卒不詳),字以鈞。

按：王鏊《震澤集》卷六《陳以鈞得子二首》之一："半舫齋前種玉時，森森纔見出墻枝。如今又見孫枝透，鳳尾翛翛轉更奇。""半舫齋"乃陳淳祖父璚於京師之府邸，而"以鈞"與"鍭"意義相合，當爲其字。

四叔母無考。

大姑母陳氏（生卒不詳）。

按：據王鏊《震澤集》卷二十八《通議大夫南京都察院左副都御史陳公墓志銘》，陳璚有二女，長女嫁誰不詳。

二姑母陳氏（1491—1534），通書史，工楷法，尤精女紅，嫁王延素。累封宜人。延素（1492—1562），字子儀，號雲屋，吴縣（今江蘇蘇州市）人。少傅鏊仲子。正德三年（1508）蔭爲國子生。十五年（1520）授南京中府都事，以思南知府致仕。階中順大夫。性縝密，寡言笑，事必熟思而後行。詩文書法，皆承家學。

王熙桂等編《太原家譜》卷二十一楊循吉《思南公元配陳太宜人墓志銘》："（鏊）仲子督府君子儀……厥有良配，曰宜人陳氏，南京都察院左副都御史長洲陳公璚之女也。有賢行，曾從王君於官，佐其勤勞。以嘉靖甲午秋七月二十二日終於里第。……宜人天資穎悟，自幼通書史，工楷法，於女紅尤精習。……宜人年十九歸王君。……時君方績學未暇，他及家事，一付宜人掌之。歲庚寅[辰]，君初拜後[左]府都事。尋改南京中府。宜人留居家，綜理庶務，井井有法。又能每事損省，無費財物。……由是君賴其能得專心職業，家亦以裕焉。歲甲申，君任滿三載，考績上天官。宜人蒙恩，敕封孺人。太傅薨，君歸守制。起復，再任留京。以宜人從。……戊子冬，君朝闕下，宜人歸。既還任，復從居三年。君將告歸省太宜人……宜人歸。未幾，適會詔下，覃恩海内，進封宜人。即是卒，年四十四。"

又卷六《宗譜》："延素，行八，字□□。娶大姚都御史陳玉汝次女。"

按：《太原家譜》卷一上《思南公進階文林郎、陳宜人封孺人敕命》載，其嘉靖元年壬午（1522）八月初六封孺人。楊循吉云"歲甲申"，誤。

皇甫汸《皇甫司勳集》卷五十三《明中順大夫思南府知府王公墓志銘》："大夫諱延素，字子儀，别號雲屋，姓王氏。……贈太傅、謚文恪公鏊仲子也。……居吴之洞庭東山，遂爲吴人。……甫冠[十七]，以太傅三載考績，蔭入太學。……亡何，謁選銓曹。……適有左軍督府之缺，擬銓授，乃以親老求南，冀便省問……因拜南京中府都事。……甲申，丁太傅艱。服除，補中府。尋陞經歷。……丁酉，六載考績……遷宗人府經歷。……拜爲思南守……遂投劾歸。……性縝密，寡言笑，事必熟思而後行。雖造次，未嘗失色於人。弘度有容，犯或不校，亦無脂韋睎世之態。少喜臨書，字畫遒勁，得太傅筆法。間占屬短律，亦清逸，不失家風。涉獵聞見，隨手籍記。他日人有忘之者，悉爲陳説，較若指掌，殆今之崔林也。……壬戌四月朔，偶嬰寒疾，越七日卒。距生弘治某年月日（五年六月十八日），享年七十有一。……配陳氏，初封孺人，進封宜人。"

《明武宗實録》卷三十八："正德三年五月……己亥（二日），蔭少傅兼太子太傅、户部尚書、武英殿大學士王鏊子延素爲國子生。"

按：顧清《東江家藏集》卷十五有《王子儀將赴南京中府都事，與乃兄子貞中舍來别……》詩，作於正德十五年庚辰（1520）六七月，知此時授南京中府都事。

從伯陳銓（？—1486），早卒。

《嘉靖十四年進士登科録》："陳椿……曾祖珪，義官。祖銓。父澐，醫學訓科……"

按：陳澐生成化十五年己亥（1479），八歲父喪，銓當卒成化二十二年丙午（1486），生年不詳。又澐比淳大五歲，父銓或是淳從伯。

從伯母無考。

從叔陳釴（？—1523），字以鼎，號附庵。弘治十五年（1502）以貢入國學。正德十二年（1517）任福寧州同知，卒於官。從叔母夏氏（生卒不詳）。

陳仁錫《無夢園初集》駐集四《家乘・始祖至高曾祖父小記》："（珪）季子釴，號附庵。妣夏。以貢貳福寧州，卒於官。"

《（康熙）蘇州府志》卷三十二《選舉四・貢生・府學》："弘治間貢：陳釴以鼎，璚侄。十五年，長洲。"

《（萬曆）福寧州志》卷八《官政志一・歷官・同知》："陳鉞[釴]，長洲人。監生。正德十二年任。"

按：繼任者丁完嘉靖二年癸未（1523）任，知釴此年卒於官。比淳父鑰晚卒七年，或是其從叔。

兄陳沖（約1483—？）。姊妹陳氏（生卒不詳）。姊妹夫顧岕（生卒不詳），字朝楚，號匯堂，長洲縣（今江蘇蘇州市）人。正德十六年（1521）以國子生授儋州同知，歷至南安府通判。有《海槎餘録》。

文徵明《甫田集》（三十六卷本）卷二十九《陳以可墓志銘》："娶林，生子淳，今爲郡學生。側出子沖。女，嫁國子生顧岕。"

《（萬曆）儋州志》天集《秩官志・國朝同知》："顧玠[岕]，蘇州人。嘉靖間任。

敏達有爲，革弊弭奸。陞南安府通判。"

《(萬曆)重修南安府志》卷五《秩官表二・皇明南安府通判》:"嘉靖:顧岕，長洲人。監生。儋州同知陞任，大計隆敞。"

按:陳仁錫《無夢園初集》駐集四《家乘・居第考記》謂:"韋齋公……仲子白陽，隱此海内。"據此，陳沖爲長子，即淳兄。

又陳鑰成化十七年辛丑(1481)十二月娶夫人林氏，娶妾最早在十八年壬寅(1482)元月。而陳淳生二十年甲辰(1484)六月二十八日。所以兄沖應生十九年癸卯(1483)左右。

嫂無考。姊妹比陳淳大還是小，亦無考。

《(雍正)廣東通志》卷六十四《李德裕後》曰:"明正德間，吴人顧朝楚爲儋州同知。"顧岕《海槎餘録・序》云:"儋耳，孤懸海島……余自嘉靖龍飛承乏是郡，迄於丁亥，乃有南安之命。……嘉靖庚子，吴郡匯堂顧岕識。"

由是觀之，顧岕，字朝楚，號匯堂。正德十六年辛巳(1521)四月二十二日世宗登基後授儋州同知。而永瑢等撰《欽定四庫全書總目》卷七十八《海槎餘録》提要所言"岕，字匯堂，吴縣人"，誤。齊魯書社《四庫全書存目叢書》史部 255 册收入此著并文時，錯誤未加修正。

直系從兄陳濤(生卒不詳)，早卒。從弟陳津(約 1485—1545)，字道通，號莪齋。嘉靖七年(1528)舉人，官至南京兵部郎中。精《易》學，能文章，與諸弟并稱"才士"。有《莪齋集》等著。陳汸(1486—1548)，字道濟，號方舟。府學生。教師。博學工詩，亦善書法。有《南遊編》等著。陳渶(生卒不詳)，以書學試入中書，累任舍人。陳汭(生卒不詳)，號五橋。

王鏊《震澤集》卷二十八《通議大夫南京都察院左副都御史陳公墓志銘》:"孫八:濤、淳、津、汸、漢[渶]、泓、洵、汭。"

李東陽《懷麓堂集》卷八十《明故嘉議大夫南京都察院左副都御史陳君玉汝神道碑銘》:"孫八:濤早世，次淳、津、汸、渶、泓、洵、汭。"

蔡羽《南館集》卷七《懷山子傳》:"懷山子姓陳氏，名鍵，字以嚴……子七人:津、汸、渶、泓、洵、溥、淵，皆才士。……津刻苦經術，文爲一時法，傳經之士數十人，仗義磊落，有父風。初應貢遊太學，有名。戊子秋，第應天。爲壽寧令。汸能詩善書。渶以書學試中書，纂修有勞，授鴻臚序班。"

陳淳《陳白陽集》附録張寰《白陽先生墓志銘》:"從弟兵部郎中津、中書舍人渶……"

按:從兄陳濤當是大伯鎡之子。蔡羽《懷山子傳》作於嘉靖十四年乙未

(1535)，張寰《白陽先生墓志銘》約作於嘉靖二十五年丙午(1546)，知從弟陳漢先授鴻臚序班，後任中書舍人。陳汭是誰之子和泓諸弟行實無考。

《(乾隆)長洲縣志》卷二十四《人物三》："陳津，字道通，號莪齋。都御史璚孫。……中嘉靖戊子鄉試，選授壽寧縣。……擢南京工部都水司主事，分司龍江關。陞兵部職方司郎中。……移疾歸，卒。著有《乙未稿》《莪齋雜抄》。"

據陳仁錫《無夢園初集》駐集四《家乘・莪齋公小記》：公尤精《易》學，有大志。舉於鄉，爲壽寧令。轉南水部，爲刑部郎屬，移官南職方。未幾，進本司正郎。疏辭職，竟堅卧不起矣。公性最孝，以椿萱凋謝，常詠《蓼莪》篇，故號莪齋。撫愛弟昆暨族子弟。作古文閎深奥邃，蒼然有西京氣色。

黄虞稷《千頃堂書目》卷二十三："陳津《峩[莪]齋集》。"

按：陳淳生成化二十年甲辰(1484)六月二十八日，津弟沵生二十二年丙午(1486)，知津生兩者之間即二十一年乙巳(1485)左右。薛己《薛氏醫案》卷二《脾肺腎虧損大便秘結等症十》云："職方陳莪齋年逾六旬，先因大便不通，服内疏等劑後，飲食少思，胸腹作脹，兩脇作痛，形體倦怠……時五月，請治。余意乃命門火衰……憂其金旺之際不起。後果然。"鑒此，其約卒嘉靖二十四年乙巳(1545)五月後，年六十一。

《(道光)滸墅關志》卷十五《人物・流寓》："陳沵，字道濟，都御史璚孫。郡廩生。始居郡城。……幼與兄車駕郎中津同硯席。吴文定公寬驚異之，贈以詩。比遊庠，文章大起，學行推重一時，爲部使者所識拔。試輒高等，世家鼎族争迎爲師。已結屋滸墅，鼓篋者日輳門下，凡司農大夫蒞兹土者，争禮敬之。會社學師缺，聘典之。四方翕從弟子積至數百人，多科第。而己竟不第，無懟色。乃閉户掃軌，肆志《墳典》。構洗心亭，以爲遊息之所。名人過吴下者，必造其廬。會津歸老，扁其園曰'徵壽'，日杯酒，倡酬以爲樂。性警敏，博綜經史百家，抱負磊落，耻齷齪事。經生佔畢，鑄詞發藻，敷腴暢達，爲時所膾炙。於詩益工。所著有《南遊編》《湖鄉樂》《徵壽園録》若干卷。晚益潛心理學，安命樂道。"

江蘇人民出版社《江蘇藝文志・蘇州卷》第一分册《蘇州市、吴縣市》："陳沵(1486—1548)，字道濟，號方舟。"

陸治《陸包山詩集・壽陳五橋〔名汭，白陽從弟〕》，略。

旁系從兄陳澐(1479—?)，字希原，號西江。嘗任縣醫學訓科。晚年封承德郎、南京刑部主事。從嫂顧氏(生卒不詳)，名士寛之女，吴江(今江蘇吴江市)人。封安人。

《(康熙)吴郡甫里志》卷八《封贈・補遺》："陳澐，字希原，號西江。係進士椿父。封承德郎、(南京)刑部主事。"

陳仁錫《無夢園初集》駐集四《家乘・西江公小記》:"公八歲遭父喪,哭踊如成人。迨長,爲吴江顧君感梅館甥。其家故殷,咸屬公。公外持門户,内善節省,代籌數十餘年。感梅翁後有子,底於成立。公遜居别第,垂橐以出,無一染指。……當荆州公官南都,常偕二三物外友,藍輿縱眺雨花、燕磯之上,以適公。公輒命荆州亟歸視事。顧安人以不逮事舅,而姑越在兩地,乃迎養同里,終身弗替。晚膺命服,蔬素如故。性喜繙古人書,常以詔兒女,或誦《經》數遍,而尼媪謝絶,不愧西江配云。"

《嘉靖十四年進士登科録》:"陳椿……曾祖珪,義官。祖銓。父澐,醫學訓科;母顧氏,具慶下。"

按:蔡羽《南館集》卷十一《金門榮壽序》謂:"同郡長洲陳先生西江年六十,其子秋官主政子年迎於官。嘉靖戊戌之春,將爲慶。"可見,其嘉靖十七年戊戌(1538),年六十,封如子官,就養南京。當生成化十五年己亥(1479)。大淳五歲,爲其從兄。

據上海古籍出版社《明人室名别稱字號索引》下,顧寬,字惟仁,號感梅,吴江人。

岳曾祖張樞(生卒不詳),長洲縣(今江蘇蘇州市)人。贈奉政大夫、南京刑部郎中。岳曾祖母陸氏(生卒不詳),同邑人。封太宜人。岳祖父張翥(1430—1506),字汝振,號虚庵。天順元年(1457)進士,官至雲南按察使。階中奉大夫。岳祖母吴氏(生卒不詳),封淑人。岳父張約(1456—1540),字守之。弘治三年(1490)進士,累任工部郎中。因忤劉瑾罷官。後更赦,復故秩致仕。階奉政大夫。岳母浦氏(生卒不詳),繼岳母錢氏(生卒不詳),皆封宜人。

陳淳《陳白陽集》附録張寰《白陽先生墓志銘》:"夫人同邑張氏。祖諱翥,雲南按察使。父諱約,都水[營繕]司郎中。"

王鏊《震澤集》卷二十八《雲南按察使進階中奉大夫張公墓志銘》:"張公諱翥,字汝振,世爲蘇之長洲人。……考諱樞,贈奉政大夫、南京刑部郎中。妣陸氏,封太宜人。公登順天[天順]丁丑進士,授工部都水司主事。改虞衡司,又改南京刑部山東司,歷員外郎、郎中。出知江西南昌府。進河南布政司治[右]參政、雲南按察使,致仕。……正德丙寅冬十月二十九日卒於家,春秋七十有七。……配吴氏,累封淑人。子男二:長約,工部營繕司郎中。……公天性簡儉,家固富且貴矣,而自奉有人所不能堪。歸吴,掃軌閉門,客至,則清話終日,澹如也。"

吴寬《家藏集》卷三十二《虚庵記》:"吾友南昌太守張侯汝振,嘗讀《易》,至

《咸》之《象》曰：'山上有澤，咸。君子以虚受人。'深有契於其指，因以虚庵自號，而屬余爲記。"

按：陸氏乃陸完姑祖母，長洲人。參見第42頁譜文。

陸粲《陸子餘集》卷三《奉政大夫工部營繕司郎中張公墓志銘》："張公諱約，守之其字，吴之長洲人也。……考翥，始起進士，卒官雲南按察使。母吴淑人。公弘治庚戌進士，初授虞衡主事……進都水員外郎。久之，吏部以營繕劇司非公不可，乃進郎中……掌司事。……最後治外戚慶陽伯第。瑾新用事，將奪民居數百千區以益之。公争之强，瑾怒，會考察京官，遂屬吏部，以不謹黜公。……公家居蓋三十餘年，中更赦，復故秩致仕。以今皇帝之十九年嘉靖庚子六月某日卒，春秋八十有五。……元配宜人浦氏，繼宜人錢氏。……女二，縣學生楊宸、太學生陳道復，其婿也。……公面目嚴冷，外若椎少文，内實好學。雖耄年，不廢讀書。善飲酒，多而不亂。其居家治生，自雞豚蒔藝，莫不有法。而自奉殊儉飲食，菲惡冠服，故敝能安之。平生無讕言謟語。嗚呼，其所謂篤行君子者耶！"

夫人張氏(1482—1539)，約次女。婦道母儀，人稱克配。

陳淳《陳白陽集》附録張寰《白陽先生墓志銘》："夫人同邑張氏……婦道母儀，克配君子。知君雅度，雖婚嫁，亦不以累君。而少房所育，均恩共慶，咸若己出，寔能相助於君。生成化十八年七月初一日，卒嘉靖十八年十月二十六日，春秋五十有八。"

按：妾氏無考。

長子陳枚(生卒不詳)，善書。長媳沈氏(生卒不詳)，貞孝，有烈丈夫風。仲子陳栝(生卒不詳)，字子正，號沱江，人稱"沱仙"。能詩，善畫，嗜酒。三或四子陳樹(生卒不詳)，字子立。能畫。五子陳栢(生卒不詳)，五媳薛氏(生卒不詳)。

陳淳《陳白陽集》附録張寰《白陽先生墓志銘》："……窕[窀]穸之費，咸出於冢婦沈。沈生子曰燦，既夭也。而栝之夫婦與樹相繼歿，棺斂喪葬，亦沈所營。餘子貧弱，中丞公之澤幾斬。沈乃盡損其嫁時粧田，若干畝俱春秋之祭，若干畝供墓田之税，爲陳氏宗祀久遠計，有烈丈夫風。有司議旌其貞孝，沈曰：'先舅、先姑高名懿德，尚未有表章之者，未亡人豈敢蒙此，然亦豈非未亡人之責耶？'"

王穉登《國朝吴郡丹青志・逸品志・兩陳君》："陳太學名淳，字道復……仲子栝，飲酒縱誕，有竹林之習。畫雖放浪太過，竟非俗流。"

姜紹書《無聲詩史》卷三《陳淳》："陳淳……子栝，長於花鳥，有徐、黄遺意。先道復卒。"

王杰等撰《石渠寶笈續編》第六十六《陳栝花卉一卷》。後周天球跋："陳白陽先生……仲氏子正，乃以濡淬之漸，克稱其家兒，真千里名駒也！"

龐元濟《虚齋名畫録》卷四《明陳沱江花卉八種卷》。後周天球跋："沱江先生諱栝，乃白陽先生仲子。"

陳仁錫《無夢園初集》駐集四《家乘・沱江公小記》："性嗜飲……人人呼爲'沱仙'……吟小詩，或作大山水。"

陶樑《紅豆樹館書畫記》卷二《明吴下名人山水合裝卷》。畫三幀，次幀爲陳子立，純用破筆，樹石絶類戴文進，款："長洲陳樹寫。"

按：《陳白陽集》五言律有《改枚兒次韻》詩，《（乾隆）蘇州府志》卷五十六《人物十・長洲縣》稱："陳道復……子枚善書，栝善畫"。以此，陳枚爲栝兄，即陳淳長子。樹爲栝弟，應是三子或四子。

美國普林斯頓大學附屬美術館藏《陳淳致文徵明札》有"道復爲第五犬子栢納婦薛氏"語，知其五子栢，五媳薛氏。（圖 6）

據張寰《白陽先生墓志銘》，陳淳嘉靖二十三年甲辰（1544）十月二十一日卒，二十六年丁未（1547）三月十二日與夫人張氏合葬小白陽山。仲子栝夫婦、樹亦已歿，隨葬。

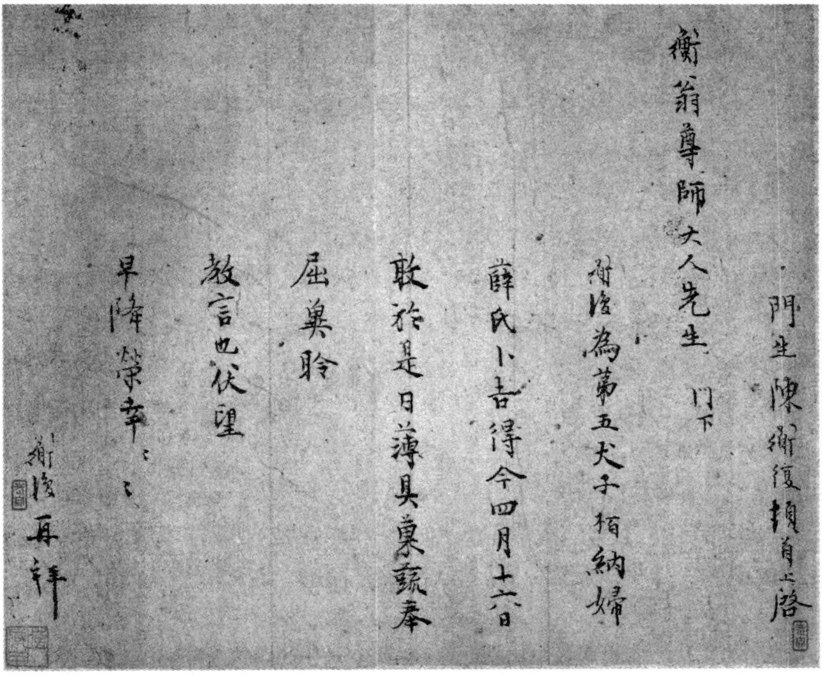
門生陳衠復頓首上啓
衡翁尊師大人先生 門下
衠復為第五犬子栢納婦
薛氏卜吉得今四月十六日
敢於是日薄具巢疏奉
屈巢聆
教言也伏望
早降榮幸
衠復再拜

圖 6　陳淳《致文徵明札》（疑五子栢代筆）

另子夫婦、栝婦、樹婦待考。

直系從子陳柱(生卒不詳),字子石,號涇野。博學能文,長於繪事。從媳徐氏(生卒不詳),瀚之女,長洲縣(今江蘇蘇州市)人。

《(康熙)吴郡甫里志》卷九《耆碩・補遺》:"陳柱,字子石,號涇野,大姚人。進士璚之曾孫。博學能文,且長於花鳥,而山水尤工。"

陳仁錫《無夢園初集》駐集四《家乘・涇野公小記》:"畫山水、花卉,有白陽風。"

周道振輯校《文徵明集續輯》卷下《徐怡竹墓志銘》:"長洲徐君成甫……君諱經,字成甫,别號怡竹。……既而錢氏生子曰瀚……瀚……女一人,許嫁陳柱,都御史成齋之[曾]孫,即道濟之子也。"

旁系從子陳椿(1498—?),字子年,又字子齡,號同野。嘉靖十四年(1535)進士,官至荆州知府。有《同野集》。從媳陸氏(生卒不詳),南京禮部郎中應龍三女,長洲縣(今江蘇蘇州市)人。

《嘉靖十四年進士登科録》:"陳椿……字子年,行二。年三十八,(弘治十一年)十月十四日生。"

王鏊《姑蘇志》卷六《科第表下・進士》:"嘉靖十四年乙未韓應龍榜:吴江,陳椿子年。(南京)刑部主事、員外郎、郎中。"

《(康熙)吴郡甫里志》卷七《進士・補遺》:"陳椿,字子年。……仕至刑部郎中,擢荆州知府,未涖任,終養。"

按:《陳白陽集》五言古有《送子齡任秋官之南都》詩,知陳椿又字子齡。《無夢園初集》駐集四《家乘》有《同野公集跋》,同野即其號。

陸粲《陸子餘集》卷三《明故南京禮部精膳司郎中南丘先生陸公墓志銘》曰:"宋季朝議府君千九始家(長洲)陳湖之壖……(公)諱應龍,字翼之,南丘其所自號云。……女三……次適南京刑部員外郎陳椿。"

長孫陳燦(生卒不詳),少從師以學,早夭。

按:《陳白陽集》五言律《初夏,塘南看燦孫》云:"别業吴淞曲,扁舟載客過。透林饒嫩竹,貼水有新荷。破俗書聲遠,添幽鳥韵多。魚龍當變化,須是及春波。"《元宵,孫燦延師塘南,值雪》曰:"正月十五夜,忽起雪花團。坐覺銀釭澹,何妨玉斝寬。孫枝春自發,晚節老應安。已辦逍遥地,煙霞可獨餐。"可見,陳燦少從師以學。

又附録張寰《白陽先生墓志銘》謂,冢婦沈生子曰燦,於嘉靖二十六年丁未(1547)三月十二日陳淳安葬前已卒,隨葬。

年　譜

明成化二十年甲辰(1484)一歲

六月二十八日,陳淳生。

陳淳《陳白陽集》附録張寰《白陽先生墓志銘》:"……其生成化二十年六月二十八日,春秋六十有二[一]。"

曾祖母錢氏,八十二歲。

按:王鏊《震澤集》卷二十八《通議大夫南京都察院左副都御史陳公墓志銘》云:"公諱璚,字玉汝……母錢氏,累贈淑人。"吴寬《家藏集》卷十九有《題朱竹慶玉汝母宜人九十》詩,作於弘治五年壬子(1492)六月。以此,錢氏生於永樂元年癸未(1403)。

外曾祖父林昌,七十一歲。

錢穀《吴都文粹續集》卷四十一林昌《林士隆自撰墓志銘》:"吾生於永樂甲午十一月十五日,今年八十一。"

外曾祖母夏氏,七十歲。

吴寬《家藏集》卷七十五《封文林郎廣東道監察御史林公墓表》:"公諱昌,字士隆,號守軒。……娶長洲夏氏……以弘治八年正月二十四日卒,享年八十一。"

按:據上文推算,夏氏生於永樂十三年乙未(1415)。

祖父陳璚,四十五歲。

王鏊《震澤集》卷二十八《通議大夫南京都察院左副都御史陳公墓志銘》:"……正德元年九月十日,卒於家。……公諱璚,字玉汝,世家長洲之陳湖。……

享年六十有七。”

按：據上文推算，其生於正統五年庚申(1440)。

父陳鑰，二十一歲。

文徵明《甫田集》(三十六卷本)卷二十九《陳以可墓志銘》：“以可諱鑰……晚得末疾……竟以正德十一年九月癸酉卒於姚城，年五十有三。”

按：據上文推算，其生於天順八年甲申(1464)。

三叔陳鍵，十七歲。

按：蔡羽《南館集》卷七《懷山子傳》云：“懷山子姓陳氏，名鍵，字以嚴，世家陳湖。……年五十一卒於家。”徐階《世經堂集》卷十九《贈壽寧知縣懷山陳君墓表》曰：“君卒以正德戊寅三月十七日。”以此，其生於成化四年戊子(1468)。

從兄陳霔，六歲。

按：蔡羽《南館集》卷十一《金門榮壽序》謂：“同郡長洲陳先生西江年六十，其子秋官主政子年迎於官。嘉靖戊戌之春，將爲慶。”由是推之，其生於成化十五年己亥(1479)。

兄陳沖，約二歲。

按：陳沖側出。父陳鑰向前年十二月娶夫人林氏，娶妾最早在前年元月。而陳淳生於是年六月二十八日。故沖應生於去年左右。參見第16、17頁傳文。

岳祖父張翥，五十五歲。

王鏊《震澤集》卷二十八《雲南按察使進階中奉大夫張公墓志銘》：“張公諱翥，字汝振，世爲蘇之長洲人。……正德丙寅冬十月二十九日卒於家，春秋七十有七。”

按：據上文推算，其生於宣德五年庚戌(1430)。

岳父張約，二十九歲。

陸粲《陸子餘集》卷三《奉政大夫工部營繕司郎中張公墓志銘》：“張公諱約，守之其字，吴之長洲人也。……以今皇帝之十九年嘉靖庚子六月某日卒，春秋八十有五。”

按：據上文推算，其生於景泰七年丙子(1456)。

夫人張氏,三歲。

陳淳《陳白陽集》附録張寰《白陽先生墓志銘》:“夫人同邑張氏……生成化十八年七月初一日……春秋五十有八。”

沈周,五十八歲。

王鏊《震澤集》卷二十九《石田先生墓志銘》:“有吴隱君子,沈姓,諱周,啓南字,而世稱之唯曰‘石田先生’。先生世家長洲之相城里。……先生以正德四年八月二日卒,壽八十有三。”

按:據上文推算,其生於宣德二年丁未(1427)。

李應禎、李應祥,五十四歲。

文林《文温州集》卷九《南京太僕少卿李公墓志銘》:“公諱應禎,字貞伯,一名甡。其先……寓居蘇之長洲,遂家焉。……永樂中,(祖)士文以名醫薦入太醫院,故又居南京。……公以宣德辛亥八月二十一日與應祥同生於南京。”

史鑑,五十一歲。

吴寬《家藏集》卷七十四《隱士史明古墓表》:“吴江穆溪之上有隱士,曰史明古。……而疾作,家人進藥,俾持去,曰:‘吾治棺待盡久矣,且吾年六十三,又夭耶!’竟卒弘治丙辰六月甲子也。……其諱鑑,初字未定,後始字明古,自號西村,人稱‘西村先生’。”

按:據上載推算,其生宣德九年甲寅(1434)。此文亦見《西村集》卷首,云:“竟卒弘治丙辰六月庚子也。”以陳垣《二十史朔閏表》推之,弘治九年丙辰(1496)六月無甲子日而有庚子日。故上載“甲子”,誤。

吴寬,五十歲。

顧沅《吴郡文編》卷一百七十一李傑《禮部尚書兼翰林院學士掌詹事府事吴公行狀》:“公諱寬,字原博,姓吴氏,號匏庵,世家蘇之長洲縣。……公生於宣德乙卯十二月二十九日,享年七十。”

李傑,四十二歲。

毛紀《鼇峰類稿》卷十一《明故資善大夫禮部尚書贈太子太保謚文安李公神道碑銘》:“公諱傑,字世賢,李姓,世爲蘇之常熟人。……正統癸亥八月五日,公生於積善鄉石城里,後因以石城爲號。”

朱存理，四十一歲。

文徵明《甫田集》（三十六卷本）卷二十九《朱性甫先生墓志銘》："性甫（存理），長洲人。……性甫死，時爲正德癸酉七月廿又五日，享年七十。"

按：據上文推算，其生於正統九年甲子（1444）。

文林，四十歲。

文含《文氏族譜續集·歷世生配卒葬志》："温州府君諱林，洡水長子。……生於正統十年乙丑十月十八日……年五十五。"

李東陽，三十八歲。

焦竑《焦太史編輯國朝獻徵録》卷十四楊一清《特進光禄大夫左柱國少師兼太子太師吏部尚書華蓋殿大學士贈太師謚文正李公東陽墓志銘》："公姓李氏，東陽名，賓之字也。少居京師。先本湖廣茶陵人。……生正統丁卯六月九日。"

王鏊，三十五歲。

王熙桂等編《太原家譜》卷二十徐縉《文恪公行狀》："……文恪王公，諱鏊，字濟之，姓王氏。……家吴之洞庭山。……公生景泰元年八月十七日，春秋七十有五。"

陸完，二十八歲。

按：《（光緒）漳州府志》卷五十《紀遺下》云："嘉靖初，吏部尚書陸完坐通逆藩，謫戍鎮海衛。四年七月二日，卒於漳開元寺之碧玉堂。"丁奉《南湖先生文選》卷八《冢宰陸公誄》曰："公諱完，字全卿，號水村，世爲蘇之長洲人。……卒年六十九。"據此，其生於天順元年丁丑（1457）。

楊循吉，二十七歲。

錢穀《吴都文粹續集》卷四十三楊循吉《明禮曹郎楊君自撰生壙碑》："君姓楊氏，名循吉，字君謙。……君世家崑山。元末雲擾，來居吴城西市坊。"附録："公生天順戊寅十一月五日……享年八十有九。"

都穆，二十六歲。

胡纘宗《鳥鼠山人小集》卷十五《明中憲大夫太僕寺少卿致仕都公墓志銘》："公諱穆，字玄敬。……年六十有七卒，實嘉靖乙酉九月二十二日。……居吴縣南濠里……故郡人稱爲‘南濠先生’。”

按:據上文推算,其生於天順三年己卯(1459)。

邵寶,二十五歲。

焦竑《焦太史編輯國朝獻徵録》卷三十六楊一清《資善大夫南京禮部尚書贈太子少保謚文莊邵公寶神道碑銘》:“邵公諱寶字國賢者……世居無錫,近慧山,傳稱‘天下第二泉’也。因號泉齋,又曰二泉,學者稱爲‘二泉先生’。……公生天順庚辰……壽六十有八。”

祝允明,二十五歲。

王寵《雅宜山人集》卷十《明故承直郎應天府通判祝公行狀》:“公姓祝氏,諱允明,字希哲,蘇之長洲人也。……其生爲天順庚辰十二月六日,春秋六十有七。”

徐霖,二十三歲。

焦竑《焦太史編輯國朝獻徵録》卷一百十五顧璘《隱君徐子仁霖墓志銘》:“嘉靖戊戌,年七十七,以七月二日卒於家。……先世蘇之長洲縣人。高祖蔚州守伯時始遷松之華亭。祖公異以事謫戍南京。……以系出松,自號九峰道人。或稱爲快園叟。或羨其美鬚髯,又呼爲髯仙。”

按:據上文推算,其生於天順六年壬午(1462)。

周倫,二十二歲。

文徵明《甫田集》(三十六卷本)卷二十八《周康僖公傳》:“周公名倫,字伯明,蘇之崑山人也。……嘉靖……二十一年,年八十,卒是歲七月一日也。”

按:據上文推算,其生於天順七年癸未(1463)。

吴爟,十九歲。

王寵《雅宜山人集》卷十《太學生吴君墓志銘》:“君諱爟,字次明,世吴人也。……其生爲成化丙戌十月九日,春秋五十有八。”

彭昉,十五歲。

文徵明《甫田集》(三十六卷本)卷三十《彭寅甫墓志銘》:“君諱昉,字寅甫。其先清江人。高祖學一國初以尺籍徙隸蘇州衛,遂居蘇之長洲。……君生成化庚寅正月某日……享年五十有九。"

唐寅，十五歲。

祝允明《懷星堂集》卷十七《唐子畏墓志并銘》："唐氏世吴人，居吴趨里。子畏母丘氏，以成化六年二月初四日生子畏，歲舍庚寅，名之曰寅，初字伯虎，更子畏。……子畏罹禍後，歸心佛氏，自號六如，取四句偈旨。"

文徵明，十五歲。

文含《文氏族譜續集·歷世生配卒葬志》："待詔府君諱徵明，温州次子。……生於成化六年庚寅十一月六日……年九十。"

吴奕，十四歲。

按：蔡羽《林屋集》卷十八《落魄公子傳》云："奕，字嗣業。……正德丁卯，母夫人喪之。明年，其弟祠部君暴喪。連哭至親，遂病不起，是冬卒。"王寵《雅宜山人集》卷十《吊吴嗣業文》曰："死時，年四十八。"

據邢参《邢麗文先生遺稿》前集《懷友詩》《續懷友詩》題識，吴奕正德十二年丁丑(1517)正月十三日與"東莊十友"中諸君宴集湯珍碧鳳山房，十五年庚辰(1520)前已逝，知蔡羽所云"丁卯"爲"丁丑"之誤。也就是説，其卒正德十三年戊寅(1518)冬，生成化七年辛卯(1471)。

錢貴，十三歲。

文徵明《甫田集》(三十六卷本)卷三十《明故鴻臚寺寺丞致仕錢君墓志銘》："嘉靖……庚寅三月四日卒，年五十有九。……君諱貴，字元抑，姓錢氏，吴越武肅王之後。宋有寶文閣學士諱端問者，卒官平江，遂家長洲漕湖之上。"

按：據上文推算，其生於成化八年壬辰(1472)。

錢同愛，十歲。

文徵明《甫田集》(三十六卷本)《錢孔周墓志銘》："君諱同愛，字孔周，别號野亭。錢氏其先江都人……占數爲長洲人。……君生成化乙未……享年七十有五。"

顧璘，九歲。

文徵明《甫田集》(三十六卷本)卷三十二《故資善大夫南京刑部尚書顧公墓

志銘》:"公諱璘,字華玉,别號東橋居士,世爲蘇之吴縣人。……因占數爲上元人。……其生成化丙申七月二日,享年七十。"

朱應登,八歲。

朱應登《淩溪集》卷十八附録李夢陽《淩溪先生墓志銘》:"淩溪先生姓朱氏,名應登,字升之,楊之寶應人也。……淩溪生成化十三年正月己未,得年五十。"

陳寰,八歲。

陳寰《祭酒琴溪陳先生集》附録錢瑴《明故朝列大夫南京國子監祭酒琴川陳公行實》:"公諱寰,字原大。初號琴溪。甘泉湛公與公講學留都,贈公《琴川記》,學者稱'琴川先生'。……公於成化丁酉十一月十八日生。"

蔡羽,約七八歲。

汪世清《藝苑疑年叢談·蔡羽》:"蔡羽,字九逵,别號林屋山人,又號左虚子,南直隸蘇州府吴縣西洞庭山人。……生於成化丁酉或戊戌,即一四七七年或一四七八年……"

施儒,七歲。

焦竑《焦太史編輯國朝獻徵録》卷九十九張元《廣東按察司副使施公儒墓志銘》:"公諱儒,字聘之,别號西亭,浙之歸安人。……生於成化戊戌……年六十有二。"

徐縉,六歲。

皇甫汸《皇甫司勳集》卷四十七《徐文敏公祠碑》:"公諱縉,字子容。吴洞庭西山人也,故號崦西。"

周道振輯校《文徵明集補輯》卷十九《記震澤鍾靈壽崦西徐公》:"公生成化己亥之歲……九月十又一日,是公始生之辰。"

盧襄,四歲。

文徵明《甫田集》(三十六卷本)卷三十四《陝西布政使司左參議盧君墓表》:"嘉靖十年辛卯閏六月八日,陝西參議盧君卒於家,年五十有一。……君諱襄,字師陳。國初有爲青州府通判者,始徙居吴之横山,遂爲吴人。"

按:據上文推算,其生於成化十七年辛丑(1481)。

八月十九日，三叔母父御醫周庚陞南京太醫院判，署院事。祖父陳璚等人有詩贈之，庚表舅修撰吴寬亦有詩、序贈之。

周庚(1443—1489)，初名京，字原畿，更名經，又更名庚，字原己，號菊田，吴縣(今江蘇蘇州市)人。諸生。由名醫徵入太醫院，授御醫。以今職卒於官。雅善詩文書法。陳璚與其表舅吴寬少同硯席，長爲同年舉人。入翰林，屈己師之，爲古文詞。後又成親戚。吴寬(1436—1504)，字原博，號匏庵，長洲縣(今江蘇蘇州市)人。成化八年(1472)狀元，授今官。是年十月陞右諭德。累遷禮部尚書兼翰林學士，掌詹事府事，卒於任。贈太子太保，謚文定。亦持海内文柄者。有《家藏集》。

《明憲宗實録》卷二百五十五:"成化二十年八月……癸酉(十九日)，太監懷恩傳奉聖旨，御醫周經陞南京太醫院院判，署院事。"

張廷玉等撰《明史》卷七十五《志・職官四》:"南京太醫院。院判一人(正六品，掌醫療之法)。"

吴寬《家藏集》卷十二《送原己赴南京院判》，略。

又卷四十《贈周原己院判詩序》:"今年適南京太醫院乏人握印，而原己以醫出入禁中且十年。上識其爲人儒者，遂以御醫擢判院事。……於是，原己將行，吾數人惜其去而不可留也。玉汝遂歛諸詩贈之，凡與原己厚者亦皆在焉。予於原己有親交之好，因即嘗所同遊樂者書其上以授。噫，原己則行矣，其亦樂矣！異時一讀此，其亦不能忘吾數人也乎!"

按:陳璚等人詩無考。

據《明憲宗實録》卷二百十、《明孝宗實録》卷五，陳璚成化十六年庚子(1480)十二月二十日至二十三年丁未(1487)十月二十二日任兵科給事中。

《明憲宗實録》卷二百五十七載，吴寬是年十月二十六日由修撰陞右諭德。

吴寬《家藏集》卷七十二《南京太醫院判周君墓表》載:原己，初名經，更名京，後又更名庚，號菊田，爲吴人。諸生。家本業醫，不欲以醫名，然醫亦無所不通。一日，太醫院奏下吴中徵醫士數輩，中有原己名，被遣上京。未幾，選入禁中，典御藥。及數以醫驗，始獲授御醫。居數年，適南京缺掌院事者，衆推之，乃擢院判以往。原己爲人慎密清雅，狀貌癯然，視之如懦夫，中實剛介不隨。平生動作不苟，雖簡札細事，未嘗草率。性喜爲詩，與知己者酒間賦詠，終夕不倦。其摘抉古事，叙述人情，平實深秀，語多絶俗，每爲詞林諸公稱賞。一女，陳出，婿即陳鍵。弘治二年二月辛亥，卒於南京。其卒也，年甫四十七。

李東陽《懷麓堂集》卷二十五《周原己字序》:"御醫姑蘇周君，始名京，字原畿。及被薦部檄以經徵，故又名經。今年始更名曰庚，然未有字也。其舅氏翰林修撰吴先生原博字之曰原已,蓋以舅氏之稱已習故,因其聲之近者爲之也。"

按:李東陽與吴寬所言周庚初名不合,然李言更詳,兹依之。

王鏊《震澤集》卷二十八《通議大夫南京都察院左副都御史陳公墓志銘》:"公諱璚,字玉汝……成化戊子,占應天解額。戊戌,今少卿李公同考會試,得其文,知其爲奇士也,置之高等,遂被選爲庶吉士。時文定公在翰林,聲稱藉甚。公初與同席硯,遂屈已師之,相與劘切,爲古文詞。"

李東陽《懷麓堂集》卷八十《明故嘉議大夫南京都察院左副都御史陳君玉汝神道碑銘》:"初玉汝爲生,從吴文定公爲古文歌詩,弗屑程試。"

按:吴寬《家藏集》卷六十六《周[陳]氏墓志銘》云:"寬之表姊閭丘氏適同里周尚正甫……生子庚……配陳氏。"李傑《吴公行狀》曰:"公諱寬,字原博……二室陳氏,生二男:曰奭,娶林方伯朝信(次)女……"鑒此,吴寬是陳淳三叔母父周庚表舅,又是其姨夫奭父親,兩家乃雙重親戚。

據顧沅《吴郡文編》卷一百七十一李傑《禮部尚書兼翰林院學士掌詹事府事吴公行狀》:公諱寬,字原博,姓吴氏,號匏庵,世家蘇之長洲縣。成化戊子,以《書經》中應天府鄉試第三人。壬辰,會試、廷試俱第一,授翰林院修撰。甲辰,陞右春坊右諭德。丁未,今上登極,陞左春坊左庶子兼翰林院侍讀。辛亥,陞詹事府少詹事兼翰林院侍讀[講]學士。癸丑,陞吏部右侍郎。丁巳,遷本部左侍郎。戊午,命以本職兼學士,入内閣,專理誥敕。庚申,侍東宫講讀,掌詹事府事。癸亥,陞禮部尚書兼翰林院學士,仍掌詹事府事。甲子四月,患足疾在告。凡三上疏乞致仕,皆奉優詔勉留,不幸以是年七月初十日卒於官。公生於宣德乙卯十二月二十九日,享年七十。

錢穀《吴郡文粹續集》卷四十一李冬陽《明故資善大夫禮部尚書兼翰林院學士掌詹事府事加贈太子太保謚文定吴公墓志銘》:"公識趣高雅,行履端潔。孝友天至,遇族里有恩。……於學充然自得,所爲文醇古有法,詩得唐格,書酷似蘇體。辭命在朝廷,紀載在史局,碑版翰墨遍於天下,執此亦可以不朽矣!"

文徵明《甫田集》(三十六卷本)卷三十二《翰林蔡先生墓志》:"吾吴文章之盛,自昔爲東南稱首。成化、弘治間,吴文定、王文恪繼起高科,傳掌帝制,遂持海内文柄。"

按:陳葆真《陳淳研究》第二章第一節《陳淳的家世與吴派畫家的關係》云:"陳璚與吴寬的感情極好,他們是同鄉,也是同年(成化四年)登榜的解元……"

首先,從明代選舉制度看,"解元"即鄉試第一名,僅祇一人。其次,從官方和私人記載看,張朝瑞《南國賢書》前編二載戊子成化四年應天府鄉試:"第三名,吴寬,長洲縣人,監生,《書》。……十二名,陳瓊,蘇州府學生,《書》。"李傑《吴公行狀》曰:"公諱寬,字原博……成化戊子,以《書經》中應天府鄉試第三人。"王鏊

《陳公墓志銘》稱："公諱璚，字玉汝……成化戊子，占應天解額。""解額"即鄉試舉人有一定名額，"占"即占其中之一。兩者完全吻合。

綜上所述，陳葆真所云"陳璚與吴寬……也是同年（成化四年）登榜的解元"，誤。

是年，正月，京師地震，敕群臣修省。

成化二十一年乙巳（1485） 二歲

三月十七日，祖父陳璚將以歲儲事出使江南，右諭德吴寬爲之餞行，會者侍講學士李東陽、右諭德謝遷、左諭德程敏政、侍講李傑、修撰傅瀚、編修王鏊、劉震，有聯句數章。

李傑（1443—1518），字世賢，號石城，常熟縣（今江蘇常熟市）人。成化二年（1466）進士。由庶吉士授編修，擢今職，陞侍讀學士。官至禮部尚書。卒，贈太子太保，謚文安。有《石城山房稿》等著。王鏊（1450—1524），字濟之，號守溪，晚更拙叟，吴縣（今江蘇蘇州市）人。後爲陳璚親家。成化十一年（1475）探花，授今官。陞侍講。累任少傅兼太子太傅、户部尚書、武英殿大學士。卒，贈太傅，謚文恪。有《震澤集》諸著。

程敏政《篁墩文集》卷七十五《三月十七日，原博諭德餞汝玉給事於玉延亭，會者賓之學士、于喬諭德、濟之、世賢侍講、曰川校書、道亨編修暨予，得聯句四章。時黄薔薇盛開，復移尊於海月庵，酹花酌别，又得三章。予亦將有餞約，而觴汝玉者多，刻日有次第不能奪也。手録此，以致繾綣不已之意》之三："命下龍樓重歲儲〔震〕，城東春色擁離車〔敏政〕。過家路便心先到〔瀚〕，報國身勞我不如〔東陽〕。獻納暫違青瑣直〔遷〕，諮詢争睹紫泥書〔寬〕。送君正是花時節〔鏊〕，飲盡瓶罍興有餘〔傑〕。"之七："一種籬邊未滿叢〔瀚〕，瓣香含雨葉含風〔東陽〕。遊絲惹地牽黄蝶〔遷〕，細雨臨堦綴玉蟲〔鏊〕。滿院旃檀春欲暮〔傑〕，印池羅穀夜將空〔敏政〕。行人幸與憑闌會〔璚〕，儘有光華付與公〔鏊〕。"其他五首略。

按：此詩置是年。吴寬《家藏集》卷四十《贈周原已院判詩序》云："自予官於朝，買宅於崇文街之東，地既幽僻，不類城市，頗於疏懶爲宜。比歲，更闢圃，號曰'亦樂'。復治一二亭館，與吾鄉諸君子數遊其間。"卷十二《玉延亭成，次韻玉汝》曰："偶栽山藥得佳名，墻下幽亭一日成。……此後來遊誰復障，繞籬須爲惜殘英。"卷四十七《海月庵銘》序稱:"一鶴園西偏作小屋,入夜月升海,實據其勝,乃題曰'海月庵'。"鑒此,玉延亭、海月庵是其於北京城東崇文街東的府邸亦樂園中建筑。

李東陽行實見明年譜文。傅瀚字曰川,時爲修撰兼校書;程敏政字克勤,爲左諭德;謝遷字于喬;劉震字道亨,諸公行實略。

《明孝宗實録》卷三載,王鏊後年九月二十五日由編修陞侍講。程敏政所言"濟之……侍講",誤。

據毛紀《鼇峰類稿》卷十一《明故資善大夫禮部尚書贈太子太保謚文安李公神道碑銘》:公諱傑,字世賢,李姓,世爲蘇之常熟人。正統癸亥八月五日,公生於積善鄉石城里,後因以石城爲號。正德丁丑閏十二月十五日丑時而歿,享年七十有五。公詩文渾厚典實,不徇時尚。所著有《石城山房稿》三十卷、《使東録》一卷、《秀野園稿》若干卷藏於家。

俞汝楫等撰《禮部志稿》卷五十三《列傳·尚書李傑》:"李傑……成化丙戌進士,改翰林院庶吉士。授編修。陞侍講。……秩滿,陞侍讀學士。弘治初,以宫僚恩,陞左春坊左庶子兼侍讀學士。四年,陞南京國子監祭酒。……以憂去,服闋,改太常寺少卿兼侍讀學士,掌院事。十三年,陞南京禮部右侍郎。十五年,改禮部右侍郎。轉左侍郎。正德元年……陞南京吏部尚書。二年,改禮部尚書。時逆瑾用事……忤瑾意,遂令致仕。"

據王熙桂等編《太原家譜》卷二十徐縉《文恪公行狀》:文恪王公,諱鏊,字濟之,姓王氏。家吴之洞庭山。初號守溪,晚又號拙叟。乙未,會試第一。入奉廷對,乃置第一甲第三。授翰林院編修。九年,陞侍講。擢右春坊右諭德,爲侍讀學士。東宫將出閣,仍兼左諭德。旋進詹事府少詹事兼侍讀學士。詔用吏部(右)侍郎。正德初,以吏部(左)侍郎兼翰林院學士入閣。進户部尚書兼文淵閣大學士。尋加少傅兼太子太傅、武英殿大學士。時瑾大肆酷虐。公議多不合,於是三上疏求去,得請。以嘉靖三年三月十一日終於正寢。贈太傅,謚文恪。公生景泰元年八月十七日,春秋七十有五。

邵寶《容春堂續集》卷十六《大明故光禄大夫柱國少傅兼太子太傅户部尚書武英殿大學士致仕贈太傅謚文恪王公墓志銘》:"其爲文先愛'三蘇',才思川湧,援筆如不能止。既自超蜕,力追古作。自昌黎上溯秦漢,駸駸乎幾矣。論起衰者歸之。……晚精理學,論辯多古人未發。詩蕭散清逸,有王岑風格。書法清勁自成,得晋唐筆意。所著有《震澤集》《震澤編》《震澤長語》《紀聞》各若干卷。"

張廷玉等撰《明史》卷一百八十一《列傳·王鏊》:"鏊博學有識鑒,文章爾雅,議論明暢。……少善制舉義,後數典鄉試,程文魁一代。取士尚經術,險詭者一切屏去。弘正間,文體爲一變。"

按：其弘治十年丁巳(1497)三月爲仲子延素聘陳璚次女爲媳，成爲親家。

五月十九日，岳祖父張翥由南昌知府陞河南右參政。

《明憲宗實録》卷二百六十六：“成化二十一年五月……戊辰(十九日)，陞……南昌府知府張翥……河南右參政。”

張廷玉等撰《明史》卷七十五《志·職官四》：“承宣布政使司。……左、右參政，從三品。……參政、參議分守各道，及派管糧儲、屯田、清軍、驛傳、水利、撫民等事，并分司協管京畿。”

秋，祖父陳璚過家，於沈周處得《米友仁行書三詩卷》。臨行，沈周作《贈别圖并詩軸》，史鑑題詩，以送之。三年後，吴寬亦爲題詩。

沈周(1427—1509)，字啓南，號石田，晚號白石翁，長洲縣(今江蘇蘇州市)人。詩書畫皆善，尤其是繪畫，有“當代第一”和“畫聖”之稱。喜獎掖後進。有《石田稿》諸著。史鑑(1434—1496)，字明古，號西村，吴江縣(今江蘇吴江市)人。沈周親家。能詩文，熟史論，精鑒藏，通水利。有《西村集》諸著。

按：吴寬《家藏集》卷五十三《跋米元暉寓大姚村所書三詩》：“大姚在吴東……而陳氏實居其地，爲望族。昔米元暉嘗過此，手寫三詩，而爲沈石田所藏。以玉汝大理里中故物也，因以歸之。”

郁逢慶《續書畫題跋記》卷四《米敷文大姚村圖石田模本》：“廣文當日官雖冷，可奈才名振世何。他日君家須炙手，而今聊復在堪羅。老來尚喜管城子，更愛好山江上青。武林秋高曉欲雨，正若此畫雲冥冥。三茅别有洞中天，我欲居山屏世緣。累行積功多悦氣，玉晨欣有地行仙。紹興戊午季春十一日書於大姚五湖田舍，元暉。”沈周圖模於弘治五年壬子(1492)九月九日，題云：“《小米大姚村圖》，澄心堂紙也。詩逸，書畫道潤，得乃父風。不易得之物，爲吾蘇沈汝融氏之世藏。成化末，王瘸(臣)刮貨江東，此卷屬其鷹攫。汝融惄惄若廢飲食者，以余嘗觀，求追寫其所記憶，久亦付之茫然矣。近過徐甥，出《元暉大行書三詩》，即其副本耳。遂臨一過，復漫補此圖，始塞其意……”朱存理《珊瑚木難》卷三《米元暉畫湖山煙雨圖》，即《大姚村圖并題三詩》，録於成化二十二年丙午(1486)四月十一日，曰：“此卷爲吴城沈煦氏所藏，其先公舊物也。嘗一示予，徐仲山爲録一過留沈氏。予就其録本而又録之。”

沈周所言“徐甥”即朱存理所言“徐仲山”，名源(1440—1515)，號瓜涇，長洲人。成化十一年(1475)進士，官至右副都御史巡撫山東。

由是判斷,此卷被王臣攫前已屬沈周,因讓其甥徐源録之留沈氏。後迫於無奈,將圖和三詩一分爲二:圖歸王臣,作爲應付,時在向前年(《寓意編》);三詩歸陳璚,存其故里,而其是年出使江南,於秋過家,與沈周往來甚歡,當在此時。

又,陸時化《吴越所見書畫録》卷三《沈石田臨别贈言圖立軸》。臨别贈言:"較餉南荒簡近臣,便經故國似生春。暫逢不盡由衷話,即别難堪向老人。曉袂判風山對酒,秋軺隨雨道清塵。煩君爲報吴宫諭,白髮全衰舊懶民。長洲沈周。""杳杳西南萬里程,軺車到處使星明。山圍孤戍深難覓,路雜諸夷静不驚。轉餉每憐荆地困,歸途還趁蜀江平。過家旋復趨朝去,玉佩成行導駕行。松陵史鑑。""黑髮黄扉舊使臣,洛京騎馬又新春。歸來已是三年事,夢寐猶驚萬里人。退食禁中誇好雪,遷居巷北喜無塵。晴窗偶坐看詩墨,更憶吴門兩逸民。玉汝以石田翁《贈别圖》見示,因上有詩及予,爲次韻一首。末句所謂兩逸民蓋并史明古言也。戊申閏月望日,吴寬。"

沈周詩有"曉袂判風山對酒,秋軺隨雨道清塵"句;吴寬詩有"黑髮黄扉舊使臣""歸來已是三年事"句,所署"戊申"即弘治元年(1488),以此推之,當陳璚是年出使江南而於秋過家時事。

王鏊《震澤集》卷二十九《石田先生墓志銘》:"有吴隱君子,沈姓,諱周,啓南字,而世稱之唯曰'石田先生'。先生世家長洲之相城里。……先生風骼潔修,眉目媚秀,外標朗潤,内藴精明。書過目即能默識,凡經傳子史百家、山經地志、醫方卜筮、稗官傳奇,下至浮屠老子,亦皆涉其要,掇其英華。發爲詩,雄深辨博,開闔變化,神怪疊出,讀者傾耳駭目。其體裁初規白傅,忽變眉山,或兼放翁,而先生所得要自有不凡近者。書法涪翁,遒勁奇倔。間作繪事,峰巒煙雲波濤,花卉鳥獸蟲魚,莫不各極其態。或草草點綴,而意已足成,輒自題其上,時稱'二絶'。一時名人皆折節内交。自部使者、郡縣大夫,皆見賓禮。縉紳東西行過吴,及後學好事者,日造其廬而請焉。……先生固喜客,至則相與談笑詠歌,出古圖書器物,摸撫品題,酬對終日不厭。……數年來,近自京師,遠至閩、浙、川、廣,無不購求其跡,以爲珍玩。風流文翰,照映一時,其亦盛矣。……尤喜獎掖後進,有當其意者,爲延譽不已。……先生以正德四年八月二日卒,壽八十有三。……所著有《石田稿》《石田文抄》《石田詠史補忘》《客坐新聞》《沈氏交遊録》若干卷。"

王世貞《弇州續稿》卷一百四十七《吴中往哲像贊》:"沈石田先生周,字啓南,長洲之相城人。自號曰石田,晚更號白石翁。"

又《弇州四部稿》卷一百三十八《沈石田贈吴文定行卷山水》:"白石翁,畫聖也。"

王穉登《國朝吴郡丹青志·神品志·沈周先生》:"先生繪事爲當代第一,山水人物,花竹禽魚,悉入神品。其畫自唐宋名流及勝國諸賢,上下千載,縱横百輩。先生兼總條貫，莫不攬其精微。”

據吴寬《家藏集》卷七十四《隱士史明古墓表》：吴江穆溪之上有隱士，曰史明古。其諱鑑，初字未定，後始字明古，自號西村，人稱“西村先生”。其學於書，無所不讀，而尤熟於史。論千載事，歷歷如見，而剖斷必公，蓋有宋劉道原之精。至於時事人言，得於聞見，往往筆之成編，則有洪容齋之博焉。若其才，如錢穀、水利之類，皆知其故，使得郡縣而治之，恢恢乎無難者。爲文章紀事有法，醇雅如漢人語。詩則不屑爲近體，興至吟聲咿咿，冥搜苦索，欲追魏晋。而及之家居甚勝，水竹幽茂，亭館相通，如入顧辟疆之園。客至，陳三代秦漢器物及唐宋以來書畫名品，相與鑒賞。晚歲益務清曠，室無姬侍。築小雅之堂，方床曲几，宴坐其中。或累月不至城郭，至即止宿僧舍而已。而疾作，家人進藥，俾持去，曰：“吾治棺待盡久矣，且吾年六十三，又夭耶！”竟卒弘治丙辰六月甲[庚]子也。

《(乾隆)吴江縣志》卷三十三《人物十・隱逸》：“史鑑，字明古。……所著有《西村集》《西村雜言》《小雅堂日抄》《禮疑》《禮纂》諸書。”

按：《西村集》卷五《與吴原博修撰》云：“弟與啓南聯姻矣，次子永齡僭求其季女，亦藉貞伯與陳玉汝贊襄成約耳。”可見，史鑑乃沈周親家。

約是年，從弟陳津生。

按：陳淳生去年六月二十八日，津弟汸生明年，知津生兩者之間即是年左右。

是年，五月、十一月，京師地震。

成化二十二年丙午(1486)　三歲

夏，祖父陳璚贈侍講學士李東陽躺椅，李東陽作詩謝之。

陳璚初試禮部，爲李東陽所得，遂稱知己，以文字友甚習。東陽(1447—1516)，字賓之，號西涯，茶陵縣(今湖南茶陵市)人。天順八年(1464)進士。由庶吉士授編修，歷今職，陞左庶子。累官少師兼太子太師、吏部尚書、華蓋殿大學士。卒，贈太師，謚文正。亦文壇領袖。有《懷麓堂集》諸著。

李東陽《懷麓堂集》卷九《柬陳玉汝》：“吴杉製器五尺强，棬如胡椅長如床。方藤細簟曲木枕，意匠頗覺吴工良。高眠穩坐兩不妨，坐非箕踞眠非僵。由來萬物各有用，一物兩用無遺長。夜來我在元龍宅，醉卧此床呼不得。歸來展轉不成眠,夢想猶疑在床側。吾家老父年七十,此物何由置堂室?衹因爲樂勝潘輿,恨不可懷如陸橘。平生有口不慣乞,與子在情寧在物。正是黄香扇枕時,高堂待此無蒸鬱。”

按:上詩有“吾家老父年七十”“高堂待此無蒸鬱”句,倪岳《青溪漫稿》卷十八《壽慭庵李先生詩序》云:“成化丙午十二月二十有九日,封翰林編修慭庵李先生壽届七十。維時,其子賓之適以侍講學士滿三載,復拜推恩之典,進封先生如賓之官”。鑒此,陳璚贈李東陽躺椅在其父七十歲即是年夏。

王鏊《震澤集》卷二十八《通議大夫南京都察院左副都御史陳公墓志銘》:“公諱璚,字玉汝……戊戌,今少卿李公同考會試,得其文,知其爲奇士也,置之高等,遂被選爲庶吉士。”

李東陽《懷麓堂集》卷八十《明故嘉議大夫南京都察院左副都御史陳君玉汝神道碑銘》:“予同考禮部,初試已落之[乙]榜。時策問涉僻事,闔場莫能記,惟此卷備舉,不失一字。遂置上第,入翰林,爲諸老先生所器許……玉汝謂予爲知己,以文字友甚習。”

據焦竑《焦太史編輯國朝獻徵録》卷十四楊一清《特進光禄大夫左柱國少師兼太子太師吏部尚書華蓋殿大學士贈太師謚文正李公東陽墓志銘》:公姓李氏,東陽名,賓之字也,號西涯。少居京師。先本湖廣茶陵人。生正統丁卯六月九日。天順甲申,得進士二甲第一,入翰林爲庶吉士。成化乙酉,授編修。甲午,遷侍講。癸卯,遷侍講學士。弘治己酉,以從龍恩,遷左春坊左庶子,仍兼侍講學士。……乙卯,命以禮部右侍郎兼侍讀學士入閣。戊午,皇太子出閣進學,加太子少師[保]、禮部尚書兼文淵閣大學士。癸亥,加太子太保、户部尚書、謹身殿大學士。乙丑,以侍從輔導恩,加少傅兼太子太傅、户部尚書、謹身殿大學士。正德丙寅,加少師兼太子太師、吏部尚書、華蓋殿大學士。壬申,卧家,凡八上疏辭。上察其誠,勉從所請。丙子七月二十日,終於正寢。贈太師,謚文正。所著有《懷麓堂前、後稿》各若干卷,别有《南行》《北上》《東祀》諸録。真、行、草、隸俱有法,而篆書則一剗近習,復古之功爲大。

張廷玉等撰《明史》卷一百八十一《列傳·李東陽》:“東陽……爲文典雅流麗,朝廷大著作多出其手。工篆隸書,碑版篇翰,流播四裔。奬成後進,推挽才彦,學士大夫出其門者,悉粲然有所成就。自明興以來,宰臣以文章領袖縉紳者,楊士奇後,東陽而已。”

七月十八日,祖父陳璚訪右諭德吴寬,誦其《醫俗亭記》并索書,吴寬書條幅歸之。

陸時化《吴越所見書畫録》卷五《明吴匏庵醫俗亭記行楷立軸》款云:“余乘暇

偶作此俚言，書於小亭自適。辱玉汝契友過訪，誦之，不以鄙俚見嫌，索書再四，余不愧醜陋，復書以歸之。時成化二十二年歲在丙午秋七月望後三日，延陵吴寬記。"

是年，從弟陳汸生。

江蘇人民出版社《江蘇藝文志・蘇州卷》第一分册《蘇州市、吴縣市》："陳汸(1486—1548)，字道濟，號方舟。明長洲滸墅關人。璘[璚]孫。"

從伯陳銓卒。

按：陳銓子澐生成化十五年己亥(1479)，八歲父喪，其當卒是年。

是年，六月，段金生。

北京大學圖書館藏拓本周金《明故户部主事石庵段公墓志銘》："石庵姓段氏，諱金，字子辛，號曰石庵主人，常之武進人也。……石庵生成化二十二年六月(缺八字)。"

蔣山卿、張寰生。

張慧劍《明清江蘇文人年表》："1486 丙午成化二十二年，儀真蔣山卿(子雲)生。"

歸有光《震川集》卷二十三《通政使司右參議張公墓表》："公姓張氏，諱寰，字允清，世爲蘇州崑山人。……欲以明年爲太嶽之遊，而遘疾不起矣。實嘉靖四十年正月二十四日，年七十有六。"

按：據歸有光言推算，張寰生是年。

成化二十三年丁未(1487) 四歲

二月十三日，岳祖父張翥陞雲南按察使。

據《明憲宗實録》卷二百八十七：成化二十三年二月癸未(十三日)，陞河南右參政張翥爲雲南按察使。

張廷玉等撰《明史》卷七十五《志・職官四》："提刑按察使司。按察使一人，正三品。……按察使掌一省刑名按劾之事。"

十月二十二日,祖父陳璚陞刑科左給事中。

據《明孝宗實録》卷五:成化二十三年十月戊子(二十二日),陞給事中陳璚爲刑科左給事中。

張廷玉等撰《明史》卷七十四《志・職官三》:"吏、户、禮、兵、刑、工六科。各……左、右給事中各一人,從七品。……六科,掌侍從、規諫、補闕、拾遺、稽察六部百司之事。"

是年,十一月二十四日,湯珍生。

顧沅《吴郡文編》卷一百七十一彭年《雙梧先生湯公行狀》:"公姓湯氏,諱□(珍),字子重。其先……遷長洲,居城中碧鳳里。……堂有二桐樹,甚蔚茂,門人稱曰'雙梧先生'云。……公生成化二十三年十一月廿四日……春秋六十有六。"

謝時臣生。

容庚《頌齋書畫小記》上册《謝時臣》:"謝時臣,字思忠,號樗仙,蘇州吴縣人。……生成化二十三年丁未(一四八七)……年八十一。"

是年,八月,憲宗帝朱見深崩。九月,太子朱祐樘即位,以明年改元弘治。十月,立妃張氏爲皇后。

弘治元年戊申(1488) 五歲

二月二十八日,外祖父林符由廣西按察副使陞本司按察使。

《明孝宗實録》卷十一:"弘治元年二月……壬戌(二十八日),陞……廣西副使林符……爲按察使(正三品)……本司。"

九月九日,外祖父林符等人以前起送孝穆皇太后親屬至京,得賞金幣有差。

《明孝宗實録》卷十八:"弘治元年九月……己巳(九日),賞前總督兩廣軍務右都御史宋旻及巡按御史唐相、都指揮紀英、左布政使侯英、副使林符、僉事黄鑰、知府李廷芝等金幣有差,以起送孝穆皇太后親屬至京也。"

十月十六日，祖父陳璚陞刑科都給事中。

《明孝宗實録》卷十九："弘治元年十月……丙午（十六日），陞……刑科左給事中陳璚……爲都給事中……本科。"

張廷玉等撰《明史》卷七十四《志・職官三》："吏、户、禮、兵、刑、工六科。各都給事中一人，正七品。"

初，夏縣妖僧黄繼曉由星命術得太監梁芳引進，陞至國師，以蕩上心。孝宗涖政，既就逮，法司擬以常典。祖父陳璚等暴其罪，是年十一月二十五日伏法。梁芳充軍，法司堂上官、屬官分别停俸一月和兩月。

王鏊《震澤集》卷二十八《通議大夫南京都察院左副都御史陳公墓志銘》："公諱璚，字玉汝……妖僧繼曉事覺，法司當以常刑。公言：'先王之制，爲奇技淫巧以蕩上心者，殺。法司當非是。'於是，曉竟坐棄市，尚書何喬新等皆被詰責待罪。"

李東陽《懷麓堂集》卷八十《明故嘉議大夫南京都察院左副都御史陳君玉汝神道碑銘》："孝宗涖政初，妖僧繼曉既就逮，法司擬以常典。玉汝與同官暴其罪，乃伏法。"

《明孝宗實録》卷二十："弘治元年十一月……甲申（二十五日）……妖僧繼曉伏誅。曉，湖廣夏縣人，姓黄氏。成化中，以星命之術，因太監梁芳以進。大見，親幸，賞賚甚厚。請給護敕，旌其門曰'孝行'。復請太監蔡忠第以居。後以其隘，又移居都督馬俊宅，請賜額於門曰'輔教寺'。屢進邪説，有人所不得聞者。陞國師，因以創寺請，遂許購民居百餘家以成之。所居前後，多置婦女，又賞袈裟、念珠等物。群小多依附以求進。及回湖廣，以黄帕裹其一臂，謂：'嘗經御手所執也。'至是，刑部擬曉罪死，妻子流二千里。以犯在赦前，請發原籍爲民。大理寺審允。有旨：'令科道官看詳。'刑科都給事中陳璚、浙江道御史魏璋等交奏：'曉罪大惡極，刑部所擬不當，并請正芳引進邪人之罪。'上是之，命即斬曉於市，妻子爲奴，財産入官。芳既充軍，故貸其死。命南京守備官重杖之八十，仍充役。刑部尚書何喬新等，令具實以聞。於是刑部、大理寺官各自陳狀。得旨：'堂上官停俸一月，經該司屬官各兩月。'"

約是年，祖父陳璚於刑科右給事中趙竑處得《米友仁雲山圖卷》。後携歸故里，令長子鎡藏之。吴寬、王鏊、陸完有跋。

趙竑（？—1504），字良度，大興縣（今北京市）人。成化二十年（1484）進士，選刑科給事中。擢今官。累遷光禄寺卿，卒於任。陸完（1457—1525），初名元貞，字羨卿，後更完，字全卿，號水村，晚號天佚翁，長洲縣

(今江蘇蘇州市)人。後爲陳淳親戚。去年舉進士,授監察御史。官至吏部尚書。正德末以交通朱宸濠罪被捕,戍福建鎮海衛。有《水村集》。

英和等撰《石渠寶笈三編》延春閣藏十二《宋米友仁大姚村圖一卷》自題:“霄壤千千萬萬山,東南勝地孰躋攀。古來□(作)語詠不得,我寓無聲縑楮間。紹興己未,除守琅琊,待次平江,寓居大姚村妹家戲作。懶拙翁元暉。”後幅題跋:“玉汝既得元暉《三詩》。他日過趙給事良度,壁間有《雲山圖》,題曰:‘作於大姚村妹家。’顧而歎曰:‘此又吾里中故物也。’良度乃亦歸之。玉汝因令其子鎡與詩迹并藏,仍乞予題其後。此圖自吴中轉徙京師,今復歸其里人,其事又益奇也。寬。”“宋[米]家書畫於今固自難得,况此復作於大姚者,可謂神物必有合也。鏊跋。”“昔虞文靖題小米畫,以遺柯敬仲,有‘好事千金安足論,盍買山田遺子孫’之句,蓋丹邱平生負書畫癖,故文靖諷之若此。顧予好事不足以望丹邱,而亦嘗寓意於古人書畫。成齋大理以文靖意相戒者屢矣,今以此圖爲姚村故物也。令以時藏之,圖則佳矣。以里中故物而後歸於里人,事亦奇矣。獨往時戒我者至此而自蹈之,豈遇尤物,雖淡然無所好者,亦不能忘情耶! 呵呵,完跋。”

按:趙良度即趙竑。《明憲宗實録》卷二百七十五,《明孝宗實録》卷五、卷三十、卷五十三載,趙竑成化二十二年丙午(1486)二月由進士選刑科給事中,二十三年丁未(1487)十月陞本科右,弘治二年己酉(1489)九月轉本科左,四年辛亥(1491)七月遷本科都。而陳璚成化二十三年丁未(1487)十月由兵科給事中擢刑科左,弘治元年戊申(1488)十月陞本科都,二年己酉(1489)十一月遷大理右寺丞。故陳璚於趙竑處得是圖應在刑科任上與其同事時,即去年十月至明年十一月間。這與吴寬所云陳璚先得元暉《三詩》後得其《雲山圖》,完全吻合,以繫此。

鎡字以時,陳璚長子,居長洲大姚。因而陳璚得是圖後則携歸故里。又陸完跋稱“成齋大理”,陳璚自弘治二年己酉(1489)十一月至十一年戊午(1498)九月任職大理,歷左右寺丞、左右少卿。其間約歸里二次:弘治五年壬子(1492)六月壽母九十、六年癸丑(1493)七月丁母憂。然從時間和心情來説,第一次當從容、愉悦,所以携是圖歸里的可能性大。而諸公跋,皆在之後。

《明孝宗實録》卷二百〇九:“弘治十七年三月……癸酉(十二日)……光禄寺卿趙竑卒。竑,順天府大興縣人。……竑,成化二十年進士,選刑科給事中。歷陞左右給事中,遷都給事中、光禄寺少卿,至卿卒。”

據張廷玉等撰《明史》卷一百八十七《列傳》:陸完,字全卿,長洲人。舉成化二十三年進士。謫選,爲御史。正德初,歷江西按察使。三年冬,擢右僉都御史,巡撫宣府。赴闕後期,命以試職視事。明年夏,復改南院,督江防軍。召爲左僉都御史。五年春,拜兵部侍郎。明年,霸州賊劉六、劉七等起,奉楊虎爲首。八月，詔完兼右僉都御史，提督軍務，統京營、宣府、延綏軍討之。録功，進右都御史。明年，餘賊盡平。還朝，進太子少保、左都御史。明年，爲兵部尚書。十年，改吏部尚書。宸濠反，就執。中官張永至南昌，搜其籍，得完平日交通事，上之。帝大怒。還至通州，執完，收其母、妻、子女，封識其家。比還京，反縛之竿，揭姓名於首，雜俘囚中，列凱旋前部以入，將置極刑。值武宗崩，世宗立，法司覆奏："完交外藩而遺金不卻，處護衛而執奏不堅，當斬。"完復乞哀，下廷臣覆讞。以平賊功，在"八議"之列，遂得減死，戍福建靖[鎮]海衛。

陸完《先太宰水村集遺稿·在懲録·莊子通序》："予幼名元貞。十七八歲時，今名未定。先柱國好讀《莊子》，至'不以物挫志之謂完'，愛其語，因命以名……"

又《天佚翁説》："完得戍鎮海，自號天佚翁。"

《(光緒)漳州府志》卷五十《紀遺下》："嘉靖初，吏部尚書陸完坐通逆藩，謫戍鎮海衛。四年七月二日，卒於漳開元寺之碧玉堂。"

丁奉《南湖先生文選》卷八《冢宰陸公誄》："公諱完，字全卿，號水村……卒年六十九。"

按：陸完跋後鈐"美卿"印，知爲初字。

吴寬《家藏集》卷六十二《陸宗博墓志銘》："長洲陸宗博以成化十三年十一月己丑卒……其子完奉南昌太守張君汝振之狀來乞銘。南昌與君中表兄弟也，其言宜實。……男子三人：曰完，郡學生，娶郭氏……"卷六十八《郭母徐氏墓志銘》："徐氏諱静端……及嫁郭氏，爲承事郎汝文之妻。……子男三：長即忱，娶雲南按察使張公汝振女。……女一，適監察御史陸完，贈孺人。"王鏊《震澤集》卷二十八《雲南按察使進階中奉大夫張公墓志銘》："張公諱翥，字汝振，世爲蘇之長洲人。……考諱樞……妣陸氏，封太宜人。公……出知江西南昌府。進……雲南按察使，致仕。……子男二：長約，工部營繕司郎中。……女三：婿爲南京太常寺典簿郭忱……"陸粲《陸子餘集》卷三《奉政大夫工部營繕司郎中張公墓志銘》："張公諱約，守之其字，吴之長洲人也。……考翥，始起進士，卒官雲南按察使。……女二……太學生陳道復，其婿也。"《陳白陽集》附録張寰《白陽先生墓志銘》："夫人同邑張氏。祖諱翥，雲南按察使。父諱約，都水[營繕]司郎中。"鑒此，陸完乃陳淳内表叔和姑父郭忱姊妹夫。

是年，閏正月十七日，袁表生。

袁廷檮《吴門袁氏家譜》卷五《譜圖·大房一支譜圖》："表，鼐長子。行一，字邦正。宦歸，慕靖節高風，自號曰陶齋。……生於弘治元年戊申閏正月十七日……壽六十有六。"

八月十三日,華雲生。

華孳亨《華氏傳芳集》卷五《奉議大夫補庵府君宗譜傳》:"府君諱雲,字從龍,號補庵。通八支海月府君長子。……生弘治戊申八月十三日……年七十三。"

弘治二年己酉(1489) 六歲

二月二十三日,三叔母父南京太醫院判周庚卒於官,享年四十七。其友南京尚寶司卿李應禎爲治殮具。二十八日,其柩至家。九月二十日,葬於吴縣沙涇村。其表舅左庶子兼侍讀吴寬爲撰《墓表》,又有《哀詩》《祭文》。左庶子兼侍講學士李東陽亦有《祭文》。侍講王鏊、禮部主事楊循吉、沈周、祝允明各有詩哭之、悼之、挽之。

李應禎(1431—1493),名甡,一名維熊,字應禎,以字行,晚更字貞伯,號范齋。家南京(今江蘇南京市),中歲還故里長洲縣(今江蘇蘇州市)。景泰四年(1453)舉人。成化元年(1465)由國子生拜中書舍人,歷至今官,後年以南京太僕少卿致仕。詩文書法,爲世所重。其婿祝允明(1461—1527),字希哲,號枝山、枝指道人,同里人。成化中期諸生。弘治五年(1492)舉人,官至應天府通判。善詩文,尤工書法,與徐禎卿詩、沈周畫并稱"國朝三絶",又有"明興第一人"之譽。喜獎掖後進。有《懷星堂集》諸著。

吴寬《家藏集》卷七十二《南京太醫院判周君墓表》:"弘治二年二月辛亥(二十三日),原己(庚)院判卒於南京。……於是其友李貞伯爲治殮具。後五日,子婿陳鍵扶柩至家。又七月,將葬於吴縣沙涇村。以宜有文表其墓也,陳玉汝則請於予。嗚呼,予與原己有交親之好,非淺其文,豈待請耶?第有不忍爲者,然度原己望我者在此,乃卒書之。……其卒也,年甫四十七。"

又卷十七《哀原己》,略。

又卷五十六《祭周原己文》,略。

李東陽《懷麓堂集》卷四十二《祭周原己院判文》,略。

王鏊《震澤集》卷二《哭原己,次匏韻》,略。

楊循吉《松籌堂集》卷二《悼周院判原己》,略。

沈周《石田詩選》卷七《挽周原己醫判》,略。

祝允明《懷星堂集》卷七《哭周院判原己》:"己酉九月二十日賦,是日公還玄宅,予以疾不能送。……"

按:《明孝宗實録》卷七、卷五十四載,吴寬前年十一月二十日至後年八月二十七日任左庶子兼侍讀。

又卷二十五載，李東陽是年四月二十四日丁憂服闋，陞左庶子，仍兼侍講學士。

又卷三、卷五十四載，王鏊前年九月二十五日至後年八月二十七日任侍講。

楊循吉時爲禮部主事，行實見第48、49頁譜文。

文林《文温州集》卷九《南京太僕少卿李公墓志銘》："公諱應禎，字貞伯，一名甡。其先……寓居蘇之長洲，遂家焉。……永樂中，（祖）士文以名醫薦入太醫院，故又居南京。……公以宣德辛亥八月二十一日與應祥同生於南京。……景泰癸酉，以儒士中應天府鄉試第九人。會試禮部，中乙榜，不就。卒業太學。……成化乙酉，拜中書舍人。……戊戌，陞南京兵部武選司員外郎。……改本部車駕司。……丙午，進職方郎中。弘治戊申，改南京尚寶司卿。辛亥，陞南京太僕寺少卿。在太僕甫兩月……遂力陳致仕。還長洲二年卒，年六十有三。"

吴寬《家藏集》卷七十六《明故中順大夫南京太僕寺少卿致仕李公墓碑銘》："公李氏，諱甡，一諱維熊，字應禎，以字行，晚更字貞伯。……尤慕范文正公，題其居室曰'范齋'，因以爲號。……平生書跡清古，文詞簡雅有法，爲世所重。公生長南京，多遊寓宜興。中歲則以吴中故鄉，始購屋以居。"

陸粲《陸子餘集》卷三《祝先生墓志銘》："先生諱允明，字希哲，蘇之長洲人也。……先生少穎敏，五歲作徑尺字，讀書一目數行下。九歲能詩，有奇語。既天賦殊特，加内外二祖咸當代魁□（儒），目擩耳染，不離典訓。稍長，遂貫綜群籍，稗官雜家、幽遐嵬瑣之言，皆入記覽。發爲文章，崇深鉅麗，横從開闔，茹涵古今，無所不有。或當廣坐，詼笑雜遝，援毫疾書，思若泉湧，一時名聲大噪。歲壬子，舉於鄉。……初仕興寧令……稍遷通判應天府，亡何乞歸。……夫人李氏，鄉先生太僕少卿應禎之女。……先生簡易高曠，不樂拘撿，在衆若無能者，然默而好深湛之思。時獨居著書，解衣槃礴，遊心玄間。賓客來者，叩户呼之，若弗聞也。性善書，出入魏晋諸家，晚益奇縱。……喜獎掖後進，終身不言人過。"

王寵《雅宜山人集》卷十《明故承直郎應天府通判祝公行狀》："以嘉靖丙戌十二月二十七日卒，距其生爲天順庚辰十二月六日，春秋六十有七。……所著有《祝子通》若干卷、《祝子罪知》若干卷、《祝子雜》若干卷……《金石契》一卷、《興寧志》五卷、《詩文集》六十卷、《後集》若干卷。"

王世貞《弇州四部稿》卷一百五十《藝苑卮言七》："吴中如徐博士昌穀詩、祝京兆希哲書、沈山人啓南畫，足稱'國朝三絶'。"

又《弇州續稿》卷一百四十八《吴中往哲像贊》："祝京兆先生允明，字希哲，長洲人。生而枝指，故自號枝山，又曰枝指道人。……書法魏晋、六朝至顔、蘇、米、趙，無所不精詣。而晚節尤横放自喜，故當爲明興第一人。"

按：《懷星堂集》卷十三《上巡按陳公辭召修〈廣省通志〉狀》有"五應鄉薦，裁忝一名"語,據明代選舉制度,鄉試每三年一次,時在子、午、卯、酉年。而其弘治五年壬子(1492)中舉,當成化十六年庚子(1480)或之前得諸生。

初,祖父陳璠號成齋。時,左庶子兼侍講學士李東陽爲作《記》和《箴》。

李東陽《懷麓堂集》卷三十《成齋記》:"刑科都給事中長洲陳君名瑄[璠],字玉汝,自號曰成齋,蓋自諸生時已然。及官京師,所寓輒揭名於齋。……《記》曰:'玉不琢,不成器;人不學,不知道。'成之義,其固在兹乎!《傳》又謂'成己將以成物',乃性之德,人之所有事也,非功與名之謂也。蓋至是而成之道盡。世之濫窮者,每自棄於成。君子之達亦未必不益乎身,以爲成物之資也。所謂生憂患而死安樂,蓋爲恒人言之者,豈盡然哉!'予始得玉汝場屋間,如[知]其人不止文字之懿,及其律身奉職,危思遠計,以大賢君子自鑒,蓋其成亦不於功名止也。予固將相之有,未可以諛言贈者,因記於其齋。《詩》有之:'他山之石,可以攻玉。'予之言,未必非斯齋之助也。"

又卷四十《成齋箴》,略。(圖7)

按:陳璠去年十月十六日至是年十一月十六日任刑科都給事中。李東陽是年四月二十四日丁憂服闋,陞左庶子兼侍講學士。故爲作《記》在是年四月二十四日至十一月十六日間。而作《箴》亦應基本同時,因并繫之。

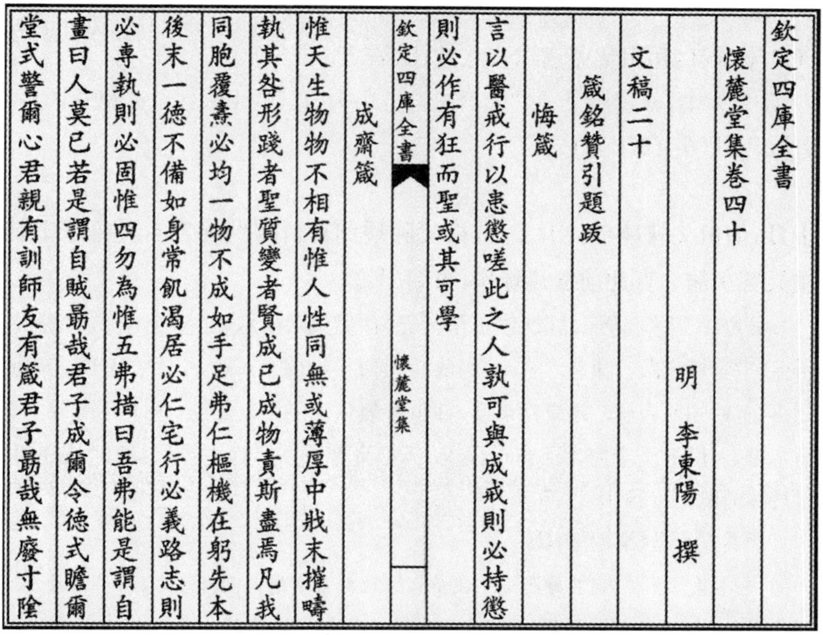
欽定四庫全書
懷麓堂集卷四十
明 李東陽 撰
文稿二十
箴銘贊引題跋
悔箴
言以醫戒行以患懲嗟此之人孰可與成戒則必持懲
則必作有狂而聖或其可學
欽定四庫全書　懷麓堂集
成齋箴
惟天生物物不相有惟人性同無或薄厚中戕末摧疇
執其咎形踐者聖質變者賢成己成物責斯盡焉凡我
同胞覆燾必均一物不成如手足弗仁樞機在躬先本
後末一德不備如身常飢渴居必仁宅行必義路志則
必專執則必固惟四勿為惟五弗措曰吾弗能是謂自
畫曰人莫己若是謂自賊勗哉君子成爾令德式瞻爾
堂式警爾心君親有訓師友有箴君子勗哉無廢寸陰

圖7　李東陽爲陳璠作《成齋箴》

十一月十六日，祖父陳璚任大理寺右寺丞。

據《明孝宗實録》卷三十二：弘治二年十一月庚午（十六日），陞刑科都給事中陳璚爲大理寺右寺丞。

張廷玉等撰《明史》卷七十三《志・職官二》："大理寺。……左、右寺丞各一人，正五品。……左、右寺分理京畿、十三布政司刑名之事。"

弘治三年庚戌（1490）七歲

三月十八日，岳父張約登進士。不久，授工部虞衡主事。

陸粲《陸子餘集》卷三《奉政大夫工部營繕司郎中張公墓志銘》："張公諱約，守之其字……弘治庚戌進士，初授虞衡主事，監竹木税於杭及於蕪湖。所至剔摘奸蠹，課入充羨，自尺寸以上咸籍而歸之，有司無所汚染。"

張廷玉等撰《明史》卷七十二《志・職官一》："工部。……虞衡……清吏司……主事二人，正六品。……虞衡典山澤採捕、陶冶之事。"

按：據《明孝宗實録》卷三十六，是年三月十八日進士放榜。其授職應在此後不久，故并繫之。

五月十八日，岳祖父張翥以疾乞致仕，許之。

《明孝宗實録》卷三十八："弘治三年五月……己巳（十八日），雲南按察司按察使張翥以疾乞致仕，許之。"

十月，伯祖父陳珪卒。十二月，祖父陳璚聞訃，作《哭兄》詩；左庶子兼侍讀吴寬次韻。寬此前嘗爲珪作《東湖記》。

吴寬《家藏集》卷十八《次韻玉汝哭兄》："吴東富山水，亦復含清暉。扁舟昔所造，宅舍煙雲微。陳翁喜客至，勸飲爵頻揮。入夜猶未散，水月交流輝。久憶此事在，孰知斯人非。書來當歲晏，仲也慘無依。平生友愛念，恨不身南飛。惟翁本善士，保身已全歸。但憐母氏老，孤抱真難爲。厚禄幸可致，諸郎侍庭闈。足爲膝前慰，少洩胸中悲。"

又卷三十三《東湖記》，略。

按：本集以年編次，其詩置是年歲晏。陳珪訃至京應需兩月左右，即卒十月。璚詩無考。而《記》乃此前爲陳珪作。凡下列涉本集内容者，無特殊情況，不再説明。

是年,三叔陳鍵與蔡羽并選爲府學生。自此兩人爲友,交遊始終。

蔡羽(1477 或 1478—1541),字九逵,號林屋山人、左虛子等,吴縣(今江蘇蘇州市)人。嘉靖二年(1523)以貢遊南太學。十四年(1535)授南翰林孔目,致仕歸。善《易》,工詩文。有《林屋集》等著。

蔡羽《南館集》卷七《懷山子傳》:"懷山子姓陳氏,名鍵,字以嚴,世家陳湖。……蔡子之少,未識成齋中丞。聞其名,欣欣慕。雖欣欣,未由聞長者之餘論。聞懷山子之高慮,不得納爲友。弘治庚戌,提學御史山陰王公仲明[明仲]選充郡膠,得二人爲弟子——長洲陳鍵、濟陽蔡羽。由是蔡子得爲懷山友,所以願聞於成齋者,得以備聞於子矣。……蔡子嘗入(其)新橋第,則諸子逆之門,懷山逆之庭。蔡子獲交君父子,講學終日,以課文爲酒籌。於是,懷山子賦長篇,諸郎各成文,蔡子亦分韻成章去[云]。"

蔡羽《林屋集》卷十二《林屋山人自序》:"山人姓蔡氏,名羽,字九逵。居於林屋山中,故稱林屋山人。又稱左虛子。"

龔煒《巢林筆談》卷三:"蔡林屋善《易》,自號易洞。"

據文徵明《甫田集》(三十六卷本)卷三十二《翰林蔡先生墓志》:先生諱羽,字九逵。其先徙吴,居太湖之包山。先生高朗疏俊,聰警絶人。少失父,吴夫人親授之書,輒能領解。年十二,操筆爲文,已有奇氣。稍長,盡發家所藏書,自諸經子史而下,悉讀而通之。然不事記誦,不習訓故,而融液通貫,能自得師。爲文必先秦、兩漢爲法,而自信甚篤。發揚蹈厲,意必己出。見諸論著,奥雅宏肆,潤而不浮。詩尤雋永,早歲微尚纖縟;既而濺滌曼靡,一歸雅馴;晚更沉著,而時出奇麗。先生故邃於《易》,出其緒餘爲程文,以應有司,而辭義藻發,每一篇出,人争傳以爲式。而先生試輒不售,屢挫益鋭,而卒無所成。歲甲午,以太學生赴選調。特以程試第二[一]人,奏授南京翰林院孔目。居三年,致仕歸。嘉靖二十年辛丑正月三日卒。

汪世清《藝苑疑年叢談·蔡羽》:"蔡羽生於成化丁酉或戊戌,即一四七七年或一四七八年……"

按:林屋山即包山,又名洞庭山。

《林屋集》卷十二《春夜話别序》云:"嘉靖癸未二月,余將北征。"卷十九《亡室馬氏墓志》曰:"予貢京師,遊南太學……"《南館集》卷十一《白知序》謂:"丁酉冬仲晦前一日,蘇先生車入於孔目之舍……先生曰:'得今官何時?'羽曰:'前年甲午……方秋,比部試,居首。……明年,集選於部,得預者三百人。再試,再居首。……於是,羽得南京翰林孔目。'……公告:'以來月望日將考績。'羽既辱知,遂白於下吏,作《白知序》。"據此,其嘉靖二年癸未(1523)以貢遊南太學。十四年乙未(1535)以試第一授南翰林孔目,十七年戊戌(1538)致仕。

是年，黄省曾生。

張慧劍《明清江蘇文人年表》："1490 庚戌弘治三年，吴縣黄省曾（勉之）生。"

是年，十二月，京師地震。

弘治四年辛亥（1491）八歲

五月三日，外祖父林符因李文貴冒孝穆皇太后宗支案，降二級，爲南雄府知府。

《明孝宗實録》卷五十一："弘治四年五月……戊寅（三日）……初，李文貴之冒孝穆皇太后宗支也，皆其田主鄧璋及子宗茂爲之謀。而賀縣知縣黄璉、守禦千户房順與知其事不能舉。及太監蔡用訪求都御史朱旻，檄廣西僉事黄鑰代副使林符保勘，與太監韋春皆依附不能辨，給事中孫珪、御史滕祐廉其僞，乃并劾之，下巡按監察御史逮問。至是獄上，得旨：'鄧璋造意運謀，并家屬發陝西莊浪衛充軍，財産没官；黄璉、房順發四川松藩衛充軍；鄧宗茂等發陝西驛遞擺站；黄鑰冠帶閑住；林符降二級，調别任；餘四十人杖而釋之；韋春以老疾免逮問，降左少監回京閑住。'於是降符爲廣東南雄府知府。"

張廷玉等撰《明史》卷七十五《志・職官四》："府。知府一人，正四品。……知府掌一府之政，宣風化，平獄訟，均賦役，以教養百姓。"

五月二十六日，祖父陳璚轉大理寺左寺丞。

《明孝宗實録》卷五十一："弘治四年五月……辛丑（二十六日），陞……大理寺右寺丞陳璚爲本寺左寺丞（正五品）。"

七月二十二日，二姑母陳氏生。

王熙桂等編《太原家譜》卷二十一楊循吉《思南公元配陳太宜人墓志銘》："……宜人陳氏，南京都察院左副都御史長洲陳公璚之女也。……以嘉靖甲午秋七月二十二日終於里第……年四十四。"

按：由上文推算，其生於是年。

秋，祖父陳璚有詩致禮部主事楊循吉，楊循吉次韻一首。

楊循吉（1458—1546），字君謙，號南峰，吴縣（今江蘇蘇州市）人。成化二十年(1484)進士,授今官。時將因病致仕。工詩文,好蓄書。蘇州鈔書以藏,實其所倡。有《松籌堂集》諸著。

楊循吉《松籌堂集》卷二《次韻陳大理》:"寓居聊爾御垣東,一榻蕭然秋色中。到任幾時先卧病,深慚俸票印文紅。"

按:吴寬《家藏集》卷十八有《送楊君謙致仕》詩,作於是年歲暮。故陳璚有詩,其次韻,應在是年秋。璚詩無考。

又其號南峰。

張廷玉等撰《明史》卷二百八十六《列傳・文苑二》:"楊循吉,字君謙,吴縣人。成化二十年進士,授禮部主事。善病,好讀書。每得意,手足踔掉,不能自禁,用是得'顛主事'名。一歲中,數移病不出。弘治初,奏乞改校,不許。遂請致仕歸,年纔三十有一[四]。結廬支硎山下,課讀經史,旁通内典、稗官。……性狷隘,好持人短長,又好以學問窮人,至頰赤不顧。……晚歲落寞,益堅癖自好。……其詩文,自定爲《松籌堂集》。他所作又十餘種,幾及千卷。"

錢穀《吴都文粹續集》卷四十三楊循吉《明禮曹郎楊君自撰生壙碑》附録:"公生天順戊寅十一月五日,卒嘉靖丙午七月二日,享年八十有九。"

朱彝尊《静志居詩話》卷八《楊循吉》:"君謙好蓄異書,孜孜不及。……是時,吴中藏書家多以秘册相尚,若朱性甫、吴原博、閻秀卿、都元敬輩,皆手自鈔録。今尚有流傳者,實君謙倡之也。"

是年,章文生。

王世貞《弇州續稿》卷九十一《章篔谷墓志銘》:"章叟諱文,字簡甫,後以字行。其先自閩徙而爲吾吴之長洲人。……翁以弘治辛亥生,得壽八十又二[三]。"

是年,六月,京師地震。八月,以水災停浙江、蘇、松織造。南京地震。十一月,免蘇、松、常、鎮等府夏秋糧税有差。

弘治五年壬子(1492) 九歲

六月十八日,二姑父王延素生。

王熙桂等編《太原家譜》卷十八下《太傅文恪公年譜》:"(弘治)五年壬子……是年六月十八日,次子延素生,胡宜人出。"

六月，曾祖母錢氏九十誕辰在即。祖父陳璚將還家祝壽，少詹事兼侍講學士吴寬題朱竹以慶。

吴寬《家藏集》卷十九《題朱竹慶玉汝母宜人九十》："姚城一水連席墟，中有陳氏之宅居。壽母行年問何如？始生之辰是國初。誰云頭上白髮疏，翟冠高戴猶勝梳。大帛一疋裁衣裾，恐是手中自織歟。仲也已荷大理除，不勞在家扶板輿。丹山紫鳳銜天書，低徊下舞兩翼舒。翩然湖上驚游魚，羽毛變化心獨虛。壽筵風回響珩琚，以葉作酒笋作菹。仙家丹藥勿復儲，食此壽可千歲餘。"

按：此詩作於是年六月，知陳璚是時離京，七八月到家，即母錢氏九十誕辰。《明孝宗實録》卷五十四、卷七十九載，吴寬去年八月二十七日至明年八月四日任詹事府少詹事兼侍講學士。

秋，祖父陳璚至沈周家乞竹，有詩；沈周次韻。

沈周《石田先生詩鈔》卷七《和陳玉汝大理乞竹韻》："僮子纔通醉日書，長身早見載專車。葉留宿雨鶯翎濕，鞭走新泥蠖節舒。下馬題詩添過客，借風清暑便鄰居。夜來半舫齋中月，壁影蕭蕭水墨虛。"（圖 8）

王鏊《震澤集》卷二十九《石田先生墓志銘》："先生世家長洲之相城里。……相城居長洲之東偏，其别業名有竹居。"

按：沈周詩作於是年，而陳璚秋天還家，應爲是時事。璚詩無考。

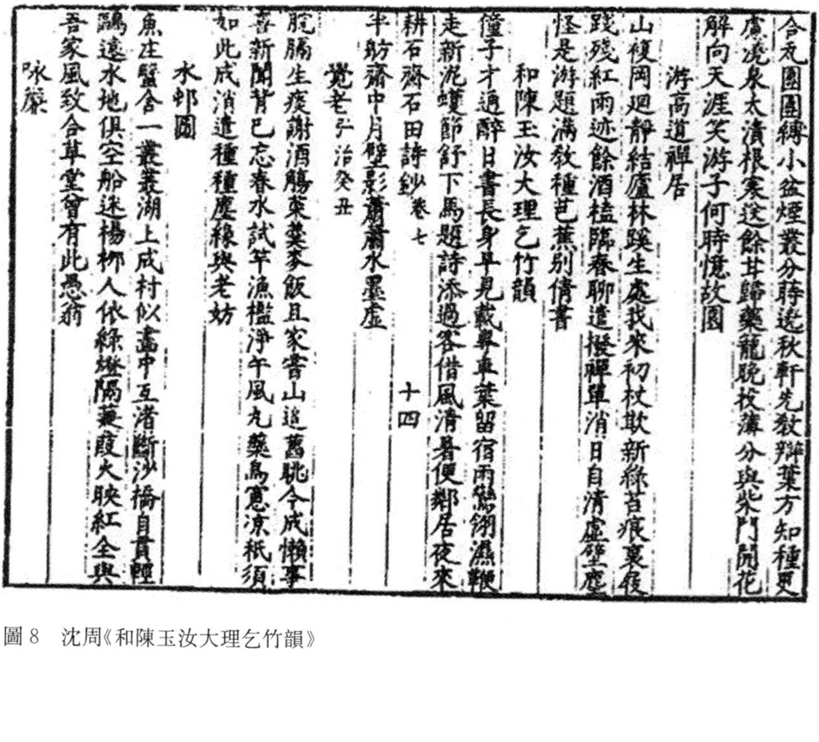
合元園圃縛小盆煙叢分蒔逐秋軒先教辯葉方知種更
虞洗泉太清根実逆餘甘歸藥籠晚枝潅分與柴門開花
觧向天涯笑游子何時憶故園
游高道禪居
山複岡廻靜結廬林蹊生處我來初杖歎新綠苔痕裏屐
践残紅雨迹餘酒榼臨春聊遣擾禪軍消日自清虛壁塵
怪是游題滿教種芭蕉別倩書
和陳玉汝大理乞竹韻
僮子才通醉日書長身早見載專車葉留宿雨鶯翎濕鞭
走新泥蠖節舒下馬題詩添過客借風清暑便鄰居夜來
耕石齋石田詩鈔　卷七　十四
半舫齋中月壁影蕭蕭水墨虛
覺老子治癸丑
脫腸生疾謝酒觴菜羹麥飯且家嘗山迎薦眺今成懶事
吾新聞背已忘春水試竿漁檻淨午風丸藥鳥窻涼紙須
如此成消遣種種塵緣與老妨
水郭圖
魚庄蟹舍一叢叢湖上成村似畫中互渚斷沙橋自貫輕
鷗遠水地俱空船迷楊柳人依綠燈隔蒹葭火映紅全與
吾家風致合草堂曾有此悲翁
咏藻

圖 8　沈周《和陳玉汝大理乞竹韻》

是年,正月十六日,沈荆石生。

袁尊尼《袁魯望集》卷九《沈隱君墓志銘》:“先生諱崑,字玉父。中歲更名荆石,仍字玉父。自號曰白浮山人。家本崑山徐氏,元季有贅於郡城之沈者,遂從爲沈。……其生弘治壬子正月十六日,享年六十有四。”

王守生。

張慧劍《明清江蘇文人年表》:“1492 壬子弘治五年,吴縣王守(履約)生。”

是年,三月,立皇子朱厚照爲皇太子。七月,免蘇、松、常等府正官朝覲。八月,停南京、浙江、蘇、松等地額外織造,召督造官還。

弘治六年癸丑(1493) 十歲

五月,曾祖母錢氏卒,享年九十一。七月,祖父陳璚聞訃,丁憂歸。

按:《明孝宗實録》卷一百〇五載,陳璚後年十月二十日服闋。以守制二十七個月,約是年七月聞訃丁憂,五月母卒,葬地和時間不詳。

七月九日,李應禎卒,享年六十三。上命諭祭。祖父陳璚、南京太僕寺丞文林、湖廣僉事吴淑等祭吊,且以其子幼,相與圖其後事。蘇州知府史簡助之,太子太傅徐溥厚賻,沈周、史鑑等爲議喪禮,求葬地。明年十月六日,葬於吴縣薦福山九龍塢。文林爲撰《墓志銘》,吏部右侍郎吴寬爲撰《墓碑銘》。

文林(1445—1499),字宗儒,號交木,長洲縣(今江蘇蘇州市)人。成化八年(1472)進士,除永嘉令。歷至今職。時養病居家。四年後起温州知府,卒於官。有《文温州集》諸著。

吴寬《家藏集》卷七十六《明故中順大夫南京太僕寺少卿致仕李公墓碑銘》:“南京太僕寺少卿李公(應禎)致仕之二年爲弘治癸丑七月九日,以疾卒於吴城通闤坊第。素與公厚者若陳大理璚、文太僕林輩,争走吊涕泣。又有至自百里之外如吴僉憲淑者,以其子幼,相與圖其後事。而蘇守史公(簡)特斥俸金助之,且謂:‘公官四品,例移禮部以聞。’於是天子命之諭祭,其文有‘學優才贍,性直行方’之語,所以褒獎乎公者甚至。少傅徐公(溥)與公最故,既厚賻其家。沈啓南、史明古諸君爲議喪禮,且求葬地,得於吴縣(薦福山)九龍塢,乃葬以甲寅十月六日。……享年六十三。"

文林《文温州集》卷九《南京太僕少卿李公墓志銘》,略。

按:陳璚往吊約在八九月還家後。

《明孝宗實録》卷七十九載,吴寬是年八月四日陞吏部右侍郎。

又卷五十四、卷九十一載,徐溥前年八月二十四日至明年八月九日任太子太傅、户部尚書兼武英殿大學士。吴寬所言"少傅"乃之後事。

又卷七十四載,吴淑是年四月四日由夔州府同知陞湖廣按察僉事。其家宜興,當赴任便道過家,聞訊來此。

據錢穀《吴都文粹續集》卷四十一楊循吉《明故中順大夫温州府知府文公墓志銘》:公諱林,字宗儒。其先衡山人。而祖惠遂居長洲,不仕。公舉成化壬辰進士,除令永嘉。父喪,解職。起復,知博平。乙巳,以績召還朝。補南京太僕寺寺丞。公尋已移疾歸,歸凡六年不起。弘治丁巳冬十一月,上起公於家,以爲温州府知府。竟用己未六月乙未卒於官,年五十有五。

文含《文氏族譜續集·蘇州世系表》:"三世:林,字宗儒,號交木。"

又《歷世載籍志》:"温州公林《文温州集》二十卷、《奏議》三卷、《馬策》三篇、《族範》、《琅琊漫鈔》、《文氏族譜》。"

初,讀書。約是年,習畫。

陳淳《陳白陽集》雜述《題大覺寺疏引》:"予幼時常讀書其間,常住竹林中,蓋吾祖都御史成齋府君暨吾伯父昆弟遊詠之處。"

又七言絶《夢水仙》序:"十月廿四夜,分明夢見一人,美容姿,飄飄仙裾,坐余書'東舍';一人同坐。余至則起,禮余四拜,初拜無語,次三、四拜且語且拜云:'余别你門,穿江蹈海',有嗚咽之狀;同坐者坐自若也。既醒,繹其詞旨,得:非水仙耶!豈余自幼愛畫此花乃致然耶!……"

文物出版社《中國古代書畫圖目》十四《明陳道復牡丹繡球圖軸》自題云:"余自幼好寫生,往往求爲設色之致,但恨不得古人三昧,徒煩筆研,殊索興趣。"廣州市美術館藏。

郁逢慶《書畫題跋記》卷十一《陳白陽仿米氏雲山卷》。後彭年跋云:"昔米南宫女嫁吴中大□(姚)村某氏,故敷文每過吴必往視妹,嘗作《雲山卷》留其家。越四百年,而先達中丞陳公大姚人也,乃於京得之,甚以爲奇。……白陽先生即中丞之孫,幻[幼]而篤好,日就臨拓,領其真趣逸思,故所作多煙巒雲樹、約略點染而已。"

按:《禮記》卷一《曲禮上》云:"人生十年曰幼"。以此,陳淳讀書習畫不出十歲。而讀書重於繪畫,即前者當早後者當晚,因并繫之。

弘治七年甲寅(1494) 十一歲

是年,沈周爲吴廷用作《古木寒鴉扇》,祖父陳璚題詩,蔡南沂、張元澄、文徵明等人和題。

吴廷用(生卒不詳)乃都穆姻親,蘇州府(今江蘇蘇州市)人。文徵明(1470—1559),原名壁,字徵明,後以字行,更字徵仲,號衡山,長洲縣(今江蘇蘇州市)人。林仲子。弘治初諸生。嘉靖二年(1523)由貢薦授翰林待詔,致仕歸。卒,私謚貞獻。爲蘇州文學書畫領袖。有《甫田集》。

冒襄《同人集》卷八《白石翁古木寒鴉畫箑唱和詩》。"丁巳初夏,肯堂過訪,携白石翁弘治甲寅所畫《古木寒鴉舊箑》,爲吴中先輩名賢五和絶句者。……冒襄識。""富人之屋舊多烏,老石兼爲古木圖。對此如何敢相愛?爲君父子久交吾。璚首倡。"東烽翰、蔡南沂、東山元澄、徵明和,略。"右《古木寒鴉扇圖》,白石翁爲廷用作,成齋首倡,文待詔輩和之。成齋者,御史大夫長洲陳公璚玉汝也。……四明周斯盛紀。"

按:張慧劍《明清江蘇文人年表》是年載陳璚題沈周此作,將"古木"誤爲"孤木"。

繆曰藻《寓意録》卷三《沈石田釣月亭圖卷》,亦爲廷用作,後有都穆題《記》。據《記》文,廷用姓吴,家蘇州,乃都穆姻親。沈周與其關係甚篤,經常作畫贈之,除這兩件,還有《掛蘭圖扇》(圖 9)《山水花石禽鳥册》等。

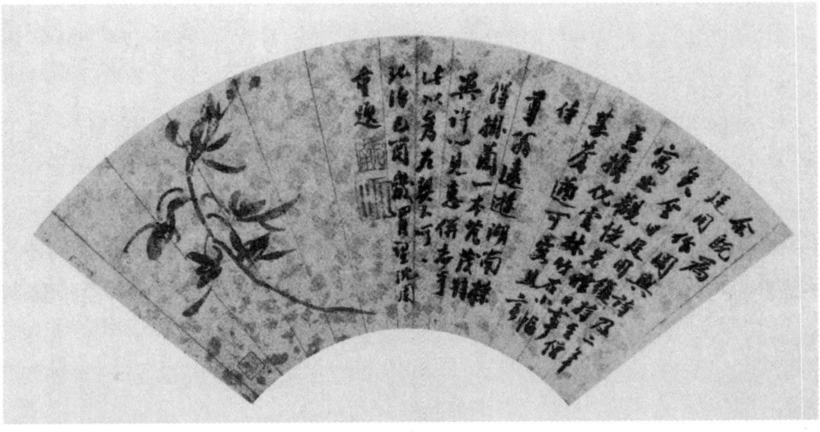

圖 9 沈周爲吴廷用作《掛蘭圖扇》

張元澄(生卒不詳),字静夫,號東山,青浦縣(今上海市)人。弘治十七年(1504)舉人,官南昌通判。善書法。(《(萬曆)青浦縣志》卷五)

翰號東烽,姓字不詳。蔡南沂俟考。

文徵明《甫田集》(三十六卷本)卷三十六附録文嘉《先君行略》:"文氏……爲蘇之長洲人。……公諱璧[壁],字徵明。後以字行,更字徵仲。以世本衡山人,號衡山居士,學者稱爲'衡山先生'云。少時,外若不慧,然敦確内敏,雖在童稺,人不敢易視。稍長,讀書作文,即見端緒,尤好爲古文詞。……而公數試不利……廵撫李公充嗣露章薦公……竟以壬午貢上。癸未四月至京師,甫十八日,吏部爲覆前奏,有旨授公翰林院待詔。……而歸,時丙戌冬也。……公讀書甚精博,家藏亦富。……少拙於書,遂刻意臨學。始亦規模宋元之撰,既悟筆意,遂悉棄去,專法晋唐。其小楷雖自《黄庭》《樂毅》中來,而温純精絶,虞褚而下弗論也。隸書法鍾繇,獨步一世。性喜畫,然不肯規規摹擬。遇古人妙跡,惟覽觀其意,而師心自詣,輒神會意解。至窮微造妙處,天真爛熳,不減古人。……詩兼法唐宋,而以温厚和平爲主。……爲文醇雅典則,其謹嚴處一字不苟。故一時文章多以屬公,而獨持文柄者垂六十年。"

王世貞《弇州四部稿》卷八十三《文先生傳》:"先生……於文師故吴少宰寬,於書師故李太僕應禎,於畫師故沈周先生。……先生好爲詩,傳情而發,娟秀妍雅,出入柳柳州、白香山、蘇端明諸公。文取達意,時沿歐陽廬陵。書法無所不規,仿歐陽率更、眉山、豫章、海岳,抵掌睥睨。而小楷尤精絶,在山陰父子間。八分入鍾太傅室,韓、李而下所不論也。丹青遊戲,得象外理,置之趙吴興、倪元鎮、黄子久坐,不知所左右矣。"

文含《文氏族譜續集・歷世生配卒葬志》:"待詔府君諱徵明,温州次子。……私謚'貞獻先生'。生於成化六年庚寅十一月六日,卒於嘉靖三十八年己未二月二[十]日,年九十。"

何良俊《四友齋叢説》卷二十七《書》:"至衡山出……乃知自趙集賢後,集書家之大成者衡山也。"

唐岱《畫山水訣》:"明代文、沈、唐、仇尤爲傑出,世傳'四大家'。"

按:《甫田集》(三十六卷本)卷二十五《上守溪先生書》謂:"侍先君宦遊四方……年十九還吴……未幾……某亦以親命選隸學官",而其生成化六年庚寅(1470),當弘治元年戊申(1488)後不久選隸學官。

約是年,祖父陳璚爲沈周題《有竹居圖卷》。

卞永譽《式古堂書畫彙考》卷五十五《沈啓南有竹居圖卷》。陳璚跋云:"予性素懶且僻,凡閲卷軸有不欲終者多矣。此則展舒至再,紙爲之裂,最後有此空得附名焉,幸也! 大理左丞同邑陳璚玉汝題。"

按:陳璚去年七月至明年十月以大理左寺丞丁母憂,爲沈周題是圖不出其間,因繫此。

是年,二月十日,豐坊生。

2008 年第 12 期《中國書畫》陳斐蓉《豐坊生卒年考》:"豐坊當生於明弘治七年(1494)二月十日……"

四月八日,華夏生。

華啓直《華豫庵先生集·族侄中甫君墓志銘》:"君華氏,諱夏,中甫其字,别號東沙……居(無錫)鵝湖濱,爲邑之延祥里人。……生弘治甲寅四月八日,年七十有四。"

六月二十六日,陸粲生。

陸粲《陸子餘集》附録尹臺《明給事中貞山先生陸公墓志銘》:"貞山先生陸公者,長洲陳湖鄉人也。名粲,字子餘,一字浚明。少讀書貞山之陽,學者故稱'貞山先生'云。……公生弘治甲寅六月二十六日……春秋五十有八。"

十一月八日,王寵生。

文徵明《甫田集》(三十六卷本)卷三十一《王履吉墓志銘》:"君諱寵,字履仁,後更字履吉,别號雅宜山人。……君生弘治甲寅十一月八日……享年四十。"

仇英生。

劉九庵《宋元明清書畫家傳世作品年表》:"弘治七年甲寅(1494):仇英(十洲)生。"

是年,七月,京師地震。以蘇、松、常諸府水道淹塞,命官往治之。九月,以水災停蘇、松諸府所辦物料,留關鈔、户鹽備賑。

弘治八年乙卯(1495) 十二歲

正月二十四日,外曾祖母夏氏卒,享年八十一。三月,外祖父林符聞訃,丁憂歸。未幾，葬其於長洲縣高景山之原。

吴寬《家藏集》卷七十五《封文林郎廣東道監察御史林公墓表》："公諱昌，字士隆，號守軒。……娶長洲夏氏，封孺人，賢行克配。以弘治八年正月二十四日卒，享年八十一。"

按：《明孝宗實録》卷一百四十九載，林符弘治十二年己未(1499)四月一日服闋。知其母卒，丁憂歸。而聞訃約在三月，抵家五月。又林昌明年六月十七日卒，十一月十三日葬長洲高景山之原，合夏氏兆。故夏氏應葬是年五月至明年六月間。因林昌卒時，夏氏還未葬的話，當直接合葬，而不是合夏氏兆。

王鏊《姑蘇志》卷八《山上》："高景山在定山、羊山北三里。自天平來，漫衍數里，至此而止。《越絶書》作'高頸山'。"

春秋間，吏部右侍郎吴寬爲陳淳祖父璚藏《米友仁行書三詩卷》題跋。吴寬時丁母憂居家。

吴寬《家藏集》卷五十三《跋米元暉寓大姚村所書三詩》："大姚在吴東，四望皆水，而有土隆，然上有佛寺據之。其旁多居民，隱然聚落，蓋江湖間一佳處也。而陳氏實居其地，爲望族。昔米元暉嘗過此，手寫三詩，而爲沈石田所藏。以玉汝大理里中故物也，因以歸之。自宋紹興至今幾四百年，不知流傳幾家，而復歸其里人，真奇事也！予憶舊訪玉汝宅，扁舟出没巨浪間，竟日始至。自以其地幽僻，過者殆少。乃今得米氏，則所以使前人姓名不遂湮没。而吾無羊叔子峴山之歎者，非此詩也耶！"

又卷四十二《贈進士秦君序》："弘治七年十二月八日，寬聞先太宜人之喪，將歸守制。"

顧沅《吴郡文編》卷一百七十一李傑《禮部尚書兼翰林院學士掌詹事府事吴公行狀》："公諱寬，字原博……癸丑，陞吏部右侍郎。甲寅，丁母憂。丙辰，服未闋，復除前職。丁巳，復任。"

按：吴寬跋稱"玉汝大理"，陳璚自弘治二年己酉(1489)十一月至十一年戊午(1498)九月任職大理，歷左右寺丞、左右少卿。其間兩人都在故里祇有一次：陳璚前年七月至是年十月以左寺丞丁母憂，吴寬去年十二月至後年三月以吏部右侍郎丁母憂。那麼，吴寬爲陳璚題此作應在是年春秋間。

約是時，從弟陳汸與兄津同硯席。吏部右侍郎吴寬見而驚異，贈以詩。

《(道光)滸墅關志》卷十五《人物・流寓》："陳汸，字道濟，都御史璚孫。……幼與兄車駕郎中津同硯席。吴文定公寬驚異之，贈以詩。"

按:陳汸與兄津是年分别爲十、十一歲,而此事當在璚居家時,即與上事基本同時。

十月二十日,祖父陳璚服闋,復除原職。

《明孝宗實録》卷一百〇五:"弘治八年十月……己巳(二十日)……大理寺左寺丞陳璚丁憂服闋……復除原職。"

是年,三月十日,袁褧生。

袁廷檮《吴門袁氏家譜》卷五《譜圖・二房一支譜圖》:"褧,鼒次子。行二,字尚之,别號中臯子。……生於弘治八年乙卯三月十日……壽七十有九。"

是年,四月,蘇、松諸府治水工成。

弘治九年丙辰(1496) 十三歲

四月二十二日,祖父陳璚陞大理寺右少卿。

《明孝宗實録》卷一百十二:"弘治九年四月……己亥(二十二日)……陞……大理寺……左寺丞陳璚爲右少卿。"

張廷玉等撰《明史》卷七十三《志・職官二》:"大理寺。……左、右少卿各一人,正四品。"

六月十七日,外曾祖父林昌卒,享年八十三。十一月十三日,葬長洲縣高景山之原,合外曾祖母夏氏兆。嘗自撰《墓志銘》。吏部右侍郎吴寬爲撰《墓表》。

錢穀《吴都文粹續集》卷四十一林昌《林士隆自撰墓志銘》:"吾生於永樂甲午十一月十五日,今年八十一。祖塋在長洲高景山之原。不揣預書平日之梗概而自爲之銘,不知卒於何年月日,享年幾歲。臨終,二子爲我書之。銘曰:……遂吾身後之計,永歸妥於先塋。弘治七年十一月初吉撰。"附録:"先考府君自撰《墓志銘》後,不幸於弘治九年六月十七日辭世,享年八十三歲。卜本年十一月十三日安厝。不肖等奉遺命,謹書刻於石。乌乎痛哉! 孤哀男符、節泣血拜識。"

吴寬《家藏集》卷七十五《封文林郎廣東道監察御史林公墓表》:"公前卒二年自爲葬銘,及是以卒之年十二月十一日葬於高景山之原,合夏孺人兆。二子以予有交親之好，復請表於墓上。予讀公銘文，竊見其叙世系，述事行，詞質而核，乃據而書之。”

按：吴寬《墓表》與自撰《墓志銘》附録所云葬時不合，兹依《墓志銘》附録。

秋，祖父陳璚使長沙按覈該衛都指揮楊銓以巡視洞庭湖多占軍餘及不法事，侍讀學士兼左諭德王鏊有詩送之。

《明孝宗實録》卷一百二十二：“弘治十年二月……丙戌（十四日）……先是吉王奏，長沙衛都指揮楊銓巡視洞庭湖多占軍餘及不法事，下巡撫都御史徐恪勘問，展轉委官未報。恪既陞南京工部侍郎去。都御史樊瑩受代，亦未結，養病歸。王復奏，命大理寺少卿陳璚等按覈。奏上，得旨：‘銓照例降一級；恪罰俸二月；瑩既養病，已之。’”

王鏊《震澤集》卷四《送玉汝使長沙》：“李官新許著緋袍，仗節東行命豈叨。共月吟盟頻歲冷，長沙歸軸幾時膏。萬言書在還思賈，五字詩成好和陶。南北江山歸眺覽，周南太史愧如匏。”

按：此詩作於是年秋，知陳璚是時使長沙辦案。

據《明孝宗實録》卷一百十二，王鏊是年四月十七日以侍讀學士兼左諭德。

是年，父陳鑰與文徵明結交。友誼如膠似漆，有無通假，過失相規。

文徵明《甫田集》（三十六卷本）卷二十四《祭陳以可文》：“某不佞，齪齪自全，視君高朗，奚啻天淵。然幸不忘通家之好，又重以文字之契，所謂水火其性而膠漆其誼也。二十年來，氣浹情怡，有無通假，過失相規。”

按：陳鑰卒正德十一年丙子（1516）九月，由此上溯二十年，與文徵明結交於是年。

是年，六月二十五日，史鑑卒，享年六十三。

吴寬《家藏集》卷七十四《隱士史明古墓表》：“吴江穆溪之上有隱士，曰史明古（鑑）。……而疾作，家人進藥，俾持去，曰：‘吾治棺待盡久矣，且吾年六十三，又夭耶！’竟卒弘治丙辰六月甲[庚]子（二十五日）也。”

陸治生。

張慧劍《明清江蘇文人年表》：“1496 丙辰弘治九年，吴縣陸治（叔平）生。”

弘治十年丁巳(1497) 十四歲

三月六日後,侍讀學士兼左諭德王鏊爲仲子延素聘陳璚次女即淳二姑母爲媳。

王熙桂等編《太原家譜》卷六《宗譜》:"延素(鏊仲子),行八,字□□。娶大姚都御史陳玉汝次女。"

又卷二十八《文恪公與秉之公書》之三:"前日已聘陳少卿之女矣。"

按:此語前有"近有旨,命儒臣修《大明會典》。……翰林院侍讀學士王鏊、侍講學士楊守阯及丁憂將滿學士程敏政,俱學識優長,堪充副總裁。……徐溥等四人充總裁",後有"修書開館在四月初"。據《明孝宗實録》卷一百二十三,是年三月六日命修《大明會典》,少傅徐溥等四人任總裁,侍讀學士兼左諭德王鏊等三人任副總裁。故王鏊爲仲子延素聘陳璚次女爲媳應在稍後幾日,因繫之。

時延素五歲,陳氏六歲。秉之乃王鏊弟銓(1459—1521),字秉之。初號遂高,後更中隱。國子生。授杭州府經歷,告歸。

三月十六日,李傑以南京國子祭酒丁父母憂服闋,將北上,過蘇州諸友告别。吏部右侍郎吴寬、南京太僕寺丞文林邀遊城西諸山,約太常少卿馬紹榮、陳淳外祖父林符、寬侄奕同行,寬、林、紹榮有詩。

李傑將陞太常少卿兼侍讀學士。吴寬時亦服闋,將北上復任,遷吏部左侍郎。文林是年十一月起爲温州知府。馬紹榮時以今官養病居家,是年十一月復職。吴奕(1471—1518),字嗣業,號茶香,長洲縣(今江蘇蘇州市)人。善書,尤精篆籀學,悉煮茶熱香之法。與吴爟、文徵明、蔡羽、錢同愛、陳淳等人結爲"東莊十友"。

吴寬《家藏集》卷四十六《遊吴中西山詩引》:"弘治丁巳三月十七日,石城先生將北上,過吴中諸友告别。予與文宗儒邀爲西山之遊,乃約馬宗勉、林朝信及予侄奕同行。舟泊閶門,雨忽作,客有言:'僅可登虎丘者。'宗儒作色言曰:'遊必西山!'有言虎丘者,浮以大白。蓋虎丘非不佳,以熟遊故爾。舟至楓橋,雨漸止,自支硎輿行至天平而返,凡行四十餘里,歷數山,或陰或微雨,其景益奇。緣山遊者多晴時,未有見雨景者。是日,入天池,有老僧二人,皆垂素髮數寸,見客相視愕眙。明旦詣予索詩,自言不入城者久矣。予憐其意,爲書途中所得二絶句與之。"

按:其所書二首卷後有馬紹榮、文林詩,現藏天津市藝術博物館,收入文物出版社《中國古代書畫圖目》九,詩引云,兹遊在"弘治丁巳三月十六日",故依之。(圖10)

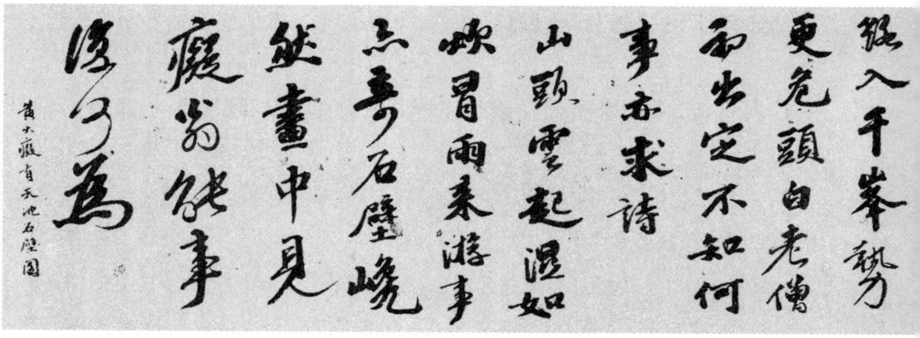

圖 10　吴寬《遊吴中西山詩卷》

閶門即蘇州城西門，西山即城西諸山。

王鏊《姑蘇志》卷十九《橋梁上》："郡城城外橋：楓橋，閶門西七里。《豹隱記談》云，舊作'封橋'。後因張繼詩，相承作'楓'。"

又卷八《山上》："支硎山在龍池山東北。以晋支遁嘗居此，而山多平石，故名。""天平山在支硎南五里，視諸山最爲峭崪。""花山，舊名華山，去陽山東南五里。……山半有池，在絶巘，横浸山腹逾數十丈，故又名天池山。"

毛紀《鼇峰類稿》卷十一《明故資善大夫禮部尚書贈太子太保謚文安李公神道碑銘》："公諱傑，字世賢，李姓，世爲蘇之常熟人。……壬子、甲寅，繼丁父母憂……服闋，改太常寺少卿兼侍讀學士。"

《明孝宗實録》卷一百二十五："弘治十年五月……辛酉（二十日），南京國子監祭酒李傑丁憂服闋，命改太常寺少卿兼翰林院侍讀學士。"

顧沅《吴郡文編》卷一百七十一李傑《禮部尚書兼翰林院學士掌詹事府事吴公行狀》："公諱寬，字原博，姓吴氏，號匏庵，世家蘇之長洲縣。……癸丑，陞吏部右侍郎。甲寅，丁母憂。……丁巳，復任。……遷本部左侍郎。"

吴寬《家藏集》卷二十二《紀遊靈巖》序："弘治丁巳三月，予將北上，與文宗儒輩匆匆一行。"

錢穀《吴都文粹續集》卷四十一楊循吉《明故中順大夫温州府知府文公墓志銘》："弘治丁巳冬十一月，上起南京太僕寺寺丞文公（林）於家，以爲温州府知府。"

《明孝宗實録》卷一百三十一："弘治十年十一月戊戌朔（一日）……太常寺少卿馬紹榮病痊至京，命仍於内閣制敕房辦事。"

按：馬紹榮（？—1502），字宗勉，號景范，常熟縣（今江蘇常熟市）人。蔡羽岳父。天順六年（1462）舉人。成化元年（1465）選入史館，授中書舍人。歷吏部員外郎、山東左參議以及今職。時養病居家。復任四年，卒於官。有《紀盛詩集》。（《林屋集》卷十八《景范先生傳》等）

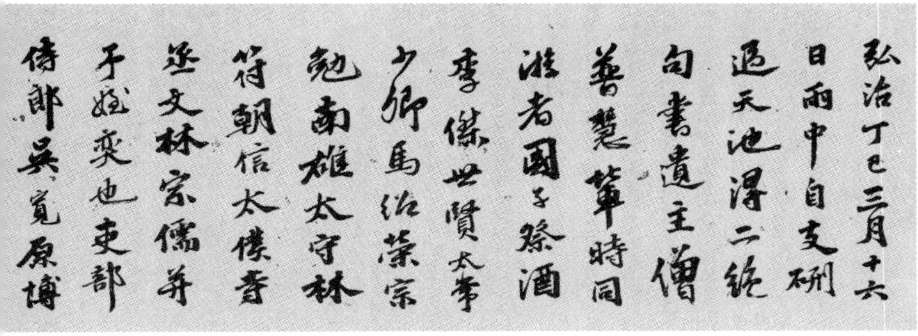
弘治丁巳三月十六日雨中自支硎過天池得二絶句書遺主僧善慧筆時同游者國子祭酒李傑世賢太常少卿馬紹榮宗勉南雄太守林符朝信太僕寺丞文林宗儒并予姪奕也吏部侍郎吳寬原博

蔡羽《林屋集》卷十八《落魄公子傳》:“吴文定公兄弟三人,其季元暉,生子名奕,字嗣業。元暉早喪,嗣業秀而弱。……獨與母處,讀書醫俗亭。年二十,不以見四方之士,然四方賢士譽吴公子者日益衆矣。嗣業不鼎鼎以偷,不劬劬以隘,不提提以柔從,不孑孑以獨立。處乎濁世,而翩翩乎其有能也;置之杯酒,而悠悠乎其不荒也,故謂之‘落魄公子’云。……善文定書,尤精籀學。至堂無虚席,常避客東禪竹堂。東禪竹堂爲開竹林,煮茶熱香,若不遑他務。其煮茶熱香之法,吴僧無不傳,咸謂之‘茶香先生’。……嗣業事母孝,交朋友有道,一時名人與深相得。弟兄婚姻,咸篤恩義。處家律身,無或芬華。……正德丁卯[丑],母夫人喪之。明年,其弟祠部君暴喪。連哭至親,遂病不起,是冬卒。”

王寵《雅宜山人集》卷十《吊吴嗣業文》:“嗣業美風儀,倩盼而髯,鸞停玉立,儼若仙輩。然性逸曠,喜自便,飲酒舞歌,履舄交錯,梟盧叫嘯,罰籌如蝟,連日夜不厭,卒以此得疾死。死時,年四十八。”

按:朱彝尊《静志居詩話》卷十一《邢参》載,吴奕嘗與吴爟、文徵明、蔡羽、錢同愛、陳淳、湯珍、王守、王寵、張靈結爲“東莊十友”。東莊即其所居,乃祖父孟融所建,位於蘇州城東南葑門内。

十二月二十九日,吏部左侍郎吴寬六十三壽誕。祖父陳璚與左諭德王鏊有詩爲賀,吴寬各答詩一首。

吴寬《家藏集》卷二十三《生日次韻答玉汝見賀》:“入手投來絶妙詞,忽驚生我日當斯。衰疲强竭驅馳力,老大惟懷鞠育時。上國醺人非麯米,故鄉招客有蓴絲。癡兒繞膝争爲壽,不覺燈前一解頤。”

又卷二十三《答濟之次前韻》,略。

按:吴寬生於宣德十年乙卯(1435)十二月二十九日,是年六十三歲。陳璚、王鏊詩無考。

是年，四月十三日，文彭生。

文含《文氏族譜續集·歷世生配卒葬志》："國博公彭，待詔長子。……生於弘治十年丁巳四月十三日……年七十七。"

六月，皇甫涍生。

文徵明《甫田集》(三十六卷本)卷三十三《浙江按察司僉事皇甫君墓志銘》："君諱涍，字子安。……趙宋時，有爲提刑者，扈高宗南渡，居吴城孔聖里，占數爲長洲人。……君生弘治丁巳六月某日……享年五十。"

十一月二十四日，王問生。

汪世清《藝苑疑年叢談·王問》："王問，字子裕，號仲山，南直隸常州府無錫縣人。……生於弘治十年丁巳十一月二十四日，即一四九七年十二月十七日……"

陸采生。

陸粲《陸子餘集》卷三《天池山人陸子玄墓志銘》："天池山人陸子玄者，吾弟也。名灼，更名采，世吴人。……居亡何，竟不起，傷哉。是歲嘉靖丁酉九月廿二日也，年四十一。"

按：以上文推算，其生是年。

是年，正月，設太倉州，領崇明縣，隸蘇州。三月，敕修《大明會典》。召大臣議庶政，後以爲常。

弘治十一年戊午(1498) 十五歲

二月三日，祖父陳璚轉大理寺左少卿。

《明孝宗實録》卷一百三十四："弘治十一年二月……己巳(三日)……陞大理寺右少卿陳璚爲本寺左少卿(正四品)。"

九月二十六日，祖父陳璚陞南京都察院左僉都御史兼督操江，有詩；吏部左侍郎吴寬次韻。

《明孝宗實録》卷一百四十一："弘治十一年九月……己未(二十六日)……陞

大理寺左少卿陳璠爲南京都察院左僉都御史(正四品)。”

李東陽《懷麓堂集》卷八十《明故嘉議大夫南京都察院左副都御史陳君玉汝神道碑銘》:“在南臺兼督操江兵……”

吴寬《家藏集》卷二十四《次韻玉汝新拜南京僉都御史之作》:“東街車騎少相過,況聽南行又作歌。冬日匆匆何甚短,晨星落落更無多。豸冠旋製峨晴晝,鷁舫遥馳壓碧波。卻訪舊遊經虎觀,也勞清夢繞鸞坡。”

按:陳璠詩無考。

十月十四日,從子陳椿生。

《嘉靖十四年進士登科録》:“陳椿……年三十八,(弘治十一年)十月十四日生。”

十二月十九日,姨夫吴奭因父寬蔭爲國子生。

吴奭(? —1514),字嗣盛,長洲縣(今江蘇蘇州市)人。寬長子。弘治十七年(1504)以父卒授中書舍人,陞禮部主事,卒於任。編有《吴文定公考德録》。寬是年以吏部左侍郎兼翰林學士,入内閣,專理誥敕。

《明孝宗實録》卷一百四十五:“弘治十一年十二月……庚戌(十九日),命吏部右[左]侍郎吴寬之子奭爲國子監生,從其請也。”

又卷二百十四:“弘治十七年七月……戊戌(十日),掌詹事府事、禮部尚書兼翰林學士吴寬卒。……長子奭先以三品恩蔭爲國子監生,乃特授中書舍人……”

楊循吉《松籌堂集》卷三《明資善大夫禮部尚書兼翰林學士掌詹事府事贈太子太保謚文定吴公祠堂記》:“爰立將拜,會夢[薨],年七十……公子奭授中舍書人,遷主祠曹事,後十年卒,而公專祠未建。”

王鏊《震澤集》卷十四《吴奭字嗣盛説》:“天官少宰吴公名其冢子曰奭。字書:‘奭,盛也。’……少宰以文章德行重一時,可謂盛矣! 奭温然緼藉,遜志敏學,其殆能繼乎? 予不能無望也。昌黎公云:‘莫爲之前,雖美弗彰;莫爲之後,雖盛弗傳。’故因其名,稱其材,重其望,字之曰嗣盛。”

黄虞稷《千頃堂書目》卷十:“吴奭《吴文定公考德録》二卷。”

按:以吴寬弘治十七年甲子(1504)卒,後推十年,吴奭正德九年甲戌(1514)卒於任,生年不詳。又《考德録》爲其編吴寬卒後所受誥敕祭文及行狀、碑銘等,而非所著。

顧沅《吴郡文編》卷一百七十一李傑《禮部尚書兼翰林院學士掌詹事府事吴公行狀》:“公諱寬,字原博,姓吴氏,號匏庵,世家蘇之長洲縣。……戊午……命以本職(吏部左侍郎)兼學士,入内閣,專理誥敕,仍傳經筵。……二室陳氏,生二男:曰爽,娶林方伯朝信(次)女……"

是年,十二月二十五日,白悦生。

白道金《晉陵白氏宗譜》卷十八《清溪十房之長二房世系傳·九世》:"悦,字貞夫,別號洛原。輔之長子。弘治戊午十二月二十五日生……年五十有四。"

皇甫汸生。

張慧劍《明清江蘇文人年表》:"1498 戊午弘治十一年,長洲皇甫汸(子循)生。"

是年,十月,清寧宫災。

弘治十二年己未(1499) 十六歲

四月一日,外祖父林符服闋,任浙江右參政,支正二品俸。

《明孝宗實録》卷一百四十九:"弘治十二年四月庚寅朔(一日)……吏部言:'廣東南雄府知府林符先任廣西按察使,因公事註誤降官。丁憂去任,今已服闋。以詔例應對原品調任,但見無按察使員缺,請調符爲浙江布政司右參政,仍支正二品俸。'從之。"

《(康熙)蘇州府志》卷六十一《人物·列傳七》:"林符……轉浙江督糧右參政……"

五月,祖父陳璚六十誕辰在即,因官南京,不預壽集。吏部左侍郎吴寬寄詩以賀。

吴寬《家藏集》卷二十五《玉汝年亦六十,以擢僉南臺,不預壽集,因次前韻以寄》:"誕節曾聞歲在申,善忘無復是生辰〔玉汝生日,予每忘賀〕。北都遠眺惟南國,三壽同躋少一人。臺署升堂分柱史,戈船鼓櫂動江神〔兼管操江〕。直看更得玄孫喜,祝頌無如此意真〔玉汝年未六十,已得曾孫二人〕。"

按:此詩作於是年五月端午前,知陳璚生日在稍後。

六月七日,温州知府文林卒於官,享年五十五。十二月十一日,葬吴縣梅灣之原。祖父陳璚等人贈賻,其仲子徵明不受,作文以謝。其表妹婿楊循吉爲撰《墓志銘》。吏部左侍郎吴寬爲撰《墓碑銘》,又有《哀文》《祭文》。沈周等亦有《祭文》。

錢穀《吴都文粹續集》卷四十一楊循吉《明故中順大夫温州府知府文公墓志銘》:"弘治丁巳冬十一月,上起南京太僕寺寺丞文公(林)於家,以爲温州府知府。……至之日,首釋繫徒千人,民大悦。既而以法約豪强,咸遵於令。設施詳明,惠洽黎庶,尊禮耆德,風以丕厚。蓋一年而政化茂行。竟用己未六月乙未(七日)卒於官,年五十有五。……奎等卜以卒之年十二月丙申(十一日)葬吴縣梅灣之原。"

吴寬《家藏集》卷七十六《明故中順大夫浙江温州府知府文君墓碑銘》,略。

又卷二十五《哀文宗儒》,略。

又卷五十六《祭文温州文》,略。

文林《文温州集》卷十二附録《沈石田祭文》等,略。

羅振玉《百爵齋藏歷代名人法書》第二册《明文徵明答陳汝玉書》:"承專人遠來,賜以手札,詞旨諄復,存慰繾綣。加以江魚之賜,祇領感塞。所諭水手之事,不肖初意已决,豈得更有改易。彼上官及僚友之意,但知故事如此。而士之取舍,不可不擇。諸公憐其貧困不給,或有所周,其意良厚。而不肖萬一緣此以裕其家,則是以死者爲利。不肖誠無狀,亦何至利先人之死哉?《禮》:'君子不家於喪'——惡以死者爲利也。萬望以此意達於諸公,曲賜聽納,俾少全鄙志,不至遺先人之羞,以重不孝之罪,不肖拜賜多矣。不肖祇合勉圖先人襄事。承問啓期,擬在臘月十日。凡百□隨有無,行已粗備,更不煩念及也。所須先人畫像,恐途中有失,從容臨一副本寄上也。哀荒中,占報草草。"(圖 11)

按:陳璚札無考。

據《文温州集》卷十二附録楊循吉《追修功德疏一首》,楊循吉乃文林表妹婿。

八月,祖父陳璚以巡歷江兵過家,爲吴廷用題《沈周釣月亭圖卷》。

繆曰藻《寓意録》卷三《沈石田釣月亭圖卷》。陳璚題云:"亭子初成令子謀,石巖橋北正宜秋。清池入影高低屋,新月垂竿上下鈎。雅趣唯知邀兔魄,老懷應不羡魚游。夜深正照金尊酒,醉坐苔磯忘百憂。長洲陳璚。"

按:該圖有祝允明、都穆題《記》,云釣月亭乃蘇州吴廷用爲侯父公美宦遊老歸有樂而於舍圃中所建。都穆《記》署"戊午四月廿日","戊午"即去年。陳璚詩題於其後,有"亭子初成令子謀,石巖橋北正宜秋"句,而其去年九月二十六日陞南臺,冬赴任,明年五月十九日轉北。李東陽《懷麓堂集》卷八十《明故嘉議大夫南京都察院左副都御史陳君玉汝神道碑銘》曰:"在南臺兼督操江兵,上自九江,

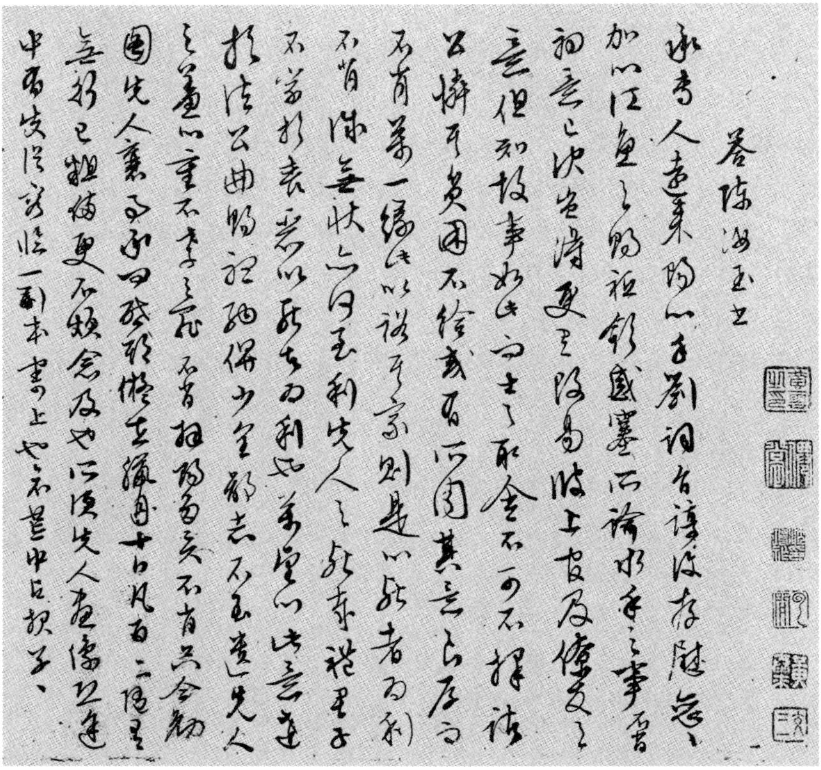

圖 11　文徵明《答陳汝玉書》

下至沼[沿]海。歲再巡歷,過其家必奏焉而後入。"《明孝宗實録》卷一百五十三載,其是年八月巡歷至江陰。故過家爲題該圖必在此時。

是年,遵父陳鑰命從文徵明遊。涵揉磨琢,器業日進。

陳淳《陳白陽集》附録張寰《白陽先生墓志銘》:"君膺内外之懿,挺明秀之質,望之若瑶笋琪樹,鸞翔鳳舉,使人心醉,既爲父祖所鍾愛。時太史衡山文公有重望,遣從之遊。涵揉磨琢,器業日進,凡經學、古文、詞章、書法、篆籀、畫詩,咸臻其妙,稱入室弟子。"

按:商務印書館《明賢墨跡》一《文徵明〈西齋獨坐,有懷道復茂才,輒寄短句〉》云:"不見元龍費我思,十年相長敢稱師",此詩作於正德四年己巳(1509)五月二十二日,因而陳淳應是年遵父鑰命從文徵明遊。

是年,五月十六日,袁袞生。

袁廷檮《吴門袁氏家譜》卷四《譜圖・三房一支譜圖》:“衮,鼒長子。行三,字補之,號谷虚。……生於弘治十二年己未五月十六日……年五十。”

十一月三日,袁褒生。

袁廷檮《吴門袁氏家譜》卷五《譜圖・四房一支譜圖》:“褒,鼐三子。行四,字與之。……生於弘治十二年己未十一月三日……壽七十有八。”

文嘉生。

文含《文氏族譜續集・歷世生配卒葬志》:“和州府君諱嘉,待詔次子。……生於弘治十二年己未……年八十四。”

是年,九月,重建清寧宫成。

弘治十三年庚申(1500) 十七歲

五月十九日,祖父陳璚改都察院左僉都御史。赴京,便道過家。

《明孝宗實録》卷一百六十二:“弘治十三年五月……壬申(十九日)……改南京都察院左僉都御史陳璚爲都察院左僉都御史。”

張廷玉等撰《明史》卷七十三《志・職官二》:“都察院。……左、右僉都御史,正四品。……都御史職專糾劾百司,辯明冤枉,提督各道,爲天子耳目風紀之司。”

按:文物出版社《中國古代書畫圖目》二十《明吴寬等行書詩卷》,皆爲湯文儀題逸晚亭詩,有陳璚,款云:“湯君文儀省其尊人逸晚翁,請曰:‘逸晚亭成,有匏翁題扁,乞一詩。’因即席賦此。及予自南都被召,以便道曾一至其亭,是真可逸晚也!到京出此卷……乃書舊詩於後云。弘治庚申長至前一日,同郡陳璚識。”(圖 12)

毛澄《三江遺稿》卷下《湯文儀繼室章孺人墓志銘》謂:“文儀始爲鴻臚序班……”吴寬《家藏集》卷六十三《逸晚翁壽藏記》稱:“翁名瀚,字宗大,自號逸晚,姓湯氏……爲吴縣人。……子男五人:曰璠,曰璋,曰璽,曰瑬,曰珙。……後瑬,鴻臚寺序班。”由此,湯文儀名瑬,家吴縣,官鴻臚寺序班。

可以肯定,陳璚改都察院左僉都御史,便道過家。

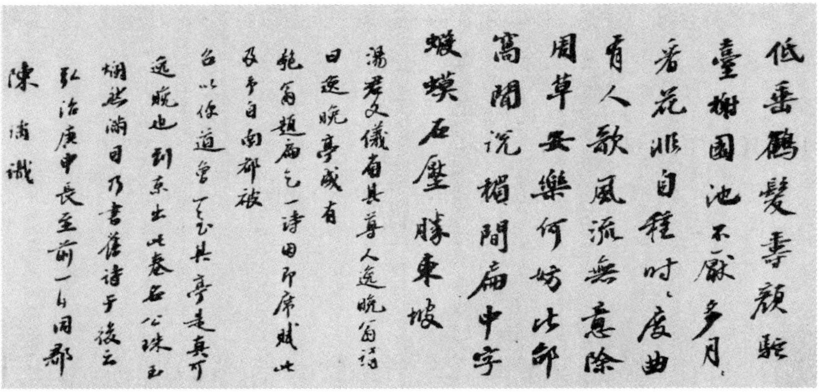

圖 12　陳璚爲湯文儀題《逸晚亭詩》

是年，岳父張約由工部都水司員外郎進營繕司郎中。未幾，掌司事。

陸粲《陸子餘集》卷三《奉政大夫工部營繕司郎中張公墓志銘》："張公諱約，守之其字……進都水員外郎。久之，吏部以營繕劇司非公不可，乃進郎中。尋奉璽書督造汝王府於衛輝，量功命日節縮浮冗，省費三十餘萬。還，掌司事。"

張廷玉等撰《明史》卷七十二《志·職官一》："工部。……營繕……清吏司……郎中一人，正五品。……營繕典經營興作之事。"

按：據《明孝宗實録》卷一百七十、卷一百七十九，明年正月勘造汝王府，九月之藩。而張約當是年進營繕司郎中，明年九月後掌司事，因并繫之。

是年，二月，定問刑條例。七月，京師地震。十月，兩京地震。

弘治十四年辛酉（1501）　十八歲

三月二十八日，外祖父林符陞浙江右布政使。

《明孝宗實録》卷一百七十二："弘治十四年三月……丙子（二十八日）……陞浙江布政司右參政林符爲本司右布政使。"

張廷玉等撰《明史》卷七十五《志·職官四》："承宣布政使司。左、右布政使各一人，從二品。……布政使掌一省之政，朝廷有德澤、禁令，承流宣播，以下於有司。"

初，周府莊田與屯田相淆，累歲争不決。祖父陳璚等奉敕往勘，具實以聞。是年十二月二十四日，詔歸之府。然忤當道意，乃著屯田十二，此案終得了結。

王鏊《震澤集》卷二十八《通議大夫南京都察院左副都御史陳公墓志銘》:“公諱璚,字玉汝……以都御史撿周府莊田。……初,周府莊田與民田相淆,累歲争不决。時,河南諸當道意在民也。公往履畝,具實以聞,詔歸之府。於是,始忤當道意。”

李東陽《懷麓堂集》卷八十《明故嘉議大夫南京都察院左副都御史陳君玉汝神道碑銘》:“周府莊地與屯田相錯,奉敕往勘。歲久籍去,軍衛不能直。因兩具以請,中旨歸之府。而議者弗察,乃著屯田十二,難以著志。”

《明孝宗實録》卷一百八十二:“弘治十四年十二月……戊辰(二十四日)……監丞劉記、都御史陳璚等奉命勘河南睢州等處地五千二百一十餘頃,人不能决。因奏言:‘據周府奏,則以爲原出欽賜莊地;據巡撫官奏,則以爲護衛屯田,兩具以請。’户部覆奏,上命給周府管業。”

初,祖父陳璚和大伯鎡皆居長洲大姚。是年冬,璚出使周府事畢,便道還家,買得射瀆徐氏宅子,遷居於此。

按:《(乾隆)蘇州府志》卷二十八《第宅園林二·長洲元和二縣》云:“陳都憲璚故宅在大姚。”

日本二玄社《宋元明清四朝翰墨》第五卷《明人書翰一·吴寬致陸完札》曰:“玉汝買得射瀆徐氏宅子,與長郎遷入,遂爲田鄰矣。”該札作於明年二月九日陸完陞浙江按察副使前,知此事在是年冬。而陳璚出使周府事畢就在是時,當便道還家,辦理此事。

王鏊《姑蘇志》卷三十三《古跡》謂:“射瀆在楓橋北十里。世傳秦始皇嘗射於此,故名。至今兩岸無回曲。又名石瀆。”

大姚、射瀆皆屬長洲。

是年,四月二十九日,白怡生。

白道金《晉陵白氏宗譜》卷十八《清溪十房之長二房世系傳·九世》:“怡,字定夫,號洛川。輔之次子。弘治辛酉四月二十九日子時生。”

王穀祥生。

皇甫汸《皇甫司勳集》卷五十六《明吏部文選清吏司員外郎王君墓表》:“君諱穀祥,字禄之。惟辛酉,君以降。而上世嘗頌‘酉室’者,適符其生,因題其居,而自稱‘酉室’云。系出太原……遷吴之長洲。”

是年，二月，革蘇、松、常、鎮四府導河夫役。

弘治十五年壬戌（1502） 十九歲

六月二十八日，外祖父林符陞浙江左布政使。

《明孝宗實録》卷一百八十八："弘治十五年六月……戊辰（二十八日）……陞浙江布政司右布政使林符爲本司左布政使（從二品）。"

八月十三日後，吏部左侍郎吴寬爲陳淳祖父璚藏《沈周山水圖軸》題詩。

吴寬《家藏集》卷二十八《爲陳玉汝題啓南山水大幅》："馬家作畫纔一角，剩水殘山氣蕭索。畫苑馳名直至今，輸與毫端不浮弱。此幅壯哉誰寫真？吴西山水見全身。行春橋上曾遥望，待樂亭中好細論。"

是年，從叔陳鈬以貢入國學。

《（康熙）蘇州府志》卷三十二《選舉四・貢生・府學》："弘治間貢：陳鈬以鼎，璚侄。十五年，長洲。"

按：其正德十二年丁丑（1517）由國學生任福寧州同知，知此時以貢入國學。

是年，五月一日，文伯仁生。

文含《文氏族譜續集・歷世生配卒葬志》："五峰公伯仁，雙湖長子。……生於弘治十五年壬戌五月一日……年七十四。"

十月二十六日，袁褒生。

袁廷檮《吴門袁氏家譜》卷五《譜圖・五房一支譜圖》："褒，鼒四子。行五，字永之，號胥臺。……生於弘治十五年壬戌十月二十六日……年四十有六。"

魏希明生。

歸有光《震川集》卷二十五《魏誠甫行狀》："誠甫諱希明，姓魏氏，世爲蘇州人。始居長洲，後稍徙崑山之真義里。……誠甫卒於嘉靖十九年十二月乙酉，年三十九。"

按：據上文推算，其生於是年。

是年,十二月,《大明會典》成。

弘治十六年癸亥(1503) 二十歲

新歲,祖父陳璚與吏部左侍郎吴寬、禮部右侍郎李傑、太僕寺卿吴洪、吏部右侍郎王鏊結爲"五同會",以詩邀飲;諸公次韻。後吴洪請餘姚丁綵作《五同會圖卷》,吴寬題詩并序,諸公和題。又各摹圖藏於家,歲時展玩,以消聚散合離之感。

吴寬《家藏集》卷二十九《新歲,與玉汝、世賢、禹疇、濟之爲"五同會",玉汝以詩邀飲,因次韻。時玉汝初治楚獄還》:"朝班常喜接鴛行,束髮同遊自故鄉。獄事不冤如定國,歸途無險勝王陽。三江已隔非吾土,五老安知共此堂。更待城東春色好,小園還約看紅芳。"

王鏊《震澤集》卷四《次韻玉汝五老會》:"三三兩兩坐成行,忘卻燕南是異鄉。福德正臨吴分野,風流殊異晋高陽。丹心舊詩[許]同憂國,清話時聞一哄堂。儼若廬山山上見,不才深愧接餘芳。"

按:陳璚等人詩無考。據《家藏集》卷四十《贈周原已院判詩序》,陳璚在北京的府邸位於城東崇文街東,曰半舫齋,爽潔可愛。

《明孝宗實録》卷一百八十五、卷二百載,李傑去年三月十一日至是年六月六日任禮部右侍郎。

《明孝宗實録》卷一百六十四、《明武宗實録》卷十二載,王鏊弘治十三年庚申(1500)七月九日至正德元年丙寅(1506)四月二十七日任吏部右侍郎。

《明孝宗實録》卷一百七十三、《明武宗實録》卷七載,吴洪前年四月二十一日至後年十一月十六日任太僕寺卿。

吴洪(1448—1525),字禹疇,號立齋,吴江縣(今江蘇吴江市)人。成化十一年(1475)進士。授南京刑部主事,陞至郎中。歷貴州等省按察副使、福建按察使、太僕寺卿、工部左右侍郎。正德三年(1508)累任南京刑部尚書,五年(1510)以忤劉瑾致仕。卒,贈太子少保。(《費宏集》卷十九《吴公神道碑銘》,時間錯誤和不詳者,依《明武宗實録》)

吴寬《家藏集》卷四十四《五同會序》:"吴人出而仕者,率盛於天下。今之顯於時者,僅得五人,曰都御史長洲陳玉汝、禮部侍郎常熟李世賢、太僕寺卿吴江吴禹疇、吏部侍郎古吴王濟之及予爲五人。去歲,五人者公暇則輒具酒饌爲會,坐以齒定,談以音諧,以正道相責望,以疑義相辨析。興之所至,即形於詠歌;事之所感，每發於議論，庶幾古所謂莫逆者。同時也，同鄉也，同朝也，而又同志也，同道也，因名之曰'五同會'，亦曰'同會者五人耳'。禹疇以越人丁君綵妙繪事，俾寫爲圖，飾爲長卷，推予序其首。圖中坐於左者爲予，并坐者世賢，前行者爲玉汝，次濟之，又次禹疇，皆容貌惟肖，氣韻奕奕。獨予白髮蒼顔，頽然以老，可歎也。五人者初期相續爲會不已。未幾，玉汝擢副都御史赴南京，濟之以外艱去。自是會者惟三人，予年既高，又將引退，雖後之來者當復盛，予固不可得而待也。"

又卷三十《五同會》："日高連步出金閨，鄉里衣冠比聚奎。已幸容予爲五一，不勞邀客向東西。古人事例□（惟）真率，流俗杯盤□（自）整齊。白髮蕭然叨坐首，敢辭揮筆製新題。"

王熙桂等編《太原家譜》卷二十七《五同會詩》，吴寬，略。

又吴洪，略。

又王鏊，略。後跋："五同之會未數月也，玉汝最先去，予次之，禹疇旋往易州所，最恨者匏庵遂下世。歲丙寅，予還朝，獨與李公相見。未幾，公亦擢南太宰去。予乃孑然獨留。嗟乎！自壬戌至今，兹之歲纔五年，而人事好乖如此，於人世何如也？覽舊卷不勝感歎，復次其韻歸之。"

按：陳璚和李傑詩無考。吴寬序、詩題於明年六月。據《明武宗實録》卷十二，李傑正德元年丙寅(1506)四月二十七日陞南太宰。王鏊詩應題於稍後，其詩亦見《震澤集》卷五，曰《題五同會詩後》，誤置正德四年己巳(1509)春。吴洪詩亦見張豫章等編《御選明詩》卷七十六，曰《題五同會圖，和匏庵、濟之》，知題於王鏊後。兩人詩文與上略異。

《太原家譜》卷二十六艺孫《跋五同會圖》云："嘉慶七年，假得族叔父瑶伯之子所藏《五同會圖卷》，與此對較，略同。所異者，彼畫後有四明丁綵題款耳。"陳仁錫《無夢園初集》駐集四《家乘・五同會跋》曰："余聞先中丞公有五同會，會必有詩，皆真率簡淡，直追洛社。五人各摹圖藏諸家，歲時展玩，以消聚散合離之感，故老頗能道其事。余往詢諸族人，燬於火。及索諸王文恪公家，聞溪先生以副本示，吴文定公四世孫繹匏先生亦以《文定公集》見屬……蓋相吻合，躍然稱快。遂首以序文，次圖，次詩，收拾殘闕，非復昔日威儀，而先輩風流猶有存者。"鑒此，諸公皆有摹本藏於家，且有再摹者。現故宫博物院所藏該圖佚名，即摹本。（圖 13）

丁綵乃浙江餘姚縣人，行實不詳。

二月十四日，祖父陳璚陞南京都察院左副都御史兼管操江。禮部尚書吴寬作詩并序，禮部右侍郎李傑等和之，爲之送行。江西按察副使邵寶亦

圖 13　丁綵《五同會圖卷》(摹本)
(自右至左依次爲坐者吴寬、李傑、立者陳璚、王鏊和吴洪)

有詩送之。

《明孝宗實録》卷一百九十六:"弘治十六年二月……辛亥(十四日),陞都察院左僉都御史陳璚爲南京都察院右[左]副都御史(正三品)。"

雷禮《國朝列卿紀》卷七十七《南京都察院左右副都御史年表》:"陳璚……弘治十三[六]年,任左副都御史兼管操江。"

吴寬《家藏集》卷二十九《送玉汝擢副都御史仍赴南京》:"南都人識舊清風,新命仍歸玉敕中。執法星高依北斗,留臺地重隔江東。睢陽會散誰偏老?洛下吟成我未工。欲忘離情須是醉,當筵休放酒杯空。"

又卷四十四《送陳都憲玉汝赴南京詩序》:"頃,予與鄉人之仕於朝者姚城陳玉汝、海虞李世賢、松陵吴禹疇、震澤王濟之爲'五同會',蓋襲睢陽之意,而循洛社之例。職務之餘,期月一聚飲,以釋其勞,相樂也。未幾,玉汝擢左副都御史於南京,因歎良會之不常,感樂事之難,久有不勝其慨然者。於是玉汝行,予作詩贈之,世賢而下和之,凡與玉汝厚而能言者復和之。詩既成什,有謂玉汝之去一人耳,而留者四人;四人猶足以樂,而一人離群索居,其必不樂。可知此殆未知玉汝者。夫南京,玉汝疇昔遊宦之地也。公署所在,左山右湖,極其勝概。聖祖之所肇建,以爲法官引觴之助,見於奎章可考,謂玉汝爲不樂可乎?玉汝且多雅懷,善吟詠,清時佳景,觸目皆詩。至若春水方生,凉風或發,率甲士,泛戈船,練兵於龍江、鷺洲之間,如漢昆明故事。先聲所至,盜賊屏跡,上下千里,居民行旅,晏然無警。以盡職務,以揚聲名,謂爲不樂又可乎?文事武備,兼於一身,且爲玉汝壯之,豈特樂而已。詩宜有序,予於五人中年最高,故書之。"

邵寶《容春堂前集》卷三《送陳都憲赴南臺》,略。

按:李傑等人詩無考。邵寶詩爲五言古,另作。因工作交接,陳璚當月底左右啓程。

《明孝宗實録》卷一百九十六載,吴寬是月二十八日陞禮部尚書,仍兼翰林學士、掌詹事府事。

《明孝宗實録》卷一百六十一、《明武宗實録》卷四載,邵寶弘治十三年庚申(1500)四月五日至十八年乙丑(1505)八月十一日任江西按察副使,提調學校。時蓋三年考績在京。

邵寶(1460—1527),字國賢,號泉齋、二泉,無錫縣(今江蘇無錫市)人。成化二十年(1484)進士,授許州知州。歷江西按察副使、浙江按察使、都察院右副都御史、户部左右侍郎等。正德十四年(1519)官至南京禮部尚書,以終養歸。嘉靖四年(1525)致仕。卒,贈太子太保,謚文莊。有《容春堂集》諸著。(《焦太史編輯國朝獻徵録》卷三十六楊一清《邵公寶神道碑銘》,時間錯誤和不詳者,依《明武宗、世宗實録》)

秋,文徵明夜坐懷陳淳,有詩。

文徵明《甫田集》(四卷本)卷一《夜坐懷陳淳》:"清宵憶汝意難忘,木榻能甘野寺荒。卻是秋來有佳思,卷書斜映佛燈涼。"

按:此集諸本皆以年編次,上詩置是年秋。凡下列涉此集諸本内容者,無特殊情况,不再説明。

秋,文徵明病後理小齋,有詩贈陳淳。

文徵明《甫田集》(四卷本)卷一《病後理小齋,題贈陳淳》:"半月高眠懶下床,偶然扶病理山堂。凝塵繞壁圖書暗,細雨開門草樹荒。對客三餐病廢酒,清心一味静焚香。等閑書卷逋成積,藥裹纔離便得忙。"

約是年,取字道復。

陳淳《陳白陽集》附録張寰《白陽先生墓志銘》:"白陽先生陳君,諱淳,字道復。"

按:《禮記》卷二《曲禮上》云:"男子二十,冠而字。"又明年十一月二十日,陳淳與文徵明同閲孫鳳藏《懷素書清净經》。文徵明即興草書《賈誼弔屈原賦卷》,於題語中稱"陳淳"。後有文嘉跋,曰:"陳淳即陳道復之名,時方二十一歲,從先君習舉業,遂直書其名,而不以爲嫌耳。"後年正月七日,陳淳與蘇州諸公宴集文徵明停雲館。文徵明作《詩畫卷》,其奉次并題,署名"淳",鈐"道復"白文方印。故取字道復不出二十歲即是年。

娶同邑致仕雲南按察使張翥孫女、工部營繕司郎中張約次女爲夫人。

陳淳《陳白陽集》附録張寰《白陽先生墓志銘》:"夫人同邑張氏。祖諱翥,雲南按察使。父諱約,都水[營繕]司郎中。婦道母儀,克配君子。知君雅度,雖婚嫁,亦不以累君。而少房所育,均恩共慶,咸若己出,寔能相助於君。生成化十八年七月初一日……春秋五十有八。"

陸粲《陸子餘集》卷三《奉政大夫工部營繕司郎中張公墓志銘》:"張公諱約,守之其字,吴之長洲人也。……考翥,始起進士,卒官雲南按察使。……久之,吏部以營繕劇司非公不可,乃進郎中……掌司事。……女二,縣學生楊宸、太學生陳道復,其婿也。"

按:夫人張氏是年二十二歲,在當時應是不小的年齡。而文徵明是年秋開始不斷有懷陳淳詩,説明他自此拜訪文師的次數相對減少。又其父鑰後年築室大姚另居。因此,於是年左右成婚。

鄭若曾生。

按：鄭若曾(1503—1570)，字伯魯，號開陽，明崑山縣人。

是年，五月，修《通鑑纂要》。六月，減蘇、杭織造三分之一。

弘治十七年甲子(1504) 二十一歲

春日，文徵明懷陳淳，有詩二首。

文徵明《甫田集》(四卷本)卷二《春日懷陳淳》："幾度相淹坐日斜，最憐詳雅出名家。山齋十日無行跡，開卻海棠無限花。""桃花三月已終旬，愁病相仍過卻春。空復紛紛賓客在，相看誰是意中人？"

七月十日，親戚禮部尚書吴寬卒於官，享年七十。訃聞，上震悼，遣官護還、祭葬，贈太子太保，謚文定。特授其長子奭中書舍人，補次子奐國子生。明年十一月十五日，葬於吴縣花園山之原。禮部左侍郎李傑、右副都御史巡撫山東徐源各爲撰《行狀》，太子太保李東陽爲撰《墓志銘》，吏部右侍郎王鏊爲撰《神道碑》《墓表》《祭文》和《挽詞》，江西按察副使邵寶有《祭文》，祝允明有《挽詞》，文徵明有《哭詩》。

顧沅《吴郡文編》卷一百七十一李傑《禮部尚書兼翰林院學士掌詹事府事吴公行狀》："公諱寬，字原博，姓吴氏，號匏庵……甲子四月……患足疾在告。上遣御醫診視，且命内臣賜酒、米等物。凡三上疏乞致仕，皆奉優詔勉留，有'學行端謹，譽望素著，學行聞望，輿論攸歸，方隆委任，勉起供職'之辭。不幸以是年七月初十日卒於官……享年七十。"

又卷一百七十一徐源《明故資善大夫禮部尚書兼翰林院學士贈太子太保謚文定吴公行狀》："以卒之明年乙丑十一月十五日葬於吴縣花園山先塋之旁。"

錢穀《吴郡文粹續集》卷四十一李冬陽《明故資善大夫禮部尚書兼翰林院學士掌詹事府事加贈太子太保謚文定吴公墓志銘》："訃聞，則命有司治葬如例，而加祭二壇，賜鏹楮萬緡爲賻，驛給舟車，遣官護送，超贈太子太保……謚文定……其長子奭以三品恩已蔭爲國子生，比以舊學恩，當官其少子奐。特命奭爲中書舍人，而以奐補國學。……奭奉禮部左侍郎李公世賢狀請予銘，乃哭而爲之銘。"

又卷四十一王鏊《文定公墓表》，略。

王鏊《震澤集》卷二十二《資善大夫禮部尚書兼翰林院學士贈太子太保謚文定吴公神道碑》："訃聞，先帝震悼，命有司治葬，諭祭者四，給驛舟，遣官護還……

皆異數云。"

又卷五《吴文定公挽詞》,略。

又卷三十一《祭吴文定公》,略。

邵寶《容春堂前集》卷二十《祭匏庵吴先生文》,略。

祝允明《懷星堂集》卷六《吴文定公挽歌詞》,略。

文徵明《甫田集》(四卷本)卷二《哭匏庵先生四首》,略。

按:陳璚與吴寬關係極好,時就任南京,聞訃,定當歸蘇祭吊,有文或詩,惜無考。

《明武宗實録》卷五載,徐源明年九月二十七日由都察院右副都御史巡撫山東致仕。

《明孝宗實録》卷一百九十六、《明武宗實録》卷三載,李東陽去年二月二十八日至明年七月十五日任太子太保、户部尚書兼謹身殿大學士。

《明孝宗實録》卷一百九十七、《明武宗實録》卷七載,王鏊去年三月十一日至明年十一月一日以吏部右侍郎丁父憂。

秋,侍文徵明三試應天。文徵明不售,於客樓夜話,有詩,訴述久困舉業和愧對門生的煩惱。

文徵明《甫田集》(四卷本)卷二《金陵客樓與陳淳夜話》:"卷書零亂筆縱横,對坐寒窗夜二更。奕世通家叨父行,十年知己愧門生。高樓酒醒燈前雨,旅榻秋深病裏情。最是世心忘不得,滿頭塵土説功名。"

按:上詩置是年秋。此集(三十六卷本)卷二十五《謝李宫保書》云:"自弘治乙卯抵今嘉靖壬午,凡十試有司,每試輒斥。"經考察,其在所言時間内,有兩次即弘治十四年辛酉(1501)守父喪未試,嘉靖元年壬午(1522)得歲貢未試,實際應試八次,而"十試"爲概數。那麽,其是年當三試應天不售,在客樓與陳淳夜話。

據明代選舉制度,八月九日至十五日考試,月底放榜。應七月下旬起程,九月上旬返鄉。

十月,文徵明送筆屏,有詩。

文徵明《甫田集》(四卷本)卷二《筆屏送陳淳》:"筆床曾愛古人奇,短著屏風製更宜。遺向元龍充架閣,高齋長日自臨池。"

十一月二十日,與文徵明閲孫鳳藏《懷素書清净經》,文徵明即興草書《賈誼吊屈原賦卷》。後徵明仲子嘉有跋,亦言之。

張照等撰《石渠寶笈》卷三十《明文徵明仿懷素草書一卷》。書《賈誼吊屈原賦》，款識云："偶與陳淳閱藏真所書《清净經》，戲書此賦，多見其不知量也。甲子十一月廿日，文璧[壁]。"拖尾跋云："懷素《清净經》，予嘗見之。後題云：'貞元元年八月廿有三日，西太平寺沙門懷素藏真書。'……此卷舊藏孫鳴岐家，故先君得頻閲之。因發書興，寫此《吊屈原文》。同閲者陳淳即陳道復之名，時方二十一歲，從先君習舉業，遂直書其名，而不以爲嫌耳。然亦可見當時師道之嚴如此。萬曆甲戌四月廿日，文嘉書。"

孫鳳《孫氏書畫鈔》附録居簡跋："孫鳳，字鳴岐，長洲人。雅善裝潢，頗喜讀書。人有以古昔書畫求裝潢者，則録其詩文跋語，積久成巨帙，名之曰《孫氏法書名畫鈔》。"

按：文嘉乃徵明仲子，行實見第151、152頁譜文。

十二月二十三日，文徵明病起有詩致陳淳父鑰。二十四日夜，父鑰奉次一首，呈文徵明。文徵明再叠韻一首。

文徵明《甫田集》(四卷本)卷二《立春日病起〔十二月廿三日〕》："青絲裹餅薦春盤，喜見鞭春在臘前。便與一冬除舊病，尚餘七日是殘年。梅花消息嚴寒後，綵勝情懷薄酒邊。旋取物華供帖子，暖痕浮緑草生煙。"

卞永譽《式古堂書畫彙考》卷二十四□鑰《甲子廿四夜即事，奉次廿三日鞭春霜押，因便録呈博笑》："臘雪漫漫春意慳，兒童爆竹鬧庭前。昨朝耒耜迎新歲，今夜田蠶卜小年〔俗呼廿四夜爲小年夜〕。長飲淘溶情有限，短吟消遣興無邊。流光可惜還堪賞，楊柳柔條半鎖煙。鑰頓首上，衡山先生吟伯。"

文徵明《甫田集》(四卷本)卷二《廿四夜，再叠前韻》："臘臨廿四歲將闌，小作除窮六日前。賽竈不妨循舊俗，祓塵端爲待新年。春生爆竹傳聲裏，愁在家人細語邊。欲識小齋貧活計，騰騰榾柮地罏煙。"

按：文徵明詩置是年，未言致誰，但據鑰奉次詩，便知致鑰。而其友人中衹有陳淳父名鑰，必爲兩人唱和詩。

澳門藝術博物館《故宫上博珍藏青藤白陽書畫特集》别册《陳淳、徐渭年表》此條云："歲闌，淳父鑰與文徵明、錢同愛、彭昉等唱酬，鑰有詩與文徵明。"經勘，其源於周道振等纂《文徵明年譜》卷二，然未加分辨，則將文徵明是月分别與各人唱酬，誤爲四人同時唱酬。

是年，許穀生。

文史哲出版社《明人傳記資料索引》："許穀(1504—1586)，字仲貽，號石城，上元人。”

是年，五月，召南京、蘇州、浙江等地織造中官還，止鎮巡等官督理織造。

弘治十八年乙丑(1505) 二十二歲

正月一日，於大伯陳鎡射瀆莊家集，父陳鑰有詩。數日後，文徵明次韻一首。

文徵明《甫田集》(四卷本)卷二《次韻陳以可元日射瀆莊家集》:“喜色融融曉日紅，諸郎照坐織清葱。綵衣時屬稱觴始，華屋春生笑語中。舊事已消殘歲雪，豐年先兆五更風。鄰余入眼皆成感，羨殺元龍興不空。”

按：陳鑰詩無考，文徵明詩置是年正月三日至六日間。

正月三日，至吴縣城北曹家巷，訪文徵明停雲館，文徵明作詩以勉。

文徵明《甫田集》(四卷本)卷二《新正三日，西齋對酒示陳淳》:“西齋掩晴晝，有客過我遊。攬衣起速客，一笑散清愁。新聲麗屋角，碧草被高丘。涉春始三辰，已覺氣變柔。行看换朱白，清陰覆墻頭。青春來何易，白日去何遒？願言惜白日，努力繼前修。芳樽浮濁醪，短案登嘉羞。客情方眷眷，我意亦綢繆。綢繆何所爲？薄言氣相投。顧兹一日長，屈置門生儔。淺薄晚無聞，奚以應子求？三年守殘經，一舉不能謀。豈曰屬時命，要是業未優。業至名自成，德淵心日休。勳猷貴乘時，少壯靡遲留。德荒學不講，吾與子共憂。”

《(乾隆)蘇州府志》卷二十七《第宅園林一・吴縣》:“文温州林宅在德慶橋西北，中有停雲館。子待詔徵明亦居此。”

《(道光)蘇州府志》卷四十六《第宅園林一・吴縣》:“文温州林宅在三條橋西北曹家巷，中有停雲館。子待詔徵明亦居此。”

王鏊《姑蘇志》卷十九《橋梁上》:“郡城西北隅橋：盧提刑橋，德慶橋，崇利橋〔與二橋連，俗稱三條橋〕。”

又卷十七《坊巷》:“西北隅巷：曹家巷〔中街路内〕。”

按：據《(乾隆)蘇州府志・蘇州府城圖》，吴縣城乃蘇州子城，居城西。而後來的都亭橋即盧提刑橋，宛善橋即德慶橋，三條橋即崇利橋。故文徵明府在吴縣城北即蘇州城西北中街路曹家巷(德慶橋和崇利橋西北)。周道振等纂《文徵明年譜》卷一:“世居蘇州府長洲縣(今蘇州市東北部)德慶橋西北曹家巷”，楊建峰編《文徵明》下卷《文徵明生平年表》從之，俱誤。

文林《文温州集》卷一《停雲館初成》有“屋西隙地舊生涯，小室幽軒次第加”句，陳淳是月七日於停雲館題詩有“西齋笑語得歸遲”句，知文徵明家西齋即停雲館。

文含《文氏族譜續集·歷世第宅坊表志》云：“待詔公停雲館，三楹，前一壁山，大梧一枝，後竹百餘竿。”

正月七日，與從弟陳津、朱存理、吴爟、錢同愛宴集文徵明停雲館。文徵明作畫題詩，陳淳等和題。淳詩云：“千載風流文社在，晚生何幸托相知！”

朱存理（1444—1513），字性甫，號鶴岑，長洲縣（今江蘇蘇州市）人。杜瓊門生。不業仕進，喜好讀書，精工詩詞，以求昔人理言遺事而識之。有《野航集》諸著。吴爟（1466—1523），字次明，號雁村，吴縣（今江蘇蘇州市）人。成化末縣學生。正德末由貢入太學，未卒業歿。能詩文書法，尤善鑒古器物、書畫。錢同愛（1475—1549），字孔周，號野亭，存理同邑人。陳淳親戚，後爲文徵明親家。弘治中期諸生。能文，喜藏書，有俠氣。世以小兒醫名蘇州。

文物出版社《中國古代書畫圖目》二《明文徵明人日詩畫卷》題云：“乙丑人日，友人朱君性甫、吴君次明、錢君孔周、門生陳淳、淳弟津集余停雲館，談讌甚歡，輒賦小詩樂客。是日，期不至者邢君麗文、朱君守中、塾賓閻采蘭。新年便覺景光遲，猶有餘寒宿敝帷。寂寞一杯人日雨，風流千載草堂詩。花枝未動臨佳節，菜飯相淹亦勝期。春色到今深幾許？小山南畔草痕知。文壁。”“人日陰寒花事遲，草堂暫假董生帷。欣陪雅集何當客，重辱高情先寄詩。荏苒年光新節物，淋漓春酒舊襟期。幽懷耿耿那堪寫，延佇春風悵所知。朱存理。”“歲首尋芳未較遲，條風送暖動簾帷。叩門偶赴停雲約，試筆先賡人日詩。閑倚軒楹看暮雨，醉銜杯酒問花期。人生適意惟行樂，世事紛紛底用知。錢同愛。”“西齋笑語得歸遲，獵獵東風動短帷。鼻觀清芬參妙篆，賓筵勝事寫新詩。芳樽人日能無負？細雨梅花恰及期。千載風流文社在，晚生何幸托相知！門人淳堇次。”“晤言樽酒坐來遲，暮色無端看入帷。漠漠一簾留客雨，離離滿紙報春詩。漫云此日人皆得，卻喜衝筵宿有期。景物漸佳應不負，少陵新句最深知。津堇次。”邢參、朱正詩後補，略。上海博物館藏。（圖 14）

文徵明《甫田集》（三十六卷本）卷二十九《朱性甫先生墓志銘》載：吾蘇有博雅之士，曰朱性甫存理。性甫，長洲人。性甫生穎異，少學於里師，覺其所業非出

圖 14 文徵明《人日詩畫卷》及陳淳等人題詩

於古人,遂謝去,從杜瓊先生遊。不業仕進,又不隨俗爲廛井小人之事,日惟挾册呻吟以樂。好求昔人理言遺事而識之,對客舉似,如引繩貫珠,纚纚弗能休。素高貲,悉費以資其好,不恤也。成化、弘治間,其名奕奕,望於郡城之東。居常無他過從,惟聞人有奇書,輒從以求,以必得爲志。或手自繕録,動盈筐篋。群經諸史,下逮稗官小説、山經地志,無所不有,亦無所不窺,而悉資以爲詩。其詩精工雅潔,務出新意,得意處追躅古人。所著《野航集》,君謙實叙之。他所纂集有《經子鈎玄》《吳郡獻徵録》《名物寓言》《鐵網珊瑚》《野航漫録》《鶴岑隨筆》,總數百卷。性甫死,時爲正德癸酉七月廿又五日,享年七十。

沈周《石田稿·鶴岑贊》序:"鶴岑,朱性甫自號也。"

王寵《雅宜山人集》卷十《太學生吳君墓志銘》:"嘉靖二年九月十五日,太學生吳君卒。……君諱爌,字次明,世吳人也。……弱冠,進隸學官爲弟子。部使者最其文,餼之廩食。數薦京師,即數弗利。以年資入貢太學,未卒業而死。君綜博信古，耻齪齪事，經生佔畢。爲文簡奥精深，刻去枝蔓，弗以媚時。詩清越可誦。書法宗顔魯公，尤善鑒古器物、書畫。飲酒博謔，輒纚纚談所經見，奇譎瑰麗，有味乎其言之也。聞佳山水，奮袂導往，罍俎漿肉，頤指而撰。雖老以儒窮，而賓筵狼藉，謡舞擊罍，乃有豪貴人態。……距其生爲成化丙戌十月九日，春秋五十有八。”

按：中國嘉德國際拍賣公司 2013 年春季拍賣會拍賣《沈周懷萱圖卷》有其題詩，署“雁村吴爟”，因知其號。

其正德十五年庚辰(1520)入貢太學，參見第 135 頁譜文。

據文徵明《甫田集》(三十六卷本)卷三十三《錢孔周墓志銘》：君諱同愛，字孔周，别號野亭。錢氏其先江都人，占數爲長洲人。性喜蓄書，每并金懸購，故所積甚富。諸經子史之外，山經地志，稗官小説，無所不有而亦無所不窺。尤喜左氏及司馬、班、揚之書，讀之殆遍。遇有所得，隨手札記，積數巨帙。至所不喜，雖世指以爲切要，而君未始一注目也。爲文奇崛深奥，讀之棘口不能句，然思玄語麗，足自成家。而尺牘之妙，尤其所長，一行數字，矢口信筆，文意燦然，如出硎煉。提學莆田陳公獨識之。嘗按試，第君高等。余親聞陳公語喜[君]，公能得君而又喜。君之爲陳公所得也。自陳公去，他主司惟取淺近合格者，而君不復振矣。君自弘治辛酉至正德丙子，凡六試應天，試輒不售，而年日益老，遂自免歸。君生成化乙未，卒嘉靖己酉，享年七十有五。

何良俊《四友齋叢説》卷二十六《詩三》：“錢同愛，字孔周。其家累代以小兒醫名吴中，所謂‘錢氏小兒’者是也。同愛少美才華，且有俠氣，與衡山先生最相得。衡山長郎壽承，即其婿也。”

按：文徵明《錢孔周墓志銘》云：“……宗道生太醫院醫士良玉，良玉生伯寬(愷)，伯寬生汝式。……汝式娶陳氏，生君之兄弟二……次即君，娶張氏。”《(崇禎)吴縣志》卷五十三《人物十九·方術·醫術》載：“錢瑛，字良玉。……宣德中，入太醫院。……子恒、愷、悌、愷，皆世其業。[曾]孫孔周、孔貞。”“錢恒，字伯常。……成化間，召入太醫院……進院判。……子鈍，字汝礪。能世其業，亦仕爲院判。”顧清《東江家藏集》卷二十九《慎庵錢君配徐孺人合葬墓表》曰：“慎庵處士，院使君(汝礪)之母弟……女三：長適陳鎡，都御史汝玉之子。”鑒此，陳淳大伯鎡乃錢同愛從叔慎庵長婿，兩家爲姻親。

正月十五日前，文徵明期陳淳不至，有詩。

文徵明《甫田集》(四卷本)卷二《期陳淳不至》：“美人期不至，寂寞繞階行。短架閑書帙，幽窗聽履聲。空令開竹徑，深負洗茶鐺。春草暮雲合，梅花初月明。

蹉跎殘諾在,次第小詩成。未敢輕知己,終然愧後生。新年池上夢,舊雨酒邊情。眼底非無客,相看意獨傾。"

正月十五日後,文徵明病目懷陳淳,有詩。

文徵明《甫田集》(四卷本)卷二《病日[目]愁坐,有懷陳淳》:"兼旬眵目轉昏加,畏影差明似著紗。山館垂簾消白日,雪簷和霧看梅花。廢書并覺塵緣盡,弄筆偏宜小草斜。聞道元龍春亦好,病來相對説南華。"

初,祖父陳璚與右副都御史巡撫魏紳聯合剿捕海賊施天泰等。然賊勢猖獗,遂撫諭賊降,獲得成功。是年二月十日,施天泰全家發戍貴州都匀衛,其他人發遠方爲民,相關官員或贖徒或贖仗還職。

王鏊《震澤集》卷二十八《通議大夫南京都察院左副都御史陳公墓志銘》:"公諱璚,字玉汝……其董舟師也,適劇賊施天泰出没海上,大肆摽掠,東南騷動。公引兵會魏都御史紳於海口,賊已敚氣,仍諭以朝廷威信、向背禍福,賊遂挺身來歸,東南晏然。衆方多其功。"

《明孝宗實録》卷二百十五:"弘治十七年八月……癸亥(六日)……巡撫蘇松等處都御史魏紳及巡江都御史陳璚奏,海賊施天泰等稔惡不已,請調官軍民壯協謀撫剿。兵部覆奏,命紳、璚等同謀協力,隨機撫剿,務俾盡絶。毋困循縱賊,貽患地方。"

又卷二百二十一:"弘治十八年二月……丙寅(十日)……初,直隸蘇州府崇明縣人施天泰與其兄天佩鬻販賊鹽,往來江海,乘機劫掠。其仇董企者白於知縣劉才,請往捕之,才遂率衆以往。天佩等迎敗之,焚其舟略盡。才急遁,得免。凡其仇十餘家,悉縱火焚之。既而巡捕監察御史招天佩出降,死於獄。天泰等劫掠如故。會官兵捕盜上海,復遣之往,以功給賞。未幾,企使其子侄率衆八百餘人,渡海襲擊之。天泰與戰,董氏党大敗,死者甚衆。後太倉州執企繫獄,而天泰竟不可制。巡撫都御史魏紳、巡江都御史陳璚等,發兵往捕。天泰復潛至太倉城下,焚所募船,勢甚猖獗。紳等不得已,遣官持檄招之,天泰乃降。紳等奏謂:'天泰法當斬,但始由董企謀害,遂至拒敵殺人,勢非得已。況今悔過來降,久常從官兵捕獲他盜,較之負國不服者似有不同,請賜裁處。'得旨:'宥天泰死,全家發貴州都匀衛,永遠充軍。諸爲從及董氏之黨,俱遷發遠方爲民。劉才贖徒還職,送吏部改調。蘇州府知府林世遠及太倉衛指揮傅鉞、太倉州知州翟敬等俱下巡按御史逮問,皆贖仗還職。'"

《明武宗實録》卷九:"正德元年正月……丁未(二十七日)……刑部右侍郎魏

紳卒。紳，字廷佩，兖州曲阜人。……成化辛丑進士，授刑部主事。歷員外郎、郎中。……陞南京大理寺寺丞。進都察院右僉都御史巡撫山西。……陞副都御史巡撫蘇松。……尋陞刑部右侍郎，尋卒。"

二月清明，訪文徵明，文徵明有詩。

文徵明《甫田集》(四卷本)卷二《清明日，陳淳過訪》："愁病春來次第加，清明寂寞類僧家。留人野飯新挑菜，乞火鄰墻旋煮茶。晴日簷楹楊柳色，微風簾幕海棠花。故人念我能相過，不遣良辰負物華。"

三月二日，父陳鑰與文徵明遊吴縣伏龍山，文徵明有詩。

文徵明《甫田集》(四卷本)卷二《上巳前一日，與陳以可泛舟遊伏龍山》："新波得雨夜來添，淑景撩人意思恬。三月光陰須解惜，一村花柳漫相淹。踏青湖岸春衫薄，燒笋僧厨野飯甜。莫怪清遊還薄暮，人生四事苦難兼。"

《(雍正)江南通志》卷十二《輿地志・山川・蘇州府》："小白陽山在府城西(屬吴縣)，一名伏龍山。左抱靈巖，右帶穹窿，前瞰太湖，爲吴中勝處。"

夏日，文徵明訪陳淳父鑰，飲於池亭，有詩。

文徵明《甫田集》(四卷本)卷二《夏日，飲以可池亭》："筆床書卷繞壺觴，到此欣然百事忘。自笑頻來非俗客，祇愁難卻是清忙。池塘聽雨煩心净，軒檻迎風醉面凉。緑樹繚垣啼鳥寂，更從何處覓江鄉?"

秋，父陳鑰餉蟹文徵明，有書。徵明見書而蟹未達，作詩戲謝。明日見家兄徵静，乃知誤送其家，有詩。後鑰再餉蟹，徵明又有詩。

文徵明《甫田集》(四卷本)卷二《以可餉蟹書至，而蟹不達，戲謝此詩》："遠勞郭索到茅堂，祇把緘空字也香。湖上人家新起簖，霜高時節正輸芒。勸餐慚愧雙螯雪，對酒垂涎塞殼黄。應是吾儂近來俗，故教風味屬鄰墻。"

又(四卷本)卷二《明日見家兄，乃知誤送其家。且笑云："若非誤送，安得此詩?"因用此意，再賦長句》："元龍緘蟹餉詩人，蟹竟不來情則厚。卻憐公子本無腸，也解先生賦烏有。一笑題詩報主人，此物還當落誰口?吾家長公真善謔，取徑雪螯點新酒。自云此物有佳處，但吃何須問誰某。豈知隔屋有饞夫，竟負持螯夜來手。明朝相見各大笑，口腹有緣真不偶。安知造物非有意，故向吾儂發詩醜?寄謝元龍好自慰，誤送誤留無足咎。若教送到祇尋常，還有新篇贈君否?"

又(四卷本)卷二《寒夜，以可餉蟹，燈下小酌有感》："户外新霜入敝裘，燈前小酌破牢愁。莫言貧士無高致,衹對山妻勝俗流。草榻地爐寒有味,卷書樽酒醉還休。元龍欲發題詩興,故遣尖團到案頭。"

按:陳鑰書無考。

文徵静(1469—1536),初名奎,字徵静,後以字行,别字静伯,號雙湖居士,長洲縣(今江蘇蘇州市)人。林長子。諸生。聰明强解,達於事理。與弟徵明依戀翕協,白首益親。(《甫田集》(三十六卷本)卷三十《亡兄雙湖府君墓志銘》)

初,祖父陳璚因海賊餘孽復熾被劾,引疾乞致仕。是年十一月十一日,詔許馳傳以歸。明年,以平賊功,賜緋袍、白金於家。

王鏊《震澤集》卷二十八《通議大夫南京都察院左副都御史陳公墓志銘》:"弘治乙丑冬,南京都察院左副都御史陳公(璚)致仕歸吴。……其董舟師也,適劇賊施天泰出没海上……公引兵會魏都御史紳於海口,賊已敚氣,仍諭以朝廷威信、向背禍福,賊遂挺身來歸,東南晏然。……久之,海上餘孽復相煽動,言者乃咎公與魏不當受其降。會今上初,言路大開,言者紛然,猶尚以當道故也。公不辯,遂引疾乞致仕,詔許馳傳以歸。明年,即其家,賜緋袍、白金,以平賊功云。"

據《明武宗實録》卷七:弘治十八年十一月壬辰(十一日),命南京都察院左副都御史陳璚致仕,給驛還鄉。初,南京科道劾璚等不職。

《(乾隆)吴縣志》卷八十三《第宅》:"陳都憲璚宅在查家橋西,今爲南都察院。"

又卷八《橋梁·城内橋》:"西南隅:查家橋。"

按:陳璚家在吴縣城南即蘇州城西南查家橋西,陳淳名曰"城南草堂"。

年底左右,姨夫吴奭編《吴文定公考德録》成,祝允明作《序》。

黄虞稷《千頃堂書目》卷十:"吴奭《吴文定公考德録》二卷。"

祝允明《懷星堂集》卷二十四《考德録後序》:"太子太保、禮部尚書、翰林學士延陵文定公没,既葬,嗣子中書舍人嗣盛取所受兩朝誥敕、諭祭文及碑、志銘、狀、誄、挽之屬類爲書,曰《考德録》。……昔之哀三良者,《黄鳥》三章,哀公誄孔,亦三數語,有煒一編,天綸昭回,宗工皇士,鴻製森列,布之四方。維公生榮死哀之繫,蓋曰言之文者,行之遠軼《秦風》,儷魯記以縣諸不刊,或讀者終卷而思見,言公之全者,倘以愚言而少慰焉。"

按:吴寬葬是年十一月十五日,吴奭編《考德録》成應在年底左右,祝允明作《序》。

初，父陳鑰爲府陰陽學正術。約是年，解官，築室大姚，專理農業。

文徵明《甫田集》（三十六卷本）卷二十九《陳以可墓志銘》："比長，歸吴中。更激昂任事，啓拓門户，廣事生殖，田園邸店，縱横郡中，尋用推擇爲陰陽正術。……俄解官，築室姚城江之上，曰：'此吾先廬所在，吾將老焉。'於是，劭農振業，疆理阡陌，陂魚養花，以文酒自適，不復與城市關聞。"

張廷玉等撰《明史》卷七十五《志・職官四》："陰陽學。府，正術一人，從九品。"

按：陳鑰何時任府陰陽學正術無考。《甫田集》（四卷本）卷二有《陳以可近歲築室陳湖，專理農業。時以詩見寄，誇其所得……》詩，"近歲"當在一二年間，該詩作於後年秋，解官，築室姚城，約在是年至明年間，因繫此。

"姚城"即大姚，位於陳湖西，故文徵明亦曰"築室陳湖"。

是年，正月十三日，彭年生。

王世貞《弇州四部稿》卷九十一《明故徵士彭先生及配朱碩人合葬墓志銘》："彭先生諱年，字孔嘉。其先清江人。有隸尺籍吴者，遂爲吴人。……彭先生生乙丑正月十三日……壽六十有二。"

吴偉卒，享年五十。

姜紹書《無聲詩史》卷二《吴偉》："吴偉，字次翁，别號小仙，江夏人。……正德三[弘治十八]年五月，武宗即位，遣使召之。使者至，未就道而中酒死，時年五十。"

是年，五月，孝宗帝朱祐樘崩，太子朱厚照即位，以明年改元正德。九月，南京、蘇、松、常、鎮等地地震。革蘇、鎮、崇明等地税課局。

正德元年丙寅（1506） 二十三歲

春分日，祖父陳璚與文徵明相期竹堂寺看梅，既而風寒不出，文徵明獨遊有詩。

文徵明《甫田集》（四卷本）卷二《春分日，陳中丞相期竹堂看梅，既而風寒不出，獨遊有作》："古堞差差一徑斜，乘閑來叩老僧家。遺踪漫説名園竹，清供難消野竈茶。時節春分生戀惜，郊原雨過積光華。風寒争得堯夫出，空繞梅花候小車。"

按：竹堂寺在蘇州城東南隅，詳見第125頁譜文。

三月十五日後,訪文徵明。文徵明正於窗間作《江山初霽圖卷》,因以贈之。

安歧《墨緣彙觀録》卷三《文徵明江山初霽圖卷》。後上首細楷題:"歲丙寅,春雨霖霪,意殊憒憒。三月望後,稍霽,弄筆窗間,作《江山初霽圖》,適友生陳淳道復至,因以贈之。"卷前下角有"停雲"朱文圓印,後有"衡山""徵明"二朱文印。前引首篆"江山初霽"四大字,無款,乃太史自題。

五月,文徵明有詩二首寄陳淳父鑰。

文徵明《甫田集》(四卷本)卷二《簡陳以可》:"侍樂堂前新雨足,曲池想見碧於苔。不知落盡繁花後,曾有何人看竹來?""細雨清陰五月寒,懷君夢到曲池端。南風吹笋應成竹,何日題詩節下刊?"

六月,文徵明訪陳淳父鑰。鑰不在,淳出《吴寬獨遊半舫》之作,文徵明爲次其韻。

文徵明《甫田集》(四卷本)卷二《夏日,過以可不在,其子淳出文定公獨遊半舫之作,因次其韻》:"入門便索卧溪堂,愛此蕭閑水竹莊。溽暑薰蒸人欲病,晚風吹拂意差强。繁蟬隱樹飄弦管,新卉過墻見女郎。日暮不妨題壁去,主人應識醉毫狂。"

六月,文徵明過訪,納凉池亭,有詩。

文徵明《甫田集》(四卷本)卷二《陳氏池亭納凉》:"朱雲鬱天漢,金烏朗炎曦。方夏苦埃鬱,言遵芳圃嬉。息鞅偎南樹,褰裳蔭北池。微凉度鮮飆,淺碧漾寒漪。短藻翻鱗鬣,閑渚集鳧鷺。流目落翔泳,遊心寓篇詞。願言領幽意,況復酬心知。坐撫景光寂,還憐車馬稀。消摇極瞻諷,旦晝不知疲。疇能均凉燠,無爲居所移。"

約是時,見沈周作《山水圖》,奉題,飽含由衷的企慕之情。後收藏名畫,亦與其互通有無。

陳淳《陳白陽集》五言古《書石田圖上》:"圖畫物外事,好尚嗤吾人。山水作正艱,變幻初無因。閉户覓真意,展轉復失真。石叟操至理,弄筆輒入神。小子亦何言,往往拜後塵。堂上見匡廬,把酒空逡巡。"

按:上詩有"石叟操至理,弄筆輒入神。小子亦何言,往往拜後塵。堂上見匡廬,把酒空逡巡"句,當親見沈周作《山水圖》并奉題。而沈周乃其祖父璚之好友,蓋祖父致仕後和去世前携其與沈周過往時事,因繫此。

又文嘉《鈐山堂書畫記·名畫》云:"《夏珪溪山無盡圖》一,匹紙所畫,紙長四丈有咫，紙墨皆佳，精神焕發，神物也。圖藏石田先生家，後歸陳道復氏。……"郁逢慶《書畫題跋記》卷十《文休承仿米氏雲山卷》題曰："《海岳庵圖》是先待詔所藏，後歸之陳道復，道復亦歸之石田。"可見，陳淳後來收藏名畫，亦與沈周互通有無。

九月十日，祖父陳璚卒，享年六十七。訃聞，諭祭治葬。賜蔭。明年十二月三日，葬吴縣隆池山之原。葬前，大伯陳鎡以治命走京師，訪户部尚書王鏊和少師李東陽。王鏊爲撰《諭祭文》《墓志銘》，李東陽爲撰《神道碑銘》。

王鏊《震澤集》卷二十八《通議大夫南京都察院左副都御史陳公墓志銘》："弘治乙丑冬，南京都察院左副都御史陳公致仕歸吴。明年正德元年九月十日，卒於家。又明年，其子鎡來京，因請予志其墓。於戲！往年吴文定公不禄，今兹公又逝，平生交遊，存者其幾？其尚忍銘之耶？其尚忍不銘耶？公諱璚，字玉汝，世家長洲之陳湖。大父諱子富，考諱孟善，皆贈通議大夫、南京都察院左副都御史。祖妣吴氏，母錢氏，累贈淑人。……享年六十有七。墓在（吴縣）隆池山之原，葬之日爲丁卯歲十二月三日。配嚴氏，封淑人。"

又卷十八《諭祭南京都察院左副都御史陳璚文》："惟爾甲第蜚英，詞林績學。諫垣獻納，補益弘多。棘寺讞刑，尤號平允。晋陟南臺，舟師克練。方隆委任，遽爾乞閑。訃音上聞，良用悼惜。爰念往勞，賜祭與葬。爾靈不昧，尚克歆承！"

李東陽《懷麓堂集》卷八十《明故嘉議大夫南京都察院左副都御史陳君玉汝神道碑銘》："以左副都御史致仕南京，卒於家。……禮部以訃聞，上遣官諭祭，命有司治葬事。丁卯十一月某日瘞於隆池山之原。……玉汝謂予爲知己，以文字友甚習。故鎡以治命走京師，迄[乞]銘神道。予悲而銘之。"

陳仁錫《無夢園初集》駐集四《家乘・成齋公小記》："正德改元，賜蔭。"

按：王鏊與李東陽所言葬時不一，然王言更詳，兹依之。

《明武宗實録》卷二十、卷二十九、卷八十九載，王鏊是年十二月十六日至明年八月十五日任户部尚書兼文淵閣大學士，李東陽是年十二月十六日至正德七年壬申(1512)六月十八日任少師兼太子太師、吏部尚書、華蓋殿大學士。

十月二十九日，岳祖父張翥卒，享年七十七。十二月，岳父户部營繕司郎中張約聞訃，丁憂歸。明年五月十七日，葬其於長洲縣金芝嶺。户部尚書王鏊爲撰《墓志銘》。

王鏊《震澤集》卷二十八《雲南按察使進階中奉大夫張公墓志銘》："張公諱翥，字汝振，世爲蘇之長洲人。……正德丙寅冬十月二十九日卒於家，春秋七十有七。明年五月己未（十七日）葬邑之金芝嶺。"

按:岳父户部營繕司郎中張約聞訃丁憂未見記載,以當時禮制不可例外,時間約在十二月。

十月,姨夫吴奭兄弟服闋北上。奭將任中書舍人,奂入國學。

《明孝宗實録》卷二百十四:"弘治十七年七月……戊戌(十日),掌詹事府事、禮部尚書兼翰林學士吴寬卒。……長子奭先以三品恩蔭爲國子監生,乃特授中書舍人,以次子奂補國學。……"

張廷玉等撰《明史》卷七十四《志·職官三》:"中書科。中書舍人二十人,從七品。……中書科舍人掌書寫誥敕、制詔、銀册、鐵券等事。"

按:以守制二十七個月,吴奭兄弟當是年十月服闋北上。奭將赴任中書,奂入國學。

初,文徵明每過訪,輒淹留終日。約是時,父陳鑰爲治小室成,文徵明題曰"假息庵",并以詩落之。

文徵明《甫田集》(四卷本)卷二《余每至陳氏,輒終日淹留,廳事高明,頗妨偃息。以可爲治小室於西偏,問名於余,爲題曰"假息庵"。其成也,以詩落之》:"剪棘依垣小築居,短簷横啓紙窗虚。造門已慣非緣竹,據案相忘况有書。徐孺每勞懸木榻,陶潛何必愛吾廬?從今更不論賓主,一半幽閑已屬余。"

按:此詩置是年秋後。

是年,七月十七日,王延陵生。

王熙桂等編《太原家譜》卷二十七皇甫汸《中書公墓志銘》:"王氏……家吴之東洞庭。……太傅公四子,少溪其季也。諱延陵,字子永。……生於正德元年七月十七日……年七十有七。"

是年,四月,增設長洲縣塘捕巡檢司。五月,以災傷減蘇、杭等府織造三分之半。八月,立皇后夏氏。十月,以劉瑾掌司禮監。

正德二年丁卯(1507) 二十四歲

正月二十三日,内表叔陸完由浙江按察副使陞江西按察使。

《明武宗實録》卷二十一:"正德二年正月……丁酉(二十三日)……陞浙江按

察司副使陸完……爲按察使(正三品)……江西。"

二月十一日,父陳鑰與文徵明飲城東錢同愛家,暮歸;文徵明有詩。

文徵明《甫田集》(四卷本)卷二《二月十一日,雨中與以可飲錢孔周家,暮歸有作》:"江南二月雨愔愔,次第花枝入眼新。簾影弄芳寒較淺,砌痕浮潤緑初匀。一春好處非煙柳,半日閑情屬故人。莫怪淹留還薄暮,古來難得是良辰。"

又(三十六卷本)卷三十三《錢孔周墓志銘》:"(同愛)家本温厚,室廬靚深,嘉木秀野,足以遊適。肆陳圖籍,時時招集奇勝滿座中。酒壺列前,棋局傍臨,握槊呼盧,憑陵翔擲。含醺賦詩,負軒而歌,邈然高寄,不知古人何如也。"

按:周道振輯校《文徵明集》卷八載此詩,將題中"二月"誤作"三月"。

《甫田集》(四卷本)卷二有《重陽前一日,飲孔周有斐堂》、卷四有《人日,孔周有斐堂小集》。吴寬《家藏集》卷七十四《承事郎錢伯寬甫墓表》曰:"伯寬甫諱愷,姓錢氏,自號杏園。其先揚之江都人…… 占籍長洲。……孫男二人:同仁、同愛。……予憶與玉汝昔者屢遊城東,時伯寬甫尚無恙,導遊後圃,常愛其地甚勝。……然伯寬甫享年雖少,其子孫則盛,而又有若同愛者,惓惓欲揚先美,可謂知而能傳者,豈特好學有文,將取科第以繼其志而已,故爲表之。"可見,錢同愛家曰有斐堂,位於長洲即蘇州城東。

四月,父陳鑰有《觀蒔秧》《喜雨》詩,文徵明次韻。

文徵明《甫田集》(四卷本)卷二《次韻陳以可觀蒔秧》:"妻孥空舍出,秧稻及晴明。匝岸清歌動,分畦翠浪生。田家自村樂,歲事卜蛙聲。慚愧城中客,長腰飯玉秔。"

又(四卷本)卷二《次韻喜雨》:"睡起風吹面,高樓急雨來。新凉花竹喜,殘病鬱蒸開。隔水荒煙合,長空獨鳥回。佳人應按曲,白苧是初裁。"

按:陳鑰詩無考。

五月二十四日,外祖父林符以疾乞休,詔陞都察院右副都御史致仕。不久即家。

《明武宗實録》卷二十六:"正德二年五月……丙寅(二十四日)……浙江左布政使林符以疾乞休。吏部言,符歷官無過,恬退可嘉,詔陞都察院右副都御史致仕。"

《(乾隆)吴縣志》卷八十三《第宅》:"林都御史符宅在縣治前。"

按:林符當致仕不久即家,吴縣治在蘇州城西。

五月,作《山水圖》。

李佐賢《書畫鑑影》卷十三《元明人山水集册》。第五開,墨筆寫意,上下開合,畫法簡瘦,類雲林。題在左上:"林木蕭蕭帶落霞,遠山無數淡籠紗。横塘西去應如昔,未得拏舟候日斜。丁卯夏五,憶西山舊遊,漫作此圖并書短句。道復。"

按:横塘、西山在吴縣西南,前者近,後者遠。

五月左右,於文徵明停雲館遇王守、王寵兄弟,有詩,流露出惺惺相惜之情。

王守(1492—1550),字履約,號涵峰,吴縣(今江蘇蘇州市)人。時爲府學生。嘉靖五年(1526)進士,官至南京都察院右副都御史,卒於任。有《石湖詩集》。弟寵(1494—1533),字履仁,後更履吉,號雅宜山人。時爲府學生。嘉靖十年(1531)以貢赴南監,卒業,試則不售。又二年,卒。蔡羽弟子,亦從文徵明遊。善詩文,尤精書法,與祝允明、文徵明、陳淳并稱"吴中四名家"。有《雅宜山人集》。

陳淳《陳白陽集》五言古《湖上初[歸],扣停雲館,值王氏兄弟,漫賦》:"湖上彌旬雨,乘波看竹來。短籬分樾蔭,香徑鎖莓苔。脱屐窺清秘,虚襟闘[闢]草萊。風流逢俊逸,詞翰愧高才。一笑慈[兹]心賞,相看古道回。墨浮玄玉硯,茶覆碧磁杯。晝永真成歲,天陰正熟梅。明將返歸棹,臨别重徘徊。"

按:陳淳是年六月書《致辨之詩札》即此,有"天陰正熟梅"句,而梅熟於夏。所謂"王氏兄弟"乃王守、王寵兄弟,因陳淳交遊中姓王的兄弟衹有他倆。所以,其於文徵明停雲館遇之在是年夏五月左右。

《(崇禎)吴縣志》卷四十一《人物二十・德望》:"王守,字履約。其先本吴江章氏,爲王館甥。來吴後,遂襲王姓。守自少整雅持己,和遜接人。……與弟寵親愛甚篤,弟夭,撫侄逾己子。同時湯珍、祝允明、唐寅、文徵明輩并爲文酒交。……詩宗盛唐,五言律不減王謝風格。至今以毅直稱焉。"

劉鳳《劉子威雜稿》卷七《御史中丞涵峰王公墓志銘》:"惟涵峰公則起家選造乙[己]卯。丙戌成進士,爲寧波司理,有直聲。召上給事省中……乃轉副都御史,視南臺……在留都二年,所卒於位。……距生弘治壬子某月日,卒嘉靖庚戌某月日。"

又卷七《王中丞石湖詩集序》,略。

按:歷史文獻中關於王守官職的記載都有問題。最原始、最詳盡的《明世宗實録》亦未免筆誤,但根據前後相關條目完全能夠澄清,詳情如下:

其嘉靖八年(1529)九月二十八日由寧波府推官陞户科給事中，十年(1531)十月五日爲本科右，十一年(1532)三月十三日擢刑科左，十二年(1533)七月十六日進吏科都，十三年(1534)八月十一日遷太常少卿，提督四夷館，十七年(1538)八月一日晋大理左少卿，十八年(1539)十一月十九日陞南京光禄寺卿，二十二年(1543)二月四日爲都察院右僉都御史，提督撫治鄖陽，二十三年(1544)五月十三日轉都督南京糧儲，二十七年(1548)三月二十二日改總理河道，同年十一月九日陞南京都察院右副都御史，協理院事。

據文徵明《甫田集》(三十六卷本)卷三十一《王履吉墓志銘》:君諱寵，字履仁，後更字履吉，別號雅宜山人。君資性穎異，將以勤誠，於書無所不窺，而尤詳於群經，手寫經書皆一再過。爲文非遷固不學，詩必盛唐。見諸論撰，咸有法程。余年視君二紀而長。君自丱角即與余遊，無時日不見。君正德初與其兄履約并以儁造選隸學官，媲聲儷迹，翹然競爽。既而履約舉應天鄉試，尋舉進士。而君每試輒斥。以年資貢禮部，卒業太學。又試又輒斥。蓋自正德庚午至嘉靖辛卯，凡八試，試輒斥。君高朗明潔，砥節而履方。一切時世聲利之事，有所不屑。猥俗之言，未嘗出口。風儀玉立，舉止軒揭，然其心每抑下。雖聲稱振疊，而醖藉自將。對人未始言學，蓋不欲以所能尚人，故人亦樂親附之。性惡喧囂，不樂居廛井。少學於蔡羽先生，居洞庭三年。既而讀書石湖之上二十年。非歲時省視，不數數入城。遇佳山水，輒忻然忘去，或時偃息於長林豐草間。含醺賦詩，倚席而歌，邈然有千載之思迹。君生弘治甲寅十一月八日，卒嘉靖癸巳四月三十日，享年四十。

王世貞《弇州四部稿》卷一百三十二《茂苑菁華卷》:“吴中希哲、徵仲、履吉、道復稱四名家。”

又《弇州續稿》卷一百四十九《吴中往哲像贊》:“王雅宜先生寵，字履仁……書始摹永興、大令，晚節稍稍出己意，以拙取巧，婉麗遒逸，爲時所趣，幾奪京兆價。”

姜紹書《無聲詩史》卷二《王寵》:“書法出入晋唐，詩亦清新絶俗，與祝京兆、文太史、唐六如齊名。作畫仿黄子久，蒼秀處不減徵仲。……嘗自寫小像，王弇州爲贊。”

齊魯書社《四庫全書存目叢書》集部79册:王寵《雅宜山人集》十卷。

按:據文獻記載，王寵是貢生，没有疑義。但是歲貢還是選貢，卻有不同説法。如文徵明《王履吉墓志銘》言“以年資貢禮部”。王鏊《姑蘇志》卷六《科貢表上·歲貢》嘉靖間，亦有他。之後的《蘇州府志》《吴縣志》皆執此論。相反，黄魯曾《續吴中往哲記·俊異第十一·選貢王君寵》稱:“王君履吉，府學選貢員也。”

那麽，究竟誰是誰非呢？要弄清這個問題，首先要瞭解一下明代貢生制度。

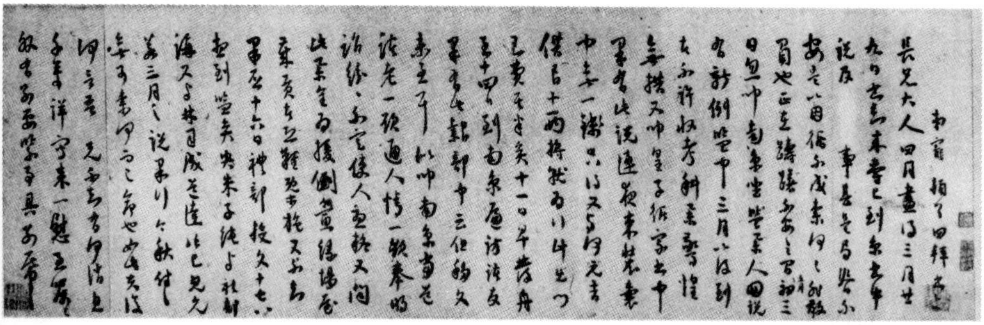

圖 15 王寵《致兄守札》

張廷玉等撰《明史》卷六十九《志·選舉一》謂:“歲貢之始,必考學行端莊、文理優長者以充之。其後但取食廩年深者。……選貢之法,不分廩膳、增廣生員,通行考選,務求學行兼優、年富力强、累試優等者,乃以充貢。”明確了這個界定,再看下列資料,就不難做出判斷了。

文物出版社《中國古代書畫圖目》三《王寵致兄守札》云:“寵七月初十日就起身到京中(南京)考貢,十四日到京。十九日考過,晚間就發放,已得貢矣。……明年弟上京(北京)來。……八月十一日。”又一札曰:“四月盡,得三月廿九日書……書中説及□□事,甚是局脊不安,是以因循不成。奈何奈何。非敢負也,正在躊躇不安之間。五月初三日,忽聞南京坐監舉人回説,有新例監中三月以後到者,不許收考科舉。驚惶無措。又聞皇[甫]子循家書中果有此説。連夜束裝……十一日早發舟,至十四日到南京。遍訪諸友,果有此報部中云,但移文未至耳。似聞南京當道諸老一欲通人情,一欲奉明詔,紛紛不定,使人憂疑。又聞此舉全爲援例夤緣場屋歲貢者,恐難概施,又不知果否。十六日禮部投文,十七八想到監矣。央朱子純與禮部講,又與林司成道達,皆已見允若。三月之説果行,今秋付之。無可奈何而已,命也如此。夫復何言?”(圖 15)而《雅宜山人集》卷二(嘉靖稿)有《秘省召試作》《出京獻家兄履約》詩,分别作於嘉靖九年庚寅(1530)四月、六月。知前札作於嘉靖八年己丑(1529)八月,後札作於嘉靖十年辛卯(1531)五月。

綜上所述,王寵嘉靖八年己丑(1529)七月得選貢生,九年庚寅(1530)四月試禮部得南監生。十年辛卯(1531)五月初三,聞新例監中三月以後到者,不許收考科舉,纔於中旬匆忙赴之。卒業,試則不售。也就是説,黄省曾所言是,文徵明、王鏊等所言非。

六月,沈與文往秣陵,陳淳書《詩札》送之,以充途中遣適。後又爲題《祝允明詩翰卷》。

沈與文(？—1548 尚在)，字辨之，號姑餘山人、野竹居士，吴縣(今江蘇蘇州市)人。藏書家、刻書家，雅好書畫。著有《畫志》。

國家圖書館出版社《明代名人尺牘選萃》十《明代名賢手札墨跡·陳淳致辨之詩札》："《湖上新歸，扣停雲，值王氏兄弟，漫賦小詩》：湖上彌旬雨，乘波看竹來。短籬分樾蔭，香徑鎖莓苔。脱屐窺清秘，虚襟闢草萊。風流逢俊逸，詞翰愧高才。一笑兹心賞，相看古道回。墨浮玄玉研，茶覆碧磁杯。晝永真成歲，天陰正熟梅。明將返歸棹，臨别重徘徊。辨之將往秣陵，書此實行囊，充途中遣適耳。淳再拜。"(圖 16)

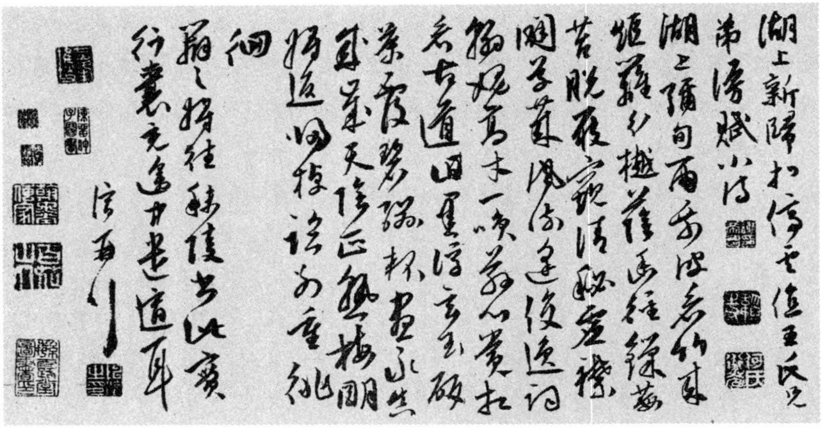

圖 16　陳淳《致辨之詩札》

按：秣陵即江寧縣，縣城即南京東南城。台北故宫博物院《故宫歷代法書全集》五《祝允明詩翰卷》，凡十幅，皆贈沈辨之者。其中第二幅《丹陽曉發》款云："丁卯秋日，復寓金陵，辨之亦至，客窗寫此，圖一破顔。枝山允明。"第五幅《秣陵山館，喜辨之至，夜坐漫成二首》款云："正德二年六月廿日，允明稿，似他日見之，亦可想一時情事也。"第六幅《静女歎》款云："丁卯夏，僑建康雞鳴山下，偶然賦此，不足爲它人道也。會辨之繼至，問及新作，來已二月，止此而已。辨之視予在家時況味何如也？辨之先歸持示，故知當同此一笑。允明。"第七幅《詞一闋》款云："此調蓋《眼兒媚》，作於數年前，亦忘之矣。今日到金陵，見於友人扇上，遂書一過，詒辨之沈君，且圖存稿耳。允明。"第九幅《客居晚步偶成》款云："(丁)卯夏，書與辨之沈子。允明。"鑒此，陳淳所謂"辨之"乃"沈辨之"，於是年六月往秣陵，其書《詩札》送之。

又《祝允明詩翰卷》大多作於是年夏秋之際僑寓南京時，少數作於之前。後有陳淳跋，惜未載内容。但得見於故宫出版社《徐渭、陳淳書畫學術研討會論文集》王耀庭《台北故宫藏陳淳書法研究》一文,跋曰:"雨中獨坐,意殊憒憒,得辨之携此卷來示,爲之眼明,但末一帖甚惡,雖枝山公醉夢中不作此也。陳淳漫書。"顯然,其未言時間,只是質疑末札或僞。可王先生説,應成於正德十二年丁丑(1517)。不知何故,因存疑。

據葉昌熾《藏書紀事詩〔附補正〕》卷三,沈辨之名與文,字辨之,號姑餘山人、野竹居士,住吴縣即蘇州城西南杉瀆橋。藏書家、刻書家,雅好書畫。

永瑢等撰《欽定四庫全書總目》卷一百十四載,其有《畫志》一卷。

張慧劍《明清江蘇文人年表》載,其嘉靖二十七年戊申(1548)尚在活動。

七月,與吴爟於文徵明府賞蘭,文徵明有詩。

文徵明《甫田集》(四卷本)卷二《小齋盆蘭一幹數花,山谷所謂蕙也。初秋忽抽數幹,芬馥可愛,因與次明、道復賞而賦之》:"時雨祛殘暑,涼飈集華軒。春徂衆芳歇,晚蕙抽璚根。重兹蘭之屬,不與凡卉群。離離水蒼珮,肅肅紫霞紳。耿耿孤榻畔,燕對如高人。啓扉得良友,列案羅清罇。於焉撫靈植,一笑滌塵煩。微風南牖來,濃馥散氤氲。有時參鼻觀,即之已無存。譬彼孤潔士,可望不可親。如何庭階近,有此幽谷芬?相忘餘冽中,漸久不復聞。魯哲日已遠,楚纍亦沉淪。無能被雅操,且復酹芳魂。"

七月,借文徵明秋蘭未還,文徵明有詩。

文徵明《甫田集》(四卷本)卷二《秋蘭爲陳淳借去不還》:"誤遣幽光别主翁,歸踪寂寞小庭空。美人自被鉛華累,君子應憐臭味同。結珮誰家揺夜月?返魂無路托秋風。也知尤物非吾有,卻詠《離騷》似夢中。"

八月左右,張辨之携《文徵明題蘭詩卷》索畫。見文師墨戲,不敢援筆,題而歸之。

張照等撰《石渠寶笈》卷四十三《明文徵明温蘭圖一卷》。題詩款云:"近承友人寄贈温蘭,秋來著花甚盛,因作此詩謝之。張辨之適以蘭卷相示,既爲補空,就録此詩其上。文璧[壁]。"陳淳跋云:"秋日,辨之携此卷索余畫。既展卷,見吾文師墨戲,不敢援筆,敬書數語歸之。丁卯,陳淳謹識。"

按:以文徵明款識,其是爲張辨之所示《蘭花卷》題詩。以陳淳跋識,張辨之蓋將原圖割去,只携《文徵明題蘭詩卷》索圖。文徵明作《蘭花卷》乃後事,這在盧襄正德九年甲戌(1514)春日題詩跋中已得到證明,其云:"文衡山作《墨蘭》再贈辨之,辨之可謂知所親與者矣,展卷漫題。"

文徵明詩收入《甫田集》(四卷本)卷二,曰《謝永嘉趙君澤寄蘭》,置是年初秋,知此時爲張辨之題《蘭花卷》。而張辨之或八月左右携之索陳淳畫。

徐充《暖姝由筆》卷三:"子寅弟近自秀水回,至蘇州張辨之處,得宋版《唐詩六種》……"孔繼涑輯《玉虹鑑真帖·宋高宗御書敘文》後有文嘉跋,曰:"右宋思陵所書《徽宗御集叙》,舊藏吴中張辨之家,因請先君跋定。而先兄壽承亦題名其後。"可見,其與六月條中的沈與文辨之都是蘇州藏書家、刻書家,雅好書畫,疑似一人。因當時有爲人後者需改姓,而子孫成立往往復姓。

九月,文徵明有《秋晚田家樂事十首》寄陳淳父鑰。

文徵明《甫田集》(四卷本)卷二《陳以可近歲築室陳湖,專理農業。時以詩見寄,誇其所得。比來秋成,當益樂,輒賦〈秋晚田家樂事十首〉寄之》其一:"築室姚江上,陳湖東復東。舊諳風俗厚,近喜歲年豐。晚醉茅柴酒,朝羹踏地菘。村居今已習,那復念城中?"其二:"甲第城中好,何如小隱家?翦茅苫屋角,引蔓束籬笆。社動喧村鼓,場乾響稻枷。誰言田舍苦?隨分有年華。"其三:"艇子新浮水,移來傍釣磯。趁晴觀穫去,薄暮泛湖歸。斜日牛眠隴,秋風犬護扉。行邊衝鴨陣,時掠野田飛。"其四:"秋雨初晴後,秋風滿稻畦。笑歌村遠近,煙火舍東西。紫擘輸芒蟹,黄烹啄黍雞。相過有田父,日日醉如泥。"其五:"秋事相將盡,農勤亦告終。風高陂水涸,霜落稻畦空。説尹遭田父,禳年賽社公。不妨多釀秫,今歲頗豐融。"其六:"散步蒲爲屩,端居衲御風。觀儺逐鄰里,築圃課兒童。誰識佳公子?真成田舍翁。祗應吟興在,時復走詩筒。"其七:"早畢婚嫁累,便爲田舍謀。水租魚十頃,園户竹千頭。省事官無擾,勤身歲有秋。有時携短策,尋壑更經丘。"其八:"日落山圍屋,霜清水映門。魚蝦時作市,雞犬自成村。新味香秔飯,常情老瓦盆。渾家得醉飽,時事更休論!"其九:"廩充官税足,歲晏樂何如!自和《田園詠》,閑修《種樹書》。清溪照茅屋,寒雨暗村墟。時有東鄰叟,携壺慰索居。"其十:"湖田半栽秫,秋至釀已成。早辦兼旬醉,聊償一歲耕。淵明無俗韻,子幼善秦聲。莫怪疏狂甚,相歡答太平。"

是年,五月,復寧王朱宸濠護衛。六月,《通鑑纂要》成。

正德三年戊辰(1508) 二十五歲

二月十五日,與文徵明、吴爟泛舟出江村橋,抵上沙,遵陸,邂逅朱凱、錢同愛,登天平山,飲白雲亭;文徵明有詩四首。

朱凱(? —1512),字堯民,長洲縣(今江蘇蘇州市)人。工詩,善畫,好求昔人理言遺事而識之。與朱存理齊名,人稱"兩朱先生"。著《堯民集》等。

文徵明《甫田集》(四卷本)卷二《二月望,與次明、道復泛舟出江村橋,抵上沙,遵陸,邂逅朱堯民、錢孔周,登天平,飲白雲亭,次第得詩四首》,略。

王鏊《姑蘇志》卷十九《橋梁上》:"郡城城外橋:江村橋,楓橋西南。"

又卷十八《鄉都·吴縣·村》:"上沙。"

又卷八《山上》:"天平山在支硎南五里,視諸山最爲峭崪。其林木亦秀潤,山多奇石,詭異萬狀,有卓筆峰、飛來峰、五丈石、卧龍峰、巾子峰、毛魚池、大小石屋。其山頂正平,曰望湖臺。上巨石圓而面湖者,曰照湖鏡。山半有白雲泉,泉如綫注,出石罅,尤清洌,曰一線泉。……有古松蟉糾如蓋者,曰華蓋松。又有穿山洞、蟾蜍石、龍頭石、靈龜石及龍門。南趾有白雲寺。……其西有筆架峰。其後群石林立,名萬笏林。其東爲翁家山,爲雞籠山,連屬金山。"

文徵明《甫田集》(三十六卷本)卷二十九《朱性甫先生墓志銘》:"吾蘇有博雅之士,曰朱性甫存理、朱堯民凱。兩人皆不業仕進,又不隨俗爲廛井小人之事,日惟挾册呻吟以樂。好求昔人理言遺事而識之,對客舉似,如引繩貫珠,纚纚弗能休。素皆高貲,悉費以資其好,不恤也。成化、弘治間,其名奕奕,望於郡城之東。人以其所居相接而業又甚似也,麗稱之曰'兩朱先生'。正德壬申,堯民死。明年,性甫又死。自兩人死,吴中故實往往無所於考,而求其遺書,亦無所得。"

彭藴燦《歷代畫史彙傳》卷八:"朱凱,字堯民,長洲人。善畫,工詩。與朱存理齊名,人稱'兩朱先生'。"

錢謙益《列朝詩集小傳》丙集《朱處士凱》:"凱……《堯民集》不傳,有《句曲紀遊詩》一卷。"

三月,於家會客賞牡丹,文徵明不與而詩至之。

文徵明《甫田集》(四卷本)卷二《陳氏會客賞牡丹,余獨不與,作詩戲之》:"翠雨堂中客滿筵,山人牢落自高眠。非關多病疏朋友,自合看花讓少年。何處繁華空曉夢?一樽談笑負春緣。東風衹隔城南北,獨掩空齋思悄然。"

按:此集(四卷本)卷三《冬日,道復東齋圍爐煮菜,題贈宜興李宗淵》有"翠雨堂中續舊盟,梅花的歷紙窗明"句,知翠雨堂乃陳淳家東齋,陳氏即其父子。

五月二日,二姑父王延素以父少傅鏊蔭爲國子生。後卒業,歸故里。

皇甫汸《皇甫司勳集》卷五十三《明中順大夫思南府知府王公墓志銘》:“大夫諱延素,字子儀……甫冠[十七],以太傅三載考績,蔭入太學。……歸卧東山,海内歎其爲完人云。”

《明武宗實録》卷三十八:“正德三年五月……己亥(二日),蔭少傅兼太子太傅、户部尚書、武英殿大學士王鏊子延素爲國子生。”

秋,文徵明作畫題詩寄之,表達“南園摇落日在念,思君不見端愁予”的情感。

文徵明《甫田集》(四卷本)卷四《題畫寄道復,戲需潤筆》:“高齋無事秋日晡,點霜木葉丹扶疏。南園摇落日在念,思君不見端愁予。竹樹深深覆屋廬,小橋宛轉通清渠。主人水石自陶寫,三月不雨今何如? 幽窗弄筆入蒼莽,爲寫雲煙寄遐想。硯燥毫枯興索然,潤之非酒仍非錢。老饕有嗜嗜所偏,有約不到空垂涎。新鵝破掌豚蹄白,打破慳囊莫羞澀。”

按:此本置壬申年,周道振輯校《文徵明集》卷四置戊辰年,從之。因此本卷四所載諸詩時間與事實不符,周先生在這方面用功頗深。凡下列涉此者,只注明出處,不再説明。

秋,父陳鑰病起,歸自陳湖。文徵明往視之,有詩。

文徵明《甫田集》(四卷本)卷四《以可病起,歸自湖上,偶往見之》:“喜子近歸湖上舟,還聞病間走向投。衰遲且博樽前笑,貧賤空懸意外憂。落日池塘初歇雨,西風草樹已驚秋。須知良晤非容易,燈火高齋小淹留。”

按:此本置壬申年,《文徵明集》卷九置戊辰年,從之。

十二月十日,内表叔陸完陞都察院右僉都御史,巡撫宣府地方。

《明武宗實録》卷四十五:“正德三年十二月……癸酉(十日),陞江西按察使陸完爲都察院右僉都御史(正四品),巡撫宣府地方。”

十二月,文徵明有詩寄陳淳父鑰,云其厭時名,不入城,以致歡會少,漫關情。

文徵明《甫田集》(四卷本)卷四《寄陳以可》:“元龍稍已厭時名,卻住江鄉不入城。歲晚粗聞農事足,東來獨喜縣官清。郊園漠漠驚摇落,世事悠悠感太平。惟有故人歡會少,西齋樽酒漫關情。”

按:同是年第五條。

十二月,侍文徵明遊吴縣横金,文徵明贈詩一首,曰:"管鮑遺踪何處覓?獨携知己過荒原。"

文徵明《甫田集》(四卷本)卷四《横金舟中,題贈陳淳》:"石湖西去路横分,落日人家静掩門。閑泛樓船渾似屋,卻看城市不如村。山開晚霽風添信,霜入寒塘水減痕。管鮑遺踪何處覓?獨携知己過荒原。其地相傳有管鮑分金臺。"

王鏊《姑蘇志》卷十八《鄉都·吴縣·鎮》:"横金去縣西南三十里,有巡檢司。"

按:同是年第五條。

是年,於翠雨堂鈔完宋委心子《古今類事》,有題。後歸吴尚質。再歸袁表,袁表有跋。

袁表(1488—1553),字邦正,號寶華山人,晚號陶齋,吴縣(今江蘇蘇州市)人。正德初以貢入國學。嘉靖十年(1531)授西城兵馬司副指揮,仕終臨江通判。與弟褧、褒、袠和從弟衮、裘皆以文行知名蘇州,并稱"袁氏六俊"。

汪璐《藏書題識》卷二:"《古今類事》二十卷,影宋鈔本,宋委心子撰。……卷末墨筆跋云:'正德戊辰,在翠雨堂鈔完。'下有'閱騷堂印'。又墨筆跋云:'此書乃吴尚質求售,計二百五十四葉,字畫行款,種種整齊,而序文仿章草,可喜,因購之,陶齋以備披覽。此亦能書,好事者所遺留,讀者當寶之。嘉靖庚寅[戌]冬十一月二日燈下,吴門袁表識。時年六十三。'下有'袁父邦正'印。"

按:該書卷末首跋未署名款,然可斷是陳淳鈔完後所題,因翠雨堂乃其家東齋。"閱騷堂印"爲"閱颿堂印"之誤。"袁父邦正"印爲"袁邦正父"印之誤。

陳仁錫《無夢園初集》駐集四《家乘·居第考記》載,陳淳隱居大姚别業,問奇之客,檣楫相望,乃建閱帆堂。而其嘉靖二年癸未(1523)六月隱居於兹,七年戊子(1528)春爲水塘叔書《行草自作詩諸首卷》有《閱帆堂》詩,作於六年丁亥(1527)七月,所以閱帆堂應建於嘉靖二年癸未(1523)六月至六年丁亥(1527)七月間,刻印最早不出其中。也就是説,該書所鈐實則後事。

據曹寅《楝亭書目》卷四《曲》載,吴尚質,嘉定人,嘗補編《九宫譜》二十六卷。

汪琬《堯峰文鈔》卷三十五《袁氏六俊小傳》:"陶齋公諱表,字邦正。……爲人和易,不設崖岸,而中實耿介不可犯。……長於歌詩,下筆輒滚滚不停,數與昆弟及文先生徵仲、王子履吉輩相倡和。所著有《江南春集》行於世。""明成弘間,有隱君子諱敬……生三子:長教諭公鼏,次贈禮部公鼒,次封刑部公鼐。禮部公之子爲谷虚先生衮、志山公裘,刑部公之子爲陶齋公表、謝湖先生褧、卧雪公褒、胥臺先生袠,皆以文行知名吴中,稱曰'六俊'。"

江蘇人民出版社《江蘇藝文志・蘇州卷》第一分册《蘇州市、吴縣市》:"袁表(1488—1553),字邦正,號寶華山人,晚號陶齋。明吴縣人。鼎[鼒]長子。正德元年入國學。嘉靖十年就選吏部,同年除西城兵馬司副指揮。十二年改南京中城兵馬司副指揮。後以事忤權貴,被誣逮問,繫獄數月。出爲江西臨江通判,二十四年致仕歸。"

按:《江南春集》即《江南春詞集》,乃袁表嘉靖十八年己亥(1539)刻,收沈周等四十人追和倪瓚二首,包括袁表。故汪琬云其著,不確。

十二月三十日,錢穀生。

汪世清《藝苑疑年叢談・錢穀》:"錢穀,字叔寶,號磬室,南直隸蘇州府吴縣人。……生於正德三年戊辰十二月三十日,即一五〇九年一月二十日……"

是年,八月,立内廠,劉瑾領之。十月,以旱災免蘇、松、常、鎮地方常税。

正德四年己巳(1509) 二十六歲

三月十九日,三叔陳鍵及其長子津、仲子汸與文徵明、鄭常伯、伍餘福遊城西諸山。自閶門泛舟,抵支硎山登陸,歷賀九嶺、一雲庵、北峰寺、天池山、天平山,文徵明有詩九首。

陳津、陳汸時爲府諸生,并有名。伍餘福(? —1540),初字君求,更字疇中,號寒泉,吴縣(今江蘇蘇州市)人。弘治中諸生。正德十二年(1517)進士,官至鎮遠知府致仕。擅詩文,通水利。有《北馳録》諸著。

文徵明《甫田集》(四卷本)卷三《三月十九日,同陳以嚴、鄭常伯、伍君求及二子津、汸遊城西諸山。自閶門泛舟,抵支硎登陸,歷賀九嶺、一雲庵、北峰寺、天池、天平,次第得詩九首》,略。

按:周道振等纂《文徵明年譜》卷三本條將"陳鍵"誤作"陳鏃"。鄭常伯待考。

蔡羽《南館集》卷七《懷山子傳》:"懷山子姓陳氏,名鍵,字以嚴……子七人:津、汸……津、汸繼父遊郡膠,并有時名。津刻苦經術,文爲一時法,傳經之士數十人,仗義磊落,有父風。初應貢遊太學,有名。"

《(道光)滸墅關志》卷十五《人物・流寓》:"陳汸,字道濟,都御史璛孫。郡庠生。始居郡城。……比遊庠,文章大起,學行推重一時,爲部使者所識拔。試輒高等,世家鼎族争迎爲師。"

按:據當時選舉制度,初爲諸生,謂之附學生。後以三年歲科兩試一等前列者,逐次遞補廩膳生、增廣生。廩膳久次者,方可充歲貢。而蘇州人才濟濟,諸生二三十年得歲貢者,比比皆是。《(乾隆)長洲縣志》卷二十《科目·明貢生》載,陳津嘉靖七年戊子(1528)貢,時應爲府諸生。陳汸因廩膳久次,成爲世家鼎族的塾師,入府學亦當較早,即與兄基本同時。

袁袠《胥臺先生集》卷十七《中順大夫鎮遠府知府伍公行狀》:"伍公諱餘福,初字君求,更字疇中。……弘治乙卯,應應天鄉試……累試輒不利。……正德丙子,舉鄉試。丁丑,聯第進士。授長垣縣知縣。……三年政成,召拜工部營繕司主事。……陞刑部員外郎。尋調兵部車駕,又改職方。……陞武庫司郎中。亡何,以讒謫安吉州判官。……考滿,陞建昌府同知。……而公决志歸矣。章再上,聖天子惜其才,遂有鎮遠之命,不就歸。未幾,得旨致仕。……其詩春容雅麗,不事刓劂,而氣格自殊。所著有《北馳録》《西山探梅集》《安吉新志》《遊天目山記》《虔行録》。而《吴中水利論》,援證精覈,議論通達。公之用世,亦概見乎此矣。"

文徵明《甫田集》(文嘉鈔本)卷十二《寒泉在支硎山之麓,晋支道林之遺跡,石上二大字猶存。伍疇中自號寒泉,蓋取諸此》。

張慧劍《明清江蘇文人年表》:"1540 庚子嘉靖十九年,吴縣伍餘福死。"

初,岳父張約在工部營繕司郎中任上,治皇后父夏儒第,忤劉瑾。是年三月二十九日,方服闋,劉瑾便借吏部考察京官,以不謹令其冠帶閑住。

夏儒(1467—1515),字宗魯,號一中,大興縣(今北京市)人。官中軍都督同知,封慶陽伯等。劉瑾(約 1451—1510),興平縣(今陝西興平市)人。正德初累掌司禮監,總督團營。權擅天下,威福任情。明年以謀反下獄,伏誅。

陸粲《陸子餘集》卷三《奉政大夫工部營繕司郎中張公墓志銘》:"張公諱約,守之其字……久之,吏部以營繕劇司非公不可,乃進郎中……掌司事。……最後治外戚慶陽伯第。瑾新用事,將奪民居數百千區以益之。公争之强,瑾怒。會考察京官,遂屬吏部,以不謹黜公。"

《明武宗實録》卷十八:"正德元年十月……壬申(二十七日)……命工部營造皇親夏儒居第。時工部爲儒訪求房二區,與儒所居鄰。有旨:以爲卑隘,欲拓其址而新之。尚書曾鑑等因言:'其房完整,不必改作。今公私匱乏,改作甚難。况所居之傍皆百年以來安土居民,勢難遷徙。再欲開拓,必生怨謗。願寢其役,俟年豐財裕,以漸議之。'不聽。"

又卷四十八:"正德四年三月……辛酉(二十九日),吏部以考察職名上,請年老者爲刑部郎中等官周珮等三十七人……素行不謹爲户部郎中等官王翀等十九人……才識各有所宜[者]則兵部郎中等官李源等二十二人。因疏請老疾者致仕……素行不謹者冠帶閑住……才識各有所宜者本部酌才識年資擬授南京事簡之地……。詔從之。”

按:據上録,張約向前年十月二十七日因治皇后父夏儒第忤劉瑾,是年三月二十九日罷官。其間之所以安然無恙,有兩方面原因:一是忤劉瑾後,於當年十二月丁父憂,時方服闋。二是得到户部尚書曾鑑、侍郎吴洪的庇護。而曾鑑前年閏正月八日以疾致仕卒,吴洪去年十二月七日遷南京刑部尚書。此可謂秋後算賬。

靳貴《戒庵文槀》卷十三《明故推誠宣力武臣榮禄大夫柱國慶陽伯夏公墓志銘》載:公姓夏氏,諱儒,字宗魯,別號一中。其先上元縣人。永樂間,北徙大興縣,因家焉。篤生聖女。聖上即阼之初,慎選淑媛,以母天下,乃授册寶,立爲皇后。公初授中軍都督府都督同知。無何,進封推誠宣力武臣、榮禄大夫、柱國、慶陽伯……又賜甲第一區、腴田若干頃及蟒衣、玉帶諸物,皆異數云。正德十年乙亥夏四月三十日,卒於家。距生成化丁亥正月十二日,壽四十有九。

張廷玉等撰《明史》卷三百〇四《列傳・宦官》:“劉瑾,興平人。本談氏子,依中官劉姓者以進,冒其姓。孝宗時,坐法當死,得免。已得侍武宗東宫。武宗即位,掌鐘鼓司……進内官監,總督團營。……掌司禮監……時正德元年十月也。……瑾權擅天下,威福任情。……五年……八月十五日……及夜……(張)永出置鐇檄,因奏瑾不法十七事。……遂執瑾,繫於菜廠,分遣官校封其内外私第。次日,晏朝後,帝出永奏示内閣,降瑾奉御,謫居鳳陽。帝親籍其家,得僞璽一、穿宫牌五百及衣甲、弓弩、衮衣、玉帶諸違禁物。又所常持扇,内藏利匕首二。始大怒,曰:‘奴果反。’趣付獄。獄具,詔磔於市,梟其首,榜獄詞、處決圖示天下。”

上海辭書出版社《中國歷史大辭典》上卷:“劉瑾(約 1451—1510)。”

三月雨後,四叔陳鍭邀文徵明遊石湖,遂登治平,文徵明有詩。

文徵明《甫田集》(四卷本)卷三《暮春雨後,陳以釣邀遊石湖,遂登治平》:“貪看粼粼水拍堤,扁舟忽在跨塘西。千山雨過青猶滴,四月尋春緑已齊。湖上未忘經歲約,竹間覓得舊時題。晚煙十里歸城路,不是桃源也自迷。”

《(乾隆)蘇州府志》卷五《水・吴等三縣》:“石湖在吴縣西南十八里。《姑蘇志》:‘太湖支流,自胥口又東出吴山,南曰白洋灣,折北匯於楞伽山下,曰石湖。界吴縣、吴江之間,有茶磨諸峰映帶,頗爲勝絶。’”

又卷二十四《寺觀一・吴縣》:“治平教寺在縣西南一十二里,臨石湖之北。梁天監二年建,舊亦名楞伽寺。宋治平元年改今額。”

四月三日,内表叔陸完因赴任遲緩,改試都察院右僉都御史,巡撫宣府地方。

《明武宗實録》卷四十九:"正德四年四月……甲子(三日)……令江西按察使陸完試都察院右僉都御史,巡撫宣府地方。完既陞僉都御史,逾三月始至京。吏部奏其遲違,乃令試職,待有績效以聞。僉都御史無試職者,瑾之肆,爲變亂如此。"

五月十五日,内表叔陸完再改試南京都察院右僉都御史,提督操江。

《明武宗實録》卷五十:"正德四年五月……丙午(十五日)……改巡撫宣府都察院試右僉都御史陸完爲南京都察院試右僉都御史,提督操江。"

五月二十二日前,選爲吴縣庠生。自此困於舉業長達十年之久,以致産生厭煩心理。

陳淳《陳白陽集》附録張寰《白陽先生墓志銘》:"選補邑庠生。"

文徵明《甫田集》(三十六卷本)卷二十九《陳以可墓志銘》:"娶林,生子淳,今爲郡學生。"

張廷玉等撰《明史》卷六十九《志・選舉一》:"迄明,天下府、州、縣、衛所皆建儒學……""生員雖定數於國初,未幾即命增廣,不拘額數。宣德中,定增廣之額……增廣既多,於是初設食廩者,謂之廩膳生員;增廣者,謂之增廣生員。及其既久,人才愈多,又於額外增取,附於諸生之末,謂之附學生員。凡初入學者,止謂之附學。而廩膳、增廣,以歲科兩試等第高者補充之。非廩生久次者,不得充歲貢也。……提學官在任三歲,兩試諸生。先以六等試諸生優劣,謂之歲考。一等前列者,視廩膳生有缺,依次充補,其次補增廣生。一二等皆給賞,三等如常,四等撻責,五等則廩、增遞降一等,附生降爲青衣,六等黜革。繼取一二等爲科舉生員,俾應鄉試,謂之科考。其充補廩、增給賞,悉如歲試。其等第仍分爲六,而大抵多置三等。三等不得應鄉試,撻黜者僅百一,亦可絶無者。""諸生,上者中式,次者廩生,年久充貢,或選拔爲貢生。""諸生應試之文,通謂之舉業。《四書義》一道,二百字以上。《經義》一道,三百字以上。取書旨明晰而已,不尚華采也。"

按:陳淳爲庠生有兩種説法:張寰云邑庠生,文徵明云郡庠生。所謂"邑"爲縣,"郡"爲府。據《(乾隆)蘇州府志・蘇州府城圖》,吴縣城居蘇州城西。因此以府城,府學在城西南,吴縣學在城西。以縣城,府學在城南,吴縣學還在城西。《陳白陽集》五言古《遇履約王子昆仲溪樓,留酌書贈》有"久滯西城遊,塵鞅苦羈縛"句,顯然,這是在向王守昆仲訴説久困舉業的痛苦,而"西城遊"則是遊西城的吴縣縣學。又陳淳府第在吴縣城南即蘇州城西南的府學附近,而稱"城南草堂"。

由此斷定，其是吴縣庠生，不是蘇州府庠生，即張寰所云是，文徵明所云非。

商務印書館《明賢墨跡》一有《文徵明〈西齋獨坐，有懷道復茂才，輒寄短句〉》，"茂才"即庠生，是文徵明首次在詩文中作此稱，該詩作於是年五月二十二日，陳淳爲吴縣庠生當在稍前，因繫之。

陳淳自此一直到正德十四年己卯(1519)三月十四日爲庠生間，凡歲科兩試，成績應該都在三等。於是，既未獲得鄉試的資格，也未獲得歲貢或選貢的機會，以致對舉業産生厭煩心理，并且在詩文中多有表現，如《陳白陽集》五言古《過履約王子昆仲溪樓留酌書贈》云："久滯西城遊，塵鞅苦羈縛。願息紛若慮，言展暫時樂"，七言律《竹堂寺候文師不遇》曰："芸閣試分香畔榻，舉杯聊潔静邊心。最憐凡想消難盡，回首氛埃又滿襟"，等等。

五月二十二日，文徵明寄詩一首并還《元人墨跡卷》和付《蘇詩》。

商務印書館《明賢墨跡》一《文徵明〈西齋獨坐，有懷道復茂才，輒寄短句〉》："不見元龍費我思，十年相長敢稱師。疏慵自笑邊韶懶，貧薄常慚鮑叔知。白日崇蘭生道味，緑陰山館負幽期。牙籤插架書千軸，想見臨窗獨勘時。五月廿二日，壁肅拜。《元人墨跡卷》發還，《蘇詩》裝得并付。"(圖 17)

按：《甫田集》(四卷本)卷三《簡陳道復》即此詩，置是年。

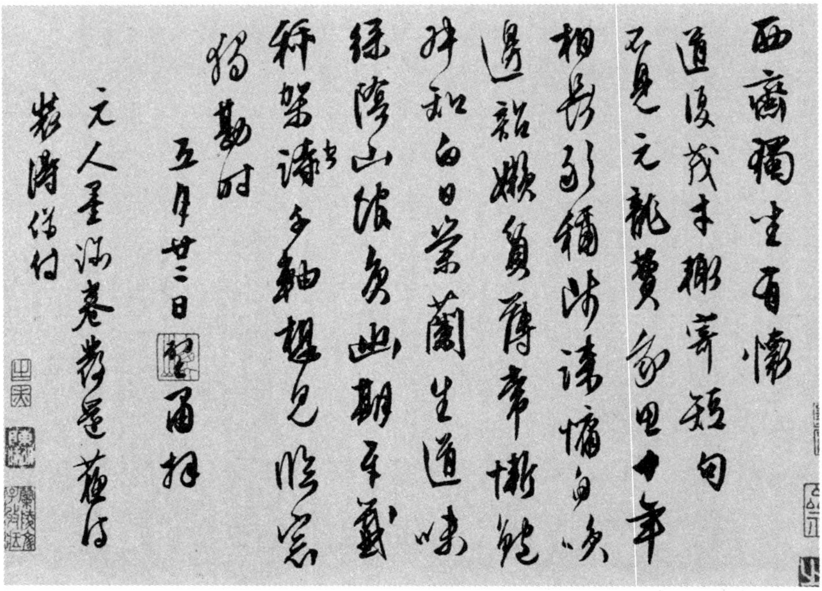

圖 17　文徵明《西齋獨坐，有懷道復茂才，輒寄短句》

十二月十一日,内表叔陸完蒞南京都察院事。

《明武宗實録》卷五十八:"正德四年十二月……戊戌(十一日)……命南京都察院右僉都御史陸完蒞院事。"

十二月二十二日,内表叔陸完陞南察院左僉都御史,仍管院事。

《明武宗實録》卷五十八:"正德四年十二月……己酉(二十二日),陞……(南京)右僉都御史陸完爲左僉都御史,仍管院事。"

冬日,文徵明、李瀛過訪,於翠雨堂圍爐煮菜,對展青緗,文徵明有詩。

李瀛(1455—1519),字宗淵,宜興縣(今江蘇宜興市)人。弘治間國學生,卒業歸。再試不售,遂棄舉業。能詩文,與文徵明、楊循吉、都穆、沈周等人雅厚。著《徤齋集》等。

文徵明《甫田集》(四卷本)卷三《冬日,道復東齋圍爐煮菜,題贈宜興李宗淵》:"翠雨堂中續舊盟,梅花的歷紙窗明。焚香對展青緗帙,煮菜親調玉糝羹。樽酒故人强健在,北風殘雪歲功成。等閑聚散都難約,日暮相看生遠情。"

又(三十六卷本)卷三十《李宗淵先生墓志銘》載:君諱瀛,字宗淵。國初有吉甫者贅宜興於氏,遂家宜興。君少遊學官有聲,一不合即棄去。北遊京師,徐文靖(溥)當國,稍欲牢籠之。不可,拂衣竟歸。家居,授徒給養。學者經其指授,往往去取高科。而君再試再詘,遂屏不事舉業,以古文自見。爲文簡嚴,不苟於投贈。詩尤工,往往更數歲改竄不已。其敏勵精進,白首不衰也。所交皆天下士,故少司空沈公暉、吴文肅公儼,今少司徒二泉先生邵公寶、吾吴楊儀部君謙、都太僕元敬、處士沈周先生,其尤厚者。歲乙卯,余試應天,因元敬識君,一言定交。君生景泰六年乙亥六月四日,卒正德十四年己卯三月十七日,享年六十有五。所著《徤齋集》《似遊録》《宜興新志》,多未脱稿。

按:《明史》卷一百八十一《列傳》載,徐溥弘治五年壬子(1492)至十一年戊午(1498)當國。因此,李瀛弘治間以諸生北遊國學。

冬日,文徵明有詩寄陳淳父鑰,乞米。

文徵明《甫田集》(四卷本)卷三《寄陳以可乞米》:"秋風百里夢姚城,無限閑愁集短檠。零落交遊懷鮑叔,逡巡書帖愧真卿。謀身肯信貧難忍,食指其如累不輕。見説湖南風物好,何時去買薄田耕?"

是年,二姑母陳氏歸致仕少傅王鏊仲子延素。陳氏敬事舅姑,克盡孝道。

延素績學未暇，家事一付掌之。

王熙桂等編《太原家譜》卷二十一楊循吉《思南公元配陳太宜人墓志銘》："（鏊）仲子督府君子儀……厥有良配，曰宜人陳氏，南京都察院左副都御史長洲陳公璚之女也。……宜人年十九歸王君。入門，敬事舅姑，克盡孝道。時君方績學未暇，他及家事，一付宜人掌之。"

皇甫汸《皇甫司勳集》卷五十三《明中順大夫思南府知府王公墓志銘》："大夫諱延素，字子儀……贈太傅、謚文恪公鏊仲子也。……甫冠［十七］，以太傅三載考績，蔭入太學。……配陳氏，初封孺人，進封宜人。"

按：陳氏生弘治四年辛亥（1491），是年十九歲，歸王延素。

據《明武宗實録》卷四十九，王鏊是年四月十四日以少傅兼太子太傅、户部尚書、武英殿大學士致仕。

約是年，作《文徵明和石田先生落花十首并圖卷》和另畫，寄龍瑄。

龍瑄（1427—？），字克温，號半閑，南京（今江蘇南京市）人。以子霓累封按察僉事。博學多聞，遨遊四方。重然諾，尚義氣，富著述。與劉益、丘濬、羅倫、陳獻章等爲布衣交。有《半閑子》諸著。

國家圖書館出版社《明代名人尺牘選萃》十一《明清藏書家尺牘·陳淳致半閑札》："《落花卷》强勉奉命，誠爲汙卷。况遲遲，多罪，矜恕，幸萬也！文先生原有一跋，不審要録否？且此奉告，望斟酌之。外畫一紙，文先生命淳寄上，乞目入。跋就録去。二日，淳生頓首。半閑世伯先生尊丈。"（圖 18）

按：此札附録文徵明跋（序）："石田先生賦《落花十首》，命壁同作，綺情麗句，豈儒生酸語所能繼哉？然雅情不可虚辱，輒亦勉賦如左。"由是，陳淳所作《落花卷》當爲《文徵明和石田先生落花十首并圖卷》。"外畫一紙"，爲另作。

台北故宫博物院《故宫書畫圖録》十八《明沈周落花圖并詩卷》後即文徵明所題詩并序，署："戊辰六月書一過，壁。""戊辰"乃去年。經勘，其序"綺情麗句"後有"所謂一唱而三歎者"，估計陳淳是遵其囑咐略去。

此札署"淳生"，而其是年五月二十二日前補庠生，應書於稍後，故繫之。

顧清《東江家藏集》卷二十二《半閑居士傳》："居士，江西宜春人。家世習武，官南京。公生於南京，長歷涉四方。至荆州，樂新城風景，因家焉。既老，歸南京，就子養。……祭酒劉公益、學士海南丘公、修撰一峰羅公、檢討白沙陳公、定山莊公皆與爲布衣交。重然諾，尚意氣，朋遊有急，揮金付之如土苴，以是聲稱藉甚。……嘗遊播州，宣慰楊公待以上客，公爲條《修政治民十二事》；客淮陽，上巡撫吴公琛《救荒便民八事》；過揚州，見巡撫高公，論《息盗行鹽八事》，皆見諸施行。平

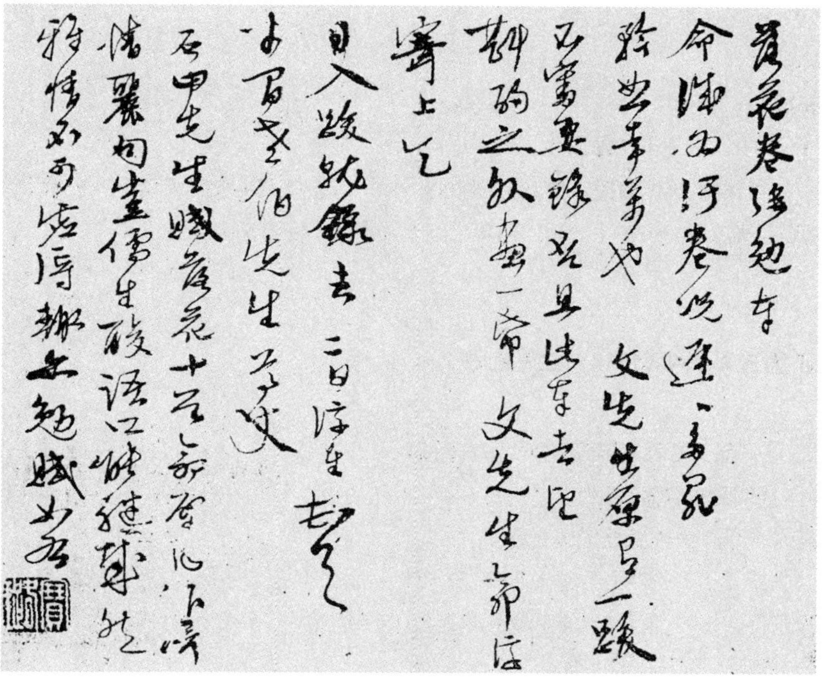

圖 18 陳淳《致半閑札》

生所至若湘之黄陵廟、荆之仲宣樓、潯之浯溪、越之曹娥祠、杭之鄂王墓、沛之歌風臺,忠賢義節,遺迹之所在,題詠殆遍。其在新城,築室海山,作東皋書院,西巖草亭,鑿流種樹,有終焉之志。及東還,棄去,不少靳。其曠達皆此類也。”

路鴻休《帝里明代人文略》卷十三《宗系可考五・龍瑄》:“龍居士瑄,字克温,其自號曰半閑居士。……五子,皆教以義方。霓……登癸丑[丙辰]進士第。戊午冬,以霈恩封公如其官。乙丑,霓陞浙江按察司僉事。正德改元,重拜恩典,進服色,時已八十矣。”“吉甫周氏曰:‘公生平著述有《半閑子》二十卷、《海山清嘯集》八卷、《鶴亭漫語》十二卷、《詩集》二十一卷。余偶得其《燕居》《鴻泥》二集。……’”

按:以“正德改元……時已八十”,其生宣德二年丁未(1427),卒年不詳。

是年,八月二日,沈周卒,享年八十三。

王鏊《震澤集》卷二十九《石田先生墓志銘》:“有吴隱君子,沈姓,諱周,啓南字,而世稱之唯曰‘石田先生’。……先生以正德四年八月二日卒,壽八十有三。”

十月二十六日,黄姬水生。

黄姬水《黄淳父先生全集》卷二十四附録皇甫汸《墓志銘》:“(黄氏)蘇衛

籍。……姬水，字淳父，晚號質山。……生於正德己巳十月二十六日，得年六十六歲。”

十一月二十三日，袁袠生。

袁廷檮《吴門袁氏家譜》卷五《譜圖・六房一支譜圖》：“袠，鼐次子。行六，字紹之，號志山。……生於正德四年己巳十一月二十三日……年五十。”

正德五年庚午（1510）二十七歲

二月一日，内表叔陸完陞兵部右侍郎。

《明武宗實録》卷六十：“正德五年二月丁亥朔（一日）……陞……（南京）都察院左僉都御史陸完爲兵部右侍郎。”

張廷玉等撰《明史》卷七十二《志・職官一》：“兵部。……左、右侍郎各一人，正三品。……尚書掌天下武衛官軍選授、簡練之政令。侍郎佐之。”

四月二十四日，内表叔陸完陞兵部左侍郎。

《明武宗實録》卷六十二：“正德五年四月……己酉（二十四日）……陞兵部右侍郎陸完爲左侍郎。”

九月，文徵明遊陳淳家大姚别業，有詩。

文徵明《甫田集》（四卷本）卷三《秋日，遊陳以可姚城别業》：“卜築姚城獨遠囂，幽居宛轉帶長濠。白浮斷葦兼天雪，緑衍横疇萬頃膏。斜引陂塘成曲沼，亂垂榆柳蔭平皋。循墻細徑穿修竹，護砌疏籬束敗蒿。小隔煙霞如别境，近通墟落有輕舠。採山釣水盤中願，尋壑經丘栗里陶。勝事千年追往哲，清遊一笑屬吾曹。西風寂歷黄花節，短髮刁騷白苧袍。玉糁肥濃羹山芋，茅柴香滑薦村醪。野田初下披緜雀，鄰斷能供啄雪螯。晴日滿場秋穫稻，重湖繞宅夜聞濤。去城便有江鄉樂，涉世方知甽畝高。坐戀閑情渾欲老，偶分餘席亦云叨。留詩漫作頻來券，寄謝元龍莫憚勞。”

十二月夜，文徵明聞雨懷陳淳，有詩。

文徵明《甫田集》（四卷本）卷三《冬夜聞雨懷陳淳》：“黯黯蕭齋玉漏沉，重裘自擁病中身。寒聲破夢孤燈雨，夜色侵愁四壁塵。壯業蹉跎驚歲晏，舊遊零落念門人。香銷酒醒都無賴,一卷殘書意獨親。"

十二月,三叔陳鍵及其長子津、高希賢與文徵明、吴爟邂逅伍餘福雁村草堂同集,文徵明有詩。

文徵明《甫田集》(四卷本)卷三《同次明過伍君求雁村草堂,邂逅陳以嚴、高希賢及以嚴子津同集》:"紙屏髹几竹方床,一笑淹君舊草堂。寒挾北風摧木葉,晚延西日弄窗光。茗薰結静聊隨性,筆硯酬閑更得忙。邂逅七人成勝集,共題名字向南墻。"

《(乾隆)吴縣志》卷八十三《第宅》:"鎮遠知府伍餘福宅在南濠。"

按:周道振等纂《文徵明年譜》卷三本條將"陳鍵"誤作"陳鋹"。又詩中云"邂逅七人成勝集",而據詩題,此次邂逅成集祇有六人,不知另人爲誰? 高希賢俟考。

南濠在蘇州城西閶門外。

十二月,文徵明過訪,見西齋古石,爲作《古石圖并詩》。

汪砢玉《珊瑚網》卷三十九《文太史自題諸畫》之三:"玲瓏蒼壁太湖姿,浪蝕沙淘面面奇。百穴晴窗通玉女,一拳小石夢仇池。乍逢合下南宫拜,欲詠還輸白傅詞。便擬高齋題列岫,朝來秀色滿簷幃。右題《古石圖》,徵明。"

按:《甫田集》(四卷本)卷三《道復西齋古石》即上詩,置是年十二月,知文徵明此時過訪,見西齋古石,爲作圖并詩。

十二月,文徵明修葺停雲館,陳淳與錢同愛有助。畢後,又與從弟津、汸、錢同愛、湯珍、盧襄、鄭常伯、吴爟等宴集文府,作詩以賀;文徵明作詩答謝。

湯珍(1487—1552),字子重,號白石山人、雙梧,長洲縣(今江蘇蘇州市)人。約正德初府學生。嘉靖十年(1531)貢入國學。二十六年(1547)授崇德縣丞,以唐府奉祀致仕。博學善文,尤工於詩。有《小隱堂詩草》等著。盧襄(1481—1531),字師陳,號石湖,吴縣(今江蘇蘇州市)人。弘治末府學生。嘉靖二年(1523)進士,官至陝西左參議。未幾丁憂,卒。雅性喜學,能文精詩。有《五塢草堂集》諸著。

文徵明《甫田集》(四卷本)卷三《歲暮,重葺西齋,承諸友過飲》:"偶葺南榮佚此身,也堪展席對嘉賓。窗光落几盈盈水,簷隙封泥盎盎春。如復高明離故處,依然儉陋本先人。堆床更有圖書在,歲晚相看不當貧。"

又《答錢孔周》:"圖書漫繞病中身,風月聊充座上賓。元亮平生難適俗,堯夫一室自藏春。蒼苔依舊無塵跡,白板分明類野人。爲謝平原王録事,草堂肯念少陵貧。西齋之葺,孔周、道復咸有所助,故云。"

又《答陳道復》:"塵土勞勞未隱身,經營深愧郤嘉賓。紙窗竹榻相將老,雜樹幽花次第春。未恨凝塵空四壁,更能邀月作三人。憑君莫笑規模儉,正恐光華不稱貧。"

又《次韻答陳道通見贈》《答湯子重》《答盧師陳》《陳道通見和,再答一首》《答陳道濟》《答伍君求〔君求是日期而不至〕》《答鄭常伯》《答吴次明》,略。

按:陳淳等人詩無考。文徵明《答盧師陳》與其他諸詩詩韻不同,當不是此次作。容庚《伏廬書畫録》有其後年五月二十一日所書《歲暮重葺停雲館承諸友過飲詩卷》,然部分詩題、内容與上載互爲差池,如《四答伍君求》爲《次韻答陳道通見贈》,《八答盧師陳》爲《答伍君求》,而無《答盧師陳》詩文,這説明上載在編輯中有誤。

周道振輯校《文徵明集》卷九《答陳道復》詩後有"郤超聞有隱志者,輒爲起宅"語。張豫章等編《御選明詩》卷八十文徵明《陳道復見和再答》亦此次唱和詩,云:"匡床竹几僅容身,静對何曾有雜賓?最愛短墻堪映雪,自裁新帖寫宜春。閉門敢遂稱高士,得酒還能作主人。珍重梅枝偏會意,夜深和月照清貧。"

顧沅《吴郡文編》卷一百七十一彭年《雙梧先生湯公行狀》:"公姓湯氏,諱□(珍),字子重。其先……遷長洲,居城中碧鳳里。……(公)稍長,刺經綴文,刻勵自奮,遐[選]隸郡膠爲弟子員。……臺試,連拔高等,與二王齊名,士類慕望之。……所交皆天下士,若衡山公洎翰林林屋蔡公羽、都御史涵峰公守、雅宜山人寵二王兄弟,折行莫逆,以道誼相師友。與二王讀書楞伽山中積十五年。……後以親老,築館居第之側,集門生子弟,講授其間。名勝過從,清談永日,意度高遠。……堂有二桐樹,甚蔚茂,門人稱曰'雙梧先生'云。公之學醇深博雅,躬行實踐,而不以性學名家。發爲詞章,體則漢魏,藻致雋永,倫要明暢。尤工於詩,典麗清婉,備諸體裁。雖科舉之業,治之亦極其精。著《經書講解》《策對條件》數十萬言,學者多遵用之。阨於時命,由黌校陞辟雍。凡十餘試,終不獲第。……久之,就選銓部,授崇德縣丞。……稍遷公唐府奉祀……即日乞致仕歸。……公生成化二十三年十一月廿四日,卒嘉靖三十一年七月二日,春秋六十有六。"

《(康熙)蘇州府志》卷三十二《選舉四・貢生・府學》:"嘉靖間貢:湯珍子重……崇德縣丞。十年,長洲。"

據《(萬曆)嘉興府志》卷十一《邑職二・崇德縣》:湯珍,縣丞,嘉靖丁未至庚戌任。

朱彝尊《静志居詩話》卷十一《湯珍》:"湯珍……有《小隱堂詩草》。"

按:文物出版社《中國古代書畫圖目》二十《明陳道復等壽袁方齋詩書畫册》有其《賦得行春橋》,署"白石山人湯珍",因知其號。

彭年《湯公行狀》云:“……遐[選]隸郡膠爲弟子員。……臺試,連拔高等,與二王齊名,士類慕望之。”而王守兄弟乃正德初府學生,湯珍爲府學生應基本同時。

文徵明《甫田集》(三十六卷本)卷三十四《陝西布政使司左參議盧君墓表》載:君諱襄,字師陳。居吴之横山,遂爲吴人。弘治甲子,以儒士試應天,不利。歸,補郡學生。丙子,再試,遂中高科。嘉靖癸未,登進士。初授刑部某司主事。改兵部職方主事。丁亥,陞禮部祠祭員外郎。戊子,再陞兵部職方郎中。尋改武選。有兵官驕揚喜訐,君以職分臨之,遂爲所誣,逮繫詔獄。賴朝廷聖明,卒白而出之。尋有陝藩之命。時君已被疾,抵陝未幾,聞其父御史公之訃,疾遂加劇。至家數日,遂不起。嘉靖十年辛卯閏六月八日卒於家,年五十有一。君雅性喜學,家居時,每得異書,輒手自繕録。既仕益勤,雖簿領雜襲,而不廢佔畢。爲文旉腴明暢,能達其志。詩尤精詣,不苟出,出必求過人。所著有《五塢草堂集》,所編集有《石湖志》《石湖文略》《盧氏世譜》。

按:張照等撰《石渠寶笈》卷十五《明唐寅毅庵小照一卷》後、卷四十三《明文徵明温蘭圖一卷》後,盧襄皆有題,署“石湖盧襄”,知其號石湖。

是年,陸師道、嚴仁生。

趙用賢《松石齋集》卷十五《尚寶司少卿五湖陸先生行狀》:“先生姓陸氏,諱師道,字子傳。始號元洲,歸田後别稱五湖道人。學者尊而不以官名,因稱之曰‘五湖先生’云。先生世籍長洲。……先生生正德庚午……壽六十四。”

徐師曾《湖上集》卷十二《處士嚴子春夫妻合葬墓表》:“君諱仁,字子春,别號古灣,姓嚴氏,蘇之吴江人。……君享年五十有五,以嘉靖四十三年十一月十九日卒。”

按:由徐師曾言推算,嚴仁生是年。

是年,三月,以水旱災免應天、蘇、松、常、鎮等地三、四兩年逋税有差。六月,帝自號大慶法王,鑄印。八月,劉瑾以謀反下獄,伏誅。革寧王朱宸濠護衛。

正德六年辛未(1511) 二十八歲

十月九日,與吴爟、蔡羽、王守、王寵飲文徵明府。時淮北小警,蘇州城禁稍嚴,諸君索歸甚遽,文徵明有詩。

文徵明《甫田集》(四卷本)卷三《十月九日,辱次明、九逵、道復及履約兄弟過飲。時淮北小警,吴中城禁稍嚴,客有居郭外者,索歸甚遽,故卒章云》:"高賢次第款柴關,旋爇清香設菜盤。浮世自知閑有味,貧家聊以淡爲歡。行窗竹影離離日,過雨茅簷漠漠寒。天際輕陰會當散,未須愁暮促歸鞍。"

十二月三日,内表叔陸完以破賊功,陞都察院右都御史。

《明武宗實録》卷八十二:"正德六年十二月……己卯(三日)……陞提督軍務兵部左侍郎陸完爲都察院右都御史……以破賊功也。"

張廷玉等撰《明史》卷七十三《志·職官二》:"都察院。左、右都御史,正二品。"

十二月十三日後,與文徵明、祝允明、朱存理、朱凱、邢參宴集楊循吉南濠府第,分韻賦詩。

邢參(生卒不詳),字麗文,長洲縣(今江蘇蘇州市)人。教授鄉里,著述自娱。有《處士集》。

文徵明《甫田集》(四卷本)卷三《冬日,楊儀部宅讌集,會者朱性甫、朱堯民、祝希哲、邢麗文、陳道復及余六人,分韻得"酒"字》:"徂冬肅玄陰,凉飆集虚牖。璚霙遘時晴,朝旭射簷溜。欣言對群英,况我平生友。結交廿年更,復此同樽酒。羽觴激清絲,蘭羞粲朱豆。豈無高讌會,重此文史舊。兹焉申故好,歲晏期勿負。"

祝允明《懷星堂集》卷三《雪後,楊禮部邀宴,用謝宣城韻,分得"濁"字》:"季冬雪始降,佳氣通歲朔。君子良燕會,時哲總延擢。揖遜粲賓禮,登奏皚嘉樂。蘭薰互霑襲,松顔齊卓犖。遐覽萬物昭,無復見黟濁。微言共一契,所寄在綿邈。"

《(乾隆)吴縣志》卷八十三《第宅》:"楊儀部循吉宅在南濠。"

按:文徵明詩置是年十二月十三日後,陳淳等人詩無考。楊循吉乃文徵明表姑父。

文震孟《姑蘇名賢小紀》卷上《刑布衣先生〔附邢麗文先生〕》:"邢參,字麗文。或云即用理先生之族孫也。爲人沉静有醖籍,固而不陋。嘉遁城市,貧無恒業,唯教授鄉里,以著述自娱,無所干請。……早歲喪妻,終不再娶,優遊以終。"

顧沅《吴郡名賢圖傳贊》卷六《邢高士》:"公姓邢,諱參,字麗文,長洲人。誅茅附城之野,杜門躭書,賓客至,或無茗碗,有時薪火斷,則食冷户。無長物,未嘗干謁,不輕履友人家。雖素所厚者,亦不享其一糲。……故居在葑門外,今名邢家衖。晚年築讀書房於虎丘西。……"

朱彝尊《静志居詩話》卷十一《邢參》:"邢參,字麗文,吴人。有《處士集》。""麗文狷者,平生不事干謁,苦志讀書。……明初高侍郎季迪有'北郭十友'。麗文亦有'東莊十友':吴爟次明、文徵明徵仲、吴奕嗣業、蔡羽九逵、錢同愛孔周、陳淳道復、湯珍子重、王守履約、王寵履仁、張靈夢晋。故其詩云:'昔賢重北郭,吾輩重東莊。胥會誠難得,同盟詎敢忘。'"

是年,三月十六日,太學博士徐禎卿卒,年三十三。

王守仁《王文成全書》卷二十五《徐昌穀墓志銘》:"正德辛未三月丙寅(十六日),太學博士徐昌穀卒,年三十三。……昌穀名禎卿,世姑蘇人。"

是年,十一月,京師地震,敕修省。

正德七年壬申(1512) 二十九歲

三月三日,與蔡羽、文徵明、吴爟、湯珍、王守、王寵泛石湖,登治平,以"天朗氣清,惠風和暢"分韻賦詩,得"惠"字。

陳淳《陳白陽集》五言古《上巳,九逵蔡子邀集治平寺,以"天朗氣清,惠風和暢"賦詩,余得"惠"字》:"溪柳拂晴昊,新波渺無際。蘭舟蕩春和,尋盟集交契。未藉河朔飲,聊祓山陰禊。良晤既已適,湖山矧佳麗。幽討陟梵宇,花竹照遊袂。柔條散閑風,醉顔灑清惠。後會當何時? 勿使年光逝。"

文徵明《甫田集》(四卷本)卷四《三月既望,同吴次明、蔡九逵、陳道復、湯子重、王履約、履仁泛舟石湖,遂登治平,以"天朗氣清,惠風和暢"爲韻,分得"朗"字》:"良期每多違,佳節悵虚往。薄言城西遊,餘春遲幽賞。日色漾漣漪,天光發融朗。清吹飄文裾,瑶湍激蘭槳。寄懷涉清川,平目眺遐壤。晴霏動遥岑,清煙散修莽。亞竹孤卉明,隔水春禽響。及此單袷成,聊寄臨流想。"

按:此本置癸酉年,《文徵明集》卷二置壬申年,從之。

"上巳"爲三月三日,"三月既望"爲三月十六日,誰是誰非不詳,兹從前者。他人詩無考。

春,王鏊飲於陳淳三叔鍵頷孫堂,有詩。

王鏊《震澤集》卷六《飲陳以嚴頷孫堂》:"雲母屏深燭影斜,德星還聚太丘家。庭前玉樹森森立,池上超宗敢漫誇。"

按:此詩置是年春。蔡羽《南館集》卷七《懷山子傳》載,陳鍵居蘇州新橋。

五月五日,文徵明過訪,於西園小集,分韻賦詩。

文徵明《甫田集》(四卷本)卷四《端午日,陳氏西園小集,分得"葉"字》:"仲夏氣瀰新，清陰弄榆筴。朱葵勒炎英，翠艾敷冰葉。喜看波躍鱗，醉逐風翻蝶。莫言佳期衍，良會心自愜。”

按：同是年第一條。陳淳等人詩無考。

六月，文徵明西齋對雨，懷陳淳從弟津、汸，有詩。

文徵明《甫田集》（四卷本）卷四《西齋對雨，有懷道通、道濟》：“茅簷寂寞篆煙殘，病起苔花上碧欄。燕子梨花春已老，緑陰疏雨暮生寒。未能開徑延三益，空望高齋憶二難。見説對床勤苦甚，何因乞取近文看？”

按：此本置癸酉年，《文徵明集》卷十置壬申年，從之。

夏，王鏊爲陳淳三叔鍵藏《韓文公藍關圖》題詩。

王鏊《震澤集》卷六《韓文公藍關圖〔爲陳以嚴賦〕》，略。

按：此詩置是年夏。

八月十七日，與姊妹夫顧岕兄弟、文徵明、錢貴夜泛漕湖，文徵明有詩。

岕兄某（生卒不詳），字朝鎮，號斐齋，長洲縣（今江蘇蘇州市）人。太學生。官憲幕。能文，喜藏書。錢貴（1472—1530），字元抑，號漕湖，同邑人。弘治十一年（1498）舉人。正德十六年（1521）以太學生授太常寺典薄，進鴻臚寺丞致仕。學識精博，文章爾雅。有《易通》諸著。

文徵明《甫田集》（四卷本）卷四《漕湖，一名蠡湖。相傳范蠡所開，或謂通漕運而設。癸酉秋八月十有七日，同錢元抑、陳道復、顧朝鎮、朝楚夜泛有作》：“渺渺中流溯小舠，露華初冷碧天高。一痕落鏡秋宜月，萬籟無風夜自濤。消盡霸圖猶説蠡，傳流餉道不通漕。浮樽自適東南興，何必淋漓汙錦袍？”

《（乾隆）長洲縣志》卷十五《水利》：“漕河［湖］在府西北二十里，接無錫縣界。本名蠡湖。……其西屬無錫，而其浸皆屬長洲。”

按：周道振等纂《文徵明年譜》卷三本條所録此詩，將“八月十有七日”誤作“八月十有八日”。

“癸酉”乃鄉試年，而文徵明亦是年舉子，八月九日至十五日考試，月底放榜，所以十七日不可能在蘇州與友人夜泛。又其後有《九日，期九逵不至，獨與子重遊東禪，作詩寄懷，兼簡社中諸友》詩，原題於自作《黄花幽石圖軸》上，署“壬申九日”。可以肯定，“癸酉”爲“壬申”之誤。

朝楚即陳淳姊妹夫顧岕，長洲人。祝允明《懷星堂集》卷二十八《斐齋記》謂：“太學顧君朝鎮以‘斐’顔其齋，意亦主於文厥身歟？……朝鎮抱質昭穎而方力乎是。其必探性道之根,咀理義之英,擷辭章之藻。學聚而問辯,寬居而仁行。務令五品順,百行懿,容貌莊,威儀飭,辭令美。如金既冶,如玉斯琢,卿雲絢乎篇章,春葩爛乎行墨,其文分錯而可觀,則'斐'道得矣。……朝鎮蓄書滿齋,中居而求之日衣錦也。"薛己《薛氏醫案》卷一《元氣虧損内傷外感等症一》稱:"憲幕顧斐齋……"鑒此,朝鎮蓋顧岕兄,號斐齋,名不詳。太學生。官憲幕。能文,喜藏書。

據文徵明《甫田集》(三十六卷本)卷三十《明故鴻臚寺寺丞致仕錢君墓志銘》,君諱貴,字元抑,姓錢氏,家長洲漕湖之上。弘治戊午,中應天府鄉試。正德辛巳,以太學生試吏部入格,授太常寺典薄。嘉靖甲申,以鴻臚丞致仕,還長洲。閱六年,庚寅三月四日卒,年五十有九。君學博而識精,辨析亹亹,能起人意。文詞藻麗,所論著爾雅有法,一時文學之士咸讓能焉。君所著有《易通》《乾坤纂遺》《讀史例餘》《吴越紀餘》《檀天解略》《騷經標注》《有問録》《杜律便覽》《芹遊記》《太常都編》總若干卷藏於家。

陸時化《吴越所見書畫録》卷五《王雅宜贈錢漕湖詩卷》即爲其書,知其號漕湖。

九月初,文徵明過訪,有詩。

文徵明《甫田集》(四卷本)卷四《道復西齋偶成》:"風生迴渚玉漣漪,秋晚茅簷白日遲。一事不經心境寂,離離松影做來移。"

按:此本置癸酉年,《文徵明集》卷十四置壬申年,從之。

九月九日前,文徵明餉陳淳父鑰麻姑一尊,有詩。

文徵明《甫田集》(四卷本)卷四《麻姑一尊餉以可》:"年來踪跡滯江鄉,會合差池意渺茫。故遣麻姑供一笑,不教元亮負重陽。新秔已薦長腰白,落蟹還聞塞殼黄。欲賦秋光題不得,夢魂先到故人傍。"

按:此本置癸酉年,《文徵明集》卷十置壬申年,從之。

九月九日,文徵明、湯珍與陳淳、蔡羽相期遊東禪寺,而陳淳、蔡羽不與,文徵明作《黄花幽石圖軸》,題詩懷之。

湖南美術出版社《海外藏中國歷代名畫》第六卷《文徵明黄花幽石圖軸》題云:"東郭名藍帶曲隈,三年行樂兩回來。依然舊境墻遮樹,久斷塵踪砌有苔。落日懷人流水遠,秋風撫掌菊花開。良辰在眼休教負,相對山僧把一杯。壬申九日,同子重遊東禪,賦此紀興。是日,與道復諸君期而不至,坐中有懷,故頸聯及之,文壁識。"日本大阪市立美術館藏。(圖 19)

圖 19－1　文徵明《黄花幽石圖軸》

王鏊《姑蘇志》卷二十九《寺觀上》："東禪教寺在(城東)萬壽寺東南。吴赤烏間,陳丞相宅因池中生瑞蓮,遂捨爲寺,名鎮國院。唐大中間,敕改東禪明覺寺。宋異僧遇賢號林酒仙者嘗居之。元至正間,燬。洪武間,重建。"

按:《甫田集》(四卷本)卷四將上詩置癸酉年,誤。題爲《九日,期九逵不至,獨與子重遊東禪,作詩寄懷,兼簡社中諸友》,知是日所期諸君乃陳淳和蔡羽。

九月二十二日,内表叔陸完陞都察院左都御史,加太子少保,蔭一子爲世襲百户。

《明武宗實録》卷九十二:"正德七年九月……癸巳(二十二日)……兵部會議,以直隸山東、河南平賊,文武官功過等第列上,詔……提督陸完陞左都御史……加太子少保……蔭子一人爲世襲百户。"

張廷玉等撰《明史》卷七十二《志·職官一》:"……太子少保……正二品,掌奉太子以觀三公之道德而教諭焉。"

十月二十一日,内表叔陸完掌都察院事。

《明武宗實録》卷九十三:"正德七年十月……辛酉(二十一日),命太子少保、都察院左都御史陸完掌院事。"

十二月,文徵明雪中至陳湖訪陳淳父鑰,有詩。

文徵明《甫田集》(四卷本)卷四《雪中至陳湖訪以可,夜坐有作》:"相思百里

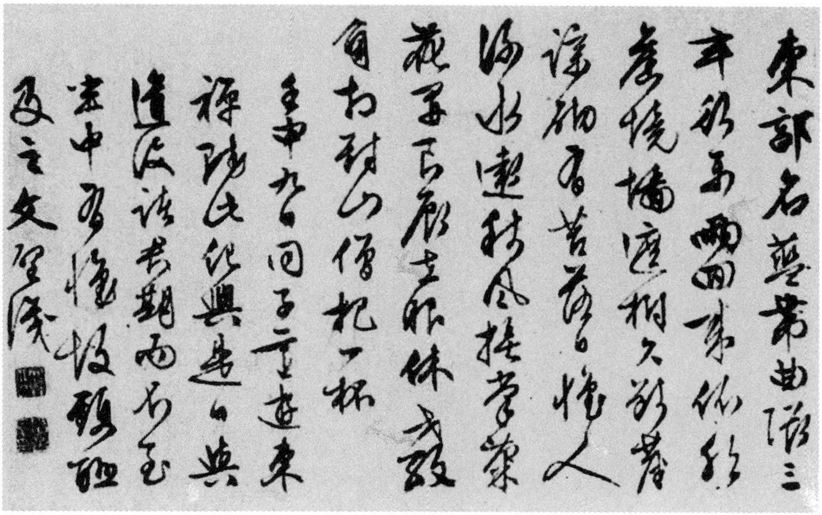

圖 19—2 文徵明《黄花幽石圖軸》題詩

夢勞勞,相見燈前首重搔。坐撫流光悲往事,不堪衰病到吾曹。扁舟獨墅寒衝雪,尊酒陳湖夜聽濤。明日又從城郭去,野田回首暮雲高。”

按:此本置甲戌年,《文徵明集》卷十置壬申年,從之。

十二月,從弟陳汸讀文徵明《甫田新集》,有詩見寄,文徵明次韻。

文徵明《甫田集》(四卷本)卷四《次韻陳道濟讀〈甫田新集〉見寄》:“草草新編漫入評,十年憔悴苦吟聲。要知有玩皆爲喪,莫道能鳴是不平。茅屋雨聲燈照夢,芙蓉秋冷月關情。平生未得文章力,漫向詞場著姓名。”

按:同上條。《甫田新集》即《甫田集》四卷本,原注爲弘治三年庚戌(1490)至正德九年甲戌(1514)所作詩,周道振考爲弘治三年庚戌(1490)至是年所作詩,現上海圖書館有藏。關於此,《文徵明集·輯校説明》言之甚詳,故不贅述。

是年,朱凱卒。

文徵明《甫田集》(三十六卷本)卷二十九《朱性甫先生墓志銘》:“正德壬申,堯民死。”

正德八年癸酉(1513) 三十歲

春,文徵明、王守過訪。時雨後牡丹狼藉,存葉底一花,文徵明感而賦詩,邀陳淳、王守同作。

文徵明《甫田集》(三十六卷本)卷五《同王履約過道復東堂。時雨後牡丹狼藉,存葉底一花,感而賦詩,邀道復、履約同作》:"推脱塵緣意緒佳,衝泥先到故人家。春來未負樽前笑,雨後猶餘葉底花。矮紙凝霜供小草,淺甌吹雪試新茶。憑君莫話蹉跎事,緑樹黄鸝有歲華。"

按:此詩置是年春,陳淳、王守詩無考。

約是秋,至南濠,訪王寵,又携同泛遊,王寵有詩二首。

王寵《雅宜山人集》卷四(正德稿)《陳道復舟訪,遂携同泛二首》其一:"我家濠水上,落日嘯清流。鼓柁慚相問,傾杯忝共遊。江空時影雁,風蕩半扶鷗。恣意乾坤闊,蒼蒼横醉眸。"其二:"碧海孕明月,天河倒列星。光從波面湧,清逼酒顔醒。遠岸依沙白,長林卷霧青。百年渾得幾,行醆莫教停。"(圖 20)

《(乾隆)蘇州府志》卷二十七《第宅園林一・吴縣》:"王都憲守、貢士寵宅并在南濠。"

按:上詩前爲《立春日,酬蔣子雲寄贈之作》,蔣子雲即蔣山卿,明年舉進士,授工部主事。王寵對出仕者往往以職位稱之,知酬其詩在這之前。而上詩亦當如是,故繫此。

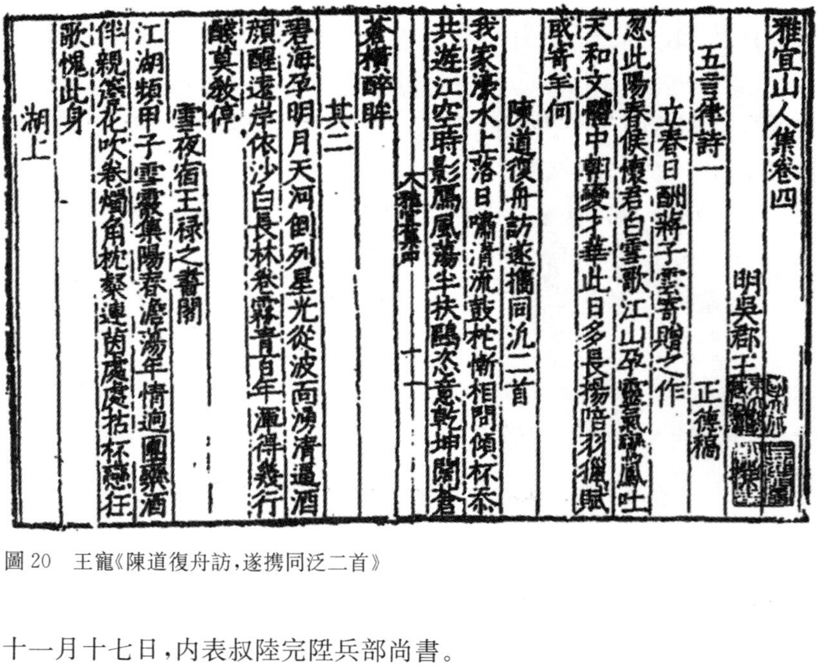
雅宜山人集卷四
明吳郡王寵
五言律詩一　正德稿
立春日酬蔣子雲寄贈之作
忽此陽春候懷君白雪歌江山孕靈氣鸞鳳吐
天和文體中朝變才華此日多長揚陪羽獵賦
或寄年何
陳道復舟訪遂攜同汎二首
我家濠水上落日嘯清流鼓柁慚相問傾杯忝
共遊江空時影鴈風蕩半扶鷗恣意乾坤闊蒼
蒼横醉眸
其二
碧海孕明月天河倒列星光從波面湧清逼酒
顏醒遠岸依沙白長林卷霧青百年渾得幾行
醆莫教停
雪夜宿王祿之書閣
江湖頻甲子雪霰集陽春滄蕩年情過圖藥酒
伴親笭花吹卷燭角枕梨連茵處處拈杯總任
歌愧此身
湖上
大雅堂集卷　十一

圖 20　王寵《陳道復舟訪,遂携同泛二首》

十一月十七日,内表叔陸完陞兵部尚書。

《明武宗實録》卷一百〇六:"正德八年十一月……辛巳(十七日),陞都察院左都御史陸完爲兵部尚書。”

張廷玉等撰《明史》卷七十二《志·職官一》:“兵部。尚書一人,正二品。……尚書掌天下武衛官軍選授、簡練之政令。”

冬,文徵明憶陳淳,有詩。

周道振輯校《文徵明集續輯》卷上《憶道復》:“經□□□□,□□□□龍。燈火勞新夢,書題發舊封。雨聲初破旱,寒信已驚冬。早晚携琴至,清言慰病慵。”(癸酉詩卷)

是年,七月二十五日,朱存理卒,年七十。

文徵明《甫田集》(三十六卷本)卷二十九《朱性甫先生墓志銘》:“性甫(存理)死,時爲正德癸酉七月廿又五日,享年七十。”

是年,八月,以水災免蘇、松等府存留税糧有差。

正德九年甲戌(1514) 三十一歲

四月,作《湖石花卉圖扇》,杜愿題詩,李應祥、祝允明、唐寅和題,陳淳奉次復題。後文徵明亦爲題詩。

杜愿(生卒不詳),字原心,後更名感,字咸心,號水庵,吴縣(今江蘇蘇州市)人。祝允明表弟。弘治間諸生。嘉靖初期貢入太學,授惠州判官。李應祥(1431—?),應禎雙胞弟,亦祝允明岳叔父。家南京(今江蘇南京市),時客蘇州。祝允明是年二月會試不第,遂歸里。秋赴選,得興寧令。明年往任。唐寅(1470—1524),初字伯虎,更字子畏,號六如,與愿同邑人。弘治十一年(1498)解元。次年會試,因徐經科場案連事下獄,黜爲吏,不就。能詩文,尤精畫,與沈周、文徵明、仇英并稱明代“四大家”。有《唐伯虎全集》。

台北故宫博物院《吴派畫九十年展》圖84《陳淳湖石花卉扇》款云:“甲戌首夏,陳淳道復。”諸人題詩:“滴血凝硃點點同,娟娟一握笑春風。爲看九轉功成後,與爾容顔相映紅。愿。”“萬卉千葩總不同,一般消受這春風。若論顔色無如此,便比猩猩血更紅。應祥和。”“花枝人面笑顔同,妙句曾聞向衛風。細襞裙爲天水碧,濃施朱作杜鵑紅。允明和。”“硝下花枝扇上同,花枝吹落扇中風。惜花抛扇臨階坐,扇上硝前一樣紅。唐寅和。”“曾聞花面比仙同,卉物何緣有道風。

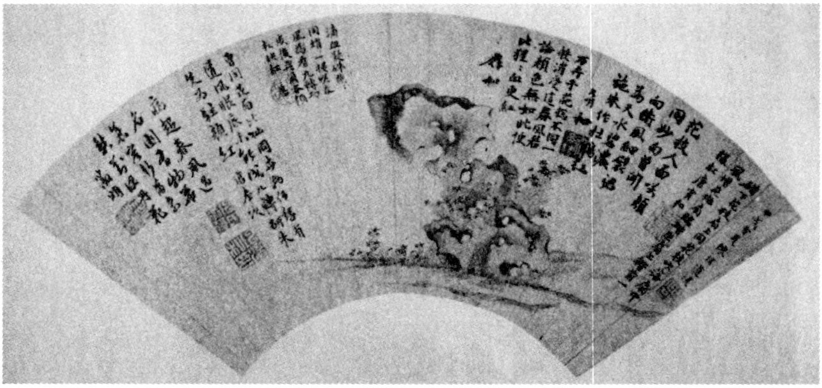

圖 21　陳淳《湖石花卉圖扇》

眼底未能成九轉，研朱先爲駐顔紅。淳奉次。""病起春風過，名園有物華。衰容漸蕭索，愁對淚丹花。徵明。"(圖 21)

按：文徵明詩後來題。

"愿"名款上鈐"水庵"朱文圓印，祝允明《懷星堂集》卷八有《贈杜三表弟愿》詩，唐寅《唐伯虎全集》卷三有《題畫竹次杜水庵韻》詩，文林《文温州集》卷十二附録有杜愿等人弘治十二年己未(1499)八月十六日合作《祭文》，時爲諸生。《(康熙)蘇州府志》卷三十二《選舉四·貢生·吴縣》云："嘉靖間貢：杜感，啓子。初名愿。惠州判官。"又陳淳嘉靖七年戊子(1528)春爲水塘叔書《行草自作詩諸首卷》有《寄杜咸心》詩，作於嘉靖六年丁亥(1527)秋，其中謂"漫懷璧水序，寧忘草堂遊"，"璧水"指太學。由是，"愿"即杜愿，字原心，後更名感，字咸心，號水庵，吴縣人。祝允明表弟。弘治間諸生。嘉靖初期貢入太學，授惠州判官。

"應祥"二字連寫，與李應禎名款寫法相同，是其雙胞弟，亦祝允明岳叔父。宣德六年辛亥(1431)八月二十一日生。家南京，時客蘇州，行實無考。參見第 44 頁譜文。

陳葆真《陳淳研究》第三章第三節《陳淳的花鳥畫——其風格來源及存世畫跡的討論》中介紹了此圖，將"愿""應祥"誤爲"邢愿""□舜"。蕭平《陳淳》第一章《背景、生平和交遊》、第二章第二節《作品分析》中談到此圖時，沿用了她的說法。之後，凡作論文涉此圖者，或從陳或從蕭，俱誤。

又，祝允明《懷星堂集》卷十三《上巡按陳公辭召修〈廣省通志〉狀》云："惠州府興寧縣知縣祝允明狀右。……七試禮部，竟不見録。……逮於甲戌，赴選天曹，乃得今命。"卷十二《與朱憲副書》曰："鄙戾契於時，此日漸投衰晚。以公昔相期屬者視今，方不驗矣。然而迂固之念不自謂了，方擬受一命於國銓，二三秋後，遂置名服，放蹤磵阿，爲不材饕年之木焉耳。成行計在秋日，以高明惇密友道，聊及之也。"

《〈正德興寧志〉序》謂:“乙亥,余來知縣事。”而其弘治五年壬子(1492)中舉,除首次未試外,至是年二月,正七試禮部不第,遂歸里。秋赴選,得興寧令。明年往任。

又,陳淳《陳白陽集》五言律《和唐子畏東城夜遊》云:“野寺鐘聲後,溪橋細雨時。水風吹緑鬢,山月印寒池。已擊闌人柝,初收酒市旗。一尊何處覓?燈下寫相知。”可見兩人乃相知之友。

祝允明《懷星堂集》卷十七《唐子畏墓志并銘》:“戊午,試應天府,録爲第一人。己未,往會試。時傍郡有富子,亦已舉於鄉,師慕子畏,載與俱北。既入試,二場後,有仇富子者抨於朝,言與主司有私,并連子畏。詔馳敕禮闈,令此主司不得閲卷,亟捕富子及子畏付詔獄。逮主司出,同訊於廷。富子既承,子畏不復辯,與同罰,黜掾於浙藩,歸而不往。……其學務窮研造化,玄蘊象數,尋究律曆,求揚馬玄虚、邵氏聲音之理而贊訂之。傍及風鳥、壬遁、太乙,出入天人之間,將爲一家學,未及成章而没。其於應世文字、詩歌,不甚措意……奇趣時發,或寄於畫,下筆輒追唐宋名匠。……子畏爲文,或麗或澹,或精或泛,無常態,不肯爲鍛煉功。其思常多,而不盡用。其詩初喜穠麗,既又放白氏,務達情性,而語終璀璨,佳者多與古合。……唐氏世吴人,居吴趨里。子畏母丘氏,以成化六年二月初四日生子畏,歲舍庚寅,名之曰寅,初字伯虎,更子畏。卒嘉靖癸未十二月二日,得年五十四。……子畏罹禍後,歸心佛氏,自號六如,取四句偈旨。治圃舍北桃花塢,日般飲其中,客來便共飲,去不問,醉便頹寢。”

唐岱《畫山水訣》:“明代文、沈、唐、仇尤爲傑出,世傳‘四大家’。”

六月左右,作《水仙圖扇》,陝西提學副使朱應登題詩。民國馮超然有跋。

朱應登(1477—1527),字升之,號凌溪,寶應縣(今屬江蘇)人。弘治十二年(1499)進士,授南京户部主事。歷至今官。時以劾調雲南兵備,便道過家後,途經蘇州。明年進本省左參政,未幾致仕。與李夢陽、何景明、康海等人齊名。有《凌溪集》。

澳門藝術博物館《故宫上博珍藏青藤白陽書畫特集》下卷《陳淳》圖 84《水仙圖扇頁》款云:“甲戌,大姚陳道復。”朱應登題詩:“誰賦黄初洛水神,後人摹擬爲傳真。東阿自是瞞人語,波上元無襪上塵。應登。”裱邊馮超然跋之二:“白陽此箑筆墨秀逸不群,深得元人意趣,惟書法猶有待詔矩矱,洵是中年合作。余甚愛之。晚歲老筆離披,轉有縱横習氣耳。”上海博物館藏。(圖 22)

文物出版社《中國古代書畫圖目》三亦載此,無馮超然跋。

按:《明武宗實録》卷一百十一載,朱應登是年四月一日由陝西提學副使調雲南,整飭瀾滄等處兵備,以被劾故也。鑒此,其當赴雲南任,便道過家後,途經蘇

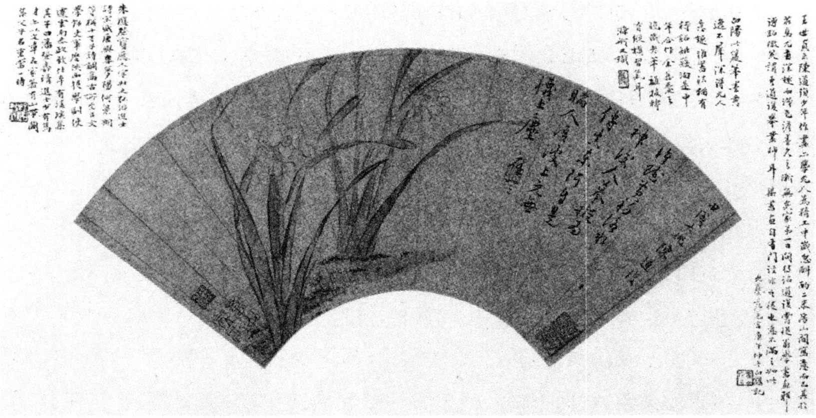

圖 22　陳淳《水仙圖扇》

州，爲陳淳題詩，時在六月左右。也就是説，陳淳作此最晚不出是時。

又卷一百二十八載，其明年八月五日陞雲南左參政。

據朱應登《凌溪集》卷十八附録顧璘《凌溪朱先生墓碑》：先生姓朱氏，名應登，字升之，揚州寶應人。年二十三舉進士，除南京户部主事。拜延平知府。無何，遂擢陝西按察司副使，督學政。以讒嫉，竟例調滇甆。尋陞布政左參政。又遭僚友見妬，布置矛穽，繹繹不輟。先生長嘯乞骸，遂得請罷。皇朝文尚淳厚，自成化、弘治間，質文始備，翰苑專門，不可一二。數其在臺省，初有無錫邵公寶、海陵儲公巏等開啓門户。自是關西李夢陽、河南何景明、姑蘇徐禎卿、維揚則先生，嶽立宇内，發憤覃精，力紹正宗。其文刊脱近習，卓然以秦漢爲法。其詩上準風雅，下採沈宋，磅礴蘊藉，鬱興一代之體，功亦偉乎！

又卷十八附録李夢陽《凌溪先生墓志銘》："嘉靖五年十二月乙丑，中奉大夫雲南左參政凌溪先生卒於家。……凌溪生成化十三年正月己未，得年五十。"

《(雍正)江南通志》卷一百六十六《人物志・文苑二・揚州府》："朱應登，字升之，寶應人。弘治己未進士。時李夢陽、何景明、康海、徐禎卿、顧璘、邊貢、王廷相等迭倡古文辭。應登後出，才華飆發，千言立就，遂與齊名。"

七月十八日，内表叔陸完加太子太保。

《明武宗實録》卷一百十四："正德九年七月……己卯（十八日）……論江西盜平功……兵部尚書陸完加太子太保（從一品）。"

冬，四叔陳鋘得子，王鏊有詩二首。

王鏊《震澤集》卷六《陳以鈞得子二首》："半舫齋前種玉時，森森纔見出墻枝。

如今又見孫枝透,鳳尾翛翛轉更奇。""年逾耳順髮鬖髿,其奈諸孫未見何? 獨愛君家有英物,嶢嶢頂玉幾摩挲。"

按:其詩置是年冬。

是年,姨夫禮部主事吳奭卒於任。

按:楊循吉《松籌堂集》卷三《明資善大夫禮部尚書兼翰林學士掌詹事府事贈太子太保謚文定吳公祠堂記》云:"爰立將拜,會夢[薨],年七十……公子奭授中舍書人,遷主祠曹事,後十年卒,而公專祠未建。"以吳寬弘治十七年甲子(1504)卒,後推十年,吳奭是年卒於任。

是年,正月十六日,周天球生。

馮時可《馮元成選集》卷五十八《處士周公瑕先生墓志銘》:"先生諱天球,公瑕其字也。……父彰……教授太倉沙頭里中……徙郡城婁齊間。……先生生正德甲戌正月十六日……享年八十二。"

是年,正月,乾清宫災。二月,帝始微行。四月,復寧王朱宸濠護衛。八月,京師地震。九月,帝狎虎被傷,不視朝。十二月,重建乾清宫,加天下賦百萬。

正德十年乙亥(1515) 三十二歲

閏四月十三日,内表叔陸完改吏部尚書。

《明武宗實録》卷一百二十四:"正德十年閏四月……庚午(十三日),改太子太保、兵部尚書陸完爲吏部尚書。"

張廷玉等撰《明史》卷七十二《志·職官一》:"吏部。尚書一人,正二品。……尚書掌天下官吏選授、封勳、考課之政令,以甄別人才,贊天子治。"

十二月二十二日,文徵明遲陳淳不至,有詩。

文徵明《甫田集》(三十六卷本)卷六《立春日,遲道復不至》:"東風吹綵燕,曉色動簾旌。遲子不時至,南樓春自生。裁詩供帖子,閣酒聽啼鶯。白日流雲暖,梅花初雪晴。閑窗落香燼,殘火宿茶鐺。敗葉鳴階圮,分明識履聲。"

按:此詩置是年末,立春爲十二月二十二日。《文徵明集》卷三置明年春，誤。

正德十一年丙子(1516)　三十三歲

九月上旬，父陳鑰病革。文徵明七試應天失解還家，往視之。兩人執手相慰，同時又歎無兒女之戚。隨舁往大姚別業，未幾卒，享年五十三。明年二月二十五日，葬吴縣伏龍山之新阡。文徵明爲撰《墓志銘》《祭文》。

文徵明《甫田集》(三十六卷本)卷二十九《陳以可墓志銘》:"俄解官，築室姚城江之上……晚得末疾，乃稍稍就醫城中。疾亟，輒舁以往，曰:'吾生於斯，固宜終於斯也。'竟以正德十一年九月癸酉卒於姚城，年五十有三。……以可卒之明年二月辛未(二十五日)葬吴縣塘灣伏龍山之新阡。其友文某爲銘。"

又(三十六卷本)卷二十四《祭陳以可文》:"某不佞，齪齪自全，視君高朗，奚啻天淵。然幸不忘通家之好，又重以文字之契，所謂水火其性而膠漆其誼也。二十年來，氣浹情怡，有無通假，過失相規。嗚呼以可，今則已矣！孰知我貧？孰相我事？契闊死生，方從此始。嗚呼哀哉！方君病革之時，正我失解之日，君猶慰我，執手太息，蓋能了死生之際，而略無兒女子之戚也。曾一語之不酬，乃千載之永隔。嗚呼哀哉！嗚呼痛哉！"

按:此集(三十六卷本)卷六《失解東歸口占》曰:"七試無成祇自憐，東歸還逐下江船。向來罪業無人識，虚占時名二十年。"這是文徵明今年鄉試失解還家途中作，而八月底放榜，當九月上旬到家。故陳鑰病革，其往視之，必在此時。

據鄭鶴聲《近世中西史日對照表》，今年八月二十四爲癸酉日，九月無癸酉日。所以，由文徵明探視時間，其云陳鑰卒於"九月"是，"癸酉"非。

時哀毁過禮，葬祭如法。後爲母壽，畫《壽萱圖》，兼作松枝，以不忘父意。

陳淳《陳白陽集》附録張寰《白陽先生墓志銘》:"洎正術公卒，哀毁過禮，葬祭如法。"

又卷七《壽萱圖〔作松枝，以見不忘父意〕》:"萱花開處北堂深，報答難將寸草心。記得長松停蓋日，至今猶自有餘陰。"

是年，七月二十日，李東陽卒，享年七十。訃聞，上輟視朝一日，祭葬如例，贈太師，謚文正，給之誥命。

《明武宗實録》卷一百三十九:“正德十一年七月……己亥(二十日)……致仕特進光禄大夫、左柱國、少師兼太子太師、吏部尚書、華蓋殿大學士李東陽卒。……訃聞,上輟視朝一日,祭葬如例,仍賜米布五十石疋,新鈔一萬貫,贈太師,謚文正,給之誥命。”

邵寶《容春堂後集》卷八《祭先師文正公文》:“正德丙子七月己亥(二十日)……致仕西涯先生李公薨於京第……壽七十。”

正德十二年丁丑(1517) 三十四歲

春,南京宗伯昭因與文徵明纂修《金陵志》來吴,約居兩月。陳淳與之遊竹堂,話竹下,有詩。臨別,又作詩相送。

宗伯昭(生卒不詳),宣城縣(今安徽宣城市)人。性輕財,樂助人,善讀書。與文徵明、陳淳、王守兄弟交厚。

陳淳《陳白陽集》五言律《與宗伯昭遊竹堂》:“最憐精舍好,白日自閑庭。客過分齋供,龍歸借鉢停。砌陰苔泛緑,春老樹團青。何物酬玄討?濡毫紀素屏。”

又五言律《宗子伯昭話竹下》:“交遊殊落落,吾道亦堪驚。修短應歸數,浮沉好任情。合并傾此日,一醉盡平生。回首多岐路,須尋後賞盟。”

又五言律《送宗伯昭北遊》:“公子去如何?明時已設羅。柳邊縈别思,花下溢離歌。祖帳逡巡卷,青山頃刻多。昌期應可際,壯志肯蹉跎。”

王鏊《姑蘇志》卷二十九《寺觀上》:“正覺禪寺在城東南隅。其先爲宋楊和王别墅。元爲陸志寧寓館,尋捨爲大林庵。洪武中廢。永樂中滇南僧弘此宗再建,奏賜今額。吴寬《記》:‘志寧故富家園亭最勝,尤好植竹。至今美竹蔓延,猶稱竹堂寺云。’”

何良俊《四友齋叢説》卷十五《史十一》:“張石磐鰲山爲南直隸提學,其所取文字,專尚清新。一時陳腐者皆被黜,江南文體爲之一變。在南京,取文衡山與宗伯昭輩修書。”

劉鳳《續吴先賢贊》卷十五《寄寓·宗伯昭》:“宗伯昭者,宣城人。父爲方伯閩,嘗携之見於鄉先生林見素,時年十七,許以王佐才。性輕財,好推分恤人之匱,緩急向之,無不竭焉者。遂以俠聞,然非其意。能讀書,即所解出域外,又不封己自多,究尋義若不及。有所避來吴,見徵明諸君,遂傾焉,日與遊。履吉兄弟皆爲石交,時有和歌,才亦相埒。”

按:文徵明《甫田集》(文嘉鈔本)卷七《送宗伯昭還建平》有序,曰:“伯昭以纂修《金陵志》留吴兩閲月而歸，作詩送之。”“建平”即南京，此詩作於是年三月，知陳淳與宗伯昭交遊在是年春。

宗伯昭名待考。

是年，從叔陳鈜以國子生授福寧州同知。

《(萬曆)福寧州志》卷八《官政志一・歷官・同知》:“陳鋮[鈜]，長洲人。監生。正德十二年任。”

張廷玉等撰《明史》卷七十五《志・職官四》:“州。……同知，從六品。……同知、判官，俱視其州事之繁簡，以供厥職。”

約是年，爲紀念父陳鑰葬吴縣小白陽山而號白陽山人。

陳淳《陳白陽集》附録張寰《白陽先生墓志銘》:“先墓在白陽山，故以爲號，而當世亦稱之。”

按：陳淳於書畫上自署“白陽山人”，亦用“白陽山人”白文和朱文印。據文徵明《甫田集》(三十六卷本)卷二十九《陳以可墓志銘》，其父鑰是年二月二十五日葬吴縣塘灣伏龍山之新阡。王鏊《姑蘇志》卷八《山上》云：“小白陽山，一名伏龍山。”而其晚年亦用“小白陽山”朱文長印。故張寰所言“先墓”即其父鑰墓，“白陽山”即小白陽山。也就是説，其因紀念父鑰葬小白陽山而號白陽山人。時間當在其父鑰葬後不久，以繫此。

又，故宫出版社《徐渭、陳淳書畫學術研討會論文集》林莉娜《陳淳的寫意水墨花卉》曰：“陳淳長年隱居活動之陽山地區，又名秦餘杭山(今蘇州南陽山)，在縣西北三十五里”，“附近另有白豸山，前臨長蕩，後邇漕湖。白豸位於蘇州西北，俗訛爲白石，陳淳號‘白陽山人’或由此兩山名稱而來”。

首先，陳淳號白陽山人，與其隱居地没有關係。其次，陳淳中晚年主要隱居長洲縣大姚村的五湖田舍，最後幾年也居吴縣穹窿山南、靈巖山左的白陽山居。因而林女士所論皆不確。

是年，閏十二月十五日，李傑卒，享年七十五。訃聞，祭葬如例，贈太子太保，謚文安。

毛紀《鼇峰類稿》卷十一《明故資善大夫禮部尚書贈太子太保謚文安李公神道碑銘》:“禮部尚書李公(傑)致仕十有二年，卒於家。訃聞，贈太子太保，謚文安，諭祭三壇，命有司營葬如制。……丁丑冬初，忽脾泄……閏十二月十五日，冬盡矣。其日丑時，起坐，具衣冠……言訖而歿，享年七十有五。”

是年,九月,帝自稱總督軍務威武大將軍總兵官。

正德十三年戊寅(1518) 三十五歲

三月十七日,三叔陳鍵卒,享年五十一。明年葬。文徵明爲作《墓志銘》并書,章文刻。後南京翰林孔目蔡羽爲作《傳》,吏部右侍郎徐階爲作《墓表》。

章文(1491—1573),字簡甫,後以字行,號篔谷,長洲縣(今江蘇蘇州市)人。善書法,兼工鐫刻。時名書家所書皆屬其刻。

蔡羽《南館集》卷七《懷山子傳》:"懷山子姓陳氏,名鍵,字以嚴……年五十一卒於家。"

徐階《世經堂集》卷十九《贈壽寧知縣懷山陳君墓表》:"君卒以正德戊寅三月十七日。其葬也,翰林衡山文先生實爲銘。君之名行既足以托不泯矣。後二十年,而予從其子職方聞君之遺事,以爲君之修於昭昭者可能也,其質諸屋漏而無愧不可能也。遂爲表君之墓,使後之人毋以閑居而自肆焉。"

汪琬《堯峰文鈔》卷三十六《記志銘石刻事》:"文待詔先生爲陳以弘[嚴]撰《志銘》一首,八分書,亦先生筆。以弘[嚴]者,名鍵,都御史璚季子,太醫院判周原已婿,即今姚城陳氏之先也。……蓋由《志》所云正德己卯,到今康熙壬戌,相去凡一百六十四年。……石一共四十四行,七百五十七字,無篆蓋。刻者爲章簡甫。"

按:陳鍵葬明年,地點不詳。

蔡羽《懷山子傳》作於嘉靖十四年乙未(1535),其時爲南京翰林孔目。

陳仁錫《無夢園初集》駐集四《家乘·莪齋公小記》曰:"爲刑部郎屬,力疏歸……時石塘聞司寇、少湖徐少宰重公才,閣其疏,移官南職方。"《明世宗實録》卷二百九十五、卷三百〇六載,徐階嘉靖二十四年乙巳(1545)閏正月十三日至十二月二十八日任吏部右侍郎。時聞淵(號石塘)任刑部尚書。故陳津應此年移官南職方,與《懷山陳君墓表》所云"予從其子職方聞君之遺事"完全吻合。换言之,是文此年作,而"後二十年"當爲"後二十六年"。

徐階(1503—1583),字子升,號少湖、存齋,華亭縣(今上海市)人。嘉靖二年(1523)探花,授翰林編修。歷司經洗馬、國子祭酒、禮吏部侍郎等,累任少師兼太子太師、吏部尚書、建極殿大學士,爲首輔。卒,贈太師,謚文貞。有《世經堂集》等著。(《明史》卷二百十三《列傳》等)

王世貞《弇州續稿》卷九十一《章篔谷墓志銘》:"章叟諱文,字簡甫,後以字行。其先自閩徙而爲吾吴之長洲人。趙宋時,已負善書名,兼工鐫刻。……至叟則益著。叟生而美鬚眉,善談笑,動止標舉,有儒者風。……吾郡文待詔徵仲名書家也,而所書石非叟刻石不快。……而是時祝京兆希哲、王太學履吉、陳太學復甫、彭徵士孔嘉,有所書亦必屬之叟。叟他所摹刻《華氏真賞齋帖》《陸氏懷素自叙》《孫氏太清樓右軍十七帖》,其能奪古人精魄。如生動即拓者,贋古得善價,而其人莫辨也。……叟性好客,雖一室,亦必潔。治庋,置圖籍彝鼎之屬。客至,相與摩娑,盤礴歎賞,小時則呼茗,茗已呼酒,酒至命炙,諸賢士大夫如待詔輩磬折而入委巷不避也。……其明年,仲子藻爲人傭書,强自力以倡其伯季,葬叟於武丘鄉采字圩祖塋,蓋萬曆甲戌之三月也。翁以弘治辛亥生,得壽八十又二[三]。"

五月,邢參懷"東莊十友"中吴爟、文徵明、吴奕、蔡羽、錢同愛、陳淳、湯珍、王守、王寵,有詩。懷淳詩充滿贊美和懷念之情。

邢參《邢麗文先生遺稿》前集《懷友詩·陳淳道復》:"美人何處住?隱隱隔江雲。慣引紫絲障,能書白練裙。匡時思獻策,避俗願論文。相望不相見,經年惜離群。""丁丑元夕前二日,會諸友於子重之碧鳳山房,談謔極歡。甫別去,而余有摇城之行,客寓兩年,諸友胥疏於江湖之上。然而一時文酒之樂,不能忘也。因各懷以小詩,自次明而下,共得九篇。不泛及他友者,以專爲是夕而作。九逵、道復不與,而詩亦不遺,固當時所期之客也。戊寅夏五,大梁邢參麗文甫識。"

按:《懷友詩》凡九首,爲《吴爟次明》《文壁徵仲》《吴奕嗣業》《蔡羽九逵》《錢同愛孔周》《陳淳道復》《湯珍子重》《王守履約》《王寵履仁》,皆"東莊十友"中人。

秋,與長洲令高第遊資福庵,皆有詩。

高第(約1486—1554),字公次,號瓦屋山人,綿州(今四川綿陽市)人。正德九年(1514)進士,授令官。陞刑部主事,累任雲南按察副使。爲令時,以文學飾吏治,郡士多被禮接。編有《蓉溪書屋續集》。

陳淳《陳白陽集》五言律《資福庵次高長洲韻》:"竹院收寒雨,石門林更深。偶來尋勝地,兼得净凡襟。燭焰熒宵友,秋聲帶月砧。空庭凉思足,絡緯雜清吟。"

王鏊《姑蘇志》卷二十九《寺觀上》:"資福庵在長洲縣二十都。宋咸淳間,僧普懷建。"

按:據《(乾隆)蘇州府志》卷三十三《職官二·歷代縣令》,在陳淳生卒即成化二十年甲辰(1484)至嘉靖二十三年甲辰(1544)間,長洲令姓高者僅高第一人,所謂"高長洲"必爲其人。正德十一年丙子(1516)至十六年辛巳(1521)任。而陳淳明年三月十四日蔭爲國子生,隨即北上。故此事最晚在是年秋,因繫之。

高第詩無考。

《(乾隆)蘇州府志》卷四十五《名宦四・歷代縣令》:"高第,字公次,綿州人。進士。正德十一年知長洲縣。以文學飾吏治,郡士多被禮接。陞刑部主事,歷吏部郎、雲南副使。"

《(嘉慶)直隸綿州志》卷三十八《人物志・鄉賢》:"高第,綿州人。正德甲戌進士,由吏部郎官至雲南按察[副]使。爲政精明仁恕,年未老即告退家居,以詩歌自娱。自號瓦屋山人。作爲文章,深窮理奥。……所著[編]有《蓉溪續集》五卷。"

據東方伯樂網載薛和全《綿州三高》:高第(約 1486—1554)。

按:《明世宗實録》卷一百十二載,其嘉靖九年庚寅(1530)四月十日由臨安知府陞雲南按察副使。永瑢等撰《欽定四庫全書總目》卷一百九十二載,《蓉溪續集》即《蓉溪書屋續集》,凡七十一人唱和詩,乃其所編。

十二月,免喪。意尚玄虚,厭塵俗,不屑親家人事。日惟焚香隱几,讀書玩古,與高人勝士遊與筆硯、從容文酒而已。

陳淳《陳白陽集》附録張寰《白陽先生墓志銘》:"既免喪,意尚玄虚,厭塵俗,不屑親家人事。租税逋負,多所蠲免,而闕石薄鑰,略不訾省。日惟焚香隱几,讀書玩古,[與]高人勝士遊與筆硯、從容文酒而已。於世家鉅室之所以補苴罅漏維植門户者漠如也。"

按:其父鑰前年九月卒,以守制二十七個月,是年十二月免喪。

是年,陸洲過訪索書,書畢遂去,作詩嘲之。

陸洲(生卒不詳),字宗瀛,號頤齋,崑山縣(今江蘇崑山市)人。善詩文,與從侄梓有《二陸先生遺稿》。

陳淳《陳白陽集》七言律《陸宗瀛過田舍索書,書畢遂去,作此嘲之》:"結髮交遊二十年,相看鬚鬢已蒼然。那堪貧病故纏繫,且喜泉石能留連。對酒當歌忽忍去,有月不待真無緣。生憎舟子太惡俗,半幅蒲帆何足懸?"

《(康熙)崑山縣志》卷十七《人物・文學》:"陸洲,字宗瀛,號頤齋。少負異才,詩文重於海内。勳貴徐魏公欲延之,贄幣數加,終不就,曰:'曳裾侯門,吾豈其儔哉?'世傳《二陸先生遺稿》,洲與從侄梓也。"

按:其詩有"結髮交遊二十年"句,"結髮"指十五成童之年,以此爲是年事。

約是年，有詩寄王寵。王寵時讀書楞伽寺。

陳淳《陳白陽集》五言律《寄王二履吉楞伽寺》："平生最迂曠，取樂在山林。踪跡牽塵隱，登臨負宿心。樹深古刹迥，水漫野橋侵。寄語雲居客，何當一散襟。"

按：陳淳稱"履吉"，文物出版社《中國古代書畫圖目》二《明文徵明惠山茶會圖卷》前有蔡羽是年三月一日作《惠山茶會序》，謂："嘗與衡山文徵明、中山湯子重、太原王履約、王履吉諜行"，後有其詩數首，第一首爲《留宿履約、履吉》，這是所見王寵師友手跡中最早稱"履吉"者。而陳淳明年三月十四日蔭爲國子生，隨即北上。所以，此詩應作於王寵更字履吉後和陳淳明年北遊國學前即是年左右。

楞伽寺即治平寺，在吴縣西南十二里，臨石湖之北。文徵明《甫田集》（三十六卷本）卷三十一《王履吉墓志銘》云："少學於蔡羽先生，居洞庭三年。既而讀書石湖之上二十年。"可知，其時讀書楞伽寺。

是年，四月十八日，王有壬生。

趙用賢《松石齋集》卷十五《中順大夫太常寺少卿文峰王公行狀》："公諱有壬，字克大，别號文峰。……贈太傅謚文恪公諱鏊之孫，大理寺右寺副諱延喆之子。……公生正德戊寅四月十八日，享年六十有六。"

冬，吴奕卒，享年四十八。

蔡羽《林屋集》卷十八《落魄公子傳》："奕，字嗣業。……正德丁卯[丑]，母夫人喪之。明年，其弟祠部君暴喪。連哭至親，遂病不起，是冬卒。"

王寵《雅宜山人集》卷十《吊吴嗣業文》："死時，年四十八。"

是年，七月，帝自加封鎮國公。十月，以水災免蘇、松、常、鎮四府税糧有差。

正德十四年己卯（1519）　三十六歲

正月四日，文徵明過陳淳從弟津宅，爲其兄弟留飲，賦詩贈之。

文徵明《甫田集》（文嘉鈔本）卷八《四日，過閶門陳氏，爲道通兄弟留飲，賦贈》："荷君兄弟重留連，盡出圖書佐酒筵。舊雨何如今雨樂？元方不減季方賢。閑愁無益常關念，近事相看動隔年。最是難忘分手處，西虹橋下古濠邊。"

按:此詩置是年正月。

二月左右,携妓於家宴請文徵明,徵明正色欲罷席,其曰:"文先生以某門下士,故禮法苦我邪! 自此絶不作細楷字,亦絶不作小山水圖。"於是筆下浩然,自詫以爲神。旬日後,徵明見之大驚。

陳仁錫《無夢園初集》駐集四《家乘·白陽公小記》:"公師事文衡山先生,衡山性惡妓。公嘗有'有癖惟携妓'之句。一日,延衡山於家,歌舞畢集,衡山正色欲罷席。公曰:'文先生以某門下士,故禮法苦我邪! 自此絶不作細楷字,亦絶不作小山水圖。'筆下浩然,自詫以爲神。旬日後,衡山見之大驚。"

按:《陳白陽集》附録張寰《白陽先生墓志銘》云,陳淳於父親去世前,對尊長温雅謙抑,退然若不敢當。父親去世後,哀毁過禮,葬祭如法。既免喪,意尚玄虚,厭塵俗,不屑親家人事。日惟焚香隱几,讀書玩古,與高人勝士遊於筆硯、從容文酒而已。又文徵明曾經常作詩致陳淳,并且其他弟子或考中舉人、進士,或進入國學,或出外做官,都作詩相贈;而陳淳北遊國學,卻没有作詩相贈。因此,陳淳以携妓與文徵明發生衝突當在免父喪後、蔭爲國子生前,即是年元月至三月十四日間。

三月十四日,由已故祖父陳璚捕海賊功蔭爲國子生。約五月北上,七月入學。所習除《四子》本經等外,每日習書二百餘字,以二王、智永、歐、虞、顔、柳諸帖爲法。因此在提高綜合素質的同時,也增加了書法内涵。

《明武宗實録》卷一百七十二:"正德十四年三月……丁未(十四日)……蔭故南京左副都御史陳璚孫貴[淳]爲國子生。璚未滿考例,不得蔭。援捕海賊功,特蔭之。"

陳淳《陳白陽集》附録張寰《白陽先生墓志銘》:"援例北遊太學。"

張廷玉等撰《明史》卷六十九《志·選舉一》:"入國學者,通謂之監生……品官子弟曰蔭監……同一蔭監也,有官生,有恩生。……蔭子入監,明初因前代任子之制……後乃漸爲限制,在京三品以上方得請蔭,謂之官生。出自特恩者,不限官品,謂之恩生。或即與職事,或送監讀書。……既得蔭敘,由提學官考送部試,如貢生例,送入監中。""國子學之設,自明初乙巳始。……既而改學爲監……分六堂以館諸生,曰率性、修道、誠心、正義、崇志、廣業。……所習自《四子》本經外,兼及劉向《説苑》及律令、書、數、《御製大誥》。每月試《經》《書》義各一道,詔、誥、表、策論、判、内科二道。每日習書二百餘字,以二王、智永、歐、虞、顔、柳諸帖爲法。……六堂諸生有積分之法……凡通《四書》未通《經》者,居正義、崇志、廣業。一年半以上，文理條暢者，陞修道、誠心。又一年半，經史兼通、文理俱優者，乃陞率性。陞至率性，乃積分。其法，孟月試本經義一道；仲月試論一道，詔、誥、表、内科一道；季月試經史策一道，判語二條。每試，文理俱優者與一分，理優文劣者與半分，紕繆者無分。歲内積八分者爲及格，與出身。不及者仍坐堂肄業。如有才學超異者，奏請上裁。"

按：陳淳接到由北京至蘇州的詔書，再應提學官試，需兩月左右；而由蘇州至北京，再應部試，也需兩月左右，故約五月北上，七月入學。

在筆者發現陳淳因已故祖父璚捕海賊功援例蔭爲國子生的記載之前，人們一直誤以爲他是援貢生例而爲國子生。考其源頭，則是清永瑢等撰《欽定四庫全書總目》卷一百七十八《白陽集》提要，云："以諸生援例入北監，卒業歸，不復就選。"齊魯書社《四庫全書存目叢書》集部146册收入了是集，曰《陳白陽集》，同時轉載了是文。陳葆真亦在《陳淳研究》第二章第二節《陳淳與文徵明的關係》中，引用是説，曰："因爲陳淳在喪父後不久，即以諸生的資格'援例'北遊太學。"而單國霖在《陳淳精品畫集》序《墨中飛將軍，花卉豪一世——陳淳花鳥藝術性格論》中，同樣沿襲了這個觀點，稱："(他)大約在守喪三年之後三十六歲時，得到一次援例'貢監'進入太學的機會，於是北上京城，入國子監修業。"當然，用是説者，遠不止此。所以，正本清源，極爲必要。

秋，與侍讀徐縉等人登海印寺鏡光閣。徐縉有詩，贊其"仙郎摩詰手，都入畫圖中"。陳淳次韻。

徐縉(1479—1545)，字子容，號崦西，吴縣(今江蘇蘇州市)人。王鏊長婿，亦陳淳親戚。弘治十八年(1505)進士，由庶吉士授編修。進今職。累任吏部左右侍郎，攝尚書事。嘉靖十年(1531)以訐奪職。後復官致仕。卒，贈禮部尚書，謚文敏。有《徐文敏公集》等著。

徐縉《徐文敏公集》卷一《與陳道復諸友登鏡光閣》："高閣横秋色，清幽四望通。湖山迴返照，鈴語動微風。塵鞅頻年憇，芳尊竟日同。仙郎摩詰手，都入畫圖中。"

陳淳《陳白陽集》五言律《登海印寺鏡光閣，次徐侍讀子容韻》："憑閣倚雲崇，囂塵浄不通。湖奔千尺浪，簷促萬鈴風。禁苑林端是，鄉山望裏同。飄飖臨下界，初不道寰中。"

《(雍正)畿輔通志》卷五十三《古跡·順天府》："鏡光閣。在宛平縣北有海印寺，明宣德間改慈恩寺，寺有鏡光閣。今廢。"

按：徐縉詩置是年秋，因繫此。

《(乾隆)吴縣志》卷五十四《人物·名臣四》:"徐縉,字子容,西洞庭崦下人。……乙丑,登進士。選庶吉士,讀書中秘,博綜今古。授編修。……乙亥[丙子],進侍讀。嘉靖乙酉,典應天鄉試。……尋擢少詹事兼學士。遷禮部右侍郎。……再改吏部右侍郎,轉左,攝尚書事。自爲侍讀以至少宰,皆兼日講……上眷念日深,而忌者排陷,以曖昧事文致其罪,乞會公卿廷鞫。上不許,僅奪職還鄉。上亦數從左右問縉,詔復官階致仕。……卒,年六十有七。殁後三年,次子玄成等伏闕上書,詔贈禮部尚書,謚文敏。所著有《經筵講義》六卷、《文敏集》五卷。"

皇甫汸《皇甫司勳集》卷四十七《徐文敏公祠碑》:"公諱縉,字子容。吴洞庭西山人也,故號崦西。"

周道振輯校《文徵明集補輯》卷十九《記震澤鍾靈壽崦西徐公》:"公生成化己亥之歲……九月十又一日,是公始生之辰。"

按:《明武宗實録》卷一百三十九、《明世宗實録》卷一百二十七載,徐縉正德十一年丙子(1516)七月十五日進侍讀,嘉靖十年辛卯(1531)閏六月八日以言官劾其徇私納賄,黜爲民。

又其是王鏊長婿即陳淳二姑父延素姐夫,兩人爲親戚。

秋,爲侍讀徐縉作《薜荔園圖卷》。徐縉作詩答謝,云:"昔傳詩裏畫,今見畫中詩。"後邵寶、李夢陽、何景明、顧璘、文徵明、朱應登、薛蕙、景暘、袁袠陸續題詠。

汪砢玉《珊瑚網》卷四十《陳白陽薜荔園圖卷》。後陸深《記》,邵寶、李夢陽、何景明、顧璘、文徵明、朱應登、薛惠、景暘、袁袠題詠,略。

徐縉《徐文敏公集》卷一《謝陳道復作荔園圖》:"昔傳詩裏畫,今見畫中詩。薜荔摇秋色,芙渠出水姿。羹墻如有在,堂構愧無爲。客裏時披玩,真能慰所思!"

按:徐縉詩置是年秋,知陳淳爲作圖在此時。

陸深《薜荔園記》作於前年十月之吉,云:"若徐氏之於洞庭,洞庭之有薜荔園。是園之廣凡數畝,地産薜荔,因以名園云。園之景凡十有三:曰思樂堂,曰石假山,曰荷池,曰水鑑樓,曰風竹軒,曰蕉石亭,曰觀畊臺,曰薔薇洞,曰栢屏,曰留月峰,曰通泠橋,曰花源。四時朝暮之變態,無窮而高下離立,足以當欣賞而遊,高明可謂勝矣!"其中漏一景"釣磯"。

諸公題詠大多十三首,邵寶因漏一景"栢屏",而少一首;袁袠除詠十三景外,另詠"薜荔園",而多一首。經考諸公行實,時薛蕙在京,其他人皆在外,應陸續爲之。

邵寶正德七年壬申(1512)九月九日以户部左侍郎兼左僉都御史乞終養歸。

是年五月六日復乞終養，宜南調，八月七日起任南京禮部尚書。（《明武宗實録》）

李夢陽（1473—1529），字獻吉，號空同子。慶陽（今甘肅慶陽市）人，徙大梁（今河南開封市）。弘治六年（1493）進士。授户部主事，遷至郎中。正德初，因得罪劉瑾，降山西布政經歷致仕。瑾誅，起江西提學副使。未幾，以冠帶閑住去。嘉靖初，坐前爲朱宸濠作《陽春書院記》，削籍。卒，私謚文毅。有《空同集》諸著。（《明文海》卷四百三十三崔銑《空同李君墓志銘》等）

何景明（1483—1521），字仲默，號大復，信陽州（今河南信陽市）人。弘治十五年（1502）進士，授中書舍人。劉瑾時，其上書諸尊貴，言辭激烈。正德二年（1507），謝病歸。瑾盡舉免諸在告者，尋坐免。六年（1511），用薦復原職，直内閣經筵官。十二年（1517），陞吏部員外郎，仍直内閣。十三年（1518），陞陜西提學副使。又三年，以疾致仕卒。有《大復集》等著。（《孟有涯集》卷十七《何君墓志銘》）

顧璘（1476—1545），字華玉，號東橋居士，上元縣（今江蘇南京市）人。弘治九年（1496）進士，授廣平知縣。陞至南京吏部郎中。正德間，歷開封知府、浙江左參政。嘉靖中，進諸省按察使、左右布政使、都察院右副都御史、刑吏工三部侍郎。累任南京刑部尚書，被劾閑住。卒，復原職。有《息園集》諸著。（《甫田集》（三十六卷本）卷三十二《顧公墓志銘》等）

薛蕙（1489—1541），字君采，號西原，晚號大寧居士，亳州（今安徽亳州市）人。正德九年（1514）進士，授刑部主事。尋以疾在告。十一年（1516），起本科。十四年（1519），值武廟南幸，抗疏力諫。頃之，調吏部。嘉靖元年（1522），陞員外郎。逾二年，進郎中。未幾，遭言官誣奏，回籍聽勘。既而事白，吏部復移文促起之。時權貴人勢盛，遂絶意仕進，不復就。有《西原集》諸著。（《考功集》附録王廷《西原薛先生行狀》）

景暘（1476—1524），字伯時，號前溪，上元縣（今江蘇南京市）人。正德三年（1508）進士第二，除翰林編修。十一年（1516），遷國子司業。十三年（1518），改左中允管南京國子司業事。十六年（1521），丁母憂。終喪北上，道舟止儀真。家人病疫，染疾卒。著有《前溪稿》。（《焦太史編輯國朝獻徵録》卷七十四顧璘《景伯時暘行略》）

袁袠行實見第158、159頁譜文。

是年，二月，京師地震。帝自加太師，敕諭南巡。三月，閣臣及科道官皆切諫，不聽。六月，寧王朱宸濠反。七月，擒之。八月，帝發京師。以水災免蘇、松、常、鎮等府夏税有差。十二月，帝至南京。

正德十五年庚辰(1520) 三十七歲

五月二十六日前,有信致邢參。

按:邢參是年五月二十六日作《續懷友詩·道復》云:"近得長安信,南來有雁群",知陳淳此前有信致之。

五月二十六日,邢参續懷"東莊十友"中吴爟、文徵明、吴奕、蔡羽、錢同愛、陳淳、湯珍、王守、王寵,有詩。懷淳詩中云:"箕裘能繼武,繪畫總成文。"

吴爟是年將以貢入國學。王守去年中應天鄉試。是年二月會試下第,時已歸里。明年將赴南國學。

邢参《邢麗文先生遺稿》前集《續懷友詩·次明》:"交遊惟夙昔,老我共襟期。杯勺且隨量,文辭莫構思。作官猶自可,哭子豈相宜〔是年次明喪冢子〕。何日京行去,春波蘸柳絲。"

又《嗣業》:"哲人胡自逝,門巷復誰來?籍口多因□,傷心卻在梅〔嗣業疾篤,猶索臘梅〕。有時形夢寐,無地得追陪。華表千年後,還應化鶴回。"

又《道復》:"吴淞煙水闊,高步入青雲。欲捧毛生檄,那牽越女裙。箕裘能繼武,繪畫總成文。近得長安信,南來有雁群。"

又《徵仲》《九逵》《孔周》《子重》《履約》《履仁》,略。

"余既賦《懷友詩》,已兩易寒暑矣。諸友出處變故,迥有異於前者,因復各懷一詩,以見余欣戚感歎之情、惓惓不忘於衷云。庚辰長至(五月二十六)日,麗文甫再識。"

按:蔡羽《林屋集》卷十二《春夜話别序》曰:"太歲己卯,履約獲發科。未年,次明、徵仲逮余前後貢。若子重、履吉則不小售者也。嘉靖癸未二月,余將北征。履約已先赴南宫,二子尋當隨計。"王寵《雅宜山人集》卷十《太學生吴君墓志銘》:"(爟)以年資入貢太學……"卞永譽《式古堂書畫彙考》卷三十七《明法書名畫合璧高册》第九幅《文徵仲秋風得意圖并題》款云:"履約將赴南雍,賦此奉贈。正德十六年辛巳七月朔,徵明。"據此,吴爟是年將以貢入國學。王守去年中應天鄉試。是年二月會試下第,時已歸里。明年將赴南國學。

六七月,二姑父王延素以國學生拜南京中府都事。將行,與兄延喆向禮部右侍郎顧清告别,顧清有詩。

皇甫汸《皇甫司勳集》卷五十三《明中順大夫思南府知府王公墓志銘》:"大夫

諱延素，字子儀……甫冠[十七]，以太傅三載考績，蔭入太學。……歸卧東山……亡何，謁選銓曹。……適有左軍督府之缺，擬銓授，乃以親老求南，冀便省問，衆益賢之。因拜南京中府都事。”

張廷玉等撰《明史》卷七十六《志・職官五》：“南京五軍都督府……其屬，經歷、都事（從七品）各一人。”

顧清《東江家藏集》卷十五《王子儀將赴南京中府都事，與乃兄子貞中舍來别，賦此兼簡成國朱公》：“少傅優遊緑野春，郎君連步上青雲。螭坳簪筆瞻天近，戎幙依蓮惜雁分。慶曆朝廷方偃武，琅琊子弟并能文。中軍况有詩書帥，横槊風流未足云。”

按：此詩置是年六七月。

王延喆（1483—1541），字子貞，號林屋，吴縣（今江蘇蘇州市）人。鏊長子。自幼侍父宦遊京師，未冠歸吴。選爲諸生。正德十一年（1516）以父蔭拜中書舍人，進大理右寺副。後因考察，出補兖州府推官，未行而卒。（《陸子餘集》卷三《王君墓志銘》、《明武宗實録》等）

顧清（1460—1528），字士廉，號東江，華亭縣（今上海市）人。弘治六年（1493）進士，改翰林庶吉士。授編修。歷侍讀學士、詹事府少詹事等。正德十二年（1517）擢禮部右侍郎，十六年（1521）被劾致仕。嘉靖六年（1527）起爲南京禮部右侍郎，次年陞尚書致仕卒。贈太子少保，謚文僖。有《東江家藏集》諸著。（《文簡集》卷五十四《顧文僖公墓志銘》、《明世宗實録》）

顧清與陳淳大伯母錢氏家關係亦密，嘗爲其父母錢慎庵和徐孺人耄耋之誕作《壽詩》，而卒，又爲作《墓表》《挽詩》。

十一月六日，内表叔吏部尚書陸完因交通朱宸濠罪被捕，家人并下獄。十二月十日，皇上班師，其裸體反接，揭白幟，雜俘囚中以入，將置極刑。明年，會上晏駕，今上即位，屢下廷臣復讞。以平賊功，在“八議”之列，遂得免死，戍福建鎮海衛，家人得釋。母華氏死於旅邸，小弟宇死於獄中，婢僕杖死者數人。

《明武宗實録》卷一百九十三：“正德十五年十一月……庚申（六日）……吏部尚書陸完有罪，執赴行在。完自爲江西按察使，時與宸濠相比。既去任，常以贈遺致慇懃。濠之乞復護衛也，完在兵部，先爲遊説内閣柄事者，既乃援祖訓覆奏，實陰爲之地。護衛既復，濠逆謀益起，人皆歸罪於完。及在吏部，濠貽書欲有所黜陟，輒從之。完常對衆稱濠賢，有之官江西者，每密諭意，令無與濠忤。初聞濠反，時完猶言：‘王必不反，乃傳者誤。’及濠既擒，太監張永至江西，搜閲薄籍，得完平日交通事,奏之。上還至通州,乃傳旨,執完,并收其母、妻、子女,封識其家。班師日(十二月十日),完裸體反接,揭白幟,雜俘囚中以入,將置之極刑。會上晏駕,今上即位,屢下廷臣讞。完祈哀不已,乃比依'交結朋黨,紊亂朝政'律以請。詔宥完死,謫戍福建靖[鎮]海衛,妻、子得釋。時母年已九十餘,竟死於獄。……"

張廷玉等撰《明史》卷一百八十七《列傳・陸完》:"宸濠反,就執。中官張永至南昌,搜其籍,得完平日交通事,上之。帝大怒。還至通州,執完,收其母、妻、子女,封識其家。比還京,反縛之竿,揭姓名於首,雜俘囚中,列凱旋前部以入,將置極刑。值武宗崩,世宗立,法司覆奏:'完交外藩而遺金不卻,處護衛而執奏不堅,當斬。'完復乞哀……以平賊功,在'八議'之列,遂得減死,戍福建靖[鎮]海衛。母年九十餘,竟死獄中。"

陸完《先太宰水村集遺稿・在懲録・三惜對》:"權奸既敗,屢詔詳辨,執法之臣,當顧惜國體,略爲分釋。今見原奏失真歹,羅織文致,以成其罪,且必欲以納賄汙之,似爲權奸羽翼,而塞僕復用之路。當時有言處僕太重者數章,皆寢閣不行。遂使老母被累,死於旅邸,一弟死於獄中,婢僕杖死者又復數人。若非聖明獨斷,則僕已伏鈇鑕久矣。"

按:王鏊《震澤集》卷三十一《陸冢宰母太夫人華氏墓志銘》:"太夫人歸於陸,生子三:長冢宰(完),次宜,次宇。……正德辛巳四月二十五日卒……春秋八十有七。……冢宰初以進士爲才御史……正位冢宰……一忤權奸,中以奇禍,所坐曖昧,功過相准,猶宜從'八議'之當。爭進者從而媒蘖之,聽者不察,又從而下石焉,乃至官校籍其家。家人或驚竄,太夫人怡然就道至京,出詔獄,卒於長安之官舍,於時天下莫不傷焉。"此云"官舍"當陸完云"旅邸"。而《明武宗實録》《明史》謂,其母年九十餘,竟死於獄,不確。

陸宜字和卿。又《先太宰水村集遺稿・在懲録》有《憶亡弟長卿五首》,知死於獄中的是其小弟宇。

是年,從叔福寧州同知陳鈫三年考績進京,上考,還任。侍讀徐縉有《序》贈之。

《(萬曆)福寧州志》卷八《官政志一・歷官・同知》:"陳鉞[鈫],長洲人。監生。正德十二年任。"

徐縉《徐文敏公集》卷四《贈福寧州貳守陳君考績序》:"陳君以鼎之官福寧三年於兹矣。……君北上考績。吏部署君上考,行將有不次之擢。吾鄉大夫士咸徵予言爲贈。予聞,推忠及人,衆瘼自蠲,一夫得情,千室鳴紘。故曰:'我德如風,民應如草。'又曰:'政忌太急,治若烹鮮。'如君之藻身飾行,善道也;弭盜安民，大節也；增利除害，能政也；興學右文，盛美也。與古之所云，奚讓焉。有一於此，尚足褒嘉，況兼而有之乎？故遂書之，而不獲辭。”

是年，文肇祉生。

文含《文氏族譜續集·歷世生配卒葬志》：“上林公肇祉，國博長子。……生於正德十五年庚辰，年七十餘卒。”

按：文肇祉，初名元肇，後更肇祉。參見第296頁譜文。

是年，閏八月，帝受江西俘。九月，漁於積水池，舟覆，救免，遂不豫。十二月，誅寧王朱宸濠，還京師。

正德十六年辛巳（1521） 三十八歲

四月二十二日後，岳父張約因更赦，由冠帶閑住復故秩致仕。

陸粲《陸子餘集》卷三《奉政大夫工部營繕司郎中張公墓志銘》：“張公諱約，守之其字……久之，吏部以營繕劇司非公不可，乃進郎中……掌司事。……最後治外戚慶陽伯第。瑾新用事，將奪民居數百千區以益之。公争之强，瑾怒。會考察京官，遂屬吏部，以不謹黜公。公家居蓋三十餘年，中更赦，復故秩致仕。”

《明世宗實録》卷一：“正德十六年四月……癸卯（二十二日），（興獻王長子朱厚熜）至自安陸。……是日日中……御奉天殿即皇帝位，遂頒詔大赦天下，詔曰：‘……其以明年爲嘉靖元年，大赦天下，與民更始，所有合行事宜條例於後。……一弘治十八年五月十八日以後，正德十六年四月二十二日以前，在京在外、内外大小官員人等，有因忠直諫諍及守正被害、去任、降調、陞改、充軍、爲民等項，及言事忤旨自陳致仕、養病等項，各該衙門備查明白，開具事情，奏請定奪。……一武職官……文職因公錯并公事詿誤降級者，復原職。内原係京官者，對品别用。其因事革罷爲民者，除事干行止有虧敗倫傷化外，悉與冠帶閑住。原係冠帶閑住及京官調外任致仕者，各照原職致仕。……’”

按：張約正德元年丙寅（1506）十月二十七日因治皇后父夏儒第忤劉瑾，四年己巳（1509）三月二十九日罷官，正在上述更赦範圍内，復故秩致仕必在是年四月二十二日後。

姊妹夫顧岕以國子生任儋州同知。

按:《(萬曆)儋州志》天集《秩官志・國朝同知》云:“顧玠[岕],蘇州人。嘉靖間任。敏達有爲,革弊弭奸。”《(雍正)廣東通志》卷六十四《李德裕後》曰:“明正德間,吴人顧朝楚爲儋州同知。”顧岕《海槎餘録・序》謂:“儋耳,孤懸海島……余自嘉靖龍飛承乏是郡……”《(萬曆)重修南安府志》卷五《秩官表二・皇明南安府通判》:“嘉靖:顧岕,長洲人。監生。”鑒此,其當於是年四月二十二日後以國子生任儋州同知。

是年,二月四日,徐渭生。

徐渭《徐文長三集》卷二十六《自爲墓志銘》:“山陰徐渭者……初字文清,改文長。生正德辛巳二月四日……”

是年,三月,武宗帝朱厚照崩。無嗣,以遺詔迎興獻王長子朱厚熜嗣位。四月,至京登極,以明年改元嘉靖。命禮臣議大禮。五月,革蘇、松等地漕運參將。十一月,乾清宫成。

嘉靖元年壬午(1522) 三十九歲

三月七日,皇上幸學,祭酒趙永、司業吴惠等諸學官和陳淳等諸生迎駕、送駕。入彝倫堂,聽祭酒、司業進講。八日,上表謝恩,上賜衣、鈔不等。九日,謝恩,上賜敕勉勵,開讀。十日,復謝恩。

《明世宗實録》卷十:“嘉靖元年正月……甲戌(二十六日)……禮部上三月初七日幸學……是日早,百官免朝,先詣國子監門外迎駕。陪祀官、武官都督以上、文官三品以上及翰林院七品以上,同國子監官具祭服伺候行禮。……學官率諸生於成賢街左迎上至大成門外。……禮部官……奏請行禮。……禮畢,太常寺官導上由中道出。……禮部官入奏,請幸彝倫堂。上升輿,禮部官、鴻臚寺官前導,由欞星門出,從太學入門,諸生先分列於堂下,東西相向,祭酒、司業、學官立於諸生前。駕至,祭酒以下及諸生跪,俟駕過,然後起,序立北向。百官分列堂外稍上,左右侍立。上至彝倫堂,升御座,贊祭酒、司業、學官、諸生五拜叩頭禮,武官都督以上、文官三品以上及翰林院學士升堂。……贊進講,祭酒從東階升,由東小門入,至堂中……上賜講官坐,祭酒復叩頭,就西南隅几榻坐講。上賜武官都督以上、文官三品以上及翰林院學士坐,皆叩頭序坐。諸生圜立於外,以聽祭酒講。畢……退出堂外,就本位。司業從西階升,進講如儀,退就位。鴻臚寺官奏傳制堂内,侍坐官起立贊有制,祭酒以下、學官及諸生皆北面跪,聽宣諭……畢,學官、諸生以次退,先從東西小門出,列於成賢街右伺候。……駕興升輿,出太學門……祭酒以下及諸生送駕,跪叩頭,退。……初八日……國子監率學官、監生上表謝恩。……上易服,御奉天門,禮官引奏,賜祭酒、司業、學官及三氏子孫衣服、諸生鈔錠。……初九日,祭酒、司業率學官、監生謝恩,上賜敕勉勵師生。祭酒捧置綵輿,師生迎導至太學開讀,行禮如儀。初十日,祭酒、司業率學官、監生復謝恩。……一講官每人照例各與紵衣一套、羅衣一套,其餘學官每人與紵衣一套。監生每名鈔五錠,吏典每名鈔二錠。制曰可。"

又卷十二:"嘉靖元年三月……甲寅(七日),上幸太學,行禮如儀。祭酒張永講《書》,帝曰,俞允《若會》一章。司業吴惠講《易·時乘六龍》一章。"

按:陳淳時於國學已三年,可謂學長,應爲監生代表參加例行活動,因繫之。

趙永(1469—1548),字爾錫,號類庵,京師長陵衛(今北京市)人。弘治十五年(1502)進士,授編修。歷侍讀、右諭德。正德十四年(1519)三月陞國子祭酒,嘉靖四年(1525)五月進南京禮部右侍郎,六年(1527)三月致仕。有《類庵稿》諸著。(《國朝列卿紀》卷四十五《南京禮部侍郎行實》、《明武宗、世宗實録》)

吴惠(?—1537),字仁甫,鄞縣(今浙江鄞縣市)人。正德六年(1511)進士,選翰林庶吉士。授檢討。十六年(1521)五月陞國子司業,嘉靖六年(1527)五月擢南京侍講學士。十四年(1535)遷太常寺卿,再改南京。又二年,卒於任。有《北川文集》等著。(《國朝列卿紀》卷一百三十三《南京太常寺卿行實》等,時間誤者,依《明世宗實録》)

秋,從弟陳汸遊南京,有《金陵雜詩十八首》,文徵明和之。

文徵明《甫田集》(文嘉鈔本)卷九《和陳道濟〈金陵雜詩(十八首)〉》,略。

按:其詩置是年秋,陳汸詩無考。

約是秋,夢《椿圖》和鶴,皆有詩。

陳淳《陳白陽集》五言古《夢〈椿圖〉》:"靈柯鬱蒼蒼,垂陰蔭花石。何當秋風厲,凋落向川澤。坐令遊子心,展轉悲痛劇。夢寐亦復勤,攀號竟何益。作圖者謂誰?同是傷椿客。"

又五言絶《夢鶴》:"停雲何靄靄?遊子不堪看。中夜縈清夢,還憐衾枕寒。"

按:上詩一有"坐令遊子心,展轉悲痛劇"句,二有"遊子不堪看""還憐衾枕寒"句,這兩首詩皆充滿悽楚之情,應作於國學後期即内表叔吏部尚書陸完戍福建鎮海衛後。因是事使之對官場深感恐懼不安和世態炎凉,同時亦勾起思鄉的情緒,這在他衆多的詩詞中都有表現,故并繫此。

是年,正月,清寧宫後殿災。九月,立皇后陳氏。十月,以災傷免蘇、松、常、鎮等地正官朝覲。

嘉靖二年癸未(1523) 四十歲

春,憶舊遊大姚山,有詩。

陳淳《陳白陽集》五言絶《憶舊遊有感》:"記得大姚山,是我讀書處。於今四十年,望見不忍去。人物比昔荒凉甚矣。"

《(民國)吴縣志》卷十九《輿地考·山》:"大姚山在葑門外三十五里陳湖濱。"

按:此詩有"於今四十年"句,而且溢出懷念家鄉、不忍於外之情,應作於國學卒業前即是年春。

初,内表叔吏部尚書陸完、首輔大學士楊廷和欲薦其留秘閣。是年春,其國學卒業,絶意仕進,向楊廷和辭歸,曰:"時情世態,曲意違心,非吾所能也。"從弟陳津、陳渶、從子陳椿皆勸之就選,其曰:"吾方視衣冠爲桎梏,畏城邑爲籠檻,又豈能僕僕從諸君耶? 吾老醉鄉矣。"

楊廷和(1459—1529),字介夫,號石齋,新都縣(今四川新都市)人。成化十四年(1478)進士。官自庶吉士,歷任要職。時爲少師兼太子太師、吏部尚書、華蓋殿大學士。明年以議禮忤旨致仕。後削職,卒。隆慶初復官,贈太保,謚文忠。有《石齋集》等著。

陳淳《陳白陽集》附録張寰《白陽先生墓志銘》:"始卒業,國雍大學士石齋楊公、大冢宰水村陸公欲薦留秘閣,君訐曰:'時情世態,曲意違心,非吾所能也。'長揖辭歸。……絶意仕進。從弟兵部郎中津、中書舍人渶、從子荆州太守椿,咸勸之就選,君曰:'吾方視衣冠爲桎梏,畏城邑爲籠檻,又豈能僕僕從諸君耶? 吾老醉鄉矣。'"

按:日本興文社《支那南畫大成》第九卷《陳淳山水軸》款署:"嘉靖癸未仲冬日寫於陳湖草堂,淳記。"這是所見其入國學後最早出現在家鄉的作品,卒業必在此前不久。

《陳白陽集》五言古《還鄉》云:"觸熱臨葑溪,欣然脱塵鞅。小舠艤溪側,忙呼就攀上。且將羸憊軀，脱此罪業網。行行過重湖，新月復輝朗。借問墟曲中，孰肯助清賞？但須一樽酒，邀之以同往。”“觸熱”即冒着炎熱，炎熱在六月盛夏。“新月”爲十五。“葑溪”在蘇州城東南葑門外，是往大姚的必經之處。五言律《六月望日歸田園》曰：“市朝喧劇甚，樗散豈容棲。爰發城邊棹，言歸水曲畦。月華當席滿，雲影度林低。更是逍遥處，清凉在竹西。”顯然，這兩首詩皆其卒業後，由北京回到蘇州城東南葑門外的葑溪而往大姚的舟中所作，時爲六月望日，正在仲冬前不久。以此再減去臨行前準備和路程的時間，當卒業於是年春。

據《明史》卷十六《本紀・武宗》、卷一百八十七《列傳・陸完》，正德十五年庚辰(1520)十一月六日，吏部尚書陸完因交通朱宸濠罪被捕，將置極刑。次年，以平賊功，在“八議”之列，遂得免死，戍福建鎮海衛。卷十七《本紀・世宗一》、卷一百九十《列傳・楊廷和》載，正德十六年辛巳(1521)四月二十二日，嘉靖帝即位。未幾，始議大禮。楊廷和由此與其發生分歧，無心顧及其他。再説，陸完與陳淳關係是直接的，楊廷和是間接的，所以兩者欲薦其留秘閣的主次也應如此。换言之，此事必在其就讀期間即陸完正德十五年庚辰(1520)十一月六日被捕前，而不在卒業時。

有關陳淳從弟津、渼、從子椿職位皆之後事，參見第17、18、22頁傳文。

據張廷玉等撰《明史》卷一百九十《列傳》：楊廷和，字介夫，新都人。成化十四年進士，改庶吉士。授檢討。……正德二年，由詹事入東閣，專典誥敕。忤劉瑾，改南京吏部左侍郎。遷南京户部尚書。召還，進兼文淵閣大學士，參預機務。三年，加少保兼太子太保。五年，改吏部尚書、武英殿大學士。進少傅兼太子太傅、謹身殿大學士。七年，特加少師、太子太師、華蓋殿大學士。尋爲首輔。嘉靖三年，以議禮忤旨，累疏乞休，帝聽之去。七年，詔定議禮諸臣罪，姑削職爲民。明年六月卒，年七十一。隆慶初，復官，贈太保，謚文忠。

又卷九十九《志・藝文四》：“楊廷和《奏議》一卷、《石齋集》八卷。”

六月十五日，抵蘇州葑溪，登舟往大姚，有詩二首，表達脱離塵鞅的愉悦心情。從此隱居於兹，城中甲第留一子守之，以奉祭祀。

陳淳《陳白陽集》五言古《還鄉》：“觸熱臨葑溪，欣然脱塵鞅。小舠艤溪側，忙呼就攀上。且將羸憊軀，脱此罪業網。行行過重湖，新月復輝朗。借問墟曲中，孰肯助清賞？但須一樽酒，邀之以同往。”

又五言律《六月望日歸田園》：“市朝喧劇甚，樗散豈容棲。爰發城邊棹，言歸水曲畦。月華當席滿，雲影度林低。更是逍遥處，清凉在竹西。”

又附録張寰《白陽先生墓志銘》：“所棲曰五湖田舍，有茂林修竹、花源柳隩、鴨欄鶴圃、酒帘漁艇，極隱居之勝。城中甲第委而弗居，留一子守之，以奉祭祀。”

陳仁錫《無夢園初集》駐集四《家乘·居第考記》:"自葑溪,泛大蕩,過瀆墅,鑊底潭,歷高店,又十里,逕入大姚。其陂爲蕩,夏日荷花爛熳,一棹徑穿,巋然峙者爲東明寺,一曰大覺寺。折而西北下,波濤萬頃,曰陳湖。……白陽隱此海内,問奇之客,檣楫相望,乃建閱帆堂,自題'五湖田舍',有茂林修竹、花源柳隩、鶴圃鴨欄、酒帘漁艇,諸勝其軒爲碧雲。"

按:據上條,所録二詩皆其國學卒業後回到蘇州葑溪而往大姚的舟中作,因并繫此。其時稱大姚别業爲陳湖草堂,後改曰五湖田舍。

初,北遊國學,盡付其家於紀綱之僕。於是,外朘於吏繇,内蠧於僮客,田畝日減,庸調未除,每歲責償,業以大損。時,僅存江田數頃,收課自給。

陳淳《陳白陽集》附録張寰《白陽先生墓志銘》:"援例北遊太學,盡付其家於紀綱之僕。於是,外朘於吏繇,内蠧於僮客,田畝日減,庸調未除,每歲責償,業以大損。……卒業……僅存江田數頃,收課自給。"

六月十六日,仲子陳栝作《靈芝幽蘭圖軸》。

陳淳尤鍾愛栝,對其畫賞識不已,常與其合作,爲其作題,名曰"吾托兒不朽"。

日本東京大學出版會《中國繪畫總合圖録續編》第三卷《明陳栝靈芝幽蘭圖軸》。下作圖,上行書題詩:"幽林寂寂長蘭蓀,衹見移栽滿丸盆。寄語兒孫好收拾,莫將辛苦付豪門。空遲疏雨潤幽花,對此相忘意味嘉。極樂城中有豪客,亦知清興問寒家。花開香氣襲衣繻,採贈名姝世競趨。不見同心言□令,卻嫌紉佩昔人迂。東家小子賣花枝,每早携筐向玉海。到處無人問茉莉,一時蘭價重玗琪。癸未立秋(六月十七)前一日,沱江子陳栝。"日本橋本太乙藏。

陳仁錫《無夢園初集》駐集四《家乘·沱江公小記》:"公父白陽嘗云:'某作枝頭,仲兒點花,世間絶無,寶矣。'或閉户弄小幅,白陽簾外窺之,大叫曰:'何物神怪至此?'亟奪書已,名曰:'吾托兒不朽。'"

秋,蔡羽贈詩一首,贊其隱居後的生活景象。

蔡羽是年閏四月以歲貢試禮部,得南監生。時已歸蘇州,未幾赴南監。

蔡羽《林屋集》卷八《贈陳道復》:"風流雖脱略,翰墨總横斜。畫入南唐苑,家藏北杜花。醉中小宇宙,隱處縱雲霞。吾道固如此,旁人底事嗟。"

按:此詩是年作,有"醉中小宇宙,隱處縱雲霞"句,而陳淳是年六月歸隱蘇州。

《林屋集》卷十二《春夜話别序》云："嘉靖癸未二月，余將北征。"《南館集》卷十一《白知序》曰："即其春，與徵明同貢，文爲翰林待詔。天下之士貢於廷者千二百人有畸，羽得試居首，用隸於南國子。"《林屋集》卷十九《處士湯君墓志銘》稱："嘉靖癸未九月二十四日，湯君（珍父）卒，羽哭之第。"

美國翁萬戈藏《文徵明家書卷·致夫人三小姐》三月五日札云："自廿四日離家……途中雖是辛苦，幸得身子康健，飲食順適，又得九逵爲伴，想前途亦無事也。"又《付文彭、文嘉》四月廿五日札謂："四月……十五日到河西務。蔡九逵上車陸行，我仍舟行。……十九日方得入城……部中尚未考。廿日投文，廿四日納卷。"閏四月□日札言："擬在初八日考，不意初六日命下，遂承待詔之乏。"閏四月十八日札説："九逵幸考貢元，十三日引奏云：'天下歲貢生蔡羽等一千二百名'云云，亦榮矣。"

由是觀之，蔡羽以歲貢與文徵明偕行，於是年二月二十四日北上，四月中旬至京。文徵明閏四月六日授翰林待詔。蔡羽八日試禮部，十三日放榜，名在第一，得南監生。而與在京做官的友人交遊辭行，尚需一定時間。約五六月離京，七八月至蘇，九月後赴南監。那麼，此詩該作於是年秋。

圖 23　陳淳《山水軸》

十一月，於陳湖草堂作《山水軸》。

日本興文社《支那南畫大成》第九卷《陳淳山水軸》款云："嘉靖癸未仲冬日寫於陳湖草堂，淳記。"（圖 23）

是年，胡纘宗守蘇州。自此三日必一顧陳淳，爲代償逋賦，然其絶不以私請。

胡纘宗（1480—1560），初字孝

思,更字世甫,號可泉、鳥鼠山人等,秦安縣(今屬甘肅)人。正德三年(1508)進士,授檢討。歷至今官,陞山東諸省左參政。嘉靖十八年(1539)以右副都御史巡撫河南。因公署火災,罷官閑住。有《鳥鼠山人小集》諸著。

陳仁錫《無夢園初集》駐集四《家乘·白陽公小記》:"天水胡巡撫纘宗守郡時,三日必一顧公,爲代償逋賦,然公絶不以私請。"

雷禮《國朝列卿紀》卷一百二十《河南巡撫行實》:"胡纘宗……嘉靖三[二]年,調蘇州知府。六年,陞山東右[左]參政。本年,改浙江右[左]參政。"

據焦竑《焦太史編輯國朝獻徵録》卷六十一佚名《通議大夫都察院右副都御史可泉胡公纘宗墓志銘》:公諱纘宗,初字孝思,後更世甫,秦[安]人也。號可泉,亦號鳥鼠山人。登正德戊辰進士三甲第一人,因傳臚授翰林院檢討。……陞安慶府知府。癸未,移守姑蘇。公以姑蘇鉅郡,財賦益夥,法制益難,經理庶務,尤詳於治。陞山東布政司左參政。再移浙藩,又改晋省。辛卯,陞本司右布政使。壬辰,丁外艱。制滿,復除河南右布政使。丙申,轉本司左布政使。冬,陞都察院右都御史巡撫山東地方。繼以原職總理河道,經畫河防利弊。己亥,乃復改巡撫河南。冬,汴中薄城内外火燎頻發。未幾,行臺亦災。公引咎乞歸,因得賜閑田里。庚申九月三日,方執簡對賓,倏忽告逝。據生成化庚子,享年八十一歲。公才氣英發,對客揮毫,詩賦立就,宛若宿構,然雋爽豪逸,上追古人。凡海内賢達及藝文之士,望形影從,聽聲響赴,欣欣納交。而觖骳詭隨之徒,未免含嫉睨視焉。有《辛巳集》《丙辰集》各四卷、《鳥鼠山人小集》八卷……《鞏郡記》三十卷、《秦州志》三十卷、《春秋本義》十二卷,并彙選《唐雅雍音》等篇,皆已行於世。其《河嵩》《歸田》諸集,未梓者尚多。

佚名《書畫史·書史》卷十二:"胡纘宗,字世甫,號可泉,一號也齋。……贍文學,有時名。書法清勁古雅,饒有筆力,惟乏風韻耳。"(圖 24)

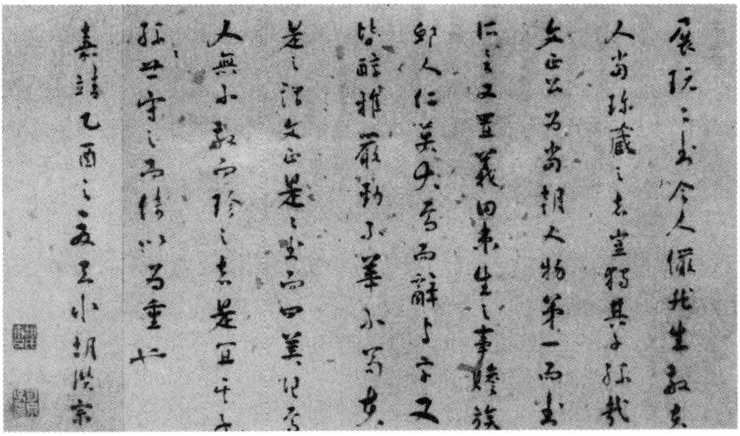

圖 24　胡纘宗跋《范仲淹手札》

初，治平寺謀建竹亭，請唐寅撰《疏》。是年，亭成，因病不能書。釋方正遂請陳淳書之立石，以爲紀念。

錢穀《吴都文粹續集》卷三十一唐寅《治平禪寺化造竹亭疏》："……兹因治平禪寺構基南渡，勝概東吴。聖凡同所皈依，河山鍾其秀麗。莊嚴佛土，孰云寸草不生；回向塵勞，便得六根清净。是以香巖和尚擊節而悟空，清平禪師指竿而説法。意歆前輩僉發衷情，謀建草[竹]亭，翼輔蘭若，波清池水，足詠檀欒。土地伽藍，冥空鑒証。撰兹尺牘，用告大方。開三徑以招賢，看笋根之稺子；種十箇以醫俗，延林下之清風。幸捨餘資，共成勝事。謹疏。嘉靖壬午仲秋既望，晋昌唐寅撰。"潁川陳淳書，釋方正立石。

按：唐寅去年八月十六日作《疏》，竹亭約是年建成。而其是年十二月二日卒，當病不能書。釋方正遂請陳淳書之立石，以爲紀念。

釋方正無考。

與五榆結交。

葛嗣浵《愛日吟廬書畫續録》卷二《明陳淳枯木竹石軸》款云："余與五榆交逾廿載，彼此多故違闊殊甚。……癸卯歲，友弟道復。"

按："癸卯"即嘉靖二十二年(1543)，以此上溯二十年，與五榆結交於是年。五榆待考。

從叔福寧州同知陳釴卒於官。

陳仁錫《無夢園初集》駐集四《家乘・始祖至高曾祖父小記》："(珪)季子釴，號附庵。……以貢貳福寧州，卒於官。"

按：《(萬曆)福寧州志》卷八《官政志一・歷官・同知》載，繼任者丁完是年任，知釴是年卒於官。

親戚徐經卒，享年六十六。繼室錢氏已前卒，享年四十八。後六年十一月四日，合葬於吴縣梅灣祖塋。其姻親陳汸爲撰《行狀》，文徵明爲撰《墓志銘》。

徐經(1458—1523)，字成甫，號怡竹，長洲縣(今江蘇蘇州市)人。嘗任楚府典膳。錢氏(1475—1522)，同邑人。文徵明是年閏四月以貢薦授翰林待詔，後三年致仕。

周道振輯校《文徵明集續輯》卷下《徐怡竹墓志銘》："長洲徐君成甫以嘉靖二年癸未□月□日卒，其繼室錢寔已前死，至是合葬吴縣梅灣祖塋。其子瀚，奉其所親陳道濟狀來乞銘。……錢氏同邑名家,幼閑姆訓,長益静專。既歸,執婦道惟謹,順德無愧,而閫範有稱焉。君諱經,字成甫,别號怡竹。……生天順戊寅,享年六十有六。錢氏生成化乙未,享年四十有八。葬以嘉靖八年己丑十一月四日。……既而錢氏生子曰瀚……瀚……女一人,許嫁陳柱,都御史成齋之[曾]孫,即道濟之子也。君嘗援例授楚府典膳,雅非其志,故於此不書,書怡竹云。"

文徵明《甫田集》(三十六卷本)卷三十六附録文嘉《先君行略》:"公諱壁[璧],字徵明。後以字行,更字徵仲。……巡撫李公充嗣露章薦公……竟以壬午貢上。癸未四月至京師,甫十八日,吏部爲覆前奏,有旨授公翰林院待詔。……而歸,時丙戌冬也。"

美國翁萬戈藏《文徵明家書卷・付文彭、文嘉》閏四月十八日札:"閏四月六日蒙恩除授翰林待詔。"參見蔡羽條。

是年,九月十五日,太學生吴爟卒,享年五十八。

王寵《雅宜山人集》卷十《太學生吴君墓志銘》:"嘉靖二年九月十五日,太學生吴君卒。……君諱爟,字次明,世吴人也。……以年資入貢太學,未卒業而死。……春秋五十有八。"

十二月二日,唐寅卒,享年五十四。

祝允明《懷星堂集》卷十七《唐子畏墓志并銘》:"……名之曰寅,初字伯虎,更子畏。卒嘉靖癸未十二月二日,得年五十四。"

十二月十二日,袁尊尼生。

袁廷檮《吴門袁氏家譜》卷五《譜圖・五房一支譜圖》:"尊尼,行一,初名夢熊,字魯望,一字魯仲,號吴門。……生於嘉靖二年癸未十二月十二日……年五十有二。"

周鳳來生。

俞允文《仲蔚先生集》卷十三《亡友周于舜墓志銘》:"于舜,諱鳳來,姓周氏,吴郡崑山人也。……年三十有三,嘉靖三十四年五月十六日以疾卒。"

按:以上文推算,其生是年。

是年,八月,蘇、松、常、鎮四府大水。十一月,以旱災免蘇、松、常、鎮等府

税糧有差。

嘉靖三年甲申(1524) 四十一歲

三月十一日,親戚王鏊卒,享年七十五。訃聞,上輟視朝一日,祭葬如例,贈太傅,謚文恪。明年正月一日,葬吴縣東洞庭梁家山之原。其長子中書舍人延喆、仲子南京中府都事延素丁憂歸。長婿侍讀徐縉爲撰《行狀》《祭文》,南京禮部尚書邵寶爲撰《墓志銘》《祭文》,致仕少傅謝遷有《祭文》《哭詩》,致仕禮部右侍郎顧清、致仕應天府通判祝允明、諸生陸粲等人亦有《祭文》,原吏部尚書陸完有《哭詩》。後新建伯王守仁、致仕待詔文徵明各爲撰《傳》。

王熙桂等編《太原家譜》卷二十徐縉《文恪公行狀》:"……文恪王公,諱鏊,字濟之,姓王氏。……以嘉靖三年三月十一日終於正寢。訃聞,上爲輟視朝一日,賜賻米及布,命禮部諭祭者九,工部治葬事,贈太傅,謚文恪,皆異數云。公生景泰元年八月十七日,春秋七十有五。"

又卷二十四《祭文恪公文》,子婿翰林院侍讀徐縉二篇,其他諸公若干篇,略。

邵寶《容春堂續集》卷十六《大明故光禄大夫柱國少傅兼太子太傅户部尚書武英殿大學士致仕贈太傅謚文恪王公墓志銘》:"墓在東洞庭梁家山之原。葬之日,爲明年乙酉正月元日庚申。"

又卷十八《祭王文恪公文》,略。

謝遷《歸田稿》卷三《祭王守溪文》,略。

又卷七《哭王守溪少傅》,略。

顧清《東江家藏集》卷四十《祭守溪翁文》,略。

祝允明《懷星堂集》卷二十《祭王文恪公文》,略。

陸粲《陸子餘集》卷四《祭王文恪公文》,略。

陸完《先太宰水村集遺稿・在懲録・哭少傅王守溪先生》,略。

王守仁《王文成全書》卷二十五《太傅王文恪公傳》〔丁亥〕,略。

文徵明《甫田集》(三十六卷本)卷二十八《太傅王文恪公傳》,略。

王熙桂等編《太原家譜》卷二十一鄒應龍《尚寶公墓志銘》:"繼以(父)講讀恩,授中書舍人。……既而執喪哀毀,歛藏畢循禮度,雖即吉而於服食器御惟素儉。……至於所治寢廟堂室,祀饗物儀,皆禮制。……先生諱延喆,字子貞。”

皇甫汸《皇甫司勳集》卷五十三《明中順大夫思南府知府王公墓志銘》:“大夫諱延素,字子儀……因拜南京中府都事。……甲申,丁太傅艱。”

按:《明世宗實録》卷十八、卷五十一載,侍讀徐縉前年九月一日至明年五月十三日丁母憂。

《明武宗實録》卷一百九十五、《明世宗實録》卷二、卷五載,南京禮部尚書邵寶正德十六年辛巳(1521)正月十六日乞終養,五月一日爲言官薦用,八月十一日復乞終養。

謝遷正德初以少傅兼太子太傅、禮部尚書、武英殿大學士致仕。後因嘗裁抑劉瑾黨,褫秩。瑾誅,復秩。(《費宏集》卷十九《謝公神道碑銘》)

《明世宗實録》卷一載,禮部右侍郎顧清正德十六年辛巳(1521)四月二十八日被劾致仕。

陸粲《陸子餘集》卷三《祝先生墓志銘》云:“先生諱允明,字希哲……稍遷通判應天府,亡何乞歸。又五年卒……嘉靖丙戌冬十有二月二十七日。”以其乞歸五年即後年末卒,當在前年初致仕。

陸粲時爲諸生,行實見第 243—245 頁譜文。

《明世宗實録》卷八載,王守仁正德十六年辛巳(1521)十一月九日以平定朱宸濠反叛,封新建伯、奉天翊衛推誠宣力守正文臣,特進光禄大夫、柱國兼南京兵部尚書,參贊機務。

文徵明《傳》約作於嘉靖十年辛卯(1531)後,時已以待詔致仕。

七月二十日,作《松溪風雨圖軸》。後顧溪有跋。

澳門藝術博物館《故宫上博珍藏青藤白陽書畫特集》下卷《陳淳》圖 94《松溪風雨圖軸》款云:“嘉靖甲申七月廿日,白陽山人陳淳。”裱邊右下題云:“白陽山人寫生著名於時,而山水絶不多見。偶一涉筆,則天趣横生,酣興淋漓,雖沈、文諸公,亦不逮其化機在手,况餘子乎? 故寶白陽山水一幀,勝抱花卉百卷矣。雲臺外史顧溪識。”上海博物館藏。(圖 25)

文物出版社《中國古代書畫圖目》三亦載此,無顧溪跋。顧溪待考。

約是年,購郝梁新刊宋善本揚雄《太玄經》藏於家。

郝梁(1496—1529),字子高,江都縣(今江蘇揚州市)人。國子生。藏書家、刻書家。

彭元瑞《欽定天禄琳琅書目後編》卷十六:"《太元經》,明郝梁刊。後有志云:'《太元經》近世鮮有重刊者,予得宋善本於建業黄氏,即命工刻之。時嘉靖甲申也。'明陳淳藏本。……卷六有'白陽山人'白文印。"

按:《太元經》即漢揚雄《太玄經》。陳淳尤好藏書,蓋於郝梁初刊是本時所購,因繫此。

徐充《暖姝由筆》卷三:"揚州郝梁子高,監生。家富於財。嘉靖八年二月五日卒,年三十四歲。……平生惟方外人,則好施不吝,知爲柴道人後身云。"

于敏中等撰《欽定天禄琳琅書目》卷七:"《六經正誤》,宋毛居正撰。……此本每卷前俱刊'江都郝梁子高重校刊'九字。"

圖 25 陳淳《松溪風雨圖軸》

文彭、文嘉、許初、彭年過訪,留宿。明日再遊浩歌亭。客有饋佳酒者,發而飲之,各致醉。陳淳遷遷動狂興,嘉搜得案上紙徵畫,淳欣然請諸君再留一日,并爲嘉作《花鳥蔬果卷》,迄明日乃完。諸君少許作别。三十餘年後,嘉重閲此畫,提筆爲記。徐鳴堡有跋。

文彭(1497—1573),字壽承,號三橋,長洲縣(今江蘇蘇州市)人。徵明長子。嘉靖三十七年(1558)以貢授嘉興府學訓導,累任兩京國子博士。善詩書畫,精篆刻鑒古。有《文博士詩集》等著。弟嘉(1499—1582),字休承,號文水。徵明仲子。嘉靖末以貢授吉水縣學訓導,仕終和州學正。才與兄相埒。有《文和州集》。許初(? —1573),字元復,又字復初,號高陽,同邑人。嘉靖中以貢授教職,官至漢陽府通判。能文學,善書法,精篆刻。彭年(1505—1567),字孔嘉,號隆池,同邑人。嘉靖中期府學生。亦徵明弟子。詩文書法,爲世所稱。有《隆池山樵詩集》。

王杰等撰《石渠寶笈續編》第十九《陳淳寫生一卷》。水墨畫花卉十二:桃花、蘭、梔子、榴花、艾、菖葉、紫薇、菊、藻、蒲草、梅、水仙。蔬果十七:蘿蔔、菘菜、筍、瓜、茄、茭白、芋、枇杷、楊梅、頻婆果、藕、蓮房、菱、石榴、葡萄、栗、香櫞。雜物六:燕、蠶、貓、蛤蜊、蚶、秋蟲。無名款。附題:"陳復甫出入先君子門,因與余爲兄弟交有年矣。余極愛其筆,狎習甚,反不能得之。一日,從許元復、彭孔加、伯兄壽承過其陳湖草堂,迫暮留宿。明日再遊浩歌亭上。客有餽佳酒者,發而飲之,各致醉。復甫遷遷動狂興,余搜得案上紙,徵復甫畫。復甫欣然曰:'諸君能再爲一日留,則作此。'余從臾三兄許諾。點掣飛灑,欲奪造化,迄明日乃完。完時擲筆,謂余曰:'好否?'余曰:'若言不好,則曲筆;言好,又墮時套,余不言。'衆共一笑,少許作别。嘉靖辛酉四月六日,文嘉識。"後幅跋:"白陽先生寫草卉,宛然如生。此卷獨寫零雜纖瑣,若無意於寫,而隨情所至,落筆成象,似乎遊戲楮墨,謔浪友朋。浸假而或迎微風,即欲摇欲舞;浸假而或霑微露,即欲滋欲滴。其餘雜品,不能盡評。乃信先生筆下,自有化工,非可以墨情穎氣言也。展卷閲竟,知爲休承先生弄毫,寄興點洒,遂成描神之技。嘻,虎頭之驢,道子之龍,寫即爲生,不誣也!余稱賞先生筆,不啻魚目混揚隋珠,不勝汗愧。雖然目之所接,情不能已,不自揣腕之,甚拙也。壬申夏日,徐鳴堡。"有"文嘉之印"等收藏印。

按:陳淳四十歲隱居大姚别業,名其陳湖草堂,約四十二歲改稱五湖田舍,同時以字道復行,别字復甫,故是事約在四十一二歲間,因繫此。

關於浩歌亭,在陳淳書畫題識中經常見到,主要有二種説法:一是"於浩歌亭",約始於四十六歲;二是"於五湖田舍之浩歌亭",約始於五十六歲。那麽,浩歌亭究竟在不在五湖田舍呢?

其一,陳淳五湖田舍確有一亭,但不叫浩歌亭,而叫秀野亭。其二,《陳白陽集》附録張寰《白陽先生墓志銘》和《無夢園初集》駐集四《家乘·居第考記》在介紹五湖田舍的景觀中,都未談到浩歌亭。其三,據文嘉所言,浩歌亭應不在陳淳五湖田舍。若在,當晚則可於此宴集,不需明日再遊。而明日遊過此亭,還能在其家宴集,説明離其家不太遠。其四,《陳白陽集》五言律《秋日浩歌亭》曰:"老去惟求志,荒亭日日開。一尊聊自適,三益幾時來?回首碧山暮,驚秋紅樹衰。志機吾已久，魚鳥不須猜。"其五，《無夢園初集》駐集四《家乘·居第考記》有陳淳父鑰詩，云："臨溪嫋嫋千竿竹，繞屋鱗鱗二頃田。且有小舠隨釣去，不妨肥犢繫門前。""二頃田"即200畝田，大約方圓13.22公里。

由是推斷，浩歌亭不在陳淳五湖田舍，而在離此不太遠的自家山野中。換言之，其署"於五湖田舍之浩歌亭"，乃親切的説法，并非實指。

徐鳴堅俟考。

王世貞《弇州續稿》卷一百四十九《吴中往哲像贊》："南京國子博士文三橋先生諱彭，字壽承。故待詔徵明子也。先生少承家學，善正、行、草書，尤工古隸，咄咄逼其父。……先生敦直坦易，於進退取予，皆稱心而受，不爲飾讓。""和州學正文文水先生諱嘉，字休承，彭之介弟也。其書不能如兄工，而畫得待詔一體。鑒賞古跡亦相埒。……先生不能如兄渾然天真，然有分辨，不苟取。"

又《弇州四部稿》卷一百五十四《藝苑卮言附録三》："文博士彭、教諭嘉小楷皆足箕裘，彭肉而圓，嘉俊而佻。行草則彭，有懷素、孫過庭法，而傷率弱。臨摹雙鈎，俱我朝第一手也。"

顧沅《吴郡名賢圖傳贊》卷八《文國博》："公姓文，諱彭，字壽承，號三橋。……家學淵源，畫筆蒼鬱，山水似梅道人。能詩。字學鍾、王，出入懷素、過庭，尤工篆隸。鐫刻圖章，超卓今古，人争寶之。"

又卷八《文和州》："公姓文，諱嘉，字休承，號文水。……能鑒古。山水疏秀，似雲林而有肉。雖著色山水，有幽淡之致。能詩。小楷精勁，尤善行書。"

文含《文氏族譜續集·歷世生配卒葬志》："國博公彭，待詔長子。歲貢生，廷試第一。初任嘉興縣學訓導，補授順天府學訓導，陞國子監學録，仕終兩京國子博士。……生於弘治十年丁巳四月十三日，卒於萬曆元年癸酉正月二十日，年七十七。""和州府君諱嘉，待詔次子。歲貢生。初任吉水縣學訓導，陞烏程縣學教諭，仕終和州學正。生於弘治十二年己未……卒於萬曆十年壬午秋……年八十四。"

又《歷世載籍志》："國博公彭《文博士詩集》、《五經講義》四卷、未刻《詩文》十六卷。""和州公嘉《文和州集》。"

按：《（萬曆）嘉興府志》卷九《郡職》載，文彭嘉靖戊午任府學訓導。黄佐《泰泉集》卷五十四《將仕郎翰林院待詔衡山文公墓志》稱，公初諱壁，字徵明。後以字行，更字徵仲。生子男三人：長彭，嘉興府學訓導。鑒此，文含云爲嘉興縣學訓導，誤。

《（道光）吉水縣志》卷十九《秩官志》、卷二十一《名宦志》謂，文嘉嘉靖中選訓導，隆慶中任。可見，其嘉靖未授此職。

《（崇禎）吴縣志》卷三十七《選舉·貢生》："嘉靖歲貢：許初，字復初，一字元復。……”

又卷五十三《人物十八·藝事·書》:“許初,字復初,一字元復。以縣學生序貢授教職。書法師二王,尤工篆籀,譽重公卿間。擢南京太僕寺主薄,遷漢陽府通判。”

凌迪知《萬姓統譜》卷七十六:“許初,字元復,號高陽,長洲人。……初頗自高伉,不屑下人。有文學,工大書,亦不輕與人書。”

朱簡《印經》:“德、靖之間,吴郡文博士壽承氏崛起,樹幟坫壇,而許高陽、王玉唯諸君相與先後周旋,遂爾名傾天下。”

按:據《弇州四部稿》卷十五《悲七子篇》,許初卒萬曆元年癸酉(1573)下半年,生年不詳。

王世貞《弇州四部稿》卷九十一《明故徵士彭先生及配朱碩人合葬墓志銘》:“彭先生諱年,字孔嘉。……彭先生少穎卓,嗜讀書。讀多六經諸子史、兩漢古金石言,而不喜齷齪習舉子業。……彭先生爲文章,工詳腴,下筆不數千百言不止。尤長記、傳、贊。詠詩大抵宗初盛唐二杜,旁及香山、郢州。精法書,宗右軍《黄庭》、魯公《家廟》、率更《九成》,行體翩翩眉山矣。吴中好事家,以不得彭先生書及詩若文爲愧。郡太守南充王公(廷)察彭先生孝廉,上提學御史真定楊公,爲下博士師幣,徵彭先生入郡庠而歲廪之。已又檄彭先生應鄉試,彭先生爲一之南都,登鍾山、望大江而返。卒不請廪……居無何,竟請於後御史蘄馮公以免。……彭先生生乙丑正月十三日,卒嘉靖丙寅十二月初十日,壽六十有二。”

王兆雲《皇明詞林人物考》卷九《彭孔嘉》:“彭年,字孔嘉,長洲人。少遊於徵明,而潛思大業,彌歲從事讀誦,遂皆究通之。徵明大稱焉,名目以著。”

齊魯書社《四庫全書存目叢書》集部146册:彭年《隆池山樵詩集》二卷。

按:《(康熙)蘇州府志》卷十六《職官一·歷代郡守》云,王廷嘉靖二十一年任。彭年當於之後不久入郡庠。

魏國公徐鵬舉治樓船、盛厨,邀宴南京。陳淳不欲往,雅愛其山水,强爲登舟。抵京,讓使者先往,自己竟以輕囊從間道,憇野寺,逍遥月餘歸。

徐鵬舉(1497—1570),字岳之,號獨軒,鳳陽(今安徽鳳陽縣)人。正德十三年(1518)襲爵。時守備南京,掌中軍都督府事。後加太子太保,卒於官。

陳仁錫《無夢園初集》駐集四《家乘·白陽公小記》:“南都徐國公治樓船、盛厨,傳以延公。公意不欲往,雅愛金陵山水,强爲登舟。抵京,給其使輩曰:‘汝先往,吾爲之後矣。’公竟以輕囊從間道,憇野寺,逍遥月餘歸。徐大索客弗得。”

按:徐國公即魏國公徐鵬舉,正德十六年辛巳(1521)守備南京,掌中軍都督府事。而陳淳去年六月歸蘇。又右都御史巡撫應天等府陳鳳梧約後年以刺邀見，其曰："王公不得召我，况中丞乎？"毋庸置疑，徐鵬舉邀宴南京在去年六月至後年間，繫此應距事實不遠。

《明穆宗實録》卷四十二："隆慶四年二月……辛丑（三日）……南京中軍都督府掌府事魏國公徐鵬舉卒。鵬舉以正德十三年襲爵。十六年守備南京，掌中軍都督府事，奉祀孝陵。嘉靖四年加太子太保，至是卒。"

沈德符《野獲編》卷五《勳戚·魏公徐鵬舉》："徐鵬舉者，中山武寧王七世孫也。父奎璧，夢宋岳鄂王語之曰："……今世且投汝家……"比生，遂以岳之字名之。"

王世貞《弇山堂别集》卷四十二《太子太保》："徐鵬舉，直隸鳳陽人。"

按：瞿景淳《瞿文懿公集》卷四《壽魏國獨軒徐公七十序》云："獨軒徐公者，中山武寧王七世孫也。……今歲丙寅（1566），公壽登七十，六月八日維公誕辰。"據此，其弘治十年丁巳（1497）六月八日生。

初，祝允明爲陳淳父鑰作楷書《宋詞三首卷》。時，過訪，淳拈出相示，欲更草書，其從之。紙剩，又補以李調，遂成《唐宋詞四首卷》。

無錫市博物館藏《祝允明草書唐宋詞卷》款云："卅年前偶爲韋齋太史書宋詞，今夕白陽拈出相示，且欲更草書，遂從之。紙剩，補以李調。允明。"（圖26）

按：此卷唐宋詞四首，爲辛棄疾《摸魚兒》、秦觀《踏莎行》、歐陽修《蝶戀花》、李白《菩薩蠻》，卷首缺損二十一字。據祝允明語氣和款後無印章，當過訪陳淳時爲書。接縫處皆有陳淳"白陽山人"白文方印，末尾左下角有"陳道復氏""陳淳之印"白文方印，確真無疑。

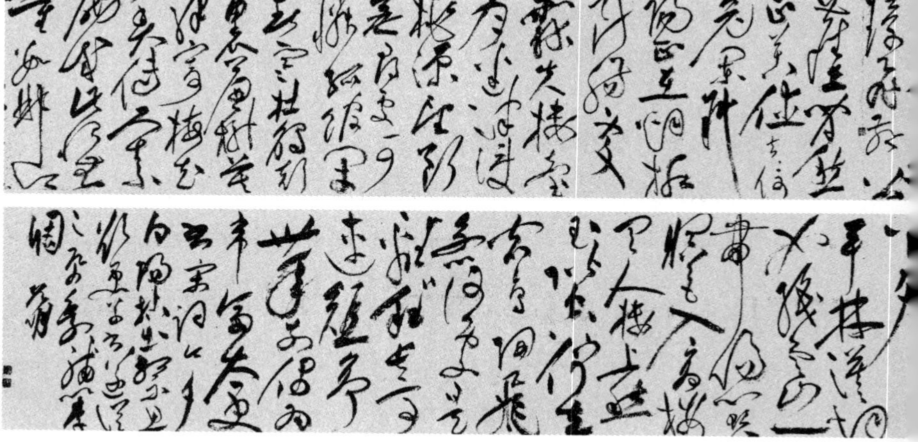

圖26　祝允明爲陳淳作《草書唐宋詞四首卷》

陳淳正德十二年丁丑(1517)二月後號白陽山人,十四年己卯(1519)五月北上,嘉靖二年癸未(1523)六月歸蘇。而祝允明正德十年乙亥(1515)出任興寧令,嘉靖元年壬午(1522)仕終應天府通判,五年丙戌(1526)末卒。可見,其過訪爲書在去年六月至後年間,繫此應距事實不遠。

是年,正月,兩京等地地震。二月,蘇、常、鎮三府地震,免税糧有差。南京地震。七月,以旱災免應天、蘇、松、常、鎮等地夏税有差。九月,定大禮,詔天下。

嘉靖四年乙酉(1525) 四十二歲

正月七日,於五湖田舍之秀野亭作《松涯泛棹圖軸》。

張大千《大風堂名跡》第四集《明陳淳松涯泛棹圖軸》款云:"嘉靖乙酉人日,白陽山人陳淳作於五湖田舍之秀野亭。"

按:五湖田舍即其大姚别業,原稱陳湖草堂。關於原稱,顯然是因地理位置。而更現稱,卻另有原由。

宋代米友仁妹嫁大姚,於是常來探望,遺留了大量書畫作品。陳淳祖父璚嘗從友人手中獲得兩件,其中《行書三詩卷》款云:"紹興戊午季春十一日書於大姚五湖田舍,元暉。"由是,陳淳自幼得觀米友仁書畫,知其稱探妹所居之處爲五湖田舍。而他是時正處於書畫變革中,并自此一直鑽研其書畫,逐漸形成自我風

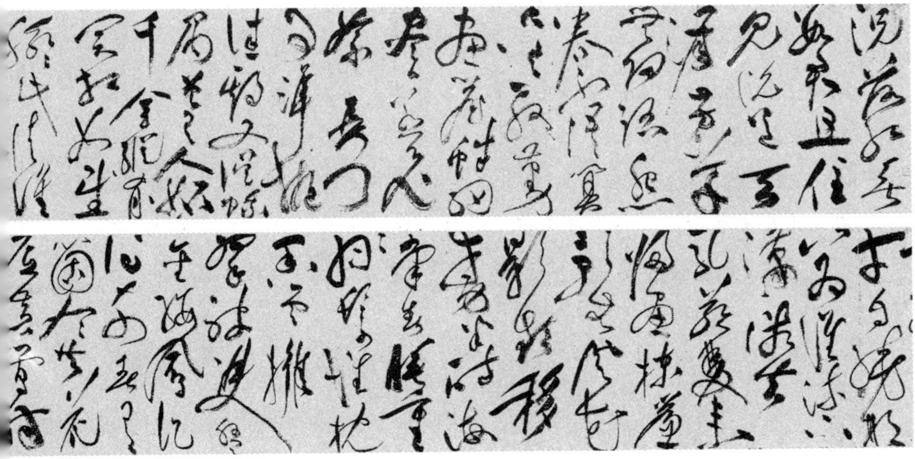

格。故以此爲大姚别業齋號，是表達對米友仁的仰慕和奉其爲楷模的决心。

二月十五日後，顧履方以紙索圖，談及沈周嘗作《老圃秋容圖》，欲陳淳仿佛之，淳遂爲作條幅。

顧履方(1497—1546)，字仲立，號恒齋，崑山縣(今江蘇崑山市)人。鼎臣長子，亦文徵明内表外甥。正德間縣學生。明年侍父往京師，尋入國學。又二年，舉鄉試。屢試禮部輒斥，竟卒。

汪砢玉《珊瑚網》卷四十《陳道復老圃秋容圖》。淺色大幅，擘窠書款："嘉靖乙酉春仲望後，恒齋以此紙索圖，談及石田先生嘗作《老圃秋容》，蓋欲予仿佛之也。圖畢漫記，白陽山人陳淳。"

卞永譽《式古堂書畫彙考》卷五十九亦載此作。

按：蕭平《陳淳》附鄒正玉《陳淳書畫作品編年表》誤將卞永譽所載繫弘治十八年乙丑(1505)。天津人民美術出版社《陳淳精品畫集》附單國霖《陳淳行跡及書畫作品編年表》從之，但不同的是，將汪砢玉所載繫本年。

文徵明《甫田集》(三十六卷本)卷三十一《鄉貢進士贈承德郎尚寶司司丞顧君安人梁氏合葬銘》："君諱履方，字仲立，别號恒齋，故大學士文康公之子也。……年十四選爲縣學生，益精進不懈。及侍文康公居京師，卒業於學士吴公仁甫，益見端緒。尋入國學，受知於故祭酒陸文裕公，月課率在高等。戊子，舉順天鄉試。試禮部，不中。及文康居宥密，以嫌故，數試輒斥。……文康薨於位，君扶護南還，不復有仕進意。朱夫人勉使就試，試又輒斥。居二年，得疾，遂不起。……君静重厚默，謙約自將。……出入閭巷，傔從斂約，被服雅素，人不知其宰相子也。與鄉人處，卑抑誾誾，不少驕揚。或肆侵侮，輒起逸去，不與校。……君生弘治丁巳三月廿有四日，卒嘉靖丙午七月廿有九日，享年五十。"

按：陸深《儼山集》卷八十《光禄大夫柱國少保兼太子太傅禮部尚書武英殿大學士贈太保謚文康顧公行狀》云，公諱鼎臣，字九和，號未齋，蘇之崑山人。嘉靖壬午三月以左諭德兼侍讀歸省祭上，癸未告病家居，丙戌冬赴闕。長子履方。顧鼎臣《顧文康公文草》卷六《明故河南布政司右參政進階嘉議大夫吴公墓表》曰，公姓吴氏，諱愈，字惟謙，世家崑之積善鄉。吾適母寔公伯姊，公於鼎臣舅甥之愛越庸也。女六，三適翰林院待詔文徵明。

鑒此，顧履方，鼎臣長子，文徵明内表外甥。明年冬侍父往京師，尋入國學。

春日，仲子陳栝作《山水圖卷》。

文物出版社《中國古代書畫圖目》十四《明陳栝仿米山水圖卷》款云："嘉靖乙

酉春日,雨中寫景,陳栝。"廣州美術館藏。

七月二日,内表叔陸完卒於福建鎮海衛,享年六十九。其表外甥致仕南京吏部郎中丁奉有《誄文》,親家致仕監察御史顧潛和潛三叔左諭德兼侍讀顧鼎臣有《祭文》,致仕廣東右參政林魁有《吊詩》。

《(光緒)漳州府志》卷五十《紀遺下》:"嘉靖初,吏部尚書陸完坐通逆藩,謫戍鎮海衛。四年七月二日,卒於漳開元寺之碧玉堂。……白石林魁有《吊陸水村》詩:'深山聞訃淚空流,中立終非爲國謀。獨有狼山風捲海,可憑青火照千秋。'又云:'謂公負國則不可,謂公忠國又難言。千秋太武山頭月,惟有登臨一愴然。'"

丁奉《南湖先生文選》卷八《冢宰陸公誄》:"公諱完,字全卿,號水村,世爲蘇之長洲人。歷仕大明憲、孝、武三朝,其志忠,其功大,古之名將相不是多矣。惜乎!國事所倚,不獲早歸。值佞倖江彬與争進者誣以寧賊之黨,尋爲公論所白,以貶。卒年六十九。……予以母氏姻婭知公素悉,乃哀而誄之。"

顧潛《静觀堂集》卷十四《祭陸水村文》,略。

顧鼎臣《顧文康公三集》卷三《祭陸水村文》,略。

按:丁奉(1480—1542),字獻之,號南湖,常熟縣(今江蘇常熟市)人。陸完表外甥。正德三年(1508)進士,除行人。遷南京吏部主事,陞至郎中。九年(1514)丁内艱。服闋,詔起,乞休不赴,遂以原官致仕。精通經史,雅工詩文,沉酣《六籍》,訓注《五經》。有《南湖留稿》等著。(《(康熙)常熟縣志》卷十七等)

顧潛(1471—1534),字孔昭,號西巖,崑山縣(今江蘇崑山市)人。陸完親家。弘治九年(1496)進士,選翰林庶吉士。改監察御史,有政聲。久之,提督京畿學校。正德間,因伉直出爲馬湖知府,未任,罷歸。後詔以原職致仕。有《静觀堂集》諸著。(《張文定公靡悔軒集》卷七《西巖顧公墓志銘》)

顧鼎臣(1473—1540),字九和,號未齋,崑山縣(今江蘇崑山市)人。潛三叔,亦文徵明内表弟。弘治十八年(1505)狀元,授修撰。正德間,歷至左諭德兼侍讀。嘉靖改元,歸省祭上。次年,養病居家。逾三年,赴闕。擢翰林學士,晋詹事府詹事、禮部右侍郎、吏部左侍郎、禮部尚書。十八年(1539),加少保兼太子太傅、武英殿大學士。未幾,卒於任。贈太保,謚文康。有《顧文康公文草》諸著。(《儼山集》卷八十《顧公行狀》等)

林魁(1476—1540),字廷元,號白石山人,龍溪縣(今福建漳州市)人。弘治十五年(1502)進士。授户部主事,歷至郎中。出知鎮江。擢山西提學副使,調雲南兵備。正德末陞廣東右參政,旋致仕。有《白石野稿》。(百科綱等)

八月，袁袠舉應天鄉試第一。既而北上京師，參加明年二月會試。陳淳作《北征圖卷》，祝允明題引首，并與袁表、袁褧、袁褒、袁袞、彭昉、錢貴、王寵、王圖、文彭、顧璘、湯珍、湯瓊、陸芝、金用題詠，爲之送行。

袁袠（1502—1547），字永之，號胥臺，吴縣（今江蘇蘇州市）人。明年舉進士，選翰林庶吉士。授刑部主事，轉兵部。以部署火災戍湖州，後赦歸，許原官致仕。復補南京兵部。仕終廣西提學僉事。有《袁永之集》諸著。二兄褧（1495—1573），字尚之，號中皋子、謝湖等。正德間縣學生。嘉靖二十二年（1543）貢入太學，卒業歸。喜繪畫，善屬文，尤長於詩，亦刻書家。有《田舍集》諸著。三兄褒（1499—1577），字與之，號卧雪。太學生。精鑒賞，工翰藻。有《東窗筆記》等著。從兄袞（1499—1549），字補之，號谷虚。正德間府學生。嘉靖十七年（1538）進士，官至禮部員外郎。有《袁禮部集》。彭昉（1470—1528），字寅甫，又字寅之，長洲縣（今江蘇蘇州市）人。年父。正德六年（1511）進士，累任新會令。去年因積忤上官，劾之歸。錢貴去年以鴻臚丞致仕。王寵是年六試應天不售。顧璘嘉靖二年（1523）以江西按察使致仕，八年（1529）起復山西，轉浙江左右布政使。湯瓊（生卒不詳），字子鳳，與昉同邑人。珍弟。陸芝（生卒不詳），字幼靈，號陽抱山人，同邑人。袠從外甥女婿。府學生。嘉靖十一年（1532）貢入太學。三十二年（1553）官攸縣令，致仕歸。金用（？—1563 尚在），字元賓，同邑人。府學生。亦王寵弟子。才敏，善詼諧，能書法。

張廷濟《桂馨堂集·清儀閣雜詠·袁永之北征圖》："絹本，横卷，高六寸七分，長二尺五分，陳道復畫。前有祝京兆題'北征'二大字，後有祝京兆、王雅宜、文壽承、彭寅甫、顧華玉、錢貴、湯子重、湯子鳳、陸芝、王圖、金元賓、袁邦正、袁尚之、袁補之、袁與之諸題詠。嘉靖四年乙酉科，袁永之袠領應天鄉薦第一。此其入都時，諸友人送行作也。"

袁廷檮《吴門袁氏家譜》卷五《譜圖·五房一支譜圖》："袠，鼒四子。行五，字永之，號胥臺。……嘉靖四年乙酉，以《易經》中應天鄉試解元……聯第丙戌科……二甲第一名傳臚，選翰林院庶吉士。……丁亥，改刑部福建清吏司主事。……庚寅……調兵部武選司主事。部火，初公不附權貴，誣陷縱火，廷杖繫獄。辛卯，謫戍湖州千户所。癸巳，恩詔赦爲民。丙申，詔復冠帶。戊戌，詔許原官致仕。……庚子三月，復補南京兵部武選司主事。尋遷本部職方司員外郎。辛丑，擢廣西按察司僉事，奉敕督學。癸未四月，引疾致仕。……所著有《袁永之集》《世緯》《明獻實》《吴中先賢傳》《歲時記》《周禮直解》等書行世。生於弘治十五年壬戌十月二十六日，卒於嘉靖二十六年丁未六月十三日，年四十有六。”

按：《明世宗實録》卷二百三十二載，其嘉靖十八年己亥(1539)十二月十日復職。袁廷檮云“庚子三月”，當爲赴任時間。

汪琬《堯峰文鈔》卷三十五《袁氏六俊小傳》：“謝湖先生諱褧，字尚之。晚耕謝湖之上，故以自號。吴縣學生，屢試輒第一。凡七赴應天試不利，循例入太學。博學，善屬文，知名吴中。凡上官有司至吴者，聞先生名輒折節與交。性最亢潔，學尤長於詩。喜繪花鳥，有逸趣。書法入米元章之室。……所著《田舍集》《遊都三稿》《譜系八述》，并編《類金聲玉振》等稿甚夥。”

江蘇人民出版社《江蘇藝文志・蘇州卷》第一分册《蘇州市、吴縣市》：“袁褧(1495—1573)，字尚之，號中皋子，自號謝湖居士、石湖漫士。明吴縣人。鼒次子。嘉靖二十二年國學生。累試不利，遂一意汲古，收藏典籍，校刻發行，傳播學術，爲著名刻書家。……治《易經》，工詩文，既能品畫，又能作寫生小品。”

汪琬《堯峰文鈔》卷三十五《袁氏六俊小傳》：“卧雪公諱褒，字與之。太學生。身長七尺，音如鉅鐘，雅薄功名，不肯仕。與人交不設城府，輕財好施，有以急難告者，傾橐濟之，無所吝。潛心讀書，不喜浮屠老子之説。晚而卜地桃花塢，築室灌園，抱膝長吟其間，於聲勢泊如也。……公所著有《東窗筆記》《括囊稿》若干卷。”

江蘇人民出版社《江蘇藝文志・蘇州卷》第一分册《蘇州市、吴縣市》：“袁褒(1499—1577)，字與之，晚自稱卧雪翁。明吴縣人。鼒三子。補南京太學生。嘉靖三十三年，倭寇薄城，率鄉人避於茶塢山莊，保全甚衆。尚風節，重然諾，輕財好施。……精鑒賞，工翰藻。”

又《江蘇藝文志・蘇州卷》第一分册《蘇州市、吴縣市》：“袁袞(1499—1549)，字補之，號谷虚。明吴縣人。鼒長子。年二十一補府庠生。嘉靖七年舉人，十七年進士。十九年知江西廬陵縣，多惠政。二十二年爲禮部儀制清吏司主事……二十五年陞本司員外郎。二十六年引疾歸。以學行稱世，治《易》。”

汪琬《堯峰文鈔》卷三十五《袁氏六俊小傳》：“谷虚先生諱袞，字補之。……所著有《袁禮部集》行於世。”

文徵明《甫田集》(三十六卷本)卷三十《彭寅甫墓志銘》載：君諱昉，字寅甫。其先國初以尺籍徙隸蘇州衛，遂居蘇之長洲。君以進士出知湖廣之公安。會枝江盜發。事聞，有詔督捕定罪。盜既得，而藏繦無獲，法得不問。坐不戢盜，鐫一官，責降廣東德慶州判官。久之，稍遷知廣之新會。用公積忤上官，乃以“惰弱不勝任”劾君，而君亦倦遊矣。既歸，杜門掃軌，不與流俗競相還往。日發其所藏書，披閲涵泳，間爲論著，亦往往賦詩自悼，然皆不以示人。或時引酒酣暢，輒復理詠，意凄然若不能自釋者。君生成化庚寅正月某日，卒嘉靖七年戊子二月十又三日，享年五十有九。子男二人，長年。

王鏊《姑蘇志》卷六《科第表下·進士》："正德六年辛未楊慎榜：吴，彭昉寅之。"

據《（康熙）新會縣志》卷六《秩官·守令》：彭昉，正德十五年至嘉靖三年任。

文徵明《甫田集》（三十六卷本）卷三十《明故鴻臚寺寺丞致仕錢君墓志銘》："嘉靖甲申，錢君元抑（貴）以鴻臚丞致仕，還長洲。"

又（三十六卷本）卷三十一《王履吉墓志銘》："（寵）蓋自正德庚午至嘉靖辛卯，凡八試，試輒斥。"

又（三十六卷本）卷三十二《故資善大夫南京刑部尚書顧公墓志銘》："公諱璘，字華玉……陞山西按察使。以親老辭，不允。尋以病免。戊子[己丑]，起爲江西按察使，未行。陞浙江右布政使，轉左布政使。"

按：《明世宗實録》卷二十五、卷一百〇五載，顧璘嘉靖二年癸未（1523）四月六日陞山西按察使，八年己丑（1529）九月二十一日起任江西。鑒此，其約前年下半年致仕。

顧沅《吴郡文編》卷一百七十一彭年《雙梧先生湯公行狀》："公姓湯氏，諱□（珍），字子重。其先……遷長洲，居城中碧鳳里。……其弟瓊，恩禮交至，白首無間。"

按：湯子鳳蓋湯珍弟瓊，行實待考。

《（乾隆）長洲縣志》卷二十《科目·明貢生·由府學貢》："嘉靖間：陸芝幼靈，十一年貢。攸縣知縣。"

《（順治）攸縣志》卷四《職官年譜·知縣》載：嘉靖三十二年至三十五年任，陸芝，長洲人，由選貢。

按：汪砢玉《珊瑚網》卷三十九録《衡山竹居圖卷》，後記稱其陽抱山人陸芝。袁袠《胥臺先生集》卷十六《沈子仁墓志銘》謂，吾姊夫沈君子仁，配袁氏，即我方齋從父之仲子也。女二，次嫁太學生陸芝。可知，陸芝號陽抱山人，乃袁袠從外甥女婿，太學生。

陸延枝《説聽》卷下："府學生金用元賓，才敏，善詼諧。每嘲人詩歌及俳語，頃刻立成，人争傳以爲笑。"

王世貞《弇州續稿》卷一百六十四《有明三吴楷法二十四册·第二十三册》："元賓爲履吉上足……"

按：陸心源《穰梨館過眼續録》卷七《明名人爲顧太夫人壽册》第二十一頁即其《五言古詩》，署"長洲金用"。日本東京大學出版會《中國繪畫總合圖録》第一卷《明王寵草書九歌卷》後有其題跋，署"癸亥（1563）五月十日"，知此年尚在。

王圖待考。

是年,作《荷花軸》。

胡積堂《筆嘯軒書畫録》卷上《陳白陽水墨荷花軸》款云:"嘉靖己[乙]酉,白陽山人道復。"

約是年,以字道復行,别字復甫。

陳淳《陳白陽集》附録張寰《白陽先生墓志銘》:"白陽先生陳君,諱淳,字道復。後以字行,别字復甫。"

按:以當時禮制,自稱名,人稱字。以當時印制,名加印,字加氏。經通覽存世與著録的陳淳書畫、藏書署款和用印,發現其四十九歲後,基本都署"道復""陳道復",印章亦間用"陳道復印""復父氏"白文方印。而之前的情况比較複雜,筆者曾就相關資料列表分析,其二十四歲和三十一歲各有一署"道復""陳道復"的作品,但是孤立的,估計衹有更字想法而已。四十二歲始,大多年份都有署"道復""陳道復"的作品,并且四十三歲於所藏《淵穎吴先生集》上鈐"陳道復印",四十六歲於書畫上鈐"復父氏"印,故其以字道復行而别字復甫約始於四十二歲。

需説明的是:(1)其四十二歲至四十九歲間,一直有署"淳""陳淳"以及鈐"淳"朱文方印、"陳淳之印""陳淳私印""古吴陳淳"白文方印的作品。之後,基本不再使用。(2)其自始至終用"陳道復氏"白文方印。起初是表字,後含現名字的由來。

是年,九月二十二日,都穆卒,年六十七。

胡纘宗《鳥鼠山人小集》卷十五《明中憲大夫太僕寺少卿致仕都公墓志銘》:"公諱穆,字玄敬。……年六十有七卒,實嘉靖乙酉九月二十二日。"

項元汴生。

吴榮光《歷代名人年譜》卷九:"乙酉嘉靖四年,項子京元汴生。"

董其昌《容臺集》卷八《墨林項公墓志銘》:"子京夷然大雅,自遠權勢,所與遊皆風韻名流,翰墨時望,如文壽承、休承、陳淳父、彭孔嘉、豐道生輩,或把臂過從,或遺書問訊,淡水之誼,久而彌篤。"

按:陳淳很多書畫皆經其手流傳至今。

是年,三月,仁壽宫災。八月,重建。十一月,免蘇、松等府正官朝覲。十二月,《大禮集議》成。

嘉靖五年丙戌（1526）四十三歲

三月八日前，爲敬叔作《山水卷》。八日，王寵有跋。

台北故宫博物院《故宫書畫圖録》十九《明陳淳山水卷》款云："道復。"後跋云："陳君道復善圖山水，下筆輒不凡。此卷蓋仿米南宫筆意，煙巒雲樹，參差隱見，不可名狀。披閱之餘，但覺心神俱爽耳。時嘉靖丙戌三月八日，敬叔弟携觀石湖草堂，書此歸之。雅宜山人王寵識。"

按：據王寵跋，陳淳此畫乃是年三月八日前爲敬叔作。

香港中文大學出版社《至樂樓藏明清書畫》圖15《王寵草書自書詩卷》款云："戊子三月望後二日，雅宜山人王寵書與敬叔老弟閑覽。"可見，敬叔比王寵小，與其交遊頗多，應爲蘇州或周邊地區人，姓名俟考。

春日，訪文嘉，爲題《祝允明書古詩十九首并榜枻歌、秋風辭卷》，有云："余雖愚陋，受教於吾師衡山先生之門，間語筆意，恨莫能從也。"

文徵明輯《停雲館法帖》卷十一《國朝名人書·祝枝山書》。《行草古詩十九首》款云："暇日，過休承讀書房，案上墨和筆精，粘紙得高麗繭，漫寫十九首，遂能終之。亦恐不負傷蠶之誚也。乙酉九月，枝山子希哲甫。"《章草越人榜枻歌、楷書漢武帝秋風辭》款云："作行草後，尚餘一紙，因爲此二章。聊試筆耳，不足存也。枝山附記。"後跋云："余嘗觀諸家書法，知古人用心於字學者亦多矣。余雖愚陋，受教於吾師衡山先生之門，間語筆意，恨莫能從也。今吴中名書家輒稱枝山、衡山二公，其抗衡者□。休承出示此卷，不能不興仰止之嘆。嘉靖丙戌春日，陳淳堇識。"（圖27）

按：陳淳跋無印章，應訪文嘉時爲題。據文含《文氏族譜續集·歷世第宅坊表志》，文嘉亦居吴縣城北即蘇州城西北中街路曹家巷的停雲館。

六月，二姑父王延素服除，補南京中府都事。二姑母陳孺人從之。

皇甫汸《皇甫司勳集》卷五十三《明中順大夫思南府知府王公墓志銘》："大夫諱延素，字子儀……因拜南京中府都事。……甲申，丁太傅艱。服除，補中府。"

王熙桂等編《太原家譜》卷二十一楊循吉《思南公元配陳太宜人墓志銘》："（鏊）仲子督府君子儀……厥有良配，曰宜人陳氏，南京都察院左副都御史長洲陳公璚之女也。……歲甲申……太傅薨，君歸守制。起復，再任留京。以宜人從。"

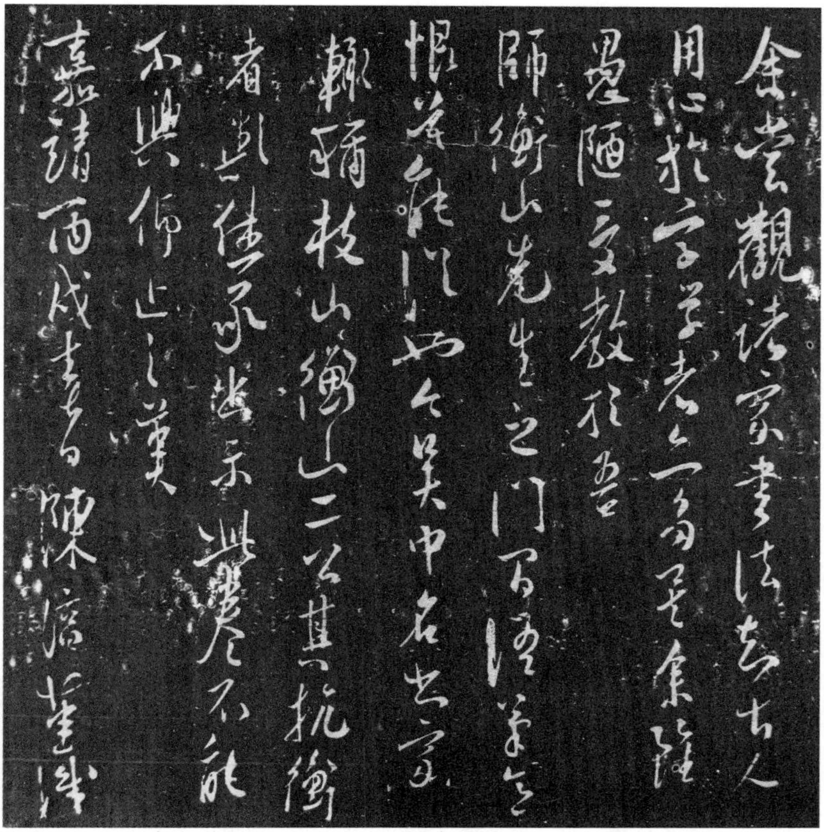

圖 27 陳淳爲文嘉題《祝允明書古詩十九首并榜枻歌、秋風辭卷》

按:王鏊前年三月十一日卒,以守喪二十七個月,王延素是年六月服除。陳氏時爲孺人。

七月十三日,歸五湖田舍,有詩,講述追求功名和隱居田園的感受。

文物出版社《中國古代書畫圖目》十六《明陳道復行草自書詩卷·丙戌七月十三日歸五湖田舍作》:"南北追忙廿載餘,鬢邊華髮漸疏疏。聰明已覺非前日,貧薄還憐有舊廬。秋興杖藜吟橘柚,晚凉呼酒醉琴書。江湖自古多真逸,點檢塵踪愧不如。"吉林省博物館藏。

按:此卷爲水塘叔書,共四十二首詩,乃是年七月十三日至後年春作,上詩爲第一首。凡下列涉此卷内容者,不再説明。

澳門藝術博物館《故宫上博珍藏青藤白陽書畫特集》别册《陳淳、徐渭年表》此條云:"七月十三日,陳淳歸白陽山居五湖田舍,有詩爲記……"顯然,是誤將陳淳五湖田舍當作白陽山居的一部分。實際上,兩者是其在不同地方的别業——

五湖田舍在長洲縣大姚村;白陽山居在吴縣穹窿山南、靈巖山左,時尚未建造。

八月,有客送酒,作詩以謝。

文物出版社《中國古代書畫圖目》十六《明陳道復行草自書詩卷·謝客送酒》:"名利撩人奈爾何,閑中所得較來多。迂疏不作窮途嘆,賴有王猷載酒過。"吉林省博物館藏。

八月,懷社中諸友,有詩。

文物出版社《中國古代書畫圖目》十六《明陳道復行草自書詩卷·懷社中諸友》:"養拙居湖上,真成一老翁。秋風懷伴侣,情極雁行中。"吉林省博物館藏。

按:《陳白陽集》七言律《夏日懷社中諸君子》云:"平生迂拙自難禁,獨鳥依依戀舊林。投分卻憐師友闊,會心剛道水雲深。風行曲檻通荷氣,日麗中天墮竹陰。閑適也知消不得,呼兒拭几一鳴琴。"可知,"社中"是指師門。

秋日,於雙桂軒讀元吴萊《淵穎集》,有題。

王文進《文禄堂訪書記》卷五:"《淵穎吴先生集》十二卷,附録一卷,元吴萊撰。……又明初宋璲寫刻本。首題曰:'嘉靖丙戌秋日,陳淳讀於雙桂軒。'……有'陳道復'……各印。"

按:雙桂軒待考。所載各藏家印章凡十方,引號内俱無"印"字。經勘,是著皆用略寫,乃體例使然。知所載實爲"陳道復印"。現僅見一白文方印,可能即此。

十月,早起,有詩。

文物出版社《中國古代書畫圖目》十六《明陳道復行草自書詩卷·早起》:"早起有寒色,擁鼻還讀書。田父語隔牖,野禽鳴繞廬。但願取自適,安暇謀其餘。被褐出門去,曦光下階除。"吉林省博物館藏。

十月,濮州令張寰、崑山令王朝用過訪不遇,陳淳追陪之,夜宴親家夏澤宅,有詩。

張寰(1486—1561),字允清,號石川,崑山縣(今江蘇崑山市)人。陳淳親戚。正德十六年(1521)進士,授濟寧州令。調今官。時丁内艱居家。明年服除,補開州。累任通政右參議。性質坦夷,儀度瀟灑,尤好覽勝,喜獎掖後進。有《川上稿》。王朝用(生卒不詳),字行甫,號鶴峰,隴西縣(今屬甘肅)人。乃寰同年進士。授懷寧知縣,遷今官,陞監察御史,仕終宣城知縣。夏澤(生卒不詳),號東浦,長洲縣(今江蘇蘇州市)人。諸生。

文物出版社《中國古代書畫圖目》十六《明陳道復行草自書詩卷·陪王令鶴峰宿東浦宅》:"小艇衝寒出,追陪兩使君。沙鷗飛斷渚,海鶴下孤雲。久坐渾忘世,高談總是文。夜深燈蠟盡,一榻許平分。"吉林省博物館藏。

按:此詩收入《陳白陽集》五言律,題爲《陪崑山張濮洲[州]夜宴東浦宅》,亦見《(康熙)吴郡甫里志》卷八《雍泮詩》,題爲《陪崑山張濮州夜飲夏東浦宅》。據"小艇衝寒出,追陪兩使君"語,張濮州、王令鶴峰訪陳淳不遇,其追陪之。

"張濮州"即濮州令張寰。《陳白陽集》附録張寰《白陽先生墓志銘》云:"冢婦沈……乃屬其母舅眉州倅趙公禧奉周君光所具狀,乞銘於予。予與君累世通家友善,而君之外舅都水公與先考刑部府君又同年雅厚,眉州公寔予姊丈。"又《(嘉靖)濮州志》卷七《歷官志》載,張寰令前年八月丁内艱。《(嘉慶)開州志》卷四《職官志》載,張寰令明年任。鑒此,其是陳淳長媳沈氏母舅趙禧之内弟,時丁内艱居家。

據歸有光《震川集》卷二十三《通政使司右參議張公墓表》:公姓張氏,諱寰,字允清,世爲蘇州崑山人。公登嘉靖(正德)辛巳進士。明年,知濟寧州。時奉直公就養在濟,雅不樂公居孔道,晨夜飭儲偫候望。公遂疏乞改官,調濮州。丁内艱。服除,補開州。陞刑部山西清吏司員外郎。尚書以公才,令攝浙江司郎中。居頃之,予告歸養。奉直公春秋高,年八十有四而終。居喪。服除,授通政司右參議。會九廟災,公遂自陳,得致仕。公之歸也,惟以圖史自娱。臨摹法書,揮翰竟日不倦。好遊名山,足跡幾遍東南。欲爲太嶽之遊,而遘疾不起矣。實嘉靖四十年正月二十四日,年七十有六。公爲人篤於行誼,少年有善,推獎逾分,以故多依歸之。晚歲惟務遊覽,在舟中之日爲多,家事一無所問。人望之,蕭然有神仙之氣。

《(萬曆)崑山縣志》卷六《人物二·仕宦》:"張寰,字允清。……性質坦夷,儀度瀟灑。平生未嘗談人之過,間有指摘隱微者,輒俛默若不聞。然尤好吟詠,嘗遍遊諸名山,會意處輒揮灑寄興,恒自方古之陶峴。"

黄虞稷《千頃堂書目》卷二十二:"張寰《川上稿》二卷。"

又,王鏊《姑蘇志》卷四《古今守令表下·縣令·崑山》謂:"王朝用,隴西人。進士。嘉靖二年任,陞監察御史。"以三年考績,約明年陞御史。《明世宗實録》卷九十二載,其後年已任該職,亦可證明。而其乃張寰同年進士,故"王令鶴峰"必爲此人,"鶴峰"即其號。

《(雍正)甘肅通志》卷三十四《人物·鞏昌府》:“王朝用,字行甫,隴西人。正德十六年進士,授懷寧知縣。時值盗賊蜂起,又當逆濠兵燹之餘,卹民袪弊,敏而惠士,民懷之。擢御史,敕按鹺兩淮。朝用請復舊額,商稱便而課亦通。巡按山西,議平太行巨盗,讞獄摘奸,卓有風裁。未幾,以毁謫和州判。”

《(光緒)直隸和州志》卷十二《職官志·名宦二》:“王朝用,甘肅進士。嘉靖十三[二]年以御史謫判和州,果敢有爲。疏縣河,建石閘。儒學舊在城東隅,改建於百福寺基。陞宣城知縣。”

據《(嘉慶)寧國府志》卷三《職官表·職官中·宣城知縣》:嘉靖十六年至十七年,王朝用,隴西人。進士。

又,《(康熙)吴郡甫里志》卷八《庠員·明朝》云:“夏澤,字東浦,長洲。”榮寶齋出版社《故宫藏明清名人書札墨跡選·明代一》載陳淳寫給東浦的二封信,其一曰:“近日勉赴高鄰之召,專拜門下,獲瞻二雛而去,真鳳種也!羡甚羡甚。道經令侄,過承延款,不意復有此也。一笑。適奉手教,知有瘇患,謹奉丸藥,并附舊方,即瘥當造賀。……淳頓首頓首。東浦尊親家先生大人。”其二曰:“秋來忽忽,渴欲一見,無緣也。朱生向造宅,已嘗道尊意,蓋已領之矣。凉篷一節,多承費心。但遣匠氏爲規畫,則又過厚矣。恐不當如此,但得假小杉木數莖足矣。旦晚尚令朱生詣前耳。……七月望日,淳頓首。東浦尊親家先生契兄。”卞永譽《式古堂書畫彙考》卷二十六除有其中之一,還有二封寫給他的信,其一曰:“僕近以閑事到松陵,返棹時經宅前,願一登拜。……承謂‘塵坌不入户,文墨日相親’,正未然耳。負愧負愧。……《東浦圖》奉上,細閱殊不佳。《玉池圖》當辦還。……十一日,淳頓首。東浦尊契丈親家先生。”其二曰:“適朱生來,接執事廿八日書,展誦之餘,足見親愛。昨日小孫周歲,城中無一字及,老夫不知,乃屈執事,失陪,惶恐。曾有俚鄙四句,寄我小孫,想發一笑,過矣。乘便草草,比爲塵土作癢。……十月二日,淳頓首。東浦尊契兄親家執事。”毫無疑問,“東浦”即夏澤號,非字也,居長洲縣大姚,諸生。乃陳淳親家,兩人交遊甚密,感情深厚,經常談文論藝。

十一月,雪夜,與葛舟對酌,有詩。

文物出版社《中國古代書畫圖目》十六《明陳道復行草自書詩卷·雪夜與葛舟對酌》:“獨卧滄江上,風高雪更深。故人能對榻,時事卻關心。酒盡平生話,詩成此夕吟。何妨頻易燭,千載幾幽尋?”吉林省博物館藏。

按:此詩收入《陳白陽集》五言律,曰《夜雪與葛閑月對酌》,閑月蓋葛舟號,名待考。

十二月五日,吴淞道中有詩,透露出"習懶也償兒女債""年來已覺衰遲甚"的愁思。

文物出版社《中國古代書畫圖目》十六《明陳道復行草自書詩卷·臘月五日,吴淞道中》:"歲暮猶爲入郭行,迢迢江路凍雲平。四山雪積瓊瑶色,兩岸冰流環佩聲。習懶也償兒女債,多愁剛被利名縈。年來已覺衰遲甚,臨水登山興亦輕。"吉林省博物館藏。

十二月五日後,有《冰合戲作》詩,反映卻恐東風勾引索租人的心情。

文物出版社《中國古代書畫圖目》十六《明陳道復行草自書詩卷·冰合戲作》:"重湖凍合無交接,菜飯鶉衣穩稱貧。卻恐東風不諳事,又來勾引索租人。"吉林省博物館藏。

十二月上旬,禮部主事豐坊有詩見贈,陳淳次韻奉答。

豐坊(1494—1569 至 1570 間),字存禮,號南禺,鄞縣(今浙江鄞縣市)人。嘉靖二年(1523)進士,授刑部主事,轉今官。時遷南京吏部,便道過家後,赴任途經蘇州。明年謫通州同知以歸。坐法竄蘇州,改名道生,字人翁。性介僻少容,善詩文書法,富藏書和碑刻。有《南禺集》。

陳淳《陳白陽集》七言律《豐儀曹存禮見贈,次韻奉答》:"跡遠心同自古然,慕君丰采已多年。半生無似蝸藏殼,一代能鳴鶴在天。正喜春風行寓所,終憐雪夜擁歸船。飛來翰墨驚人處,愧乏蕪詞答播宣。"

按:豐坊詩無考。

陳淳稱"豐儀曹",豐坊嘉靖二年癸未(1523)任禮部主事,次年隨父諍大禮而受杖闕下。尋遷南京吏部。其《萬卷樓遺集》卷二《天闕歌驪圖記》云:"天闕惟金陵最勝,予南既二載,欲遊屢矣,不果。……戊子,出鳳臺門,輿行三十里,抵山,入弘覺寺……""戊子"爲後年,以此上溯二年,其由北轉南在是年。

台灣商務印書館《明代名人手札·王守致弟寵札》曰:"臘月廿一日,兄守書。履吉賢弟……十二月初四日,豐存禮至吴,有家書及寄衡山諸君柬在内,可索觀。"此乃王守是年舉進士任寧波府推官數月後的家書。故豐坊當是年由北轉南,便道過家後,赴任途經蘇州時有詩見贈,即十二月上旬。

王世貞《弇州四部稿》卷一百四十九《藝苑卮言六》:"豐坊者,初字存禮。舉進士高第,爲禮部主事,以無行黜歸家。坐法竄吴中,改名道生,字人翁,年老篤病死。坊高材博學,精書法。其於《十三經》,自爲訓詁,多所發明,稍誕而僻者,則托名古注疏，或創稱外國本。於構詩文，下筆數千言立就，則多刻它名士大夫印章。僞撰字稍怪拙，則假曰：‘此某碑某碑體也。’又爲人撰定法書，以真易贗，不可窮詰。”

《(康熙)鄞縣志》卷十六《品行考五・列傳明三》：“豐熙……子坊，字存叔[禮]，號南禺。博覽好奇，精諸家書法，喜作詩、古文。……癸未，舉進士。授秋曹，調儀部主事。明年，隨其父諍大禮，上怒甚。七月十三[五]日，有兵千人，露刃夾於朝。已而受杖闕下。父既遠謫，調坊爲南京考功司主事。屢疏乞休，不報。丁亥，京察，左遷通州同知以歸。坊性介僻而少容，寡諧於俗，以是積尤於人。後改名道生，字人翁。家有萬卷樓，所藏金石刻甚富，故其臨摹能奪真。世多贗筆。及晚歲籧篨，遂掩盛年之墨妙耳。”

朱彝尊《静志居詩話》卷十二《豐坊》：“豐坊……有《南禺集》。”

2008年第12期《中國書畫》陳斐蓉《豐坊生卒年考》：“豐坊當生於明弘治七年(1494)二月十日，卒於隆慶三年(1569)四月至隆慶四年(1570)之間。”

初，謝時臣仿《盧鴻草堂十志圖册》。是年秋冬，請陳淳、王渙、文彭、文嘉、文伯仁、文仲義、王穀祥與其分書《十志詞》，又與王渙、文嘉、文伯仁、陸治、王穀祥題跋，奉贈毛珵，以擬公於盧之高德。

陳淳與謝時臣交誼頗深，嘗於某夏飲其家，有詩，贊其“畫筆入神品，詩囊集大家”。時臣(1487—1567)，字思忠，號樗仙，吴縣(今江蘇蘇州市)人。諸生。能詩善畫。王渙(1483—1535)，字渙文，號墨池子，長洲縣(今江蘇蘇州市)人。正德十四年(1519)舉人。嘉靖九年(1530)由太學生授嘉興府通判，遷東川軍民府。未幾，引疾卒。善詩文，尤工古賦。有《雜賦》等著。文伯仁(1502—1575)，字德承，號五峰，同邑人。徵明長侄。諸生。後寓居金陵，以書畫自給。有《文五峰集》。弟仲義(生卒不詳)，字道承，號梅灣山人。徵明仲侄。諸生，能書畫。王穀祥(1501—1568)，字禄之，號酉室，同邑人。去年中舉。嘉靖八年(1529)進士，累任吏部員外郎。因忤尚書汪鋐，謫真定尉，棄官歸。後起南京吏部主事，稱疾不就。徵明門人。能詩文書畫，喜藏圖書。有《酉室集》等著。毛珵(1452—1533)，字貞甫，號礪庵，吴縣(今江蘇蘇州市)人。成化末進士，正德末以南京右副都御史撫治鄖陽致仕。

王杰等撰《石渠寶笈續編》第七《謝時臣仿盧鴻草堂十志圖一册》。首篆文：“唐盧浩然隱居十志詞并畫。”鈐“王奂文印”。水墨畫幅，《臨草堂十圖》，各篆書標名,末幅款:“嘉靖甲申歲,吴門謝時臣臨。”書幅,各家行書志詞:一、《草堂》,王涣書;二、《羃翠庭》,陳淳書;三、《雲錦淙》,文彭書;四、《期仙磴》,文伯仁書;五、《倒景臺》,王穀祥書;六、《洞元室》,文伯仁書;七、《樾館》,文嘉書;八、《枕煙廷》,王穀祥書;九、《滌煩磯》,文仲義書;十、《金碧潭》,謝時臣自書。後幅諸人題跋。“米元章《畫譜》載:‘長安富民以百千售五百軸,俱不開視。其中《草堂圖》一軸,已值百千。’然《煙雲過眼録》又載:‘李伯時所臨宋諸名公及米氏父子所書者,又止八景,而闕其《草堂》《樾館》二篇。’則知元章所見已非全物。余近在金陵友人家見一卷,則《十志》俱全。後有楊凝式、周必大題語。行筆布意,雖非浩然真跡,要亦五代以前所畫也。予友袁與之以數十金得之。今思忠亦摹此,而請吴中善書者以寫諸作。固不及伯時所爲,而視元章所見,又加其二,則觀者必有所取矣。丙戌臘月望後一日,文嘉書。”“《草堂圖》,予嘗觀於吴門袁氏,忽忽若有所得,至援筆臨楮,則茫然矣。今見思忠所臨十絲,其筆墨蒼老,深得古人遺意,始知謝公之能過我也。丙戌冬日,包山道人陸治識。”“雁門文伯仁在停雲館中觀謝時臣思忠所臨《嵩山十志圖》,既賞其墨妙,又復録前辭二絲。時歲在丙戌嘉靖五年秋八月哉生明越翌日。”“右謝思忠臨《盧浩然畫十紙》,畫家以爲得其當時筆意,不知幾十年後,何人臨思忠筆也。丙戌冬末望日呵凍書,墨池王涣。”“《盧徵君草堂圖》,舊爲宋御府所藏。余嘗見其真跡,謂爲神物也!今觀謝思忠臨本,真得徵君筆法十九。自今日視之,當是妙品。丙戌季冬十六日,王穀祥識。”“《盧浩然隱居十志圖》,珍世久矣。予敬摹其真本,請教於毛都憲礪石公,蓋擬公於盧也。夫唐宗以諫議徵,盧不屈,作是圖以鳴志,且題詞焉。今公不居寵利,歸隱吴門。礪石草堂,樹石池館諸勝,不下於嵩。而奮庸之功,勇退之節,豈固隱者可追哉?矧公文華翰染并高於盧。予因是興起,將繪礪石草堂之高趣以配嵩。安知明識者不珍今而珍古耶?予辱公門下契久,敢贅於此。時嘉靖歲丙戌臘月,晚生謝時臣。”

陳淳《陳白陽集》五言律《夏日,飲樗仙宅》:“避暑仙人宅,清凉自足誇。碧幢乘井樹,錦障拂簷花。畫筆入神品,詩囊集大家。卻憐塵土夢,一醉是生涯。”

吴鼎《過庭私録》卷六《樗仙小傳》:“樗仙者,東海散人也。少負奇氣,有囊括萬象、流觀宇宙之意。嘗爲學官弟子,舉於有司,弗成,輒棄去……益浪跡五湖三江之間,神悟所到,山川草木,禽魚飛躍,陰陽雨露,所變現古今豪傑之跡,得其精意,一發諸畫圖。所至,薦紳争館於家,捐重貲購請尺縑片楮,如獲重器。然由是聲名焯然滿公卿間。……樗仙,謝氏,名時臣。”

姜紹書《無聲詩史》卷三《謝時臣》:“謝時臣,字思忠,號樗仙,蘇州人。善畫。頗有膽氣,長卷巨障,縱横自如,氣勢有餘,韶秀不足。”

孫岳頒等撰《佩文齋書畫譜》卷五十七《畫家傳十三・明三》:“謝世臣,號樗仙，吴人。善山水，得沈石田意而稍變焉。筆勢縱横，設色淺淡，人物點綴，極其瀟灑。尤善於水，江潮湖海，種種皆妙。”

容庚《頌齋書畫小記》上册《謝時臣》：“謝時臣……生成化二十三年丁未（一四八七），卒隆慶元年（一五六七），年八十一。”

據文徵明《甫田集》（三十六卷本）卷三十一《東川軍民府通判王君墓志銘》：君諱渙，字渙文，别號墨池子，世爲蘇之長洲人。正德己卯，以《尚書》領應天鄉薦。嘉靖庚寅，以太學生釋褐，官嘉興府通判，授任督賦。嘗一再攝縣，及轉輸官材，皆能其職。居三年，改蒞東川軍民府。遂卧不起，未幾，竟以疾卒。卒年五十有三，嘉靖乙未七月廿又五日也。君博綜群籍，咸繹而通之。鑄詞發藻，必皆不經人道語，而含咀英華，經史錯出，緯組爛然。人讀之，刻深囏棘，若出硎鍛。而君頃刻數百言，操筆立就，曾不經意而思致不窮。其亦一時之奇雋矣乎！尤工古賦，得漢魏遺意。詩宗白傅，晚喜陸放翁、范石湖。然皆自出機杼，不拘拘體裁而奇思奕奕。

錢謙益《列朝詩集小傳》丙集《王通判渙》：“渙……今《墨池堂詩集》不傳，僅存《雜賦》及《墨池瑣録》。”

顧沅《吴郡名賢圖傳贊》卷八《文高士》：“公姓文，諱伯仁，字德承，號五峰，長洲人。衡山先生侄。稟質穎異，年十五補博士弟子員。負雋才，下筆數千言立就。文戰屢躓，退而耕於陽城湖之上，給二親饘粥。親没，卜居金陵，絶意仕進，遊都門，以書畫自給。故交沈煉以言事忤嚴嵩，下詔獄，朝士無敢白其冤者。公裸而詈於門屏間，一時義聲震四方。後遊嵩少、河洛間。未幾，歸金陵，與何柘湖、陸五臺、朱射陂諸君子結詩社，徜徉山水間。公爲文法韓昌黎，詩法白太傅，書法鍾王，畫法王叔明。卓然名家，爲海内推重。”

文含《文氏族譜續集・歷世生配卒葬志》：“五峰公伯仁，雙湖長子。庠生。生於弘治十五年壬戌五月一日，卒於萬曆三年乙亥八月二十三日，年七十四。”“道承公仲義，雙湖次子。庠生。”

又《歷世載籍志》：“五峰公伯仁《文五峰集》。”“道承公仲義能書善畫，書學待詔公。”

按：卞永譽《式古堂書畫彙考》卷二十四《文道承詩帖》款中稱“梅灣山人文仲義”，因知其號。

皇甫汸《皇甫司勳集》卷五十六《明吏部文選清吏司員外郎王君墓表》載：君諱穀祥，字禄之。惟辛酉，君以降。而上世嘗頌“酉室”者，適符其生，因題其居，而自稱“酉室”云。系出太原，屢遷吴之長洲。君乙酉舉於鄉。己丑舉進士，改翰林庶吉士。乃授工部屯田司主事。薦調考功，尋署文選員外。時太宰爲婺源汪公鋐，專伺政府，賢不肖，一切倒置，選法幾壞。君每與忤，將中傷君。君稍覺，乃以母老不便北土,乞歸侍養,而忘其有兄,不得輒引是例。命下予告,仍敕按院覈之。遂出貶真定尉,棄不拜。今上嗣位,超拜南京文選主事。而君稱疾,堅不就。戊辰九月九日卒,七十稀年未躋二稔耳。先是文待詔方負重名,吴人士多因之起譽,君尤所親愛。君爲詩冲澹而不尚綺靡,文亦典雅有則。書仿晋人,不墜右軍、大令之風。寄興丹青,追工摩詰之技。篆籀八體,并臻妙品。晚抱書癖,手自抄録,無間寒暑,讐校魯豕,略無脱誤。所纂《郡學志》并著詩文(《西室集》)若干卷行於世。

據方鵬《矯亭存稿》卷十五《都察院右副都御史毛公墓志銘》:公諱珵,字貞甫,别號礪庵,世爲蘇之吴縣人。成化丁未,登二甲進士。授南京工科給事中。……乃改陞南京都察院右副都御史,督視江防。公引疾以辭,改撫治鄖陽。又辭,乃復致仕。其生爲景泰壬申七月十八日,卒嘉靖癸巳二月十九日,壽八十有二。

按:《明世宗實録》卷一載,其正德十六年辛巳(1521)四月二十七日致仕。

陸治行實見第239、240頁譜文。

初,右都御史總理糧儲兼巡撫應天等府陳鳳梧知陳淳善繪事,以刺邀見,拒之。繼而迫令見,乃穿破白衣會之,并奉命就當下之景作圖,遂作《老翁垂釣拒招圖》。鳳梧見畫神色飛舞,詩亦豪軼,亟下堂以賓禮見。時,又知其精於篆法,開館,禮聘俾書《五經·周禮》,鏤板置學。其名益大震。

陳鳳梧(1475—1541),字文鳴,號静齋,江西泰和縣人。弘治九年(1496)進士,由庶吉士授刑部主事。歷遷數職。去年擢今官,明年致仕。卒,贈工部尚書。有《修辭録》諸著。

陳仁錫《無夢園初集》駐集四《家乘·白陽公小記》:"一日,巡撫江南陳公以刺邀見,公曰:'王公不得召我,況中丞乎?'擲其刺於地。謁者以報,陳公怒,迫令見。公穿破白衣,直入轅門,大笑。陳公曰:'汝善繪,可就此景作一圖否?'公筆墨亂淋,少頃,雲山如覆蔽以茅屋,屋下漁舟點點,老翁持竿酣嘯,岸傍一人以手招之,漁翁作摇首狀,大書五言絶句於其端,且目中丞曰:'漁人,我也;岸傍人,汝也。'中丞觀紙上神色飛舞,語言豪軼,亟下堂,以賓禮見。"

陳淳《陳白陽集》附録張寰《白陽先生墓志銘》:"巡撫都御史陳公知君精於篆法,開館,禮聘俾書《五經·周禮》,鏤板置學。君名益大震。"

按:張廷玉等撰《明史》卷七十三《志·職官二》曰:"都察院。左、右都御史,正二品。""總理糧儲……兼巡撫應天等府一員……駐蘇州。"據雷禮《國朝列卿紀》卷一百《巡撫應天侍郎卿都御史年表》,在陳淳生卒即成化二十年甲辰(1484)

至嘉靖二十三年甲辰(1544)間,任該職姓陳者有四位——陳鳳梧、陳祥、陳軾、陳克宅。然陳克宅未到任聽勘,實際是三位。經考察,僅陳鳳梧一人執政風格和交遊與陳淳相關。

《明世宗實録》卷五十二、卷七十四載,陳鳳梧嘉靖四年乙酉(1525)六月二十五日至六年丁亥(1527)三月二十五日任右都御史總理糧儲兼巡撫應天等府。韓邦奇《陳公傳》云:"公姓陳,諱鳳梧……爲政以人才教化爲先。歷官所至,興學校,褒節義,禮賢俊,奬恬退黜,奔競賑貧,乏抑豪右。凡有裨風化,靡不舉行。立法雖嚴,然以惠澤爲主。……學以聖賢爲師範,不屑屑於詞藝之末。……而胡公纘宗亦曰:'公之學,古學云。'"胡纘宗嘉靖二年癸未(1523)至六年丁亥(1527)任蘇州知府。可見,兩人結交於此。

又胡纘宗守蘇時,與陳淳關係甚佳,每三日必一顧之。想必就是他的推介,陳鳳梧纔得悉陳淳書畫之才。

綜上所述,陳仁錫和張寰所謂"陳公",必爲胡纘宗任蘇州知府時的右都御史總理糧儲兼巡撫應天等府陳鳳梧。换言之,上述兩事必發生在其任該職即去年六月二十五日至明年三月二十五日間,且前者當早後者當晚,因并繫此。

雷禮《國朝列卿紀》卷一百《巡撫應天行實》:"陳鳳梧,字文鳴,江西吉安府泰和縣人。弘治丙辰進士,改翰林院庶吉士。十一年,授刑部廣西司主事。……(正德)七年,陞雲南按察使。本年,守制。十年,補山西按察使。十一年,守制。十四年,再補河南按察使。十六年,陞山西[東]左布政使。本年,陞都察院右副都巡撫山東。嘉靖二年,改南院右副都。三年,陞南吏右侍郎。四年,陞都察院右都御史總理糧儲兼巡撫應天等府。六年,致仕。卒,贈工部尚書。"

韓邦奇《苑洛集》卷八《資善大夫都察院右都御史贈工部尚書陳公傳》:"公姓陳,諱鳳梧,字文鳴,號静齋。……辛丑三月中旬,疽發於背。至四月初一日酉時卒……享年六十有七。……所著有《修辭録》《毛詩集》《解困知記集》《定古易》《静齋奏議》。"

是年,十一月五日,王世貞生。

錢大昕《弇州山人年譜》:"明世宗嘉靖五年丙戌十一月五日,公生。公諱世貞,字元美,號弇州,一號鳳洲,太倉州人。"

十二月十七日,朱應登卒,享年五十。

朱應登《凌溪集》卷十八附録李夢陽《凌溪先生墓志銘》:"嘉靖五年十二月乙丑(十七日),中奉大夫雲南左參政凌溪先生卒於家。……凌溪生成化十三年正月己未,得年五十。"

十二月二十七日,祝允明卒,享年六十七。

王寵《雅宜山人集》卷十《明故承直郎應天府通判祝公行狀》:"公姓祝氏,諱允明,字希哲,蘇之長洲人也。……以嘉靖丙戌十二月二十七日卒……春秋六十有七。"

是年,十月,以旱災免蘇、松、常、鎮等府稅糧。

嘉靖六年丁亥(1527) 四十四歲

正月一日,有《歲朝把筆》詩。

文物出版社《中國古代書畫圖目》十六《明陳道復行草自書詩卷·丁亥歲朝把筆》:"歲朝把筆百事吉,愧我非詩非畫家。椒酒三杯成酩酊,揮毫聊爾點春花。"吉林省博物館藏。

正月四日,葑東道中值雨,有詩,感歎"年華荏苒,人事紛忙,賴酒解愁"的景況。

文物出版社《中國古代書畫圖目》十六《明陳道復行草自書詩卷·四日葑東道中值雨》:"新春今日放扁舟,又作湖山一度遊。梅蕊已於冰後白,柳條還向雨中柔。年華荏苒波同逝,人事紛忙夢未休。賴有酒杯能戀我,肯來隨處解閑愁。"吉林省博物館藏。

正月四日後,過射瀆,有詩。

文物出版社《中國古代書畫圖目》十六《明陳道復行草自書詩卷·過射瀆有感》:"家住陳湖上,爲農到百年。前賢不可作,諸父總能遷。門閥幸無恙,箕裘欣有傳。停舟遥望處,搔首一愀然。"吉林省博物館藏。

正月十六日,有信致廣東按察副使施儒,告知將去拜訪,爲其和吴氏兩家兒女做媒,以免席上不從而尷尬。

施儒(1478—1539),字聘之,又作粤之,號西亭、敬亭,歸安縣(今浙江湖州市)人。正德六年(1511)進士,授監察御史。以直道奪職。十六年(1521)復任，遂爲廣東按察僉事。累遷今官。時出使，駐蘇州。未幾落職。有《學庸臆説》等著。

上海科技文獻出版社《上海圖書館藏〈明代尺牘〉》第三册《陳道復致敬亭札》："久違，無任企慕。入春即欲一面，以盡平生。今日始得發舟，專問駐節何處？吴宅姻事，僕受其托頗重，況勤簡牘屢矣，中間寫及貴宅嘗有生辰與之，似無峻拒意云。雖有兄弟俱懇一節，亦出於前後不知讓之一字，蓋是尊長明知前後之誤，固非兒女子所知也，則又何嫌作婿，疑還就亦見其求之切耳，幸惟裁決。此非可以席上强勉者，老拙不能委曲，亮之亮之。倘必不從，僕亦不敢進足。道復頓首頓首。敬亭先生大人門下。燈夕後一日具。"(圖 28)

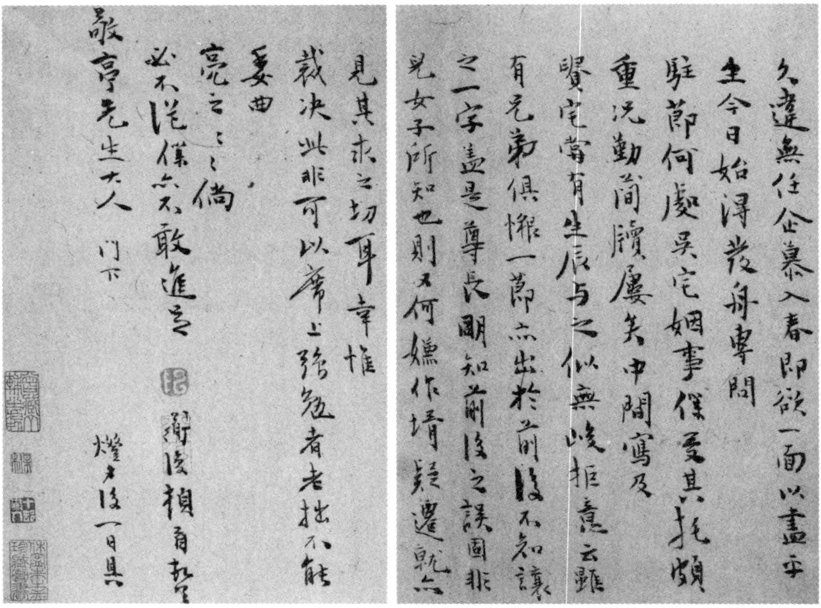
久違無任企慕入春即欲一面以盡平
生今日始得發舟專問
駐節何處吴宅姻事僕受其托頗
重況勤簡牘屢矣中間寫及
貴宅嘗有生辰與之似無峻拒意云雖
有兄弟俱懇一節亦出於前後不知讓
之一字蓋是尊長明知前後之誤固非
兒女子所知也則又何嫌作婿疑還就亦
見其求之切耳幸惟
裁決此非可以席上强勉者老拙不能
委曲
亮之亮之倘
必不從僕亦不敢進足
道復頓首頓首
敬亭先生大人　門下
燈夕後一日具

圖 28　陳淳《致敬亭札》

按：國家圖書館出版社《明代名人尺牘選萃》十一《明清兩朝畫苑尺牘・唐寅致敬亭札》云："敬亭施大人先生，匆匆一别，便閲寒暑，久闕循問起居，懸想。公餘多暇，令聞昭彰當今，側席求賢明府，豈能安坐？友生温子載有太平之行，附此展敬，伏惟納福，皇恐不宣。"據《(康熙)太平府志》，在唐寅生卒即成化六年庚寅(1470)至嘉靖二年癸未(1523)間，僅卷十七《職官四・巡方》中有名施儒者，字粤之，號西亭，浙江歸安人。正德十年乙亥(1515)至十一年丙子(1516)任。由是觀之，陳淳所言"敬亭"即施儒，爲號之另稱。

陳淳約前年以字"道復"行,知是札乃之後事。據"駐節"一詞,施儒時當出使駐蘇州某處。《明世宗實録》卷五十三、卷五十八載,其前年七月二十三日陞福建布政右參議,十二月十八日因當道者會請改任廣東按察副使。在職務未定之前,不大可能出使。而就任應在兩個月後即去年二月左右。又其今年落職。故是札當寫於今年正月十六日。

焦竑《焦太史編輯國朝獻徵録》卷九十九張元《廣東按察司副使施公儒墓志銘》載,其字聘之,號西亭,歸安人。正德戊辰,舉會試。托疾歸。教授吴門,與都穆、祝允明、文徵明友善,結社賦詩。辛未,入奉廷對,得賜進士出身。授山西道監察御史。以直道逮治,下詔獄,奪職。天子入嗣大統,詔復其官。遂爲廣東按察僉事,兵備潮、惠間。乙酉,擢福建布政參議,稿行。當道者會請量加其憲職,畢事於潮、惠間。得授廣東按察副使,整飭兵備如故。而鵂鳥事起,其持法堅正,得罪諸右族。丁亥,遂落職。所著有《學庸臆説》等稿藏於家。生於成化戊戌,卒於嘉靖己亥,年六十有二。

吴氏無考。

二月二十二日,袁鼒六十。其長子袞以與王寵兩代交誼,請徵名士詩文書畫爲壽。蘇州知府胡纘宗題引首,陳淳、陸治、文伯仁、文嘉分作蘇州二十景圖,沈荆石、史經、段金、徐玄度、蔡羽、王守、王穀祥、王同祖、彭昉、彭年、文徵明、文伯仁、文彭、文嘉、陸芝、陸治、金用、湯珍、許初、錢貴分作二十景詩文,王寵作《頌并序》。

袁鼒(1468—1530),字臣器,號方齋,吴縣(今江蘇蘇州市)人。初業賈,繼仕崑山醫學訓科,即謝去。有《方齋詩集》。沈荆石(1492—1556),初名崑,後更荆石,字玉父,號白浮山人,蘇州府(今江蘇蘇州市)人。工文學。史經(生卒不詳),字引之,吴縣(今江蘇蘇州市)人。成化十六年(1480)舉人。弘治十五年(1502)授隨州知州。未幾,因忤巡撫,拂衣歸。好爲詩。段金(1486—1531),字子辛,號石庵,武進縣(今江蘇常州市)人。正德三年(1508)進士,歷官户部主事,罷歸。喜藏圖書、書法。徐玄度(生卒不詳),字汝弘,又字民則,號澱峰,吴縣(今江蘇蘇州市)人。縉長子。嘉靖初府學生,向後年以父蔭爲國子生。王守去年以進士授寧波府推官。王同祖時任編修,是年十月罷官,明年春抵家。文徵明去年九月以待詔致仕,是年三月抵家。

文物出版社《中國古代書畫圖目》二十《明陳道復等壽袁方齋詩書畫册》。引首“南山之什”，胡纘宗題。蘇州二十景圖，百花洲、雁蕩村、天池山、鬪鴨闌、吴淞江，陳淳作；（圖 29）鳳現嶺、讀書臺、問潮館、銷夏灣、白蓮涇，陸治作；養鶴澗、長洲苑、行春橋、萬笏林、千人坐，文伯仁作；修竹塢、洗研池、七寶泉、林屋洞、望湖亭，文嘉作。蘇州二十景詩文，沈荆石、陸芝、史經、彭年、蔡羽、文伯仁、徐玄度、段金、王守、文彭、金用、彭昉、湯珍、陸治、王同祖、文嘉、王穀祥、許初、錢貴、文徵明作。《壽方齋袁君六十頌》有序：“嘉靖丁亥，方齋袁君年既六十，其子袞與寵同

圖 29　陳淳爲袁鼒六十作《百花洲、雁蕩村、天池山、鬪鴨闌、吴淞江圖》

學書,相愛,徵所以壽君者於寵。君少時與家大人同學於張先生氏,絶相愛也。……稍長,即把握門户,以儒行飭賈業。頗事廢舉,操奇累贏,乘時變化,有計然之畫,以故貲用鼎盛。而君獨晏如,雍容談詠,不礙圖史。中歲仕爲崑山醫學訓科,即謝去。事母極孝,與弟懷雪君雖白首猶如童時,下上出入,怡怡也,可謂'敦婣孝友,篤行君子'者矣。……是歲二月之吉,里中子王寵謹書。"故宫博物院藏。

袁廷檮《吴門袁氏家譜》卷四《譜圖・始遷至分支譜圖》:"鼒,行二,字臣器,號方齋。英儁博雅,慷慨鯁直。性友善,與弟拮据成立,教養子侄,具成盛名。工詩,兼精岐黄術。著有《方齋詩集》。……生於成化四年戊子二月二十二日,卒於嘉靖九年庚寅五月二十三日,壽六十有三。……二子:衮、裘。"

袁尊尼《袁魯望集》卷九《沈隱君墓志銘》:"先生諱崑,字玉父。中歲更名荆石,仍字玉父。自號曰白浮山人。家本崑山徐氏,元季有贅於郡城之沈者,遂從爲沈。……先生幼警敏。稍長,習科舉業,鋭意進取。嘗赴御史院試,輒病作。……遂棄所程書。取古《墳典》及諸大家之言,閉户諷誦,日夜不輟。課爲詩文,期有以自見於世。一時郡中名流若枝山祝公、衡山文公、白陽陳公、雅宜王公,無不與先生交者。……其與人交也,不爲驟親疏絶,不好以氣勝人。……至於義利取舍之辨,尤極分明。……竟以嘉靖乙卯閏十一月二十一日無疾振衾而卒。距其生弘治壬子正月十六日,享年六十有四。……先生詩宗杜少陵,能道胸臆。爲文宛曲,善叙事。真行草書,放逸有態。所著詩若文及諸雜稿藏於家云。"

《(康熙)蘇州府志》卷六十二《人物・列傳八》:"史經,字引之,吴縣人。……成化庚子,以儒士領鄉薦。五試禮部,中乙榜者三,不屑受教職。久之,始謁選。復試第一,授隨州知州。隨多山賊嘯聚,經集壯勇,設方略,剋日殄滅。當道才之,檄署府事。惟以勸農興學爲首務,教民讀法,考較生徒,創書院,以崇聖學。又於南都遠購經史諸書藏學宫,以資諸生博識。後隨士連發解,科名不絶。時逆瑾擅權,繩責守令甚急。巡撫即其党也,有求於經,經弗應,遂拂衣歸。年七十卒。"

《(康熙)隨州志》卷三《人物志・明知州》載:弘治十五年至十六年,史經。

劉鳳《續吴先賢贊》卷十一《文學・史經》:"史經引之,和謹有令譽。即之温温,而中室介嚴,以意氣重。動能率禮,不妄言笑。獨好爲詩,與二三君子雍容終日。雖倉猝,無遽色。"

據北京大學圖書館藏拓本周金《明故户部主事石庵段公墓志銘》:石庵姓段氏,諱金,字子辛,號曰石庵主人,常之武進人也。年十九舉鄉薦,二十三舉進士。石庵爲人潔修而直行,於人不爲苟容。顧拜南户部主事,尋監商舶。石庵剸紛解盤,乃顧易於職。公暇學益贍,性又喜書,於凡古名帖法書,力求聚之一室之内,左右圖書,竟日吟哦其中。客有過其門者,素昧平生,則不欲强顔接,以此人益忌之,而石庵廓落易直不動也。歲辛未,丁外艱。甲戌,復除北户部主事。尋卒罷去。歸,□

草本中，讐質百家，底詮名實，芻視軒駟，横睨宇宙，篤古之士，皆樂與之交。嘉靖十年七月二十八日，石庵以疾卒於家。石庵生成化二十二年六月(缺八字)。

按:《(乾隆)吴縣志》卷四十九《封蔭》謂:"徐玄度，字汝弘。"汪砢玉《珊瑚網》卷三十九録《衡山竹居圖卷》，後記稱:"瀫峰徐玄度民則"。王熙桂等編《太原家譜》卷二十八有王鏊嘉靖改元作《與徐文敏公書》，云:"玄度府考第一。"《明世宗實録》卷一百十七載:"嘉靖九年九月……庚子(十四日)……蔭吏部右侍郎徐縉子玄度爲國子生。"皇甫汸《皇甫司勳集》卷五十五《徐文敏公繼室淑人郁氏墓志銘》曰:"子五人:長玄度，太學生，娶吴氏，先文敏卒。"據此，徐玄度，字汝弘，又字民則，號瀫峰。縉長子。嘉靖初府學生，向後年以父蔭爲國子生。

《(崇禎)吴縣志》卷四十一《人物二十・德望》云:"王守，字履約。……丙戌第進士，授寧波府推官。"

據《明世宗實録》卷八十一，編修王同祖今年十月二十二日罷官，歸里當在明年春，其詩或寄至蘇州。

黄佐《泰泉集》卷三十五《送文待詔歸蘇州序》云:"嘉靖五年秋九月，翰林院待詔文君徵仲致仕。"文徵明《甫田集》(三十六卷本)卷十一有《還家志喜》詩，作於今年;前爲《過揚州登平山堂二首》，其一曰:"鶯啼三月過維揚，來上平山郭外堂"。可知，其去年九月致仕，今年三月抵家，其詩蓋後來補作。

二月左右，爲靖叔題《祝允明草書自作書述并米芾海岳名言卷》。

繆曰藻《寓意録》卷三《祝枝山書述》。《書述》款云:"丙戌十月望日書，枝山樵人祝允明。"《海岳名言》款云:"作《書述》已，後有餘楮，復書此，以備一覽。允明。"王寵、文彭跋，略。"余嘗觀諸家書法，知古人用心於字學者亦多矣。余雖不敏，受教於吾師衡山先生之門，間語筆意，輒稱枝山書爲不可及，則吾輩其何能望其什一也。春日，陳淳堇識。"

按:祝允明《書述》收入《停雲館法帖》卷十一，爲章草。後復書米芾《海岳名言》和諸公跋未見收入。

王寵跋有曰:"此卷尤爲精絶，駸駸與鍾索抗衡。靖叔得此，可謂狐腋之粹白，幾欲以他物相易，慮爲人搜作藝林公案，乃題此歸之。"由是，此卷爲靖叔藏。靖叔待考。

陳淳跋首句與去年春爲文嘉題《祝允明書古詩十九首并榜枻歌、秋風辭卷》首句完全相同，這説明兩者書學思想一致，相隔時間應當不遠——"春日"就是今年春，且在元月至三月文徵明致仕抵家前。因文徵明是蘇州最具影響力的書家，如果此時已經抵家，靖叔一定會請其題跋，而不是祇請其晚輩題之。

三月十六日後，爲金用題《王寵草書九歌卷》，對王寵深表關愛之情。

日本東京大學出版會《中國繪畫總合圖録》第一卷《明王寵草書九歌卷》款云："丁亥春三月既望，山中人王寵書。"後跋云："屈子所作《九歌》，余往往見古人書且圖之，蓋或有所感觸，憐其情而因之，以達己意耳。今履吉可樂之時而又盛名之下，何乃書此憂愁抑鬱之詞哉？其必有謂矣，見當質之。白陽山樵陳淳漫書。"美國艾略特藏。

按：此卷亦有金用跋，曰："用師事雅宜先生於石湖草堂，得其詞翰爲多，往往爲它人持去。此卷亦爲用書者，不知何時流落玄圃山齋。其時雅宜先生方年三十又四，至癸巳年即長逝矣。即今已逾三十七年，重得閱此，不勝感愴。癸亥五月十日，門生金用識。"又以陳淳跋語氣，當題王寵書後不久，時應屬金用，故繫之。

《陳白陽集》七言絶《付元賓勒石》云："人情翻覆底須衰，且放輕橈去水隈。款乃何期能慰藉？蘆花風裏忽吹來。"毋庸置疑，金用與陳淳關係甚好，尤崇敬其書法，嘗將其書勒石爲帖。

春，磨古鏡，有詩二首。

文物出版社《中國古代書畫圖目》十六《明陳道復行草自書詩卷·磨古鏡二首》："朝來磨古鏡，皎皎月光寒。寄語多情者，情多莫便看。""鏡光明燦爛，磨出净無塵。好似天邊月，偏來照妾身。"吉林省博物館藏。

七月，有《閲帆堂》詩。

文物出版社《中國古代書畫圖目》十六《明陳道復行草自書詩卷·閲帆堂》："白屋陳湖曲，清虚足自棲。征帆飛片片，門外日東西。"吉林省博物館藏。

按：陳仁錫《無夢園初集》駐集四《家乘·居第考記》載，陳淳隱居大姚别業，問奇之客，檣楫相望，乃建閲帆堂。可見，時已建成。

七月，有《秋夜》詩。

文物出版社《中國古代書畫圖目》十六《明陳道復行草自書詩卷·秋夜》："入秋纔數日，襟抱自能開。凉氣侵書幌，蟲聲送酒杯。懷人城郭迴，撫景歲時催。借問彭聃侶，吾生尚幾回。"吉林省博物館藏。

七月，訪致仕待詔文徵明所建玉磬山房，獲觀《循吏傳》《醉仙圖》，有詩。

陳淳《陳白陽集》五言律《新秋，扣玉磬山房，獲觀秘笈書畫》："秋暑殊未解，言向城北隅。爰登君子堂，如坐冰玉壺。縱觀《循吏傳》，載展《醉仙圖》。如恐襍襶譏,此意真成孤。"

按:文徵明《甫田集》(三十六卷本)卷三十六附録文嘉《先君行略》云:"……而歸,時丙戌冬也。……明春冰解,遂與泰泉方舟而下。到家,築室於舍東,名玉磬山房。樹兩桐於庭,日裴徊嘯詠其中,人望之若神仙焉。"鑒此,其致仕於今年三月抵家後築玉磬山房。而陳淳詩似叙述師生分離後初次相見之情,當今年新秋作。

九月,沈雙溪示諸公子九日遊湖之作,有詩。

文物出版社《中國古代書畫圖目》十六《明陳道復行草自書詩卷·沈雙溪示諸公子九日遊湖之作》:"我愛諸公子,能爲九日遊。茱萸應插遍,不到野人頭。"吉林省博物館藏。

按:沈雙溪俟考。

九月,有詩寄杜感。杜感時在太學。

文物出版社《中國古代書畫圖目》十六《明陳道復行草自書詩卷·寄杜咸心》:"不見樊川久,迢迢隔素秋。漫懷璧水序,寧忘草堂遊。爾我漸濱老,襟期欲未休。興來即可到,何事雪天舟?"吉林省博物館藏。

按:"杜咸心"乃杜感,原名愿,字原心。"璧水"指太學。據《(康熙)蘇州府志》卷三十二《選舉四·貢生·吴縣》,其爲嘉靖初期貢生,時應在太學。

九月,有客贈菊并詩,作詩二首謝之。

文物出版社《中國古代書畫圖目》十六《明陳道復行草自書詩卷·謝客贈菊并詩》:"載菊來尋舊主人,主人今已白頭新。一杯笑取花前醉,老眼模糊看未真。""白頭甘分草萊中,睡起朝暾十丈紅。何事王猷能遠到?秪應還有古人風。"吉林省博物館藏。

十月,坐古石洞天,作《蔓藤朱實圖扇》,以發王寵,王寵題詩。後歸伯升,王穉登亦題詩。

台北故宫博物院藏《陳淳蔓藤朱實扇》款云:"丁亥孟冬,坐古石洞天,墻頭過藤蔓,朱實累累可愛,因弄筆圖之,當發社中一笑也。白陽山人陳淳記。"鈐"陳淳之印""陳道復氏"白文方印。有題:"累累百顆珠,照曜珊瑚色。寧知凡卉中,自有風霜質。王寵。""蕭疏青蔓過墻看,丹實累累色可餐。六月披圖如對雪,不須揮扇也生寒。此藤俗名雪裏紅,故云。爲伯升先生題扇,王穉登。"(圖 30)

按:王杰等撰《石渠寶笈續編》第十《延清薈美扇四册》第一册第二十三《蔓藤

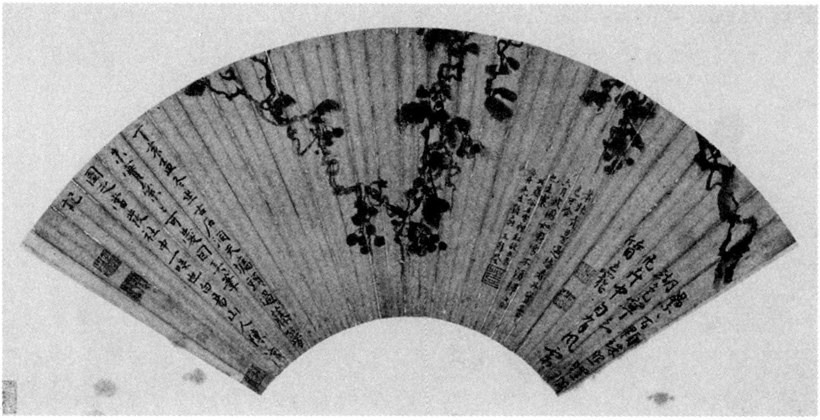

圖 30 陳淳《蔓藤朱實圖扇》

朱實》即此，名款“陳淳”誤作“陳復”，印章“陳道復氏”誤作“白陽山人”。

陳淳所謂“當發社中”，即當發王寵。《(乾隆)蘇州府志》卷二十七《第宅園林一・吴縣》云：“王寵有越溪莊在石湖上，中有采芝堂、御風[書]亭、小隱閣。”陸時化《吴越所見書畫録》卷五《王雅宜贈錢漕湖詩卷》款中曰：“丙戌夏四月十又九日書於石湖别業”，“丙戌”乃去年。可知，其時已居吴縣石湖邊的越溪莊。

王穉登(1535—1613)，字百穀，又字伯穀，號玉遮山人，長洲縣(今江蘇蘇州市)人。嘉靖末以貢入國學。試則不第，歸隱田園。大學士袁煒、趙志皋等賞識其才，欲薦官，謝卻之。日肆力古文詞，廣學博覽，著述甚富。是其師文徵明後主蘇州詞翰之席者，亦布衣、山人中詩名最爲烜赫者。

穉登對陳淳書畫極爲推重，除在所著《國朝吴郡丹青志・逸品志》中專門爲其作傳外，在題其書畫時，亦贊語不絶。

伯升俟考。

十二月三十日，有詩示諸子，道出四十餘年的人生感悟。

文物出版社《中國古代書畫圖目》十六《明陳道復行草自書詩卷・歲除示諸子》：“四十餘年一腐儒，交遊知我盡稱迂。祇緣性度能疏略，莫惟生涯故索如。滿目兒曹渾是累，百年詩酒動成逋。明朝又自添新歲，可念光陰去速無。”吉林省博物館藏。

是年，王寵書《曹子建詩二十二首册》，陳淳題引首和跋。

顧復《平生壯觀》卷五《王寵》：“《録曹子建詩二十二首》，白紙折册，中行書，後丁亥款識。前引首‘雅宜小草’四大篆書，後跋語一篇，草書，皆陳白陽筆也。”

姊妹夫顧岕陞南安府通判。

《(萬曆)重修南安府志》卷五《秩官表二・皇明南安府通判》:"嘉靖:顧岕,長洲人。監生。儋州同知陞任,大計隆敞。"

顧岕《海槎餘録・序》:"……迄於丁亥,乃有南安之命。"

張廷玉等撰《明史》卷七十五《志・職官四》:"府。……通判無定員,正六品。……同知、通判分掌清軍、巡捕、管糧、治農、水利、屯田、牧馬等事。"

是年,七月十日,邵寶卒,享年六十八。訃聞,祭葬,贈太子少保,謚文莊。

焦竑《焦太史編輯國朝獻徵録》卷之十六楊一清《資善大夫南京禮部尚書贈太子少保謚文莊邵公寶神道碑銘》:"公生天順庚辰,卒於嘉靖丁亥,壽六十有八。訃聞,贈太子少保,賜謚文莊,諭祭營葬。"

《明世宗實録》卷七十八:"嘉靖六年七月……乙酉(十日)……南京禮部尚書邵寶卒。"

是年,九月,頒《欽明大獄録》。

嘉靖七年戊子(1528) 四十五歲

正月一日,有《歲朝口號》詩。

文物出版社《中國古代書畫圖目》十六《明陳道復行草自書詩卷・歲朝口號》:"此酒何當又一年,兒曹論次幼還先。侍人不管先生醉,卻把金甌密密傳。"吉林省博物館藏。

春,王寵期看梅不至,有詩三首。

文物出版社《中國古代書畫圖目》十六《明陳道復行草自書詩卷・王履吉期看梅不至》:"柳摇新縷駸駸重,梅洗殘妝漸漸微。好景一年留不住,美人何事卻相違?""獨坐茅堂對酒杯,年華易去豈勝哀。梅花落盡杏花發,我自懷人人不來。""與君潦倒石湖邊,屈指今逾二十年。昨夜雪深渾可愛,令人空憶剡溪船。"吉林省博物館藏。

胡纘宗去年六月十二日由蘇州知府陞山東左參政,管東昌府事。冬改浙江。時赴任,路過蘇州,於金山與陳淳、王寵、歸體之、馬宏道、金用留别。

陳淳、王寵有詩送之。

歸體之(生卒不詳),長洲縣(今江蘇蘇州市)人。正德末太學生。馬宏道(生卒不詳),字人伯,號退山,蘇州府(今江蘇蘇州市)人。太學生。著有《採菊雜詠》。

雷禮《國朝列卿紀》卷一百二十《河南巡撫行實》:"胡纘宗……嘉靖三[二]年,調蘇州知府。六年,陞山東右[左]參政。本年,改浙江右[左]參政。"

《明世宗實録》卷七十七:"嘉靖六年六月……丁巳(十二日),陞直隸蘇州府知府胡纘宗爲山東布政使司左參政,以參政管山東東昌府事。"

胡纘宗《鳥鼠山人小集·嘉靖集》卷六《金山留別陳道復、王履吉、歸體之、馬弘道、金元賓二首》:"滴滴金鰲天際浮,水雲山月總堪留。江翻巖壑龍初浴,海湧樓臺蜃未收。兩岸差池煙重樹,入窗縹緲日邊舟。驚看底柱臨楊子,迴障東南百二州。""春流到海迴蒼石,夕照横江起翠屏。鰲背龍宫青磊磊,沙頭月窟浄盈盈。仙槎曉傍支磯出,蜃閣晴依砥柱生。諸陸才高復同賞,雁行中斷客魂驚。"

文物出版社《中國古代書畫圖目》十六《明陳道復行草自書詩卷·送可泉公之浙藩》:"去去松陵道,君侯入粤行。水雲明彩鷁,花柳暗江城。對酒戀偏劇,臨風愁易生。垂虹春色外,回首不勝情。"吉林省博物館藏。

王寵《雅宜山人集》卷八(嘉靖稿)《送參政可泉胡公五絶》其一:"東望海門多五雲,牙檣錦纜日邊分。杖鉞乃知牧伯貴,賜袍新出孔鸞文。"其二:"虎符連鎮浙西東,千里山河錦繡中。漢代文宗讓司馬,河南治行有吴公。"其三:"吴門車馬若雲屯,看送關西胡使君。曾是玉皇香案吏,名山處處勒新文。"其四:"文采風流天下傳,中流畫鷁仰神仙。千篇詩草遺吴郡,百里棠陰盡海壖。"其五:"五嶽七星瞻我公,摳衣質難數趨風。百年志業宫墻外,千里雲霄涕淚中。"

王鏊《姑蘇志》卷八《山上》:"金山亦天平之支壠也。初名茶塢山,晋宋間鑿石得金易今名。頂上盤石有坎,闊三尺許,長二丈餘,深不可測,水瑩緑,大旱不涸,人稱爲'天山腰'。有石横偃於兩崖,人行其下。其趾有育王塔、方石池、文殊庵在焉。東南爲牛眠崦,逶迤五六里,直抵大河。"

按:據《雅宜山人集》卷九《送天水胡公序》,其去年秋赴山東。又其與陳淳詩皆有詠春之句,當去年冬改浙江,是年春赴任。

周道振輯校《文徵明集續輯》卷下《致體之》云:"徵明拜,覆體之太學至孝。"《鳥鼠山人小集·正德集》卷四《送歸生體之還長洲》曰:"停舟日買江邊酒,與爾開樽對遠山。遶岸白雲晴冉冉,隔溪蔭竹翠斑斑。主人欲賦吟還苦,客子能詩興不慳。春雨半帆書萬卷,陸雲遥自上都還。"據首句,"上都"當指南都。而胡纘宗正德十年乙亥(1515)至十四年己卯(1519)歷南京户吏部員外郎、郎中。鑒此,歸體之，長洲人。正德末太學生，卒業歸。名待考。

永瑢等撰《欽定四庫全書總目》卷一百八十："《採菊雜詠》一卷，明馬宏道撰。宏道，字人伯，號退山，蘇州人。"蔡羽《南館集》卷二有《馬太學宏道投刺，追之不及》《冬日，金進士子有、馬太學宏道、金孝廉子坤以酒過館》詩，知馬宏道即馬弘道，太學生。

春，於城南草堂古石軒看梅，有詩二首。

文物出版社《中國古代書畫圖目》十六《明陳道復行草自書詩卷·古石軒看梅》："生平丘壑最關情，石下梅花復弄清。曲檻倚來成日暮，何當青鳥月中鳴。""小圃城南未許奇，祇憐梅萼早開時。主人日夕吟無就，輸與幽禽叫上枝。"

按：據第二首詩，古石軒在陳淳城南草堂。

春，顧奉以貢北上，赴禮部試，陳淳有詩送之。

顧奉（生卒不詳），又作俸，字仲常，又字貞叔，號玄室，蘇州府（今江蘇蘇州市）人。嘉靖末授杭州右知事，致仕歸。能詩，人稱"才豪士"。

文物出版社《中國古代書畫圖目》十六《明陳道復行草自書詩卷·送顧貞叔北上》："江上晴喧花木春，野航隨伴送行人。離尊到手莫惆悵，轉眼須當逐後塵。"吉林省博物館藏。

按：國家圖書館出版社《明代名人尺牘選萃》十《明代名賢手札墨跡·陳道復致貞叔札》云："昨有客自城中來，聞官租甚急，鄉民恐不能安枕，如何如何？專人請過一坐，幸即降重。道復頓首。貞叔親契。"（圖31）《陳白陽集》五言律《飲貞叔顧子宅》曰："辟疆新闢第，花竹正妍時。復閣藏仙侶，行厨走侍兒。綺弦調麗曲，纖手送青絲。門巷多馳逐，浮沉好自知。"

昨有客自城中來聞官
租甚急鄉民恐不能安
枕如何如何專人請
過一坐幸即
降重道復頓首
貞叔親契

圖31　陳淳《致貞叔札》

又陸心源《穰梨館過眼續録》卷七《明名人爲顧太夫人壽册》第十九頁《五律詩》,署"顧貞叔",鈐"仲常氏"印。中國嘉德國際拍賣有限公司2011年秋季拍賣會"大觀——中國書畫珍品之夜"拍賣《明吴中諸賢送沈禹文謁選北上詩畫册》第四頁題詩,署"玄室顧奉",鈐"仲常""貞叔父"印。張豫章等編《御選明詩》卷八十五王穉登《贈顧杭州貞叔》謂:"才高誰識顧君平,身著青袍世所輕。楊柳不曾湖上看,芙蓉元在幕中生。馬頭雲斷家山色,官舍潮連夜雨聲。流水白雲心盡折,丈夫辛苦爲微名。"王世貞《弇州四部稿》卷八十三《陸叔平先生傳》稱:"顧正[貞]叔者,才豪士也,嘗結君布衣歡。而自其罷浙幕官歸,家日以困,避徙深山中,謝絶交往。"據《(光緒)杭州府志》,卷一百《職官二·杭州府右知事》中有一顧俸者,嘉靖末任。

可見,顧貞叔與陳淳關係甚密。其名奉,又作俸,字仲常,又字貞叔,號玄室,蘇州人。時嘗以貢北上,赴禮部試。嘉靖末授杭州右知事,致仕歸。

春,有詩二首寄王寵。

文物出版社《中國古代書畫圖目》十六《明陳道復行草自書詩卷·寄王履吉》:"離離竹樹圍茅屋,我愛吾廬不見貧。獨恨春來無好句,何當頻寄越溪人?""吴城西去石湖頭,山色參差水似油。記得御書亭上坐,於今已作隔年遊。"吉林省博物館藏。

春,爲水塘叔作《行草自作詩諸首卷》。

文物出版社《中國古代書畫圖目》十六《明陳道復行草自書詩卷》款云:"舊作録呈水塘叔教之,淳頓首。"吉林省博物館藏。(圖32)

按:此卷有詩四十二首,乃前年七月十三日至是年春作,當書是時。其中反映思想和交遊者,大多分繫譜中,其餘不録。水塘俟考。

天津人民美術出版社《陳淳精品畫集》附單國霖《陳淳行跡及書畫作品編年表》將此卷繫前年,劉九庵《宋元明清書畫家傳世作品年表》繫前年七月十三日,并將"水塘叔"作"水塘師",俱誤。

春,從兄陳澐五十壽誕,文徵明作《山水圖軸》爲贈。三十年後,其子椿持示王穀祥,王穀祥有題。

廣陵書社《唐宋元明名畫大觀》下《文徵明山水圖軸》題云:"望望吴淞江水流,草堂恰在水西頭。青山倒影供欹枕,斜日翻波入釣舟。蒲稗蕭條沙際晚,芙蓉縹緲鏡中秋。幽人凈洗紅塵足,卻把閑情付白鷗。徵明爲西江畫并題。""陳公散逸似天隨,小隱吴淞江水湄。百頃煙波堪引釣,一痕山色自供詩。喜逢令子成名日,正是

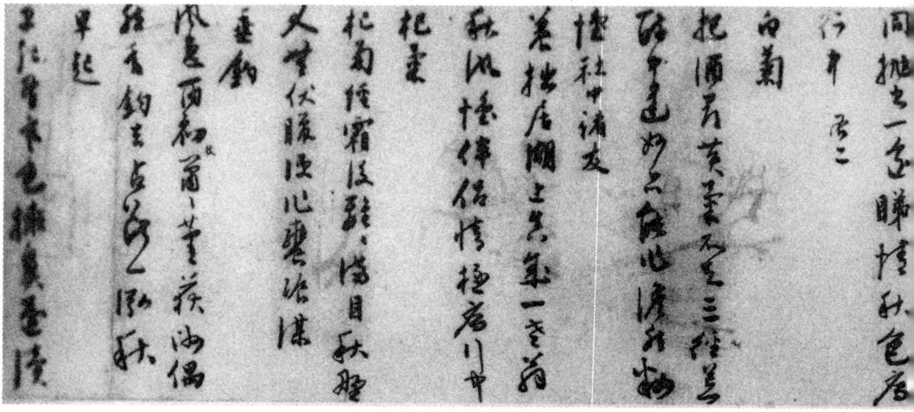

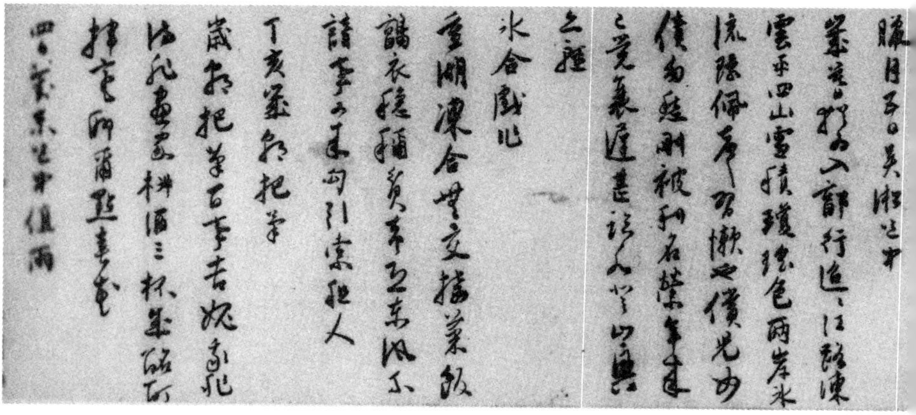

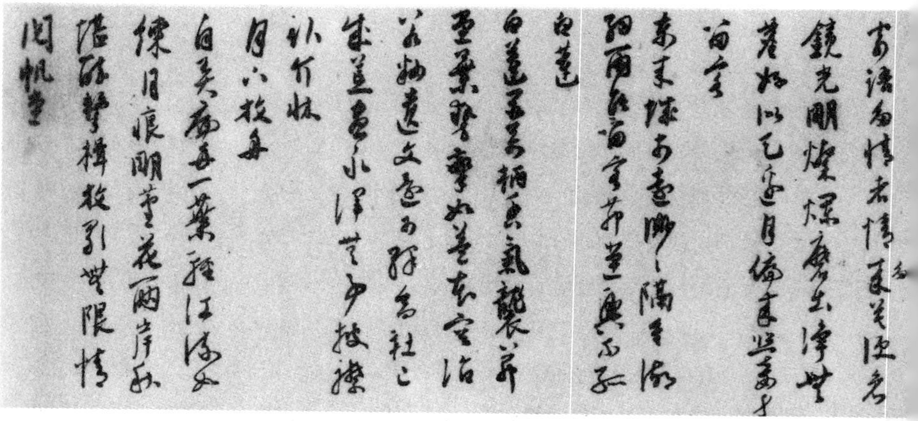

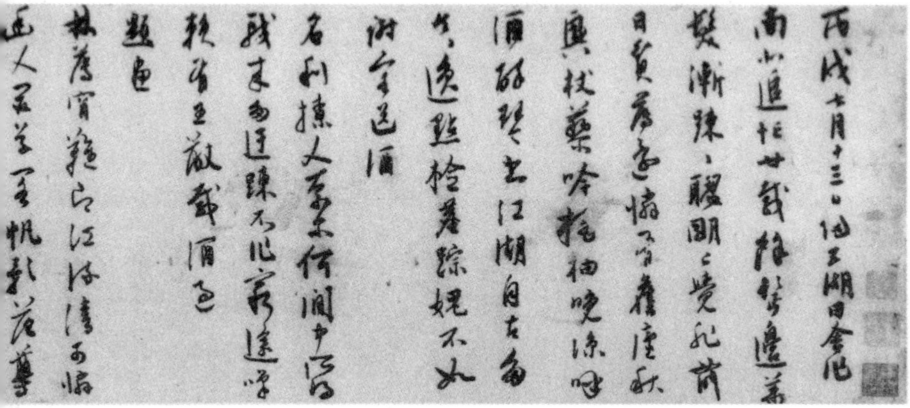

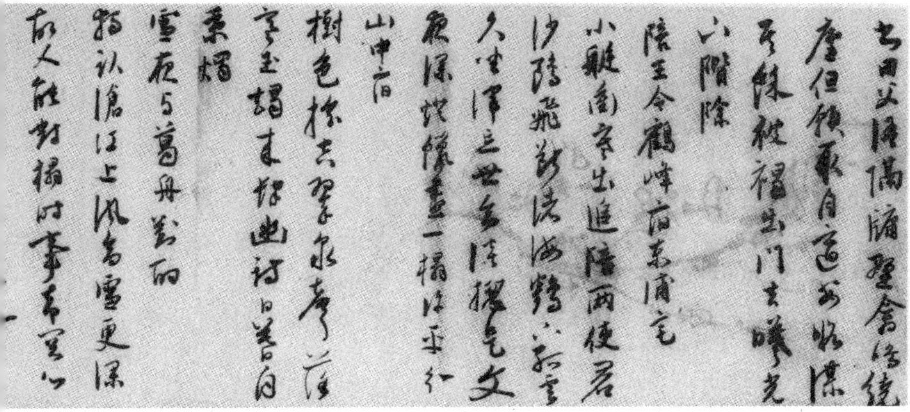

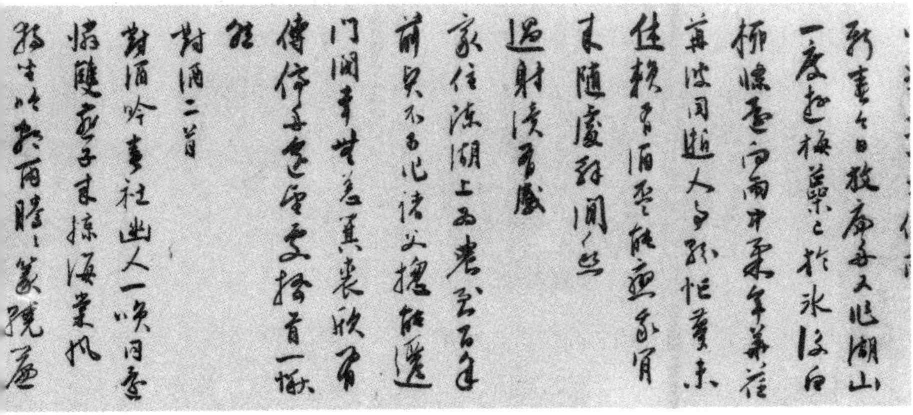

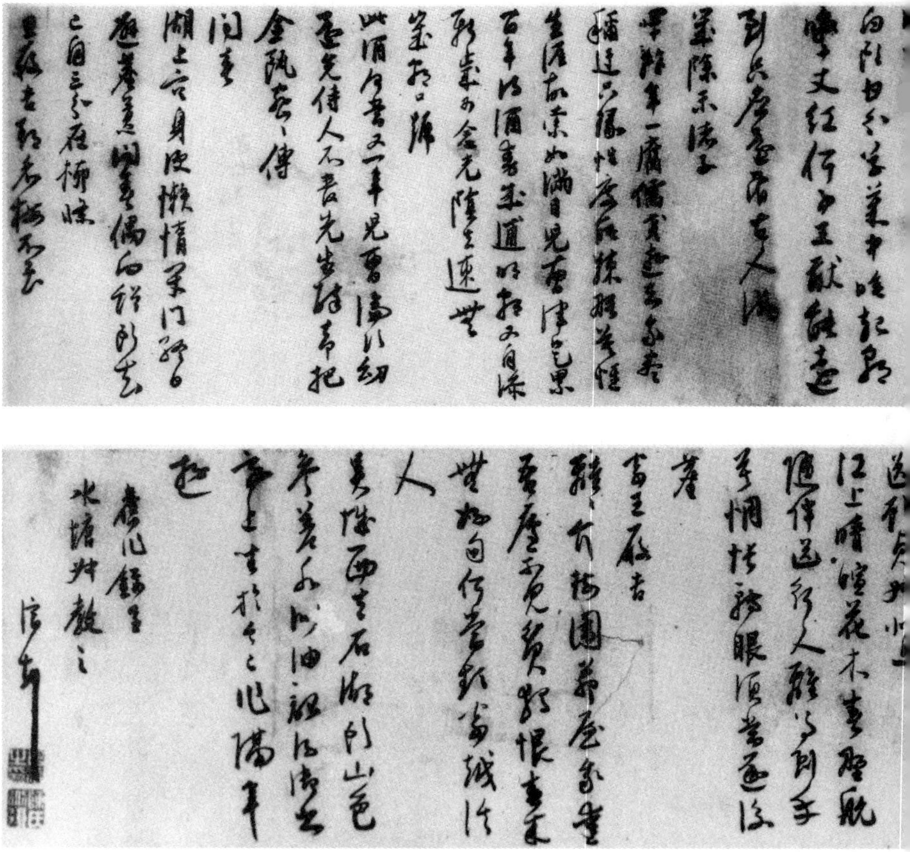

圖 32　陳淳爲水塘叔作《行草自作詩諸首卷》

嚴君木壽時。共羡高門多樂事，慶渥如水浩無遲。此圖衡翁戊子歲所作，以贈西江陳公者。公是歲五十初度，其子同野□適領鄉薦，高門積□，樂事駢臻，喜可知也。乃後同野登春榜，任秋官。公則被恩封，享禄養。康寧禔福，壽考維祺，教子之賢，顯親之孝，兩有徵矣。一日，同野持此示余，命紀其事，因賦拙句，致欣羡云。嘉靖戊午八月朔，穀祥題。"乾隆詩跋，略。貢桑諾爾布藏。(圖 33)

按：蔡羽《南館集》卷十一《金門榮壽序》謂："同郡長洲陳先生西江年六十，其子秋官主政子年迎於官。嘉靖戊戌之春，將爲慶。""嘉靖戊戌"即"嘉靖十七年(1538)"。以此上推，其是年春五十壽誕。

夏，爲南京國子司業陳寰作《石壁雲生圖扇》。

陳寰(1477—1539)，字原大，號琴溪、琴川，常熟縣(今江蘇常熟市)人。徐縉親家。正德六年(1511)進士，由庶吉士授檢討。時以今官養病

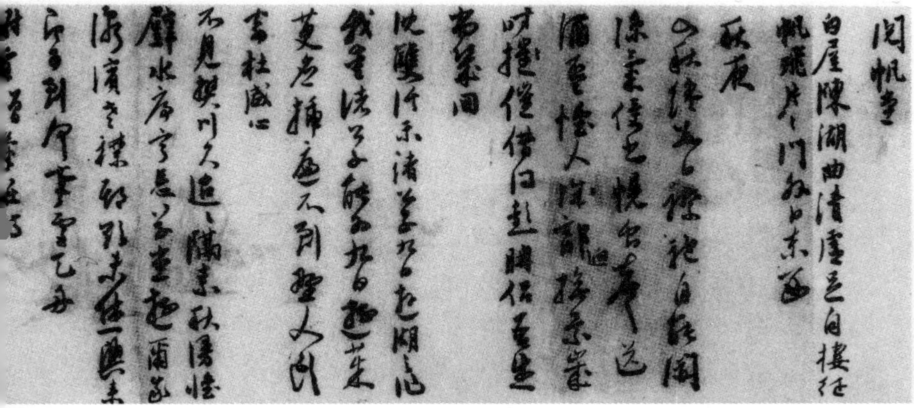

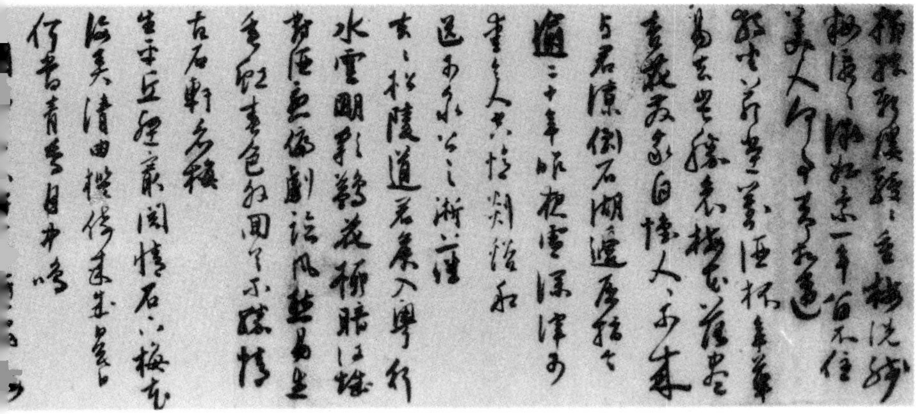

居家。三年後起國子司業。又二年,以南京國子祭酒致仕。善詩文書畫,兼雕繪鐫刻。有《琴川集》諸著。

文物出版社《中國古代書畫圖目》三《明陳道復石壁雲生圖扇頁》題云:"雲生斷石壁,樹合隱茅茨。一種幽閑意,市朝寧得知。戊子夏季,白陽山人陳淳爲元大作。"上海博物館藏。(圖 34)

按:蕭平《陳淳》附鄒正玉《陳淳書畫作品編年表》此條將"元大"誤作"之大"。又陳寰次女嫁徐縉次子,陳淳二姑父王延素乃徐縉内弟,兩人爲親戚。

雷禮《國朝列卿紀》卷一百六十《南京國子監祭酒行實》:"陳寰,字原大,直隸蘇州府常熟縣人。正德辛未進士,改庶吉士。授翰林院檢討。十二年,養病。嘉靖元年,補原職。本年,丁憂。四年,補原職。本年,陞南京國子監司業。七年,養病。十年,起國子監司業。十一年,陞南京國子監祭酒。十二年,致仕。"

據陳寰《祭酒琴溪陳先生集》附録錢穀《明故朝列大夫南京國子監祭酒琴川

圖 33　文徵明爲陳澐作《山水圖軸》

陳公行實》：公諱寰，字原大。初號琴溪。甘泉湛公與公講學留都，贈公《琴川記》，學者稱"琴川先生"。公於成化丁酉十一月十八日生。嘉靖十八年己亥，公患疝疾。三月二十七日早，乃絶。享年六十有三。所著有《經筵講章》一卷、《奏草》二卷、《龍飛紀事》二卷、《清瀛雜記》二卷、《太學講章》二卷、《教條》三卷、《續修國子監志》并《琴川集》若干卷。公長身玉立，丰神秀朗，氣度宏偉。於書無所不讀，謂天下事無不可爲。其言論平易簡切，不爲穿鑿奇僻之説。博學力行，以聖賢爲標的。居無墮容，自少至老如一日。發爲文章，務闡明義理，羽翼風教，刊

圖 34 陳淳爲陳寰作《石壁雲生圖扇》

落華藻,而悉歸於純厚。公詩詞雅健超俗,字法精邃,大書尤偉。旁及雕繪鐫刻,悉臻其妙。嘗戲畫山水圖,遂稱絶品。

夏,雨中觀《杜堇人物圖軸》,愛而臨之,偶合昔日所畫吴偉筆意,仿佛成對,認爲"出於意外也"。

日本光明社《支那南畫集成》第二期第十輯《陳白陽人物圖軸》款云:"戊子夏日,雨中觀檉居精筆,愛而臨之,偶合昔日所畫小仙,苦意仿佛成對,此亦出於意外也。白陽山人陳淳。"(圖 35)

夏,爲王寵作《墨牡丹》。其兄寧波府推官王守題詩,有云:"知渠色相本來空,未必真成被花惱。陳生更與花傳神,紙上生涯春不老。青春展卷無時無,姚家魏家何足道!"

金瑗《十百齋書畫録》巳集《陳淳墨牡丹》題云:"洛下花開日,妝成富貴春。獨憐凋落易,爲爾貯丰神。白陽山人道復。""雨暗風晴日杲杲,趁此看花花更好。澆紅要畫三百杯,請客不須辭量小。野僧栽花要客到,急掃風軒破清曉。知渠色相本來空,未必真成被花惱。陳生更與花傳神,紙上生涯春不老。青春展卷無時無,姚家魏家何足道! 戊子夏日,書於履吉弟山齋。王守。"

按:據王守款,此畫當是年夏爲其弟寵作。王守時任寧波府推官,何故居家不詳。

八月,從弟陳津、從子陳椿與袁袞同舉應天鄉試。冬,椿與袞北上京師,參加明年二月會試。王寵是年七試應天,仍不售。時有詩贈二人。袞等

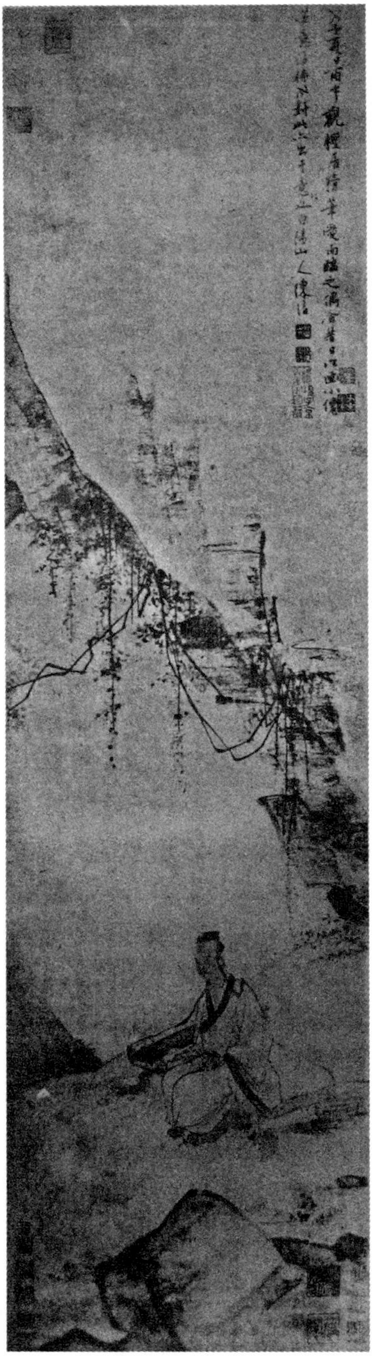

圖 35 陳淳臨《杜堇人物圖軸》

人亦有詩贈椿。

張朝瑞《南國賢書》卷二：戊子嘉靖七年應天府鄉試："四十八名，陳津，長洲縣人，監生，《易》。""六十六名，袁袞，蘇州府學生，《易》。""七十五名，陳椿，蘇州府學生，《易》。"

文徵明《甫田集》(三十六卷本)卷三十一《王履吉墓志銘》："(寵)蓋自正德庚午至嘉靖辛卯，凡八試，試輒斥。"

王寵《雅宜山人集》卷二(嘉靖稿)《送陳子齡會試三首》其一："隋掌有明月，郢握本荆璆。光華一曜世，逝矣不復留。中夜忽自驚，絶壑失藏舟。止者如蝸旋，去者若雲流。昔爲輔與車，今成沈與浮。彈劍作徵聲，颯颯寒風道。丈夫貴意氣，豈在同衾裯。"其二："夙昔卧林壑，與子多緒言。方軌共行遊，遊彼竹素園。古人不可作，志節照當年。垂爲日星文，流爲河漢源。中夜撫枕歎，思與比翼騫。龍淵不在握，壯志成煩冤。日月忽我逍，荃蕙寧久繁。努力愛光景，及子朝陽暾。鳥飛不厭高，獸挺各争先。策足據津要，慰我孤窮魂。"其三："黄金錯鞶劍，結束千里裝。驅車向燕趙，日夕見太行。天寒繁霜雪，層冰阻河梁。疾風沙礫奮，落日人馬僵。原野何蕭條，旅雁正南翔。男兒當努力，所願馳四方。咄彼乳臭子，尸居戒垂堂。投袂從此逝，中情慨以慷。"(圖 36)

又卷二(嘉靖稿)《贈袁補之計偕得北字》，略。

袁袞《袁禮部詩》卷上《送陳子齡會試，分得"遍"字》："雲龍沛時行，霧豹蔚文變。之子特好修，百爾士中彦。温恭藹嘉

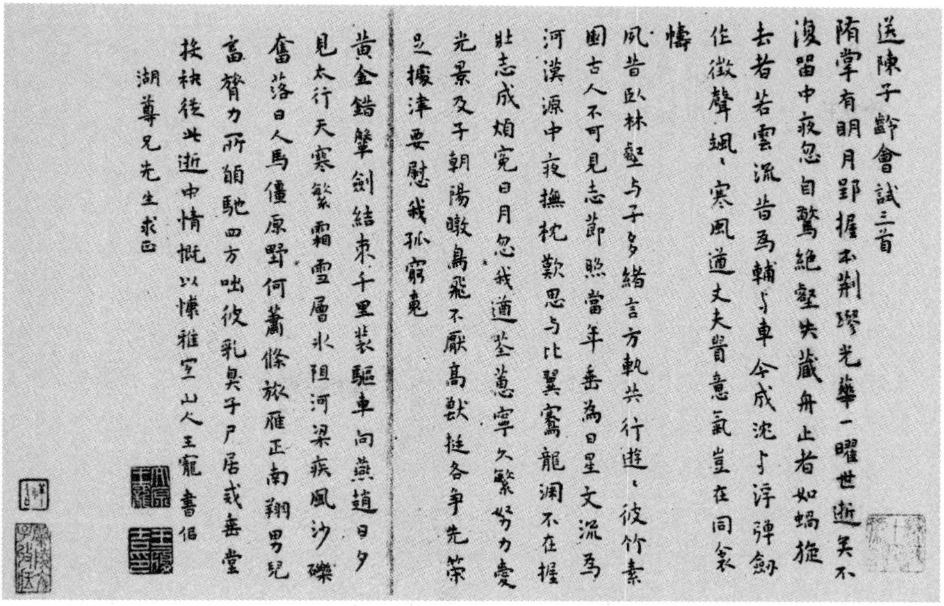

圖 36 王寵爲□湖作《楷書送陳子齡會試三首》

儀，麗藻肆弘衍。玉韞山自暉，珠藏川斯炫。峨峨梁楝材，肅肅清廟選。蜚聲協疇情，勒功允師薦。君行豈不遐，我懷諒深眷。川途冰霰消，東風散芳甸。落日滿河梁，蘭巵且清薦。去矣不可留，目極天涯遍。”

按：《(乾隆)長洲縣志》卷二十四《人物三》(陳津條)稱：“時有椿字子年者，少從雅宜王寵遊，有文譽。”國家圖書館出版社《明代名人尺牘選萃》十一《明清兩朝畫苑尺牘·王寵致子齡札》謂：“區區廿七日自白下還，途中無大勞苦，承憂念，感感。何時入城耶？前日取去稿薄并《文選》採出者，千萬挈還，區區常時手頭要看者。至祝至祝。餘面悉。寵頓首拜。子齡翰撰至契。”文物出版社《中國古代書畫圖目》二十《明王寵草書五言詩軸》款云：“丙戌九月廿三日，與子齡、元賓燕坐書閣，弄筆書此。時從弘之飲歸，大醉，不計筆墨，殊愧潦草。王寵履吉甫。”鑒此，陳椿少從王寵遊，交契頗深。

據袁袞詩題所言“分得‘遍’字”，作詩贈陳椿者有數人，惜無考。

初，訪袁褧，爲作《合歡葵圖卷》。王守、王寵題詠。是年冬，過其玉韻齋，又爲題跋。後徐霖題引首，文徵明、文伯仁、文彭、文嘉、袁袠、袁裘、袁表、袁衮、袁尊尼、黄省曾、黄守曾、黄姬水、王穀祥、王延陵、周天球、段金、徐霖、蔡羽、湯珍、史臣紀、陸師道、施笠、彭年題詠。

袁裘(1509—1558),字紹之,號志山,吴縣(今江蘇蘇州市)人。衮弟,褧從弟。嘉靖三十六年(1557)貢生,未仕卒。有《志山詩集》。尊尼(1523—1574),初名夢熊,字魯望,一字魯仲,號吴門。袠子,褧侄。嘉靖四十四年(1565)進士,官至山東提學副使。有《袁魯望集》等著。徐霖(1462—1538),字子仁,號九峰道人、快園叟等,南京(今江蘇南京市)人。成化間諸生,以誣黜落。工詩文,善書法,尤精樂府。有《麗藻堂文集》諸著。黄省曾(1490—1540),字勉之,號五岳山人,吴縣(今江蘇蘇州市)人。嘉靖十年(1531)舉人。雅善詩文,好譚經濟,與王守仁、湛若水、李夢陽遊。有《五岳山人集》諸著。弟守曾(生卒不詳),字□之,號臯亭山人。能詩。子姬水(1509—1574),字淳父,號質山。嘉靖初縣諸生。亦祝允明弟子。以詩文書法、鑒賞書畫著名。有《黄淳父全集》。周天球(1514—1595),字公瑕,號幼海。太倉州(今江蘇太倉市)人,徙府城(今江蘇蘇州市)。嘉靖十二年(1533)府諸生。亦文徵明弟子。詩文書法,名重一時。史臣紀(生卒不詳),字叔載,號麓田居士,蘇州府(今江蘇蘇州市)人。有文學。

澳門藝術博物館《故宫上博珍藏青藤白陽書畫特集》下卷《陳淳》圖51《合歡葵圖卷》題云:"戊子之冬,白陽山人偶過尚之玉韻齋,出此示之,乃余舊爲作《并蒂花》也。一時醉中草草,何遂裝成精卷? 蓋有履約昆季珠玉在後耳。余何足致耶! 尚之復欲余書,因書。"前徐霖篆書引首"合歡葵",(圖37)後王守、文徵明、王寵、黄省曾、王穀祥、文伯仁、周天球、文嘉、段金、文彭、徐霖、蔡羽、湯珍、史臣紀、王延陵、陸師道、黄姬水、袁尊尼、施笠、黄守曾、袁表、彭年、袁衮、袁袠、袁裘題詠。故宫博物院藏。

文物出版社《中國古代書畫圖目》二十《明陳道復并蒂秋葵圖卷》、天津人民美術出版社《陳淳精品畫集》圖25《合歡葵圖卷》即此,無徐霖引首和諸公題詠。

圖37　陳淳爲袁褧題舊作《合歡葵圖卷》并徐霖引首

按:袁褧玉韻齋位置不詳。

王守詩乃《詠尚之後院合歡黄葵》,題於嘉靖三年甲申(1524)中秋。陳淳爲其作圖不出是時。王寵詩亦見《雅宜山人集》卷八(嘉靖稿),即《寄題袁尚之齋中合歡葵》,作於是年春。他人題引首和詩賦皆在陳淳跋後。而文徵明詩當插於二王之間,因陳淳跋中未提到他。

蕭平《陳淳》附鄒正玉《陳淳書畫作品編年表》云圖是年作,《陳淳精品畫集》附單國霖《陳淳行跡及書畫作品編年表》從之;劉九庵《宋元明清書畫家傳世作品年表》云圖是年冬日作,俱誤。

王延陵、陸師道行實分别見第212—214頁、300頁譜文。施笠待考。

汪琬《堯峰文鈔》卷三十五《袁氏六俊小傳》:"志山公諱袠,字紹之。吴縣學生。屢試場屋不利……乃益取經史及漢唐以來名家之文,博涉遍覽,貫穿上下。作爲詩歌、古文詞,皆醖藉淳雅,多可傳者。生而秀敏,且畏謹不失繩度,居親喪盡禮。……晚歲始循資貢禮部,竟不及仕。所著有《志山詩集》。"

江蘇人民出版社《江蘇藝文志·蘇州卷》第一分册《蘇州市、吴縣市》:"袁袠(1509—1558),字紹之,號志山。明吴縣人。鼒次子。年二十一入吴庠,補廪膳生。嘉靖三十六年歲貢生。温粹博雅,怡志林泉,弦歌觴詠。"

袁廷檮《吴門袁氏家譜》卷五《譜圖·五房一支譜圖》:"尊尼,行一,初名夢熊,字魯望,一字魯仲,號吴門。治《易》,十五歲補吴庠生。……嘉靖癸卯科,應天鄉試第四十名。乙丑……廷試二甲第二十八名進士,觀政工部。除刑部浙江清吏司主事。尋調南京禮部儀制司主事。丙寅,改吏部考功司主事。隆慶……己巳,陞本司員外郎。壬申九月,擢山東按察司副使,奉敕督學。萬曆甲戌春,引疾歸。……所著有《袁魯望集》《禮記集説》等書行世。生於嘉靖二年癸未十二月十二日,卒於萬曆二年甲戌四月三十日,年五十有二。"

據焦竑《焦太史編輯國朝獻徵録》卷一百十五顧璘《隱君徐子仁霖墓志銘》:

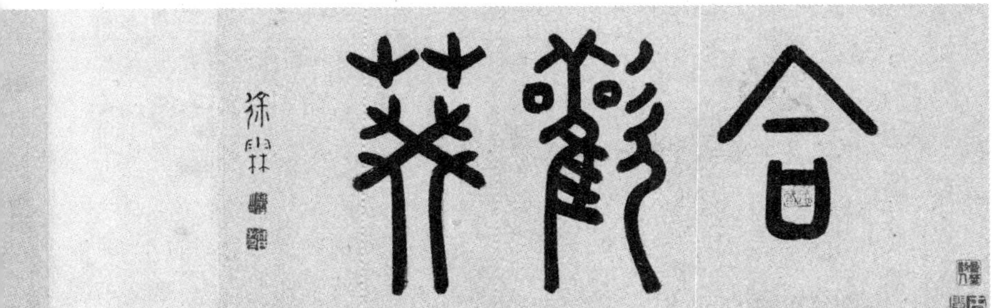

先世蘇之長洲縣人。高祖蔚州守伯時始遷松之華亭。祖公異以事謫戍南京。以系出松,自號九峰道人。或稱爲快園叟。或羨其美鬚髯,又呼爲髯仙。君年十四補弟子員,惟放筆工文章,聞譽益起。然任放不諧俗,忌刻者常側目待之,竟遭誣黜落。由是博極群籍,究作者之情,故平生不易下筆。但一篇成,人競玩譯,王公大人迎致賓禮屏障,得其揮灑,重於金玉。武宗皇帝南巡,近侍上其詞翰,詔見行宫,愛之。兩幸其宅,賜一品服及雜器,命扈從還京,將授美官。會武皇崩,竟復還。性好遊觀聲伎之樂,築快園於城東,廣數十畝,其中臺池館閣之盛,委曲有幽況,卉木四時不絶。善製小令,得周美成、秦少游之訣。又能自度曲,棋酒之次,命伶童侍女傳其新聲,蓋無日不暢如也。所述有《南京志》若干卷,所著有《端居詠》《遠遊紀》《北行稿》《皖遊録》《古杭清遊稿》《麗藻堂文集》等。其篆法早尚雄麗,晚益樸古拔俗,綽登神品。餘若真行,皆入妙。碑版書師顔柳,楷法題榜大書師本朝詹孟舉,并絶海内。四方操金幣走其門求書者恒滿賓館,聲沛夷裔,朝鮮、日本使臣得其書者,十襲爲珍。以故有豪士樂志之適,如李北海風。嘉靖戊戌,年七十七,以七月二日卒於家。

錢謙益《列朝詩集小傳》丙集《黄舉人省曾》:"省曾,字勉之,吴縣人。六齡好緗素古文,解通《爾雅》。弱冠,與兄魯曾散金購書,覃精藝苑。先達王濟之、楊君謙皆爲延譽。負笈南都,遊喬白巖司馬之門。嘉靖辛卯,以《春秋》魁鄉榜,固已爲宿名之士矣。累舉不第,交遊益廣。王新建講道於越,參預講堂,作《會稽問道録》。湛元明振鐸成均,則又學於元明,名王、湛兩家之學。李獻吉以詩雄於河洛,則又北面稱弟子,再拜奉書,而受學焉。……勉之文學六朝,好譚經濟。有《五岳山人集》,别撰《西洋朝貢典録》《輿地經》《老子玉略》諸書,皆未行於世。"

張慧劍《明清江蘇文人年表》載:吴縣黄省曾(勉之),1490 庚戌弘治三年生,1540 庚子嘉靖十九年死,年五十一。

按:中國嘉德國際拍賣有限公司 2009 年春季拍賣會——中國古代書畫專場拍賣《明諸賢壽文衡山八十詩畫册》第四頁乃朱朗畫《齊門》,對題《七律一首》,署"江夏黄守曾敬賦",有"皋亭山人"印。皇甫汸《皇甫司勳集》卷五十四《黄先生墓志銘》曰:"黄君諱魯曾,字得之,人稱爲'中南先生'云。……君與弟省曾即五岳山人也,盡以購書讀之。……(父)葵庵晚年……又廣置妾媵,多生庶子,卒無長物。……長兄太學生孝曾,早卒。"故黄守曾或是魯曾、省曾庶弟,字□之,號皋亭山人。能詩。

王世貞《弇州續稿》卷一百五十《吴中往哲像贊》:"黄質山先生者諱姬水,字淳甫。父曰五岳山人省曾,以博學、工古文辭著聲。先生生而穎異,試公車業不利,棄去。刻精爲詩,五言古律皆深入唐人之奥,文亦峭勁。其大不能如其父,然有美愛可傳者。生而嗜古,負遺世之僻,不與俗諧。其辨識書畫、器物稱賞鑒家,顧多謝客。客至而雅者,始見延。然不能具五簋,而酒茗脯炙必精旨,雅語竟日不倦。”

據馮時可《馮元成選集》卷三十四《黄淳甫先生傳》:先生名姬水,淳甫其字。年十四補邑諸生。嘉靖中葉,島夷作釁,先生因携妻子僑居金陵。先生所著篇什甚富,有《白下集》。逾六載,島夷平。先生還故里,雖家四壁立,而愈益喜法書名畫,極力市易,或遇窘復斥,以資食指。稍贏,召故人,焚枯酌醴爲娱樂;或丐貸,必旁宛濟之,使稱意去。先生書學祝京兆,而遒逸過之。末年有《高素齋集》。先生没後,季[仲]子嘉芳泣而傴行,索諸大父行,獲其遺文若干篇,手自讎校爲《全集》。

黄姬水《黄淳父先生全集》卷二十四附録皇甫汸《墓志銘》:“(姬水)萬曆甲戌二月,病脾。至五月初二日,卒。生於正德己巳十月二十六日,得年六十六歲。”

于慎行《穀城山館文集》卷二十七《周幼海先生小傳》:“周幼海先生者,吴門高隱也。名天球,字公瑕。”

馮時可《馮元成選集》卷五十八《處士周公瑕先生墓志銘》:“先生諱天球,公瑕其字也。……父彰……教授太倉沙頭里中。……先生生而秀異,髫年能以箒畫地作大字,甚遒勁,見者皆駭歎。年十六,恳其父謀居郡城……父如其語徙郡城婁齊間。從碩儒朱貞吉遊,朱甚器先生,以女妻之,授以經術。甫弱冠,選隸學宫,試輒高等。居久之,頗厭帖括,一意修古。每隱几學書,駸駸《黄庭》《聖教》矣。有蔡少竹者,亦韻士,爲先生介紹謁文太史徵仲。太史進之函丈,學書益勤。……年四十,患奇疾,幾不起,遇神醫而愈。既愈,即謝去諸生。專意修古,韓、柳、岑、孟,時爲師友,而腴雋間出。善大小篆、古隸、行楷,法皆模範文太史。晚能自得蹊徑,書名甚著。……太史捐館,先生代興,天下士輻輳,綦履沓户外,赫蹏鹿角,得者若奇珍。一時豐碑大碣,無不出先生手。……先生生正德甲戌正月十六日,卒萬曆乙未九月十七日,享年八十二。”

張慧劍《明清江蘇文人年表》載:蘇州史臣紀(叔載),1561 辛酉嘉靖四十年,輯補陶弘景文及有關資料,録爲《貞白先生陶隱居集》二卷。1565 乙丑嘉靖四十四年,校勘元湯垕所著《畫鑒》竣事。

按:其款下有“麓田居士”印,因知其號。

是年,作《停琴圖》。

郭味蕖《宋元明清書畫家年表》:“1528 戊子嘉靖七年,陳道復(白陽)作《停琴圖》。《神州國光集》。”

文徵明爲海寧王君作《居竹圖卷》，陳淳題引首，黄省曾、杜璠、王穀祥、文伯仁、岳岱、許閏、徐玄度、陸芝、徐繗相繼題詠。後歸王震川，文彭、文嘉有跋。

郁逢慶《書畫題跋記》卷十一《衡山居竹圖》。卷首陳白陽篆書“居竹”二字，次衡山徵明《山水竹石》并詩，次黄省曾《居竹賦》、杜璠、王穀祥、文伯仁、岳岱詩，文彭、文嘉跋，略。

汪砢玉《珊瑚網》卷三十九《衡山竹居》即此圖，題者爲文伯仁、岳岱、許閏、文彭、文嘉。後記曰：“卷有汝南黄省曾撰《竹居賦》，云：‘海寧王侯雅崇經術，其居羅以修竹，五岳山人聞而賦之。’詩有安陽杜璠、吴下王穀祥、澱峰徐玄度民則、陽抱山人陸芝、洞庭徐麟[繗]，俱未及録。”

按：文彭嘉靖丙寅七月跋稱：“右《居竹卷》，皆吴中一時聞人爲海寧王君作者。王君不詳爲何人，觀其絹素精好，交無雜賓，亦可尚已。不知何緣流落京師，震川先生得之。先生雅好種竹，而亦姓王，亦可以爲奇矣。偶携過弊寓，因嘆物之得其所歸。而卷中諸人，震川所交幾半，時一展玩，殆若爲震川而設者。題此以記歲月，蓋自戊子至今已三十九年，又不勝存没之感於諸公也。”可見，此圖乃文徵明是年爲海寧王君作，陳淳題引首，諸公相繼題詠。後歸王震川，文彭兄弟有跋。王君、王震川無考。

杜璠（1482—1531），字允勝，别號澹巖，長洲縣（今江蘇蘇州市）人。王鏊弟子。家世業醫，而其雅不欲以藝名，遂從經師受《易》。正德間補郡學生，屢試應天不售，竟卒。博學工文，翰墨精謹，富藏書。（《甫田集》（三十六卷本）卷三十《杜允勝墓志銘》）

岳岱（生卒不詳），字東伯，號秦餘山人、漳餘子，蘇州衛（今江蘇蘇州市）人。隱居陽山。性狷介，好遊覽，不妄與人交。能詩善畫。有《山居稿》等著。（《列朝詩集小傳》丁集中《岳山人岱》等）

徐繗（1491—1576），初名陵，字少卿，後更繗，字紹卿，吴縣（今江蘇蘇州市）人。父卒，母携其依弟蔡羽以居，受學之。少爲諸生。長與黄省曾兄弟善。晚年食貧，喪子，一老女寡居。逾年一入城市，寄浮屠舍，蕭然旅人。性瀟灑豪逸，跌宕自喜。善詩文，喜辯論。有《在笥集》。（《列朝詩集小傳》丁集上《徐處士繗》等）

許閏（生卒不詳），字元積，蘇州府（今江蘇蘇州市）人。文士。（嘉德 2011 年秋拍《明吴中諸賢送沈禹文謁選北上詩畫册》）

是年，二月十三日，彭昉卒，年五十九。

文徵明《甫田集》（三十六卷本）卷三十《彭寅甫墓志銘》：“君諱昉，字寅甫。……卒嘉靖七年戊子二月十又三日,享年五十有九。”

是年,六月,《明倫大典》成。十月,皇后陳氏崩。十一月,立順妃張氏爲皇后。

嘉靖八年己丑(1529) 四十六歲

二月,從子陳椿會試下第。三月,歸蘇。刑部主事袁袠載馳送之,有詩三章。

袁袠《胥臺先生集》卷一《載馳,送陳子齡也(三章)》:“歲之徂矣,言邁靡遑。僕車載馳,於彼朔方。山川伊阻,道路且長。將子何徂?觀國之光。”“皇皇京邑,天闕龍翔。多士如雲,珮玉趨蹌。述職斂材,萃止明堂。亦既事舉,亦既言揚。”“維帝允文,制作陰陽。倬彼絲綸,雲漢爲章。雍雍者儒,利用賓王。古訓是程,徽猷以康。”

張廷玉等撰《明史》卷七十《志・選舉二》:“以舉人試之京師,曰會試……辰、戌、丑、未年會試。……會試以二月……初九日爲第一場,又三日爲第二場,又三日爲第三場。”

按:陳椿去年舉鄉試,既赴京參加今年會試,二月底放榜,故下第歸蘇,袁袠載馳送之,應在三月。

袁廷檮《吴門袁氏家譜》卷五《譜圖・五房一支譜圖》云:“袠,鼒四子。……丁亥,改刑部福建清吏司主事。……庚寅……調兵部武選司主事。”

三月,訪宜興西溪任世冲,遇南寧知府蔣山卿,蔣山卿有詩。

蔣山卿(1486—1548 尚在),字子雲,號南泠,儀真縣(今江蘇儀徵市)人。正德九年(1514)進士,授工部主事。歷至今官。時因進京朝覲事畢返任,便道過家後,路過於此。明年陞廣西左參政。又二年,以讒罷歸。工詩文,與景暘、趙鶴、朱應登稱“江北四子”。有《南泠集》等著。

蔣山卿《南泠集》卷十《白陽訪任世冲》:“憐君野性耽幽僻,結屋西溪西復西。流水自縈花塢曲,青山故傍草堂低。宜人小閣餘香掩,隨意扁舟濁酒携。擬欲它時重相訪,緑煙芳樹定須迷。”(圖 38)

按:是詩置今年。前一首爲《别任世臣》,曰:“三月荆溪淹客居,故情歡愛復

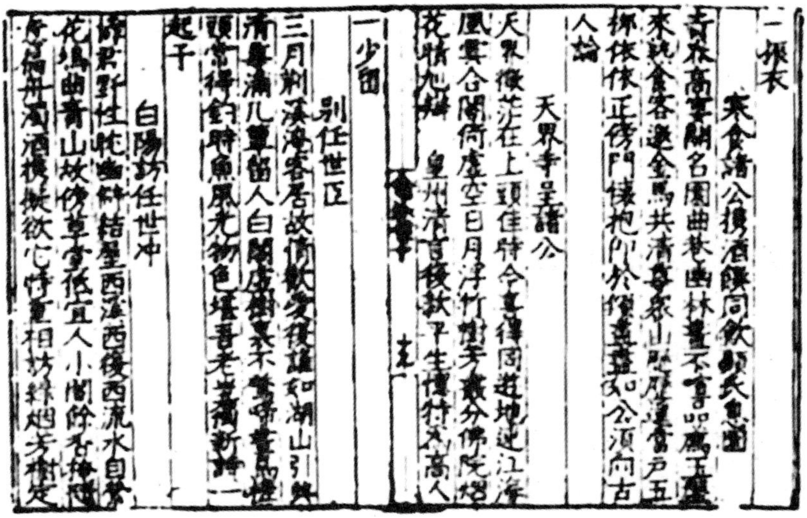

一振衣

寒食請公携酒餞同飲胡氏息園

青林高宴閙名園曲巷幽林晝不喧[illegible]

來就食客邀金馬共清尊家山[illegible]

挪依依正傍門楼抱[illegible]於[illegible]公須向古

人論

天界寺呈諸公

天界微茫在上頭佳晴今喜得同遊地迥江海

風雲合閣倚虛空日月浮竹樹芳[illegible]分佛[illegible]

花晴[illegible] 皇州清[illegible]平生[illegible]高人

一少留

別任世臣

三月荆溪[illegible]客居故[illegible]後誰知湖山引興

清尊滿几簟留人白閣虛樹裏不驚啼畫鳥槎

頭常得釣時魚風光物色堪吾老豈獨新詩一

起予

白陽訪任世冲

爲君野性耽幽僻結屋西溪西復西流水自繁

花鳥曲青山故傍草亭低宜人小閣餘香[illegible]

[illegible]舟酒榼欲心[illegible]相訪[illegible]烟芳樹[illegible]

圖 38 蔣山卿《白陽訪任世冲》

誰如？湖山引興清尊滿，几簟留人白閣虛。樹裏不驚啼畫鳥，槎頭常得釣時魚。風光物色堪吾老，豈獨新詩一起予。”鑒此，任世冲、任世臣蓋兄弟，家宜興西溪。

《（雍正）江南通志》卷一百五十八《人物志・孝義二・常州府》云，任卿（生卒不詳），字世臣，宜興人。嘉靖間，由例貢仕至大理寺副。鄉黨稱爲“孝友世家”。任世冲俟考。

《（嘉慶）增修宜興縣舊志》卷一《疆域志・山川》謂，西溪，一名西氿，在縣西關外。

《明世宗實録》卷九十八載，南寧知府蔣山卿今年二月前進京朝覲，條陳時事。時當事畢返任，便道過家後，路過宜興，訪任氏兄弟。

又卷一百十一、卷一百三十四載，其明年三月十八日陞廣西左參政，向後年正月十八日以貪酷罷官。

據《南泠集》顧璘《蔣南泠詩集序》，其號南泠。

《（隆慶）儀真縣志》卷十《人物考・國朝》：“蔣山卿，字子雲。以進士授工部主事。正德己卯，武廟南狩，與同官林大輅、何遵伏闕上疏諫……一時忠憤激，忤時貴。由是朝廷震怒，幾斃杖下。謫南京前府都事。嘉靖改元，詔復原官。改刑部主事，歷員外郎、郎中。出爲河南知府，改潯州府，再改南寧。……績以最，舉進廣西參政。……而公以讒言罷矣。比歸，閉門謝事，獨居休園，徜徉詩酒，校讐文藝。所著有《南泠集》《休園集》行於世。”

又卷九《選舉考·皇明制科進士》:"蔣山卿,正德九年唐臯榜。"

《(雍正)江南通志》卷一百六十六《人物志·文苑二·揚州府》:"景暘……與邑人蔣山卿、趙鶴、朱應登爲古文詩詞有聲,稱'江北四子'。"

張慧劍《明清江蘇文人年表》載:儀真蔣山卿(子雲),1486丙午成化二十二年生,1548戊申嘉靖二十七年,年六十三,尚在世。

六月,於浩歌亭作《携琴圖卷》。

張照等撰《石渠寶笈》卷三十三《明陳淳携琴圖一卷》款識云:"嘉靖乙[己]丑六月,白陽山人道復作於浩歌亭。"

十一月六日,於華雲舟中爲題《宋巨然山寺圖卷》。

陳淳與華雲關係甚厚,嘗爲題《文徵明緑筠窩卷》《二王小楷帖》,至其家賞梅有詩。華雲(1488—1560),字從龍,號補庵,無錫縣(今江蘇無錫市)人。正德二年(1507)國學生。嘉靖二十年(1541)進士,官至南京刑部郎中。能詩文,善交遊,喜藏書畫。有《句吴集》諸著。

潘正煒《聽帆樓續刻書畫記》卷上《宋巨然雲山古寺圖卷》。陳淳跋云:"嘉靖己丑五月五日,白陽山人陳淳觀於北龍華君舟中。"

裴景福《壯陶閣書畫録》卷二《宋巨然山寺圖卷》。陳淳跋云:"嘉靖己丑至前五日,白陽山人陳淳觀從龍華君舟中。"

按:兩著所載爲一件作品,但陳淳題語不同:前者"五月五日""觀於""北龍",後者作"至前五日""觀""從龍"。

首先,前者"北龍"爲"從龍"之誤。其次,據鄭鶴聲《近世中西史日對照表》,今年五月六日夏至,十一月十一日冬至。知前者"五月五日",是將"至前五日",誤作夏至前一天五日。

經古文獻檢索,長至多指夏至,至日多指冬至,故以後者繫之。

鄒炳泰《午風堂叢談》卷五:"吾鄉華氏《緑筠窩卷》,九龍山人王孟端爲華康伯畫。……耐軒居士王達爲之記,錢仲益、華晞顔、釋永寧、俞海各有詩,皆永樂間鉅人也。後卷失之火。文徵仲從其五世孫從龍之請,既爲補圖,復用諸體書録諸君詩於後,用存當世故實。王履吉、唐龍、陳白陽、王守、彭孔嘉、周公瑕俱有跋,王元美、敬美昆仲有詩紀之末。"

王世貞《弇州續稿》卷一百六十六《汪象先二王小楷帖》:"未[末]繫陳道復小篆數行,蓋得之華從龍比部者。最爲精絶,所謂秘閣續帖本也。"

陳淳《陳白陽集》七言律《華補庵家看梅》:"曲池西畔畫樓前,幾樹梅花綻曉煙。旋作野橋通野客,漫呼春酒列春筵。衙蜂已出尋香影,候鳥時來弄管弦。倒著接䍦儂自醉,上輿非爲主人眠。"

華孳亨《華氏傳芳集》卷五《奉議大夫補庵府君宗譜傳》:"府君諱雲,字從龍,號補庵。通八支海月府君長子。……少穎異,能文。……稍長……從二泉邵先生遊,益自淬勵。聞陽明王先生之學,復往師之。……嘉靖辛卯,魁順天。辛丑,舉進士,試政都察院。……明年,父疾作,得侍疾,治大事。服闋,授户部主事。……推南刑部郎中,疏乞休。既歸,卜築菰川田舍,爲讀書堂。與同志講學切磋,不輕入城府。與人和而介,未嘗疾言倨容,而條理是非,凜不可犯,故交遊遍海内。……生弘治戊申八月十三日,卒嘉靖庚申九月廿三日,年七十三。"

王世貞《弇州續稿》卷五十四《華補庵先生詩集序》:"先生故好爲古文辭,不以經術廢,以故得晚達,而古文辭有儁聲。無錫與吾郡比壤,郡故饒名士大夫,若文徵仲父子、祝希哲、陳復甫、許元復、陸叔平、彭孔嘉、周公瑕、袁魯望之屬。有屈年而與先[生]交者,有屈先生年而與交者,下上揚扢,無時不過從。……先生之詩,得之文氏諸君子爲多,故不欲劌刻鉤索,以崇其格而極其變。然大要和平有蘊藉,語必實際,藹然盛世之遺響也。……先生所著詩文凡數十百卷,多散佚,而其存者曰《句吴集》,曰《近遊集》,曰《北遊集》,曰《江州集》,曰《改南集》,曰《真休集》。"

2006年夏之卷《祠堂博覽》尤偉、龔近賢《無錫華氏人物小傳》:"華雲憑藉家庭經濟實力,在南門外建了一座'菰川莊',占地40畝。莊内有劍光閣、水竹居、獨對臺、涵巘亭、薜荔堂、卧遊堂等,使梁溪河水穿莊而過,被稱爲'梁清溪第一曲'。劍光閣内藏有大量名人書畫,姑蘇沈周、文徵明、祝枝山等文豪經常前去訪問。"

按:《華補庵先生詩集序》云,華雲弱冠自邑諸生遊國學。而其生弘治元年戊申(1488),當在正德二年丁卯(1507)。

嘉靖九年庚寅(1530)　四十七歲

正月,長洲大覺寺將舉廢建新,特書《吴寬、李應禎至此遊覽詩作并題卷》,以爲募疏。後從玄孫陳仁錫有跋。

陳淳《陳白陽集》雜述《題大覺寺疏引》:"大覺寺,古之名刹云。建始於梁天監間,其來亦遠。予幼時常讀書其間,常住竹林中,蓋吾祖都御史成齋府君暨吾伯父昆弟遊詠之處。而名公鉅卿亦時往來於其間,如匏庵吴公、范庵李公咸有述作,其名勝可知已。惜乎年來瀕於傾毁,而寺僧亦皆貧困,非藉四方賢士擴其施予,則傾毁何由而新?而遊覽之士又焉能來如吴、如李者哉?兹者寺僧輩竭力舉廢,將有告於賢者。而予不文,不能具疏,特命其録前賢述作,以備觀覽,并書數語於後。時嘉靖庚寅孟春日。”

陳仁錫《無夢園遺集》卷五《題大覺寺募疏》:“右先白陽公《修大覺寺疏》,閱有歲年,生氣飛動。一時好施善士,勤苦緇侶,修禊群彦,與鐘鼓俱新,雲日并麗。數年前,有獨行其義,莊嚴聖像,而佛容甫新,危坐風雨。於是,西房卓庵、宗人通宇鬻田百金,爲倡其精勇犀鋭,必有聞風樂赴者。展玩此卷,想見昔賢慷慨,今固不減。崇構在即,諸佛歡喜,陳湖浪花,都作聖果矣。”(圖 39)

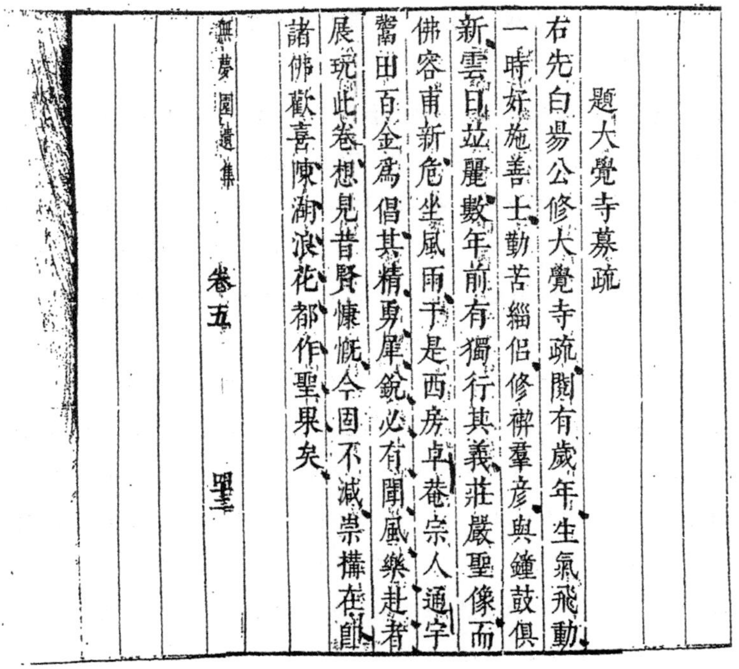
題大覺寺募疏
右先白昜公修大覺寺疏閱有歲年生氣飛動
一時好施善士勤苦緇侶修禊羣彦與鐘鼓俱
新雲日竝麗數年前有獨行其義莊嚴聖像而
佛容甫新危坐風雨于是西房卓菴宗人通宇
鬻田百金爲倡其精勇犀鋭必有聞風樂赴者
展玩此卷想見昔賢慷慨今固不減崇構在即
諸佛歡喜陳湖浪花都作聖果矣
無夢園遺集 卷五

圖 39 陳仁錫《題大覺寺募疏》

《(乾隆)蘇州府志》卷二十五《寺觀二·長洲縣》:“大覺教寺在二十七都大姚山。盧《志》:‘去縣東三十六里。’梁天監間建,寺有東明子院,最爲幽勝。”明吴寬《過大姚陳玉汝[宅]飲,散宿大覺寺,追和趙與哲韻》《與賀美之過陳湖,訪陳氏昆仲,再宿東明院。時玉汝居京師,而主僧頓公没矣,因遺其徒良琛》,略。李應禎和，略。

二月六日，題《文徵明落花詩圖卷》《唐寅煮茶圖、祝允明茶歌卷》。

王杰等撰《石渠寶笈續編》第十九《文徵明落花詩圖合璧一卷》。前畫後書，款云："今正德九年，歲在甲戌春三月既望，漫録附於拙圖之末，未識觀者以爲何如？長洲文璧[壁]。"末題云："庚寅二月六日，白陽山人陳淳觀。"

台北故宫博物院《故宫書畫圖録》十八《明唐寅煮茶圖卷》款云："吴郡唐寅寫。"前篆書引首"六如墨妙"，鈐"徵明""停雲""衡山"等印。後行書《茶歌》，款云："長洲祝允明書。"末行書題云："庚寅二月六日，白陽山人陳淳觀。"

按：天津人民美術出版社《陳淳精品畫集》附單國霖《陳淳行跡及書畫作品編年表》將陳淳題前者重復繫年，即正德八年癸酉(1513)和今年。

二月二十六日，拏舟至陳湖東，訪周道夫。既登堂而風雨大作，遂留宿，作《陳湖圖軸》。

道夫其字(生卒不詳)，號笏林，長洲縣(今江蘇蘇州市)人。隱士。

陸心源《穰梨館過眼續録》卷七《陳白陽陳湖圖軸》題云："湖上春如許，尋盟到草堂。要知形勝地，還是水雲鄉。席上平生話，燈前百感觴。無端風雨甚，應爲阻歸航。庚寅二月廿又六日，拏舟訪笏林親長於陳湖之東。既登堂而風雨大作，遂就榻焉。笏林舊居湖西，與余居僅里許。今雖限東西，同爲湖上人耳，故語中及之。白陽山人陳淳志。"

按：《陳白陽集》五言律《訪周道夫湖東草堂》即上詩。此卷還有《冉[周]道夫過田舍夜坐書感》，云："爾我憐同志，逍遥正不妨。未能遵富貴，烏用詆炎凉。白髮駸駸短，青山故故長。百年朝夕事，得喪總微茫。"國家圖書館出版社《明代名人尺牘選萃》十一《明清兩朝畫苑尺牘・陳淳致道夫札》曰："向别即入山，留凡四五日，兹補奉節物，幸笑納。昨有簡奉屈，聞有金氏之行，不果。面餘，不具。廿五日，淳稽顙。道夫先生執事。"可知，笏林姓周，字道夫，號笏林，名不詳，居長洲縣陳湖東。與陳淳過從甚密，視爲"同志"。

二月，作《花卉卷》。

張照等撰《石渠寶笈》卷三十三《明陳淳寫生花卉一卷》款識云："庚寅二月，白陽山人陳淳。"

四月七日後,爲陳朝爵題《文徵明猗蘭室圖卷》引首。

朝爵其字(生卒不詳),號事茗,吴縣(今江蘇蘇州市)人。乃王寵鄰友。善琴棋,以事茗著稱。

上海科技等出版社《吴門繪畫》圖 25《文徵明猗蘭室圖卷》。前篆書引首"猗蘭室",款云:"道復書。"後圖,款云:"嘉靖己丑,徵明爲朝爵畫《猗蘭小景》。明年庚寅四月七日,携至虎丘,雨窗重閲。"故宫博物院藏。

按:陳淳題引首應在文徵明重閲是畫題款後,因繫此。

蔡羽《林屋集》卷十六《事茗説》謂:"南濠陳朝爵氏,性嗜茗,日以爲事,居必潔厥室,水必極厥品,器必致厥磨礪,非其人不得預其茗。以其茗事其人,雖有千金之債,緩急之徵,必坐而忘去。客之與厥事,獲厥趣者,雖有千金之邀,兼程之約,亦必坐而忘去。故朝爵竟以事茗著於吴。"東京國立博物館《東京國立博物館圖版目録·中國書跡篇》圖 62《王寵行書詩書卷》款云:"辛卯五月,王寵爲事茗書。"後文彭跋曰:"此爲事茗書,蓋事茗爲其鄰友,善琴能棋,頗相狎匿,故所蓄甚多。而事茗每求不已。"鑒此,朝爵字,陳姓,事茗號,名不詳,居吴縣南濠。乃王寵鄰友,善琴棋,好事茗。

四月二十日,作《楷書千字文卷》,奉贈魏希明。

魏希明(1502—1541),字誠甫,號高墟,崑山縣(今江蘇崑山市)人。嘉靖四年(1525)貢入國學。三試京闈不第,以病自廢。樂善慕義,喜藏圖書字畫,多與蘇州文學之士交遊。

文物出版社《中國古代書畫圖目》三《明陳道復楷書千字文卷》款云:"嘉靖庚寅四月廿日,雨窗無事,書此破睡,奉似誠甫先生。白陽山人陳淳。"上海博物館藏。(圖 40)

歸有光《震川集》卷二十五《魏誠甫行狀》:"誠甫諱希明,姓魏氏,世爲蘇州人。始居長洲,後稍徙崑山之真義里。……誠甫爲人,少而精悍,有所爲,發於其心,不可撓。……誠甫爲縣學弟子員……誠甫生平無子弟之好,獨購書數千卷及古法書名畫,苟欲得之,輒費不貲。其樂善慕義,常忻忻焉。以故郡中名士,多喜與誠甫交。每之郡,從之遊者,率文學儒雅之流也。去其家數里,地名高墟。誠甫樂其幽勝,築别業焉。……誠甫補太學生,三試京闈不第,以病自廢。居家,猶日裒聚圖史。……至於生産聚畜,絶不膺於心。固承藉祖父,亦其性有以然也。誠甫卒於嘉靖十九年十二月乙酉,年三十九。"

《(嘉靖)崑山縣志》卷八《薦舉·監胄》:"魏希明,字誠甫。嘉靖四年生員,援例入監。"

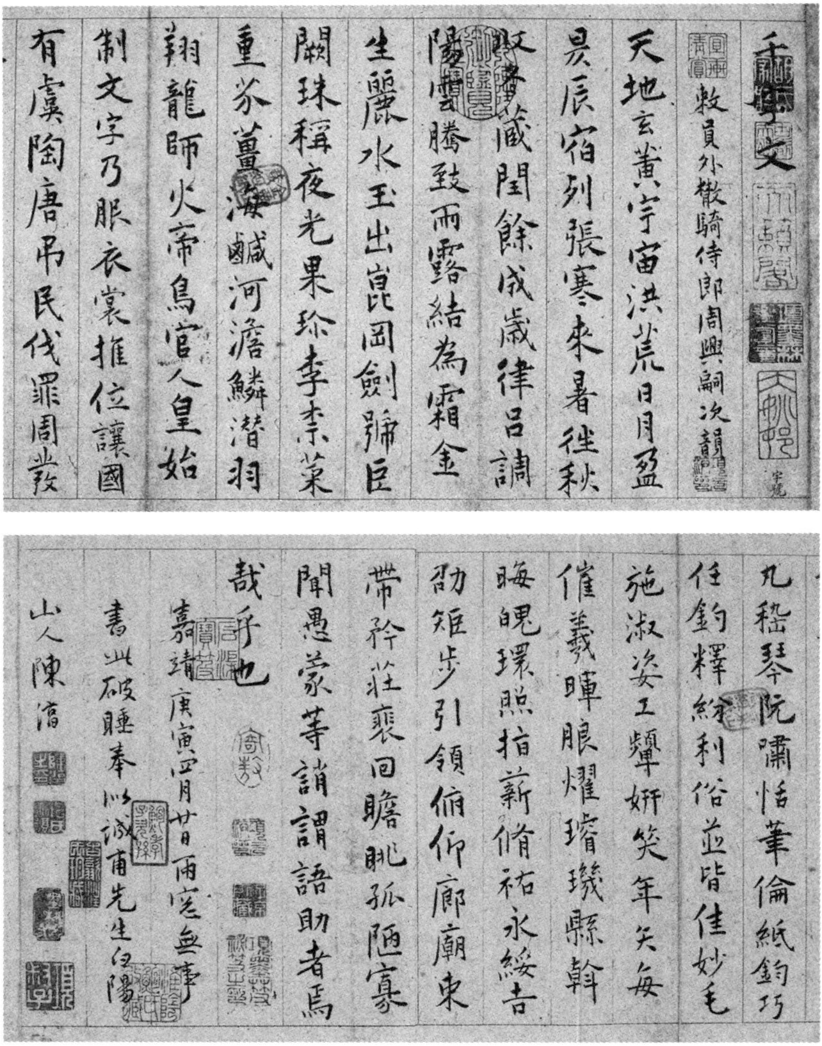

圖 40　陳淳爲魏希明作《楷書千字文卷》局部

按:《陳白陽集》五言古《寫松菊寄魏高墟》云:"西風何獵獵? 江水不可涉。獨坐茅簷下,有懷殊未愜。美人隔江滸,迢遞不得語。何如松與菊? 歲寒自相許。世態紛如霰,流光疾如電。何不念昔人? 秉燭尋歡讌。"上海科技文獻出版社《上海圖書館藏〈明代尺牘〉》三《陳道復致高墟札》曰:"久不瞻覿,懷仰懷仰。區區碌碌,無可爲道。春來道味如何? 想日事文翰,與古人相友。視區區塵土中,殆霄壤矣。兹因朱生去,便附上拙筆二方,聊償宿逋之一二耳。向聞將過田舍,日望旌旆,不見至也。區區亦將有遠行,如何得一叙首,徒懸情而已。匆匆不次。仲春三日,淳頓首。高墟先生尊契文侍。"由是,魏希明號高墟,與陳淳乃"歲寒之友”,得其書畫甚多。

五月十七日,於五湖田舍作《山水軸》。

日本東京大學出版會《中國繪畫總合圖録》第四卷《明陳淳山水圖軸》題云:“夏氣偏煩填,茅堂午睡還。何當雲送雨,早已過前峰。白陽山人陳淳作於五湖田舍,庚寅五月望後二日也。”日本個人藏。

七月十五日後,朱鏜持《王寵行草千字文册》索題,題中云:“書雖一藝,亦人所不可略者,故前賢曰:‘於儒者事最近’。”

文物出版社《中國古代書畫圖目》二十《明王寵行草千字文册》款云:“戊子六月朔,雅宜子王寵書於越溪莊。”後行草跋云:“書雖一藝,亦人所不可略者,故前賢曰:‘於儒者事最近。’余與履吉相友善,遊藝亦久。以余書較之,則遠弗逮矣,蓋慧拙之間。此卷爲履吉三年前書,頗有帖意。朱生鏜持來田舍索題,展玩數四,不覺自拙,又心歎吾衰也。庚寅七月望後,白陽山樵陳淳。”故宫博物院藏。(圖 41)

按:朱鏜待考。

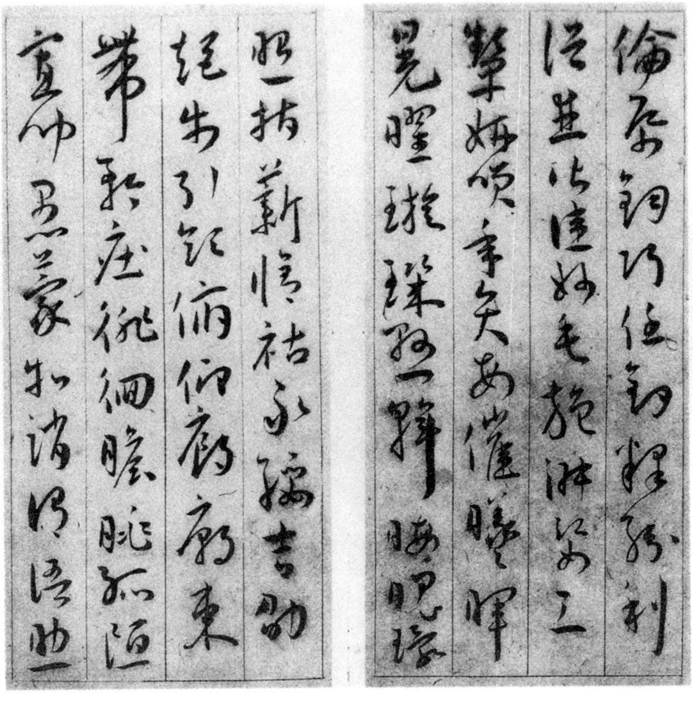

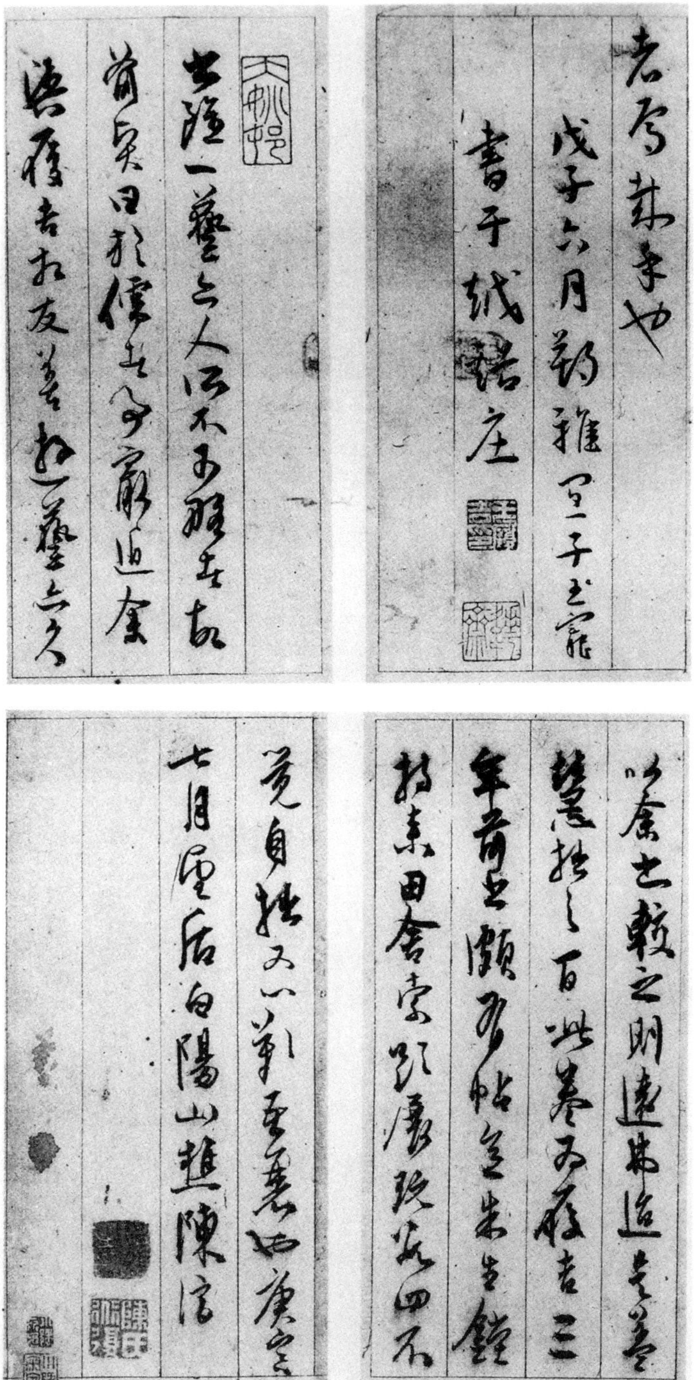

圖 41　王寵《行草千字文册》局部和陳淳題跋

秋,爲崑山知縣任廷貴作《秋溪圖并詩》。

任廷貴(生卒不詳),永寧縣(今屬寧夏)人。嘉靖八年(1529)進士,授今官。後罷去。

陳淳《陳白陽集》七言絶《〈秋溪〉,爲崑山尹任公作》:"水色天光一鏡開,高賢常此寄徘徊。遥看縹緲心何極,自信元非百里才。"

按:據《(嘉靖)崑山縣志》卷五《官守》,在陳淳生卒即成化二十年甲辰(1484)至嘉靖二十三年甲辰(1544)間,崑山知縣姓任者僅任廷貴一人,所云"崑山尹任公"必爲此人。

《(雍正)山西通志》卷六十八《科目四》云:"嘉靖八年己丑科羅洪先榜:任廷貴,永寧人。崑山知縣。"又其罷去,楊逢春繼任。王慎中《遵巖集》卷十四《中憲大夫雲南按察司副使楊西渠公墓志銘》曰:"西渠楊君,名逢春,字仁甫……由己丑進士授杭州府仁和縣令。父喪,未至官。服除,爲蘇州府崑山。"以此,楊逢春約後年任崑山。而任廷貴約去年至明年任,陳淳是秋天爲其作圖并詩,故繫今秋。

十一月十日,訪無錫鵝湖華欽,淹留信宿,爲作《鵝湖棲遲圖軸》,以憶歲月。

華欽(1474—1554),字敬夫,號小山,無錫縣(今江蘇無錫市)人。其性靖謐,仁隱寬裕。

上海出版公司《域外所藏中國古畫集》六《明畫》中輯《陳淳鵝湖棲遲圖軸》題云:"棲遲山水曲,佳興四時便。但得令心遼,何須華嶽連?庚寅冬仲十日,訪小山先生於鵝湖之曲,淹留信宿,因作此以意歲月云。白陽山人陳淳。"

《(康熙)無錫縣志》卷三《水》:"鵝湖,一名濠湖,俗謂之鵝肫蕩。在縣南五十里延祥鄉,東西四里,南北三里。東爲長洲,北爲常熟。邑華氏聚族居之。"

華啓直《華豫庵先生集·族侄中甫君墓志銘》:"君華氏,諱夏,中甫其字,別號東沙……小山翁欽,則君之……考云。"

周道振輯校《文徵明集補輯》卷三十一《華府君墓志銘》:"府君華氏,諱欽,字敬夫,常之無錫人……性本靖謐,不喜矯枉,不事誇誕。對客恂恂,未嘗以語言先人。人侮之,受而不答,視若不慧,而還語諸子,則皂白井井。……推誠任性,不逆詐,不窮人之過。待臧獲下人,往往以恩掩義。或有所盜,知而不言。……晚得末疾,不良於行,作别墅於湖橋,陂魚養花,樹藝自適,將以佚其老。……府君生成化甲午八月七日,卒嘉靖甲寅正月十又三日,享年八十有一。"

是年，三月四日，錢貴卒，享年五十九。

文徵明《甫田集》（三十六卷本）卷三十《明故鴻臚寺寺丞致仕錢君墓志銘》："嘉靖甲申，錢君元抑（貴）以鴻臚丞致仕，還長洲。閱六年，庚寅三月四日卒，年五十有九。"

嘉靖十年辛卯（1531）四十八歲

正月十六日後，爲袁表跋《文徵明山水卷》，稱其師"才德傾動海外，書畫冠絶古今，日無虚刻，筆無草率"。

袁表是年十月以國子生除西城兵馬司副指揮。

英和等撰《石渠寶笈三編》敬勝齋藏《明文徵明山水一卷》款："己未九月既望，衡山文璧[壁]畫。"又題詩，款："嘉靖辛卯春王正月既望，徵明重題。"後跋云："余幼入太史門墻，才德傾動海外，書畫冠絶古今，日無虚刻，筆無草率。此卷精妙入神，生平得意作也。珍之珍之。門下士陳道復。"

按：陳淳跋於文徵明重題後，故繫此。是卷亦有彭年、陸師道跋，云爲袁邦正題。

袁廷檮《吴門袁氏家譜》卷五《譜圖·大房一支譜圖》曰："表，鼒長子。行一，字邦正。……正德元年丙寅，奉制入國子監。嘉靖十年辛卯，就選吏部。十月二十日，除西城兵馬司副指揮。"

二月六日，華坦八十誕辰。其子欽遣仲子韶請於四方君子之言以慶，陳淳、諸生瞿景淳、南京尚寶司卿吕柟、台州府推官吴子孝、王寵皆賦詩爲贈，南京禮部郎中鄒守益作《序》。

華坦（1452—1545），字汝平，號南坡，無錫縣（今江蘇無錫市）人。欽父。其精敏周慎，雅意恢宏，謹畏謙下，尊高賢碩士，與喬宇、王守仁、邵寶等人交厚。

華渚《勾吴華氏本書》卷二十九《處士南坡公》："南坡公坦，字汝平。……若瞿文懿昆湖公、吕文簡涇野公、吴參議海峰公、王雅宜太學、陳白陽山人，皆有投贈賦壽之什，爲公耄耋之祝者也。"

又卷二十九附録鄒守益《壽南坡華翁八十序》："南坡華翁汝平有八十之慶，其子欽召其季韶，而命之曰：'吾之事爾祖，爾所知也。爾祖之所悦者，莫如君子之言。……兹夏也疾，不良於行。爾其往請於四方之君子，以悦爾祖。'韶退，謀於其師朱君象賢。……以華之望於錫也,至於翁家日殷矣。財阜者則易以驕,而持之以勤儉;勢盛者則易以争,而宣之以惠和;居逸者則易以淫佚,而娱之以文史,維之以名士。將其天常之厚,能不遊於君子之方乎?……翁之善於自壽也,則足以慶矣!……翁尚懋於保極,以率子姓,而子姓服翁之訓,纘承而光大之,俾永永有聞。則其壽也,將以無疆!而其悦親,將無庸於外求矣。……敬述所聞,以贊於初筵。嘉靖辛卯春二月辛酉(六日)書。"

華察《華氏傳芳續集》卷十六文徵明《華南坡墓志銘》:"常之無錫有高年悃愊之士,曰南坡翁,姓華氏,諱坦,字汝平。精敏周慎,長於佃作,雅意恢宏。自其少時,即能激昂自樹。初不假先世資遺,任其智能,而盡力於甽畝,劭農振業,菑播以時,廥積輸將,咸有法程。聲生勢長,日以衍拓。數年之間,累資鉅萬,田園邸第,遍於邑中。……嘉靖二十四年,年九十有四,乃卒是歲四月八日也。……性謹畏謙下,然不能受侮,或豪植强禦,以氣相陵,有所侵奪,必求有以下之。至於高賢碩士,文酒過從,則卑抑退遜,若無能爲。推誠履信,名義自將,故雖隱約終身,而所交遊,皆當世偉人,若喬太宰宇,若王新建守仁,若邵文莊寶、鄒祭酒守益,皆嘗爲文贈之。而我先叔父中丞公(森)尤厚。"

按:華詔乃欽仲子。

瞿景淳(1507—1569),字師道,號昆湖,常熟縣(今江蘇常熟市)人。嘉靖六年(1507)諸生。二十三年(1544)榜眼,授編修。遷侍讀、左諭德等。隆慶初以禮部左侍郎兼翰林學士致仕。卒,贈禮部尚書,謚文懿。有《瞿文懿公集》等著。(《弇州四部稿》卷八十二《瞿文懿公傳》等)

吕柟(1479—1542),字仲木,號涇野,高陵縣(今陝西西安市)人。正德三年(1508)狀元,授修撰。二度引去。嘉靖初復除原職,歷至南京吏部郎中。九年(1530)陞南京尚寶司卿,十三年(1534)擢南京太常少卿。尋進國子祭酒。十八年(1539)以南京禮部右侍郎致仕。卒,贈禮部尚書,謚文簡。有《涇野文集》諸著。(《國朝列卿紀》卷四十五《南京禮部侍郎行實》等)

吴子孝(1496—1563),字純叔,號海峰,晚更龍峰,長洲縣(今江蘇蘇州市)人。嘉靖八年(1529)進士,選翰林庶吉士。時授台州府推官,便道過家。居三載,擢廣平府通判。亡何,拜南京吏部主事,以終養歸。後起禮部主事,歷陞光禄寺丞、湖廣右參議。二十九年(1550)坐讒免官。有《玉涵集》等著。(《皇甫司勳集》卷五十六《吴公墓表》)

鄒守益(1491—1562),字謙之,號東廓,安福縣(今屬江西)人。正德六年(1511)探花,授編修。尋歸侍養。嘉靖二年(1523)復職,歷至南京禮部郎中。時引疾告歸,便道過蘇、常。逾七年,起南京吏部郎中。陞太常少卿兼侍讀學士,掌南院。改南京國子祭酒。二十年(1541)以上言忤旨,落職。後因季子善考績恩,

復原官致仕。卒,贈南京禮部左侍郎,謚文莊。有《東廓集》等著。(《耿天臺先生文集》卷十四《東廓鄒先生傳》等)

五月十日,作《風雨溪橋圖軸》,文徵明題詩。

天津人民美術出版社《陳淳精品畫集》圖134《風雨溪橋圖軸》款云:"嘉靖辛卯五月十日,白陽山人作。"右上題詩:"春雲方罨沓,風雨更蕭條。不妨泥滑滑,蓑笠過溪橋。徵明。"中國歷史博物館藏。(圖42)

圖42　陳淳《風雨溪橋圖軸》

初,王延陵欲陳淳書《千字文》,久未能如命。是年六月二十七日,又過訪索書,遂爲作行草卷,以了宿願。

王延陵(1506—1582),字子永,號少溪,吴縣(今江蘇蘇州市)人。鳌季子,亦陳淳親戚。嘉靖初府學生。前年由父蔭爲中書舍人。時出使,便道過家。八年後乞終養歸。詩文繪畫俱能,有《王中舍集》。

上海科學儀器館《陳淳行草千字文卷》款云:"子永欲余書《千文》久矣,卒未能如命者,異余書之有進也。不意年來多累,而且衰疾,視幼時書,遠不迨。以故愆緩,自謂終不能復矣。兹承遠來田舍,兼索舊逋,惋辭不可,遂勉執筆,祇曰了宿願耳,毋以書也。辛卯六月廿又七日,陳淳。"(圖43)

王熙桂等編《太原家譜》卷二十七皇甫汸《中書公墓志

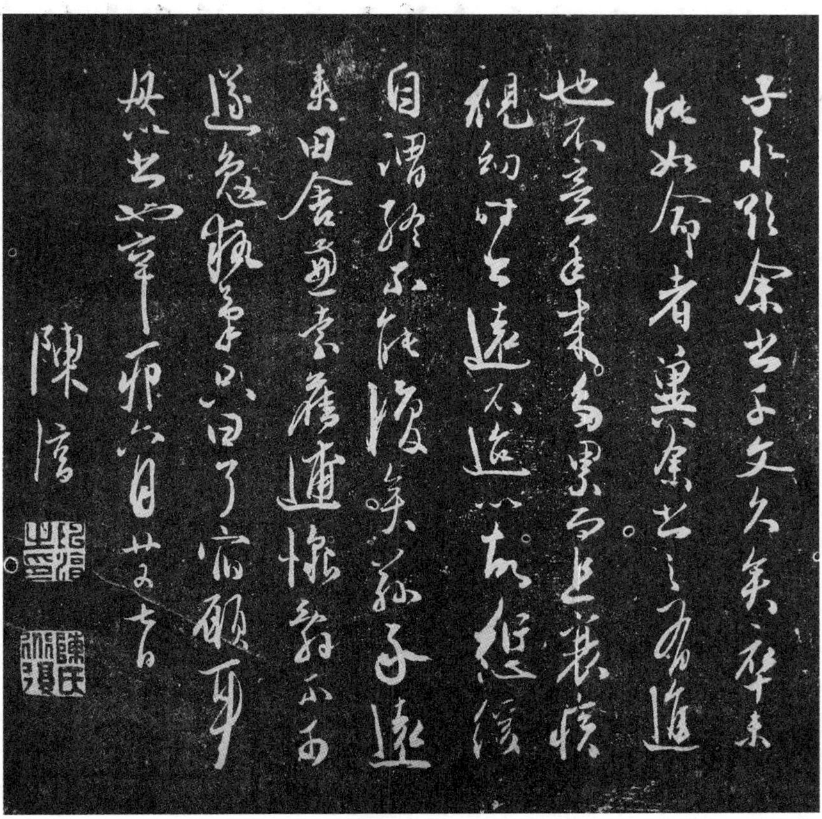

圖 43 陳淳爲王延陵作《行草千字文卷》落款

銘》:"王氏……家吴之東洞庭。……太傅公四子,少溪其季也。諱延陵,字子永。太傅雅善博士業……手摘《五經要語》授子永。……子永……考入郡庠。……居無何,世宗肅皇帝遣行人存問,太傅公恭上《講學》《勤政》二篇。世宗嘉悦,蔭一子爲中書舍人。……公乃棄去諸生業。遂抵掌而談秦漢,力以挽風騷,寤寐竹帛之業,糟粕城旦之書,旁通柱下,流覽稗官。夜榻幾穿,朝帷不卷。所與揚搉,非名士不交。所與倡酬,非唐調不賦。又志在山水,興寄丹青,不墜中散之聲,追工摩詰之技。士人得其寸楮尺幅,愈於百鎰千縑,翩翩然稱佳公子焉。逮服官京邸。……既而奉敕册封周王府、趙王府、崇[王]府。……未幾,捧皇太后哀詔,至江南十郡。太宜人胡在堂,乃上疏乞終養,無復仕進之意。公爲人温厚醇謹,雖材力衰遲,未嘗以一舉動廢禮。……而性恬淡,一不問家人生産作業,惟讀父遺書,娱情緗素,珍玩商周彝鼎而已。……生於正德元年七月十七日,卒於萬曆十年二月初九日,年七十有七。"

《明世宗實録》卷一百〇七:"嘉靖八年十一月……乙未(三日)……蔭故大學

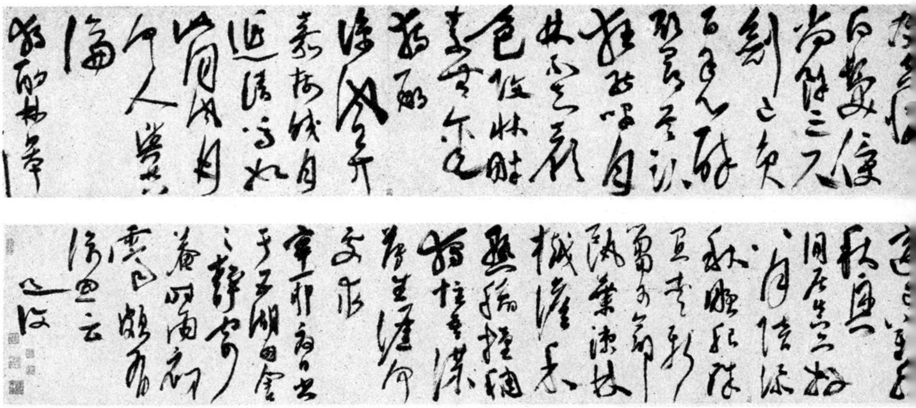

圖 44　陳淳《草書自作詩六首卷》

士王鏊男延陵爲中書舍人。"

張豫章等編《御選明詩・姓名爵里四》:"王延陵有《王中舍集》。"

按:據《墓志銘》,王延陵嘗出使王府,便道過家,請陳淳書《千字文》。

《太原家譜》卷二十八有王鏊嘉靖改元八月作《與思南公書》,云:"延陵府考,在科舉之數。意謂得與汝相見,乃以病不及往。今止預入學之數。"卷二十一楊循吉《文恪公側室胡太宜人墓志銘》曰:"當嘉靖十九年秋八月庚午,夫人詔封太宜人胡氏以疾卒。嗣子延素時方拜郡思南,未上,乞終養歸。而延陵亦以中舍使大梁,便道歸省。……故事惟一子得終養,既出連章異數。而中舍奉湯藥,衣不解帶凡一年。……"可知,其爲陳淳二姑父延素弟,嘉靖初府學生,十八年己亥(1539)乞終養歸。

夏日,於五湖田舍之静寄庵作《草書自作詩六首卷》。

《中國書法全集》編輯部提供《陳淳草書自作詩六首卷》:"《園居》:燕息林亭幽,老懶真可慰。竹樹結稠蔭,書帙散清氣。詎日事孤潔,且先遠憂畏。抽繹良有得,吟弄亦罔費。遺義敢竊取,新題聊自謂。坐看白日轉,爲問炊熟未。百舌語林端,翻覺減道味。《遣興》:老去悲何及,空憐白髮侵。尚餘三尺劍,已負百年心。醉欲尋雲卧,狂能嘯月林。不知顏色改,床畔素無金。《獨酌(二首)》:凉風弄嘉樹,皎月延清尊。如此閑風月,何人與共論?獨酌林皋迥,厭厭不計籌。似能添野興,還可慰羈愁。月色十分好,蟲聲一片秋。壁間何物在?寒氣隱吴鉤。《客至》:莫怪吾廬陋,延賓也自能。斷垣添野篠,破屋補新藤。筆研尋常弄,茶瓜次第登。尚何安飽計,閑適已難勝。《秋興》:閑居真亦好,八月倍添秋。野服殊宜愛,新篘可命甌。葉疏林樾澹,禾熟稻糧稠。獨怪吾謀薄,生涯何處求?辛卯夏日書於五湖田舍之静寄

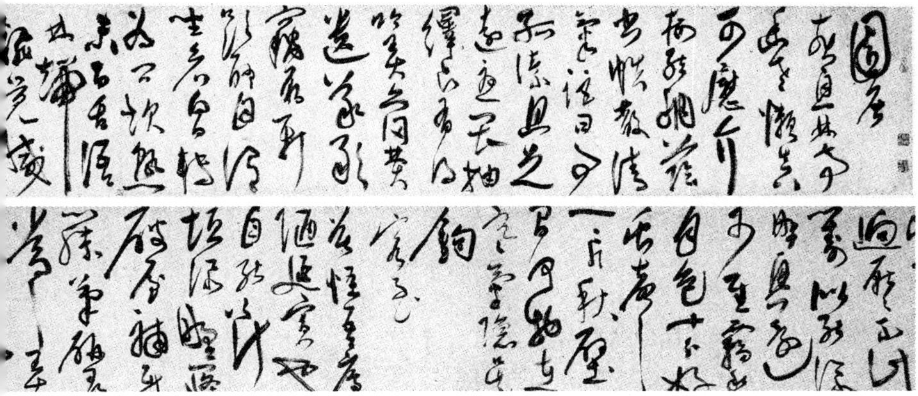

庵。時雨初霽,頗有凉思云。道復。”王文心舊藏。(圖 44)

按:此卷第二、四、五首收入《陳白陽集》五言律,第二、四首詩題與卷中略異,即《園居遣懷》《月下自酌》;第三首亦見國家圖書館出版社《明代名人尺牘選萃》十《明代名賢手札墨跡·陳淳夜來作得三詩書與希澄老弟評和》,題爲《獨酌松下二首》之一。

據《陳白陽集》附録張寰《白陽先生墓志銘》云,陳淳自隱居以來,多作大草,兼張長史之奇,自視亦以爲入神。然所見此時大草僅只一件,又是圖片,印章太小,難辨真僞。就水平來説,應屬上乘,風格與其後來的作品也基本相像。但有些字,與同期小草相比不類。因而真僞皆有可能,如果是真,説明他此時大草確實如此;如果是僞,也爲高手所臨,暫繫之存疑。

初,與白悦同學國學,從此交遊不斷。約是年七月七日,於其家又已逗留數日,明日將歸,有詩呈兄弟二人。

白悦(1499—1551),初作説,後更悦,字貞夫,號洛原,武進縣(今江蘇常州市)人。嘉靖初舉鄉試。明年登進士,歷官禮部郎中、左春坊左司直。後幾經沉浮,以尚寶司丞致仕卒。能詩文,善書法,喜交遊。有《白洛原遺稿》。弟怡(1501—1553),初作誼,後更怡,字定夫,號洛川。嘉靖二年(1523)由父蔭爲國子生,授光禄寺丞,仕終廣西府知府。

陳淳《陳白陽集》七言律《七夕園遊,呈洛原、洛川二難》其一:“避暑離家一老身,隨身書劍自忘貧。誰知逆旅逢佳節,最喜名園接故人。白石清泉環曲徑,蒼松翠竹遠囂塵。頻年不到因何事? 今日重來跡未陳。”其二:“自識園中有好山,年來多事少躋攀。扁舟徑造渾如故，短褐迎將已自閑。數日逗遛形跡外，幾回潦倒詠觴間。明朝卻恐西風急，吹飽蒲帆送我還。”

白道金《晋陵白氏宗譜外篇》卷五《宅里志》楊慎《洛原草堂記》：“洛原白氏貞夫草堂也，奚取夫洛。白之先，洛産也。遷於毗陵，里於三渦，築於菱港。自宋迄今，世逾十數，康敏公昌以大之，中丞公克以繼之，自他有耀明德遠矣。而洛之懷弗忘也，故以名堂，謂之白志。”

徐階《世經堂集》卷十六《尚寶司司丞致仕洛原白君墓志銘》：“君諱悦，字貞夫，别號洛原。……壬辰，舉進士。授户部陜西司主事。改禮部主客司，歷陞員外郎、郎中，轉儀制司。己亥……上之南巡，君以儀制充扈從。尋改左春坊左司直兼翰林院檢討，不得從……法當奏請代。君坐不奏請代，出爲永平府通判。逾年，陞南京後軍都督府經歷、南京吏部驗封司郎中。乙巳，復調外。丁未，通判河間府。戊申，陞户部主事。己酉，改尚寶司司丞。……而公遽遘疾。辛亥三月，陞江西按察司僉事。病未能詣，闕謝。會被論，詔仍以尚寶致其仕。……急命(子啓常)治行，而病已劇，四月二十日竟卒。距生弘治戊午十二月二十五日，享年五十四。君能爲古文詩歌，行草小楷皆有法。意興所到，濡筆引紙，往往屈其坐人。故每見謂浮薄。性又喜賓客，延訪結納，朝夕不暇。而時名公鉅卿之好士者，亦喜與君遊。故又見謂奔競。及既病，日閉門，與客絶間有訪君榻前者，君輒與論時務，亹亹不置。故又見謂矯抗。其仕宦以是不達，然君之心固未嘗一日不志於爲善也。”

白道金《晋陵白氏宗譜》卷十八《清溪十房之長二房世系傳・九世》：“怡，字定夫，號洛川。輔之次子。弘治辛酉四月二十九日子時生。氣宇端純雅飭，性質耿直和平。爲邑庠生，治《詩》。緣兄貞夫登第，遺蔭太學。授光禄寺署丞，陞上林苑監丞、南京右軍都督府經歷，轉雲南廣西府知府，致仕。……年五十有三卒，合葬中丞公塋右穆穴。”

《明世宗實録》卷二十八：“嘉靖二年六月……戊辰(二十九日)，補蔭都察院右副都御史白圻子誼爲國子生。”

按：王鏊《震澤集》卷二十三《通議大夫都察院右副都御史白公神道碑》云：“公諱圻，字輔之。……子男二：説，太學生；誼，庠生。”據此，白悦初作説，後更悦。白怡初作誼，後更怡。

《明武宗實録》卷一百五十六載，白悦正德十二年丁丑(1517)十二月十七日以父圻蔭爲國子生。而其嘉靖元年壬午(1522)八月舉順天鄉試。陳淳正德十四年己卯(1517)三月十四日以祖父璚蔭爲國子生，嘉靖二年癸未(1523)春卒業。可見，兩人是國學同學。

據陳淳詩文，曾多次拜訪白氏兄弟。這次應在兄弟倆都居家時即前年怡國學卒業歷事回鄉後和悦是年赴京參加明年會試前,故繫此。

十月六日,與蔡羽、文徵明、王守、王寵泛太湖,憩天桂樓。蔡羽出所藏《趙孟頫樂志論書畫卷》相賞,文徵明作跋。

蔡羽前年於南監卒業歷事歸。王守是年八月以户科給事中主試江西,時返京過家。王寵去年四月由貢得南監生。是年五月赴監,既而卒業。八月八試應天,不售。九月病歸。

王杰等撰《石渠寶笈續編》第二十九《趙孟頫樂志論書畫合璧一卷》。畫幅《樂志論中景》,無款。書幅《行書樂志論》,款:"至元辛卯三月十有七日書,子昂。"又跋:"余自少時愛畫,得寸縑尺楮,未嘗不命筆模寫。此圖是初傅色時所作,雖筆力未至,而粗有古意。爾來鬚髮盡白,畫乃加進,然百事皆懶,欲如昔者作一二圖,亦不可得。右之要余再跋,故重書以識之。孟頫。"後幅題跋:"右《趙松雪樂志卷》,畫法伯駒,書法北海,并入宋人之室,政壯盛時所作也。余生平見魏公片楮,輒欲下拜。此卷精妙絶倫,以已意兼古法,行筆設色俱非人工可到。昔人評之云:'上下五百年,縱横一萬里。'信非虚語耳。堪與《江山雪霽》《寒江獨釣》二卷鼎足而三。後跋語皆出名流,方之二卷更勝。此海外奇琛,一旦置之几席,安得不焚香頂禮哉?相傳此卷爲國初高太史物,流落人間,今歸之九逵先生,爲此卷慶得所矣。辛卯十月六日,同履約兄弟、道復諸君泛太湖,憩天桂樓,出以相賞,爲之神情朗快。謹識數語於末,以紀歲月云。後學文徵明書。"

王鏊《姑蘇志》卷十《水》:"太湖在郡西南三十餘里。《禹貢》謂之震澤,《周禮》謂之具區,謂之五湖,《左氏》謂之笠澤,其實今之太湖也。"

按:天桂樓俟考。

蔡羽《林屋集》卷十二《春夜話别序》云:"嘉靖癸未二月,余將北征。"卷十九《亡室馬氏墓志》曰:"予貢京師,遊南太學,歷部事,往返殆七年。"鑒此,蔡羽前年於南監卒業歷事歸。

《明世宗實録》卷一百二十七載,王守是年以户科給事中至江西主考鄉試。鄉試在八月九日至十五日,月末放榜。時當事畢返京過家。

王寵去年四月由貢試禮部,得南監生。是年五月赴監,繼而卒業。八月八試應天,不售。參見第92、93頁譜文。

何良俊《四友齋叢説》卷十五《史十一》云:"辛卯年,與舍弟至南京科舉,各携所業見東橋先生,適王雅宜養病於東橋愛日亭中。東橋即携余輩行卷,坐雅宜床前,相與披誦,極口贊賞,故雅宜贈余兄弟詩中備言之。""王雅宜自辛卯秋在東橋處見余兄弟行卷,是年秋南歸,卧疴於石湖之莊……”可知,其九月病歸。

是年,二姑父王延素陞南京中府經歷。

皇甫汸《皇甫司勳集》卷五十三《明中順大夫思南府知府王公墓志銘》:“大夫諱延素,字子儀……因拜南京中府都事。……服除,補中府。尋陞經歷。……丁酉,六載考績。”

張廷玉等撰《明史》卷七十六《志·職官五》:“南京五軍都督府……其屬,經歷(從五品)……一人。”

按:“丁酉”爲嘉靖十六年(1537),以此上溯六年,其是年陞南京中府經歷。

初,家業大損。而一不以動意,益事詩酒爲樂。興酣則作大草數紙或雲山花鳥,兼張旭、郭忠恕之奇。自視亦以爲入神。約是年,家業已傾。

陳淳《陳白陽集》附録張寰《白陽先生墓志銘》:“……業以大損。而君一不以動意,益事詩酒爲樂。興酣則作大草數紙或雲山花鳥,兼張長史、郭恕先之奇。君自視亦以爲入神也。至天水胡公、閬中鄭公相繼爲君稽豁,而家已傾矣。”

按:據王鏊《姑蘇志》卷三《古今守令表中·知府》、卷四《古今守令表下·縣令》,“天水胡公”即嘉靖二年癸未(1523)至六年丁亥(1527)任蘇州知府的胡纘宗,“閬中鄭公”即嘉靖七年戊子(1528)至是年任長洲縣令的鄭朝輔。鑒此,陳淳傾家約在是年。

鄭朝輔(生卒不詳),號友石,西安縣(今浙江衢州市)人。嘉靖五年(1526)進士,授衡水令。轉長洲,遷巨州。官至南雄知府。(《(康熙)西安縣志》卷十)

張寰所云“閬中”,是因其祖籍鄞縣,而古代閬中包括浙江東部寧海縣及以南一帶——與此相鄰。

約是年,作《溪山障子圖》。王寵題詩,有云:“陳郎不減阮嗣宗,雲霓蜷曲蟠其胸。黄公壚頭枕曲卧,蹶起掃出金芙蓉。高山流水有深意,卻思荷蕢還山農。”

王寵《雅宜山人集》卷三(嘉靖稿)《題陳道復〈溪山障子〉》:“天臺秀出雁宕峰,削壁飛泉如白龍。跳珠散落四時雨,偃蓋反走千尋松。陰崖複洞絶地脉,明湖玉鏡開天容。山深忽聞虎兕鬬,日落但有漁樵逢。陳郎不減阮嗣宗,雲霓蜷曲蟠其胸。黄公壚頭枕麯卧,蹶起掃出金芙蓉。高山流水有深意,卻思荷蕢還山農。”

按:上詩後爲《送祝大參遙緒之嶺南》,祝遙緒乃祝允明長子續。據《(雍正)

廣東通志》卷二十七《職官志二》,其明年任右參政。故陳淳作圖,王寵題詩,必在之前,因繫此。

是年,閏六月八日,陝西左參議盧襄卒,享年五十一。

文徵明《甫田集》(三十六卷本)卷三十四《陝西布政使司左參議盧君墓表》:“嘉靖十年辛卯閏六月八日,陝西參議盧君(襄)卒於家,年五十有一。先是君爲武選郎中。有兵官驕揚喜訐,君以職分臨之,遂爲所誣,逮繫詔獄。……賴朝廷聖明,卒白而出之。尋有陝藩之命。時君已被疾,抵陝未幾,聞其父御史公之訃,疾遂加劇。至家數日,遂不起。”

七月二十八日,段金卒,享年四十六。

北京大學圖書館藏拓本周金《明故户部主事石庵段公墓志銘》:“嘉靖十年七月二十八日,石庵段子(金)以疾卒於家。……石庵生成化二十二年六月(缺八字)。”

是年,十二月,以災免應天、蘇、松、常、鎮等府糧稅有差。

嘉靖十一年壬辰(1532) 四十九歲

正月一日,有客過訪,留之,有詩。

陳淳《陳白陽集》五言律《壬辰元日留客》:“白頭逢歲旦,感慨只高眠。旭日簾櫳裏,春風梅柳邊。既貧無好節,占兆是豐年。野菜供賓客,盤餐不費錢。”

二月二十九日,與沈頎遊長洲甫里,宿保聖寺别院之法惠僧舍。明日,馬沐携陸迪酌於竹下,酒酣聯句志别。

沈頎(生卒不詳),號東洲。馬沐(生卒不詳),字子新,號白溪,長洲縣(今江蘇蘇州市)人。國學生。陸迪(生卒不詳),字從吉,號愛日,同邑人。府學生,亦魏校門生。法惠(生卒不詳),號溪雲。嗜學,能詩。

《(康熙)吴郡甫里志》卷八《雍泮詩》陳淳《壬辰春仲廿九日,與東洲遊甫里,宿溪雲精舍。明日,白溪携客與酒酌於竹下,酒酣聯句志别。東洲沈君頎、白溪馬君沐,客則愛日陸君迪也》:“故人雞黍約〔白溪〕,勝日集祇園。翠竹扶疏立〔東洲〕,朱花窈窕繁。不嫌儒墨異〔道復〕,卻喜笑談喧。那忍匆匆别〔愛日〕,臨岐復贈言〔白溪〕。”

又卷八《胄監·明朝》:“馬沐,字子新,號白溪,長洲人。”

又卷八《庠員·明朝》:“陸迪,字從吉,號愛日。府學。少遊魏恭簡之門。端方孝友,著於鄉黨。棠子。”

又卷十二《方外》:“法惠,字[號]溪雲,保聖寺西房僧也。嗜學,能詩,一時名家如文衡山、陳白陽、張石川輩樂與之遊。諸公有《越遊倡和稿》行世,惠亦與焉。邑令郭公以放糧詣里,下車即邀與言,稱賞之。還治,書詩箑以寄。晚年老且貧……年八十餘。”

按:沈頎字不詳。

陳淳聯句詩收入《陳白陽集》五言律,曰《與客燕集惠公山房志别》,又曰《與東洲、白溪、愛日、溪雲僧舍聯句志别》,個别句子略異。此卷還有《秋日宿溪雲堂》,云:“秋到白蓮寺,蕭森渾可憐。雲堂摇燭焰,石壁弛琴弦。澹語三更雨,清心一篆煙。遠公知客倦,掃榻贈高眠。”五言絶又有《〈溪雲圖〉,爲甪直保聖寺僧溪雲畫》,曰:“溪水本澄徹,溪雲無定在。老衲屏息坐,來往亦何礙?”“甪直”即“甫里”。

歸有光《震川集》卷十五《保聖寺安隱堂記》説:“長洲東南五十里,地名甫里,天隨先生之故居在焉。今爲保聖教寺。而《郡志》又有白蓮講寺,然甫里無二寺,蓋白蓮——保聖之别院也。《志》云:‘寺創於唐大中間。熙寧六年,僧惟吉重修。’又謂:‘惟吉於祥符間創白蓮寺。’今里俗所指以爲白蓮者,僅在西廡,其後即爲天隨先生祠。區宇非廣,不當别稱爲寺也。”(圖 45)

綜上所述,“惠公山房”“溪雲精舍”“溪雲堂”,實爲一處,即保聖寺别院——白蓮講寺法惠僧舍,陳淳與其交誼甚篤,經常至此賦詩作畫。

春,於長洲甫里保聖寺别院之法惠僧舍作《菊花圖軸》。

廣陵書社《唐宋元明名畫大觀》下《陳淳菊花圖軸》題云:“拄杖到山房,風吹菊有香。間邊憐歲月,明日又重陽。嘉靖壬辰春,道復寫於溪雲堂并書舊作。”日本加藤正治藏。(圖 46)

春,作《山水并王維詩卷》。

文物出版社《中國古代書畫圖目》七《明陳道復山水卷》。前幅《山水圖》,款云:“嘉靖壬辰春日,道復作。”後幅行楷《王維奉和聖製幸玉真公主山莊因題石壁十韻之作應制》,款云:“道復書。”南京博物院藏。

天津人民美術出版社《陳淳精品畫集》圖 97《書畫卷》即此。

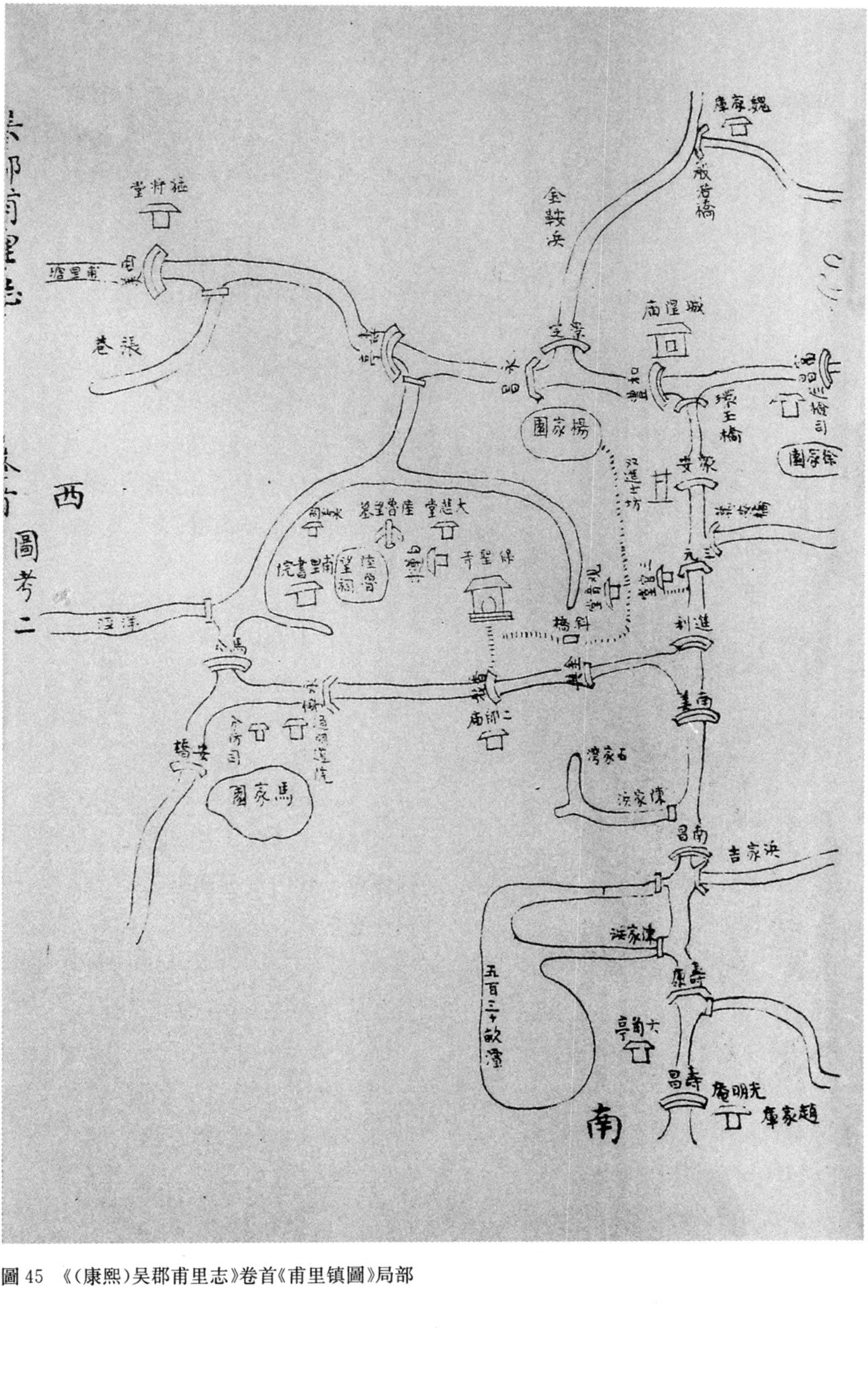

圖 45　《(康熙)吴郡甫里志》卷首《甫里镇圖》局部

圖 46　陳淳《菊花圖軸》

按：經考察，畫宗二米、倪瓚之法，書承歐、顔、柳之風，與陳淳書畫淵源相合，但兩者款字迥異，分别所鈐"白陽山人"和"復父氏"白文方印頗劣，或非同日所作，無印，後爲他人僞製補鈐裝成合卷。

春，王舜元過訪，盤桓信宿。

日本東京大學出版會《中國繪畫總合圖録續編》第一卷《明文徵明摹趙孟頫古柏圖卷》。後跋云："嘉靖壬辰春日，石門王子自海虞訪余於湖上，盤桓信宿，别去數年。戊戌之秋，復來過湖上……道復謹識。"美國火奴魯魯美術館藏。

江蘇人民出版社《江蘇藝文志·蘇州卷》第四分册《常熟市》："王舜元，字慶辛，號石門。明常熟人。宗錫子。諸生。好學篤行，攻草書，好蓄古。有《來薰樓稿》《吴山唱和集》。"

從子陳椿二月會試下第，歸病。九月痊愈。其内從兄弟陸采有詩二首懷之。

陸采（1497—1537），初名灼，更名采，字子玄，號天池山人，長洲縣（今江蘇蘇州市）人。以貢入國學，終不獲第。性儻蕩不羈，强執自信。詩文皆可觀，與兄煥、粲并稱"陸氏三鳳"。有《天池聲雋》諸著。

陸采《天池山人小稿五種》壬辰稿《聞陳子齡病愈，有懷二首》："爾塌瑶京翅，余傷下玉沈。那堪淹枕席，轉攪故人心。雨閣華燈話，山輿翠竹吟。何時續清賞,太息五湖陰。""雲暗松陵渚,秋深處士村。人難看一面,月自滿千門。琴澀相思曲,窗虛伯雅尊。休文倘回駕,林壑聽清猿。"

按:此詩作於九月,有"爾塌瑶京翅"語,知陳椿二月會試下第,歸病。

陸粲《陸子餘集》卷三《天池山人陸子玄墓志銘》:"天池山人陸子玄者,吾弟也。名灼,更名采,世吴人。……君生踔厲英發,始爲校官弟子,不屑守章句,縱學,無所不觀。從其婦翁故太僕少卿都公遊,鋭意爲古文辭。尋以例陞太學。……在太學二十年,累舉輒躓,遭世玩侮中不能無少望。……居亡何,竟不起,傷哉。是歲嘉靖丁酉九月廿二日也,年四十一。……君性儻蕩不羈,與人遊處,輸寫心腹,無所隱匿……而强執自信,不肯詘折徇俗。……於文喜稱六代。詩初規摹盛唐,晚宗謝康樂,造語往往似之。居閑,弄筆遊戲,爲近體樂府,若啁笑率然之作,亦醖藉可喜。獨好習國朝故實,所至延訪勤切,率多聞人所未聞者。他如幽冥物怪、黄冶變化之言,靡不採獲,著之編録。黠者或謾言,以中其意,君亦傾聽弗疑。聞有奇人異士,不遠數十百里走求之。其篤好如此。"

黄虞稷《千頃堂書目》卷十二:"陸采《天池聲雋》四十卷。又《覽勝紀談》十卷。""陸灼《艾子後語》一卷。"

申時行《賜閑堂集》卷十八《給事中陸公傳》:"陸公者諱粲,字子餘,浚明其別字也……居長洲之陳湖……與伯氏焕、季氏采自相師友,時稱'三鳳'。"

按:《陸子餘集》卷三《明故南京禮部精膳司郎中南丘先生陸公墓志銘》曰:"其從子粲謹叙公事行之大者而銘焉。……(公)諱應龍,字翼之,南丘其所自號云。……女三……次適南京刑部員外郎陳椿。"據此,陸采乃陳椿内從兄弟。

嘉靖十二年癸巳(1533) 五十歲

五月,爲徐西汀作《西汀山水卷》。陳寰題記,文徵明、王穀祥、王問、華金題詩。

徐西汀(生卒不詳),吴縣(今江蘇蘇州市)人。隱士。陳寰是年四月以被劾,由南京國子祭酒致仕歸。王穀祥是年三月以忤吏部尚書汪鋐,由該部員外郎貶真定尉,棄官歸。王問(1497—1576),字子裕,號仲山,無錫縣(今江蘇無錫市)人。去年舉會試,謁歸。嘉靖十七年(1538)登進士,官至廣東按察僉事。卒,私謚文静。以詩文書畫名世,有《仲山詩選》諸著。華金(1479—1556),字子宣,初號始齋,晚號嵩峰,同邑人。陸完内外甥。正德十六年(1521)進士,授户部主事。時爲雲南右參議。明年陞山東按察副使,後年致仕。能詩文書畫,有《少微堂稿》。

日本東京大學出版會《中國繪畫總合圖録續編》第一卷《明陳淳西汀圖卷》。前篆書引首"西汀"，款云："道復書。"後畫《山水圖》，款云："道復爲西汀寫意。"拖尾陳寰題《西汀記》，文徵明、王穀祥、王問、華金題詩，略。個人藏。

按：陳寰《西汀記》云："震澤距郡若干里……東趨融而爲平川。平川，澤之贅也。汀實右之，而川束其左。川之上梁以石橋，石橋距澤居逼里之半。橋之下，汀棲焉。凡山水之勝，於吴與宇内者皆汀有之也。汀故勝，徐子居之。凡汀之所有，皆其宇下。……汀之勝，居於汀者知之，而汀不知也。徐因著號，若曰'五柳先生'，隱者之所盤旋也。或問曰：'古人採《西山賦》，山之西南也。不然其高士之南州、風流之東山歟。'予曰：'否，不然也。始而無汀，傾耳巍眼，胸中有汀，與汀俱忘。然而執汀喻汀，徐子之心隱矣。喻汀之非汀，天地萬物，悉吾寄放山水平地。爾道本無汀，惟不設汀，以不汀汀，故曰：西汀。'徐子曰：'得之矣。'……嘉靖龍飛癸巳夏仲"。可見，西汀乃徐子號，隱士，居吴之震澤，名字待考。

《明世宗實録》卷一百四十九："嘉靖十二年四月癸酉朔(一日)……吏科都給事中李鳳來等、御史朱孔陽等，以拾遺例會劾……南京國子監祭酒陳寰……等俱宜罢黜。……得旨……寰……令致仕。"

皇甫汸《皇甫司勳集》卷五十六《明吏部文選清吏司員外郎王君墓表》："君諱穀祥，字禄之。……薦調考功，尋署文選員外。……時太宰爲婺源汪公鋐，專伺政府，賢不肖，一切倒置，選法幾壞。君每與忤，將中傷君。君稍覺，乃以母老不便北土，乞歸侍養，而忘其有兄，不得輒引是例。命下予告，仍敕按院覈之。遂出貶真定尉，棄不拜。"

按：《明世宗實録》卷一百四十二、卷一百七十九載，汪鋐去年九月五日至後年九月一日任吏部尚書。又卷一百四十八載，是年三月十九日，吏部會同都察院考察在京五品以下官，如例降黜一百〇九人。所以，王穀祥當是年三月下旬棄官歸，五月抵家。周道振等纂《文徵明年譜》卷六載，文徵明後年四月一日爲其作《東坡詩意圖》，題中云："至是乙未，八閲寒暑，始爲設色。於是禄之還吴二年，而余亦既老矣。"以此，其是年還吴，兩者完全吻合。

王錫爵《王文肅公文集》卷九《廣東按察司僉事仲山王公墓志銘》："先生常之無錫人也，名問，字子裕，學者稱爲'仲山先生'。……壬辰，舉禮部，不樂仕，謁歸六年。登戊戌進士第。授户部湖廣司主事，出監税徐州。尋以母憂。起……改南職方主事……已歷陞車駕司郎中。尋擢廣東按察司僉事……遂投劾而歸。……晚年構亭[室]湖濱寶界山，環植花竹木，疏流泉，礱奇石。時焚名香，手《周易》一經，擁膝兀坐。興至則爲詩文，或行草書數紙，或又時時引紙濡筆和黛墨點染山水、人物、花鳥。詩文書畫，皆佇興而發，不務刻削規矩前人，翛然翰墨蹊徑之外。人稱'先生詩類韋蘇州，書類米芾，又類黄培翁'，蓋神理所至，懸合古法,實未嘗斤斤效也。……其殁也,門人私謚爲'文静'。先生所著有《仲山詩選》《秖役稿》《原筮齋集》《崇文館稿》若干卷藏於家。"

汪世清《藝苑疑年叢談·王問》:"王問生於弘治十年丁巳十一月二十四日,即一四九七年十二月十七日;卒於萬曆四年丙子,即一五七六年。"

據華察《華氏傳芳續集》卷十七文徵明《明故山東按察司副使華公墓志銘》:公諱金,字子宣,别號嵩峰,世爲常之無錫人。正德辛巳,今上登極,賜同進士出身。尋奉使山東採訪。《實録》事竣,授户部主事,分司通州。還,理部事。歷員外郎、郎中。辛卯,陞雲南布政司參議。居三年,晋擢山東按察副使,奉敕守天津。公疏乞歸,遂得致事。既歸,益事恬寂。喜讀書,既老不怠。詩文清麗可傳,所著有《少微堂稿》藏於家。嘉靖丙辰冬十月六日辛卯,公卒於家。公生成化己亥十一月三日,卒年七十有八。

華渚《華氏本書》卷三十之一《憲副嵩峰公》:"憲副公金,字子宣。初號始齋,晚更號嵩峰,學者稱'嵩峰先生'。……惟讀書至老不輟。文學韓,詩學杜,書法顔柳,通大小篆,間作松竹小幅,得宋元名人筆意。"

按:現無資料證明華金是年夏回過家。據《明世宗實録》卷一百六十四,其明年六月八日由雲南右參議陞山東副使。或此時赴任,便道過家,途徑蘇州時爲題。又卷一百七十一載,其後年正月十二日以年老致仕。

吴寬《家藏集》卷六十八《郭母徐氏墓志銘》曰:"徐氏諱静端……及嫁郭氏,爲承事郎汝文之妻。……子男三:長即忱,娶雲南按察使張公汝振女。……女一,適監察御史陸完,贈孺人。"華察《華氏傳芳續集》卷十五邵寶《華處士西野君墓志銘》稱:"君諱德,字文潤,姓華氏,西野其别號也。……子男一人,即從智。女四人:……次即少保公配,封一品夫人。……孫男三人:長即金,以《易》魁鄉榜。……少保公名完,蘇之長洲人。"鑒此,陸完有二妻,一爲郭氏,早年去世;一爲華氏,乃華金姑母。又其是陳淳内表叔和姑父郭忱姊妹夫,故華金亦陳淳親戚。

秋,吴江教諭王惟孝擢富陽知縣,作《垂虹别意圖并詩》送之。

王惟孝(生卒不詳),字希舜,號菊峰,貴州宣慰司(今貴州貴陽市)人。正德十四年(1519)舉人,仕終監察御史。任教諭時,爲人壯直廉潔,惓惓以成就人才。

陳淳《陳白陽集》七言絶《〈垂虹别意〉,送吴江教諭王菊峰》:"垂虹亭下西風急,蘆荻蕭蕭雁影遥。最是離情無限切,不堪回首夕陽橋。"

《(乾隆)蘇州府志》卷二十六《古跡·吴江震澤二縣》:"垂虹亭在長橋上,南臨具區，北枕松江，雲山、煙樹、風帆、沙鳥在指顧間，吴下絶景也。”

按：據《（乾隆）吴江縣志》卷二十一《儒官》，在陳淳生卒即成化二十年甲辰（1484）至嘉靖二十三年甲辰（1544）間，吴江教諭姓王者僅王惟孝一人，所云“吴江教諭王菊峰”必爲此人，“菊峰”乃其號。

《（光緒）富陽縣志》卷三《職官表·知縣》載，王惟孝是年任。而陳淳詩有“垂虹亭下西風急，蘆荻蕭蕭雁影遥”句，知是年秋作圖并詩送之。

《（乾隆）吴江縣志》卷二十二《名宦一》：“王惟孝，字希舜，貴州人。嘉靖初，以貢士署教諭。爲人壯直廉潔，惓惓以成就人才。爲務不營私橐，諸生貧者，必捐俸賑之。擢富陽知縣，終監察御史。”

《（乾隆）貴州通志》卷二十六《人物志·舉人》：“正德己卯科：王惟孝，宣慰司人。官御史。”

十一月一日，題《謝時臣畫卷》，稱：“樗仙謝子業儒而丹青，故其所作往往近古。其人物尤精。”

陳淳《陳白陽集》雜述《書謝思堂畫卷》：“吾人之於繪事，古固尚矣。苟非出於天資之妙，則運筆之際不免有蹶。求其心手相應、左右逢原，歷代以來不多見也。樗仙謝子業儒而丹青，故其所作往往近古。其人物尤精。此卷其得意之作，玩畢，歎賞久之。嘉靖癸巳仲冬一日。”

按：謝思堂即謝時臣。

是年，錢子儀年四十九，陳淳有詩贈之，云：“賦此締深盟，永久互相眷。”

錢子儀（1485—?），字子洋，號雪野，蘇州府（今江蘇蘇州市）人。能畫。

陳淳《陳白陽集》五言古《錢子洋四十九》：“吾生忽五十，齒髮盡摧變。珍重雪野翁，精力尚靡倦。蕭散既可數，豪邁復堪羡。屈指少一時，瞥眼正如電。是以杯酒間，朝夕共歡讌。賦此締深盟，永久互相眷。”

按：上詩有“吾生忽五十，齒髮盡摧變”句，當是年作。

郁逢慶《書畫題跋記》卷十一《陳白陽仿米氏雲山卷》款中云：“雪野錢君自吴城來，持素楮索《雲山卷》。”文嘉跋中曰：“雪野乃余友錢君子儀，亦頗能畫。其請白陽寫畫，蓋欲以爲規式耳，故白陽爲之點筆與平時所作大異。”可見，錢子洋名子儀，字子洋，號雪野，蘇州人。能畫。視陳淳爲師友。

陳淳生成化二十年甲辰（1484），錢子儀小其一歲，應生成化二十一年乙巳（1485），卒年無考。

有詩贈聽濤叔。

陳淳《陳白陽集》五言律《贈聽濤叔》:“生長陳湖曲,於今五十年。市朝踪跡外,詩酒笑談邊。側枕聽潮響,臨軒看月圓。誰知丘壑性,卻與阿儂便。”

按:上詩有“生長陳湖曲,於今五十年”句,當是年作。聽濤待考。

作《行草遣興詩扇》,有云:“平生落魄不能謀已,惟詩酒度日”。

《中國書法全集》編輯部提供《陳淳行草遣興詩扇》:“五十年來醉未醒,自憐雙鬢已星星。閑中點檢生涯事,留得湖邊一草亭。平生落魄不能謀已,惟詩酒度日,賦此遣興。道復。”(圖 47)

按:上詩有“五十年來醉未醒,自憐雙鬢已星星”句,當是年作。

圖 47 陳淳《行草遣興詩扇》

繪畫基本形成“草草水墨”之風格。

文物出版社《中國古代書畫圖目》十四《明陳道復牡丹繡球圖軸》題云:“近年來,老態日增,不復能事,□年馳騁,每閑邊輒作此藝,然已草草水墨。……癸卯春二月既望作於山中,道復識。”廣州市美術館藏。

按:“□”字有一横一斜豎,因右半字殘缺,斜豎上端與横畫交接處有微小的空隙,下端用筆乾净利落,收筆的筆鋒偏左,應爲“十”。“癸卯”即嘉靖二十二年(1543),以此推之,陳淳於是年基本形成“草草水墨”之畫風。

約是年,爲汪興國藏《祝允明草書蘇軾前後赤壁賦卷》題引首,稱“枝山草聖”。

汪興國(生卒不詳),字元起,號西山,歙縣(今屬安徽)人。與祝允明

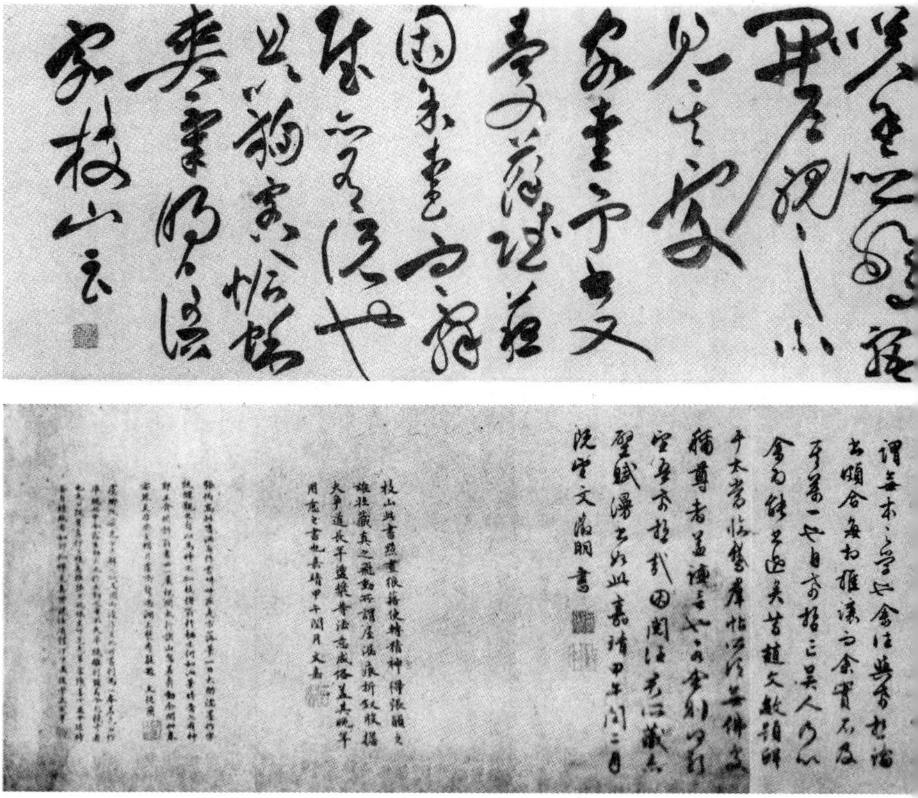

圖 48　祝允明《草書前後赤壁賦卷》局部和黄省曾、文徵明、文嘉等題跋

交情甚厚。

文嘉《鈐山堂書畫記・法書》:"祝允明……草書一,《前後赤壁賦卷》,藏經紙上所書,真跡也。陳白陽大書其前曰'枝山草聖'。歙人汪西山藏。"

文物出版社《中國古代書畫圖目》二《明祝允明草書前後赤壁賦卷》款云:"客愛予書,又愛蘇賦。蘇,固余愛,而辭賦亦有況也。且以狗客,蟾蜍夾氣,明日語客。枝山云。"上海博物館藏。(圖 48)

按:上博所藏亦紙本,後有黄省曾、文徵明、文嘉等跋。黄省曾云:"祝子希哲,神契永和,時以三昧,妙作旭素。此卷乃書贈汪子西山者,龍迴鳳翥,幻變奇化,尤多前彦所未發。良由汪子,雅洞筆法,所謂藝爲知己盡者,非邪! 汪子珍之。羲獻更生,當知予言不誣矣。嘉靖壬辰季夏九日"。文徵明謂:"昔人評張長史書'回眸而壁無全粉,揮筆而氣有餘興',蓋極其狂怪怒張之態也。然《郎官壁記》則楷正方嚴,略無縱誕。今世觀希哲書者,往往賞其草聖之妙,而余尤愛其行楷精絶。蓋楷法工,則稿草自然合作。若不工楷法,而徒以草聖名,所謂無本之

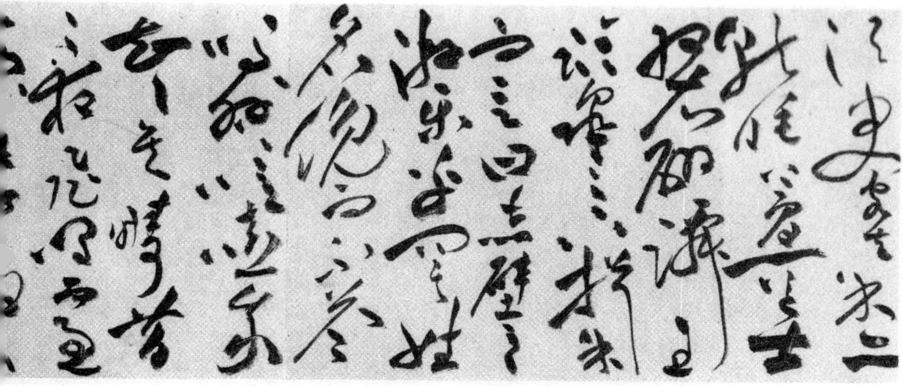

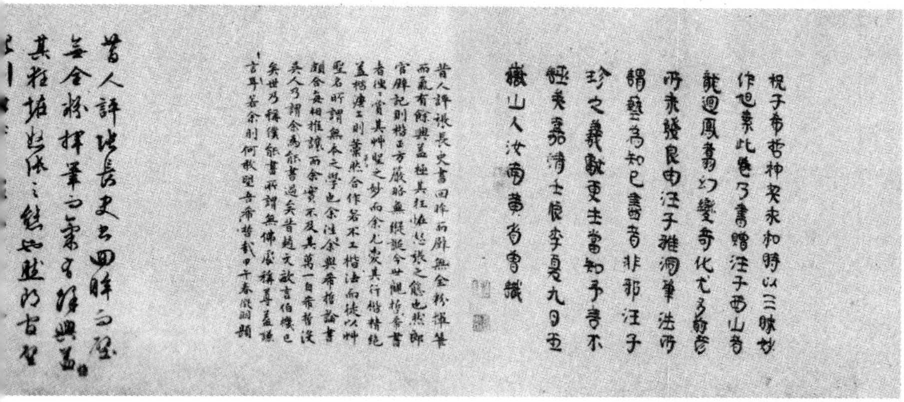

學也。余往與希哲論書頗合,每相推讓,而余實不及其萬一。自希哲没,吴人乃謂余爲能書,過矣。昔趙文敏言:‘伯機已矣,世乃稱僕能書,所謂無佛處稱尊。’蓋謙言耳。若余則何敢望吾希哲哉? 甲午春”。又曰:“……因閱汪君所藏《赤壁賦》,漫書如此。嘉靖甲午閏二月既望”。文嘉跋其父同月。由是觀之,兩著所載實爲一件作品,衹是引首散失而已。

文徵明兩跋内容相同,前爲楷書,後爲行草,僅個别詞句略異。顯然,是以兩體互參的方式,證明自己的觀點。雖然未言針對陳淳,但矛頭卻直指他。因他除此稱“枝山草聖”外,在嘉靖五年丙戌(1526)春題祝允明《古詩十九首并榜枻歌、秋風辭卷》時,曾云:“余雖愚陋,受教於吾師衡山先生之門,間語筆意,恨莫能從也。”翌年春題其《自作書述并米芾海岳名言卷》,又曰:“余雖不敏,受教於吾師衡山先生之門,間語筆意,輒稱枝山書爲不可及,則吾輩其何能望其什一也。”所以,陳淳題引首當在黄省曾、文徵明父子題跋期間,且早於文徵明父子,因繫此。

楊廷福等編《明人室名别稱字號索引》下："汪興國，貫貴池，字元起，號西山處士。"

《(民國)歙縣志》卷十六《雜記·拾遺》："祝枝山允明入歙，居西山汪氏彌月。酒後，主人伸紙索書《黄庭》，一揮就。甚至笸笤什器皆枝山筆。"

是年，四月三十日，王寵卒，享年四十。

文徵明《甫田集》(三十六卷本)卷三十一《王履吉墓志銘》："君諱寵，字履仁，後更字履吉，别號雅宜山人。……卒嘉靖癸巳四月三十日，享年四十。"

是年，四月，命官督催浙江及蘇、松、常、鎮四府積負織造段疋。八月，以皇子生，詔赦天下。

嘉靖十三年甲午(1534)　五十一歲

春日，作《牡丹卷》，云："以形索影，以影索形，模糊到底耳。"

陳淳《陳白陽集》七言絶《墨牡丹》："甲午春日，戲作墨本數種，每種戲題絶句。以形索影，以影索形，模糊到底耳。流落壇社中，當作一笑具也。雕欄花放潑紅香，卻笑含羞斂素妝。肉眼豈知真色好，鉛華空自斷人腸。"

按：據題語，此作爲卷。

春日，偶見周倫爲王綸書《金焦行詩卷》，爲之補圖。

周倫(1463—1542)，字伯明，號貞庵，崑山縣(今江蘇崑山市)人。弘治十二年(1499)進士，官至兩京刑部尚書，去年致仕。卒，贈太子少保，謚康僖。有《貞翁净稿》諸著。王綸(1460—1534)，字理之，後以字行，再字維緒，號秋堂，同邑人。沈周弟子。詩文書畫，各臻其妙。兼通史法，嘗與修《實録》《邑志》。有《秋堂慚筆》諸著。

天津人民美術出版社《陳淳精品畫集》圖145《金焦圖、金焦行詩卷》。前幅《金焦圖》，款云："嘉靖丙午春日，偶見貞庵先生書金焦詩，草草爲補小圖，碔砆厠玉，知不免於誚矣。道復。"(圖49)後幅《金焦行詩》，款云："秋堂王君過予，爲誦此詩，躍然有丹墨之興，因書以發之。貞庵。"鎮江市博物館藏。

文物出版社《中國古代書畫圖目》六《明陳道復金焦圖、周伯明金焦行詩卷》即此，無圖。

圖 49 陳淳《金焦圖卷》

按:《金焦圖》屬尚可之作,款字用筆乾净,結體生動,起首"大姚"朱文圓印,款後"復父氏"白文方印,與陳淳是年左右的書畫和用印基本吻合。但所署"嘉靖丙午"乃嘉靖二十五年(1546),其時去世已二年。而周倫去年致仕,王綸是年閏二月十九日卒,故"丙午"當爲"甲午"之誤。這種干支寫錯的現象,在古代并不鮮見,因繫此。

據文徵明《甫田集》(三十六卷本)卷二十八《周康僖公傳》:周公名倫,字伯明,蘇之崑山人也。舉進士,知保定之新安。……嘉靖元年,陞都察院右僉都御史,管理院事。四年,拜南京都察院右僉都御史,奉敕提督江防,兼理院事。五年,進本院右副都御史,兼職如故。六年,陞南京工部右侍郎。召爲兵部右侍郎,協理都察院事。七年,進左侍郎,提督武學。是冬,陞南京刑部尚書。八年,召爲刑部尚書。逾月,再改南京。十二年,疏乞罷,得旨致仕。二十一年,年八十,卒是歲七月一日也。贈太子少保,謚康僖。爲文典雅明潔,必宗於理;詩尤新麗。所著有《貞翁净稿》二十卷、《奏議》二十卷、《西臺紀聞》二卷、《醫略》四卷。

王世貞《弇州續稿》卷一百四十八《吴中往哲像贊》:"周康僖公倫,字伯明,别號貞庵,崑山人。……以己未廷試……善大書,有眉山、豫章風骨。"

方鵬《矯亭存稿》卷十五《秋堂王隱君生壙志銘》:"隱君王姓,綸名,字理之。後以字行,再字維緒。世爲崑山人。……天順四年十一月己亥生……少治《經》,以疾廢業。乃放筆作夏太常楷書、墨竹,遂得肯綮。及從沈啓南氏,指授詩法,研精畫品。又自工古篆隸,各臻其妙。弘治中,闕里聖廟告成,撫臣禮聘隱君書高皇、文皇御製文於石,大書'大成殿''奎文閣''杏壇'諸榜。李文正公亟稱曰'能'。李司空治水東南,隱君條上數事,悉見採納。有司敦請與修《武廟實録》及《崑山邑志》,卓有史法。……所著有《邑史正誤》《續崑山雜詠》《紀遊集》《節烈篇》《秋堂慚筆》總若干卷,付其子鴻羽藏焉。……嘉靖……甲午閏二月十九日以疾卒,享年七十有五。"

五月十五日，爲鄧用作《石榴軸》，聊寓期待。

鄧用(1468—1540)，字時行，號思齋，無錫縣(今江蘇無錫市)人。以教授爲業。性恬淡謙柔，喜作書賦詩。

胡積堂《筆嘯軒書畫録》卷上《陳白陽著色折枝石榴軸》題云："雲霞籠錦萼，風露浥琳條。結果多佳子，甘酸合鼎調。甲午仲夏望日，爲思齋作，聊寓期待云。道復。"

王立道《具茨文集》卷七《鄧時行墓志銘》："君諱用，字時行，號思齋。其先自邑(無錫)之興道鄉蓼塘橋，徙居城南鍾英街，族始分。……君生六歲而孤，母謝盛年苦節，恃君以老。君幼亦秀穎知學，母子朝夕相砥礪。業舉子，無所成，即棄去。爲弟子師，養薄而共，愉愉如也。……性整潔，几席、書劍、衣履具有常度。恬澹謙柔，外若循俗，無所可否，而中心是非，不爽毫髮。其所交與雖賤微，必盡款曲。初善沈度書，晚亦喜爲韻語。暇則往來仙居梵宇間，酬倡終日，蕭然無營。年七十三，以嘉靖庚子三月二十八日卒。其生則成化戊子八月十日也。"

夏日，作《牡丹扇》，談到成畫前後的感受。

日本興文社《支那南畫大成》第五卷《陳淳牡丹扇》題云："余畫扇多作花枝，獨不欲作牡丹，以其大而不雅。甲午夏日，戲弄筆研，漫成此圖，且亦不惡，更不知大方以爲何如耳？道復。"(圖 50)

圖 50　陳淳《牡丹扇》

夏日，作《花卉并草書詩四首卷》。

紫禁城出版社《中國歷代書畫鑒别圖録》圖 50《明陳道復四季花卉圖卷》。前畫花卉四種，後草書五絶四首："春事時正殷，庭墀多紅紫。弄筆寫花真，聊爾得形似。靚妝明照水,香氣遠熏人。安得曹家筆,濡毫賦洛神。葉性裁青玉,花光浴澹金。絶無脂粉態,偏有向陽心。窮冬多雪霰,柔脆已先摧。不是丹砂質,寧能最後開。甲午夏日,戲作墨花四種兼書四句絶。白陽山人陳淳道復。"故宫博物院藏。

按:據圖版説明,此卷圖僞書真,圖款"道復"原在書款"白陽山人陳淳"後,乃作僞者所移。而以其款云,本有圖,當爲人割去。兹依原作録之。

夏日,於袁袠家爲作《養梧圖軸》,袁袠題詩。後許初、文嘉亦有題。文嘉稱此"乃丹青中仙品也"!

袁袠嘉靖十年(1531)以兵部主事坐公署火災戍湖州,去年赦歸。後許原官致仕。十八年(1539)起補南京兵部。

日本東京大學出版會《中國繪畫總合圖録》第二卷《明陳淳養梧圖軸》。篆書題"養梧",又行書題詩:"見説將軍緩帶餘,高齋長日自劬書。亭亭玉樹陰垂處,多少工夫養得□。道復識。"他人題詩跋:"蕭蕭庭院午風和,解弁行吟緑蔭多。試看雙梧曾手植,一年一度一相過。袁袠。""鳳去碧梧老,雙雙鳴晚風。交加分翠葉,題就寄山翁。許初題。""道復出世人,動筆輒有煙霞氣。此幅《養梧圖》似有似無,展閲之餘,令人作天際真人想,乃丹青中仙品也! 永之携過相賞,因題數字。文嘉。"香港至樂樓藏。(圖 51)

按:陸心源《穰梨館過眼録》卷二十亦載此,陳淳詩中"陰垂處"誤爲"陰重處",袁袠詩中"解弁"誤爲"解帶"。

從兩人詩文中看出,陳淳所畫雙梧乃袁袠家庭院中物。《(乾隆)吴縣志》卷八十三《第宅》云:"袁學憲袠宅在寶林寺東。"卷八十六《僧坊一・城内》曰:"寶林講寺在城西北隅。"故其家在吴縣即蘇州城西北寶林寺東。

袁廷檮《吴門袁氏家譜》卷五《譜圖・五房一支譜圖》謂:"袠,鼒四子。……庚寅……調兵部武選司主事。部火,初公不附權貴,誣陷縱火,廷杖繫獄。辛卯,謫戍湖州千户所。癸巳,恩詔赦爲民。丙申,詔復冠帶。戊戌,詔許原官致仕。……庚子三月,復補南京兵部武選司主事。"袁來儀《袁氏家譜》卷一袁尊尼《胥臺公行狀》稱:"處湖三年,哀冲太子生,乃得赦歸。"《明世宗實録》卷一百五十三載,去年八月十九日,哀冲太子生。二十五日,大赦天下,凡官吏軍民人等,有爲事問發充軍,放回原衛籍,寧家隨住。可見,袁袠去年八月後赦歸。而陳淳云"見説將軍緩帶餘,高齋長日自劬書",袁袠云"蕭蕭庭院午風和,解弁行吟緑蔭多",知是事應在此後一年即今年夏日。

《明世宗實録》卷二百三十二載,袁袠嘉靖十八年己亥(1539)十二月十日復

圖 51　陳淳爲袁褒作《養梧圖軸》

官。袁廷梼云"庚子三月",當爲赴任時間。

七月二十二日,二姑母陳宜人卒,享年四十四。後年閏十二月九日,葬吴縣東山白沙之新阡。二姑父南京中府經歷王延素尤痛惜,而不能已,爲撰《行狀》。楊循吉爲撰《墓志銘》。

王熙桂等編《太原家譜》卷二十一楊循吉《思南公元配陳太宜人墓志銘》："(鏊)仲子督府君子儀，仕南都大都督之幕府。既官大夫，比古記室矣。厥有良配，曰宜人陳氏，南京都察院左副都御史長洲陳公璚之女也。……以嘉靖甲午秋七月二十二日終於里第。卜又明年冬閏十二月九日葬木里(莫釐)白沙之新阡。先期君奉狀來以銘請，予向居京師，時雅遊二鉅公之門，君固予稔也。有室而賢，出等夷鳥，得不叙以銘之哉？……宜人……卒，年四十四。……宜人生閥閱，又歸甲族，無驕氣，益勤能持家，相君子，縷結烹調，未嘗不自任。性又仁厚，撫教諸子，慈愛均一，兼務賑卹單寒，折券施報，皆著稱人口。是以其没，君尤痛惜，而不能已也。"

按：莫釐山即吴縣東山。

十月八日，愓陳湖東周道夫第，秋色滿庭，主賓觴語，頗有物外翛然之寓，遂作《野庭秋意圖卷》。又各有詩。

澳門藝術博物館《故宫上博珍藏青藤白陽書畫特集》下卷《陳淳》圖 58《野庭秋意圖卷》。前草書引首"野庭秋意"，款云："道復書。"後作圖，款云："甲午十月八日，愓芴林第，眼前秋色滿庭，主賓觴語，頗有物外翛然之寓，亦平生一適也。筆研常事，其可廢乎？對酒賦物，賦物之形，匪我之長，聊紀興耳。主人不倦，其各詠之。道復。"故宫博物院藏。(圖 52)

文物出版社《中國古代書畫圖目》二十亦載此，無陳淳草書引首。

按：兩人詩無考。

冬，留城南草堂凡數日，於雪中作《花卉卷》。忽有湖上之興，乃於小南園以《釣艇》續之。清羅天池等有跋。

天津人民美術出版社《陳淳精品畫集》圖 68《墨花釣艇圖卷》。前畫墨花九種，後續釣艇，各題五絶詩。一、庭中老梅樹，雪後見花開。自笑不如梅，春風何日來？二、茅茨開竹裏，清氣何由降？落月復弄影，盈盈上西窗。三、楚畹蘭芽茁，分來結好盟。茶杯輕渥處，覺有暗香生。四、野菊掛危巖，猗蘭秀空谷。氣味爰相似，允克破幽獨。五、素豔倚秋風，向人渾欲語。春花莫相笑，丹心自能許。六、低回玉臉側，小摺翠裙長。不用熏蘭麝，天生一段香。七、丹葩間碧葉，雪中自層疊。山人倚醉時，耐可映頳頰。八、小鳥出蓬蒿，林端修羽毛。卑棲已自足，何得去鳴皋。九、古栝掛巖端，山靈護持久。風雨及時來，會見蛟龍走。十、江上雪疏疏，水寒魚不食。試問輪竿翁，在興寧在得。款云："余留城南凡數日，雪中戲作墨花數種。忽有湖上之興，乃以釣艇續之，須知同歸於幻耳。甲午冬，白陽

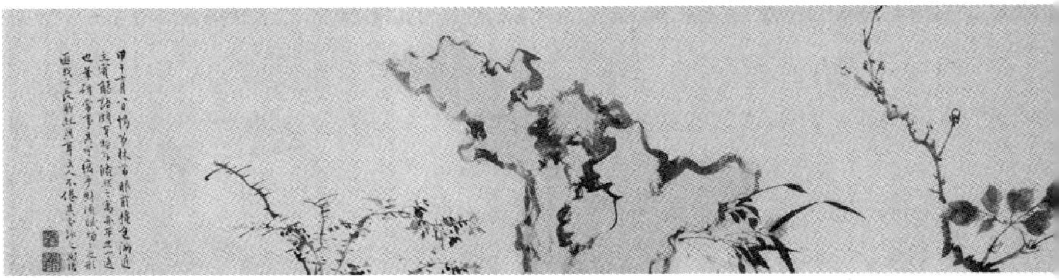

圖 52　陳淳《野庭秋意圖卷》并引首

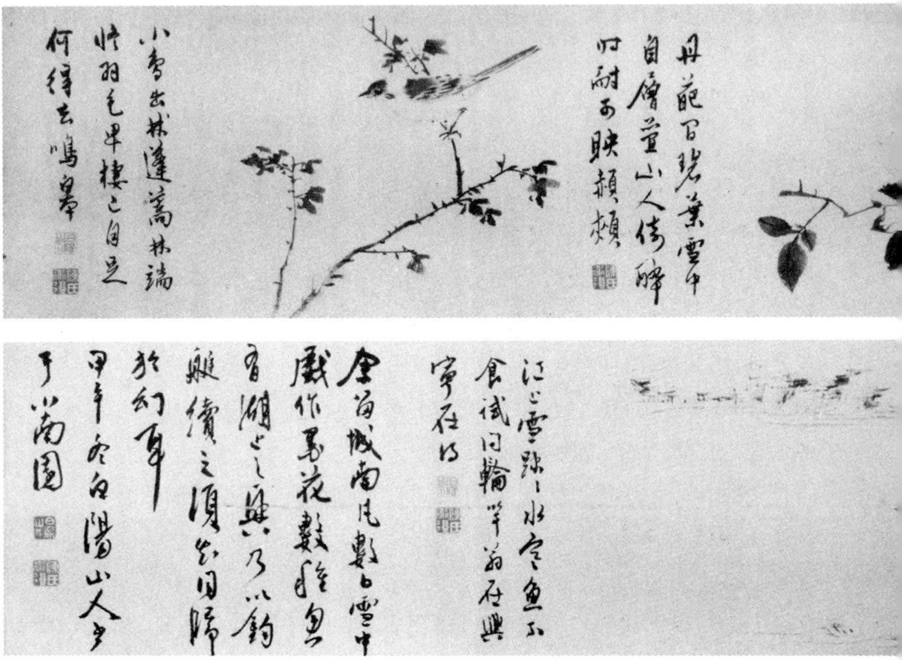

圖 53　陳淳《花卉釣艇圖卷》局部

山人書於小南園。"(圖 53)拖尾有羅天池等跋。羅跋云:"《丹青志》稱:'復甫寫生,一花半葉,淡墨欹豪,歷亂疏斜,傾動群類',可爲是卷作贊。花後忽作溪山,蕭散閑逸,有江山峰青之致。其於徵仲可謂善學善變者,世傳爲文門高足,觀此益信。"故宫博物院藏。

按:陳淳家在吴縣城南即蘇州城西南查家橋西,號曰"城南草堂",常以"城南"代稱。"小南園"乃其家附近的南園。

王鏊《姑蘇志》卷三十二《園池》:"南園。祥符《圖經》云:'在子城西南,有安寧廳、思玄堂,清風、緑波、迎仙等三閣,清漣、涌泉、清暑、碧雲、流杯、沿波、惹雲、白雲等八亭。又有榭亭二,就樹爲榱柱,及迎春、百花等三亭。西池在園廳西,有龜首、旋螺二亭。'《續記》云:'廣陵王帥吴因治南園,爲島嶼峰巒,出於巧思。錢

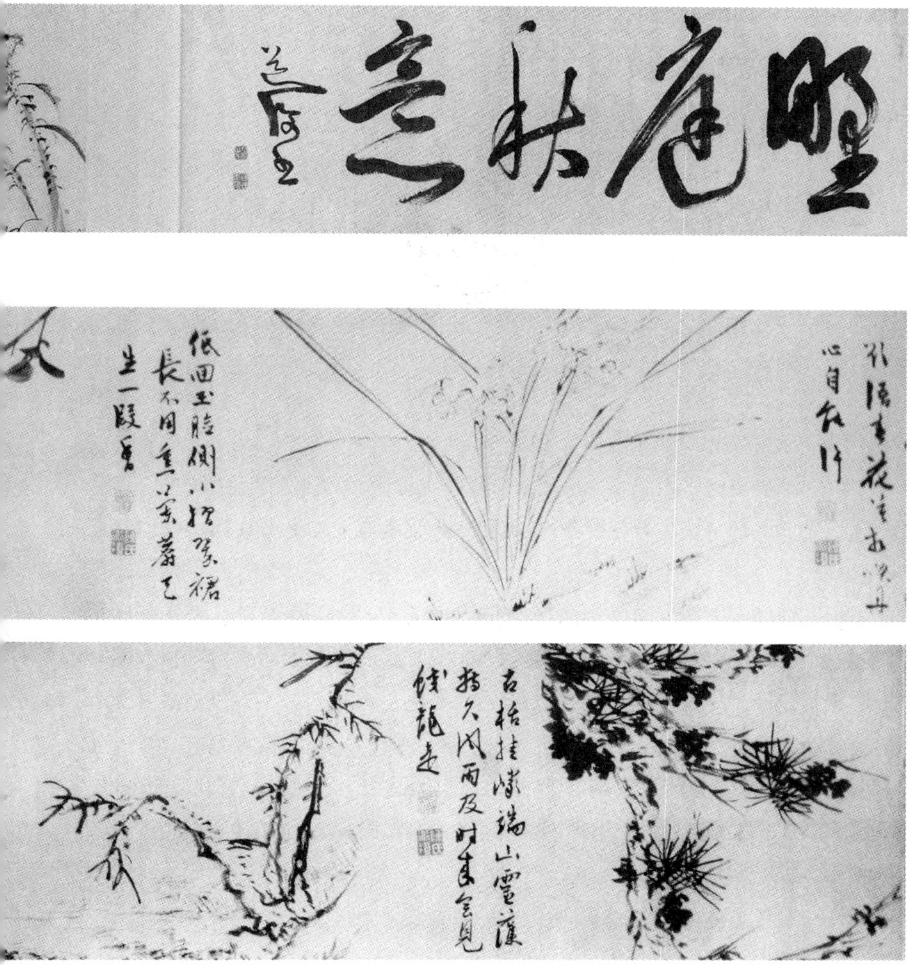

氏去國,此園不毀。……今所存之亭,僅有流杯、四照、百花、樂豐、惹雲,每春縱士女遊覽。……'"

約是年,爲凌震作《菊石圖扇》。

凌震(1471—1535),字時東,號練溪。籍烏程,家吴興(今同爲浙江湖州市)。正德間以貢授黔陽縣學訓導,嘉靖初致仕歸。善古文,尤長於詩,有《練溪集》。

日本東京大學出版會《中國繪畫總合圖録續編》第二卷《明陳淳菊石圖扇面》款云:"道復爲練溪先生作。"小聽帆樓藏。(圖 54)

圖 54　陳淳爲凌震作《菊石圖扇》

潘正煒《聽帆樓書畫記》卷三《明陳白陽花卉扇册》第五幅《墨菊》即此。

按：是作名款寫法約始於去年，而凌震卒於明年二月二十七日，當不出其間，因繫此。

據焦竑《焦太史編輯國朝獻徵録》卷八十九劉麟《黔陽縣學訓導凌公震墓志銘》：先生諱震，字時東，別號練溪。籍烏程，家吴興。先生生而穎異，有俊才，博綜群籍，曉析百家。長遊郡庠。先生每試必冠。多士及科場，輒不利。以廩次貢於南宫，選授今官。鐵橋黄公、少華許公重先生之學。到官月餘，即命提督寶山書院，選拔名彦，俾受學焉。先生入院，嚴立科條，陳説倫理之懿，啓迪性命之微，勸能懲惰，取《中庸》《大學》諸書，日與之講劘，文章規格，親爲點竄，一時士類改觀。先生素多疾，無何，致其仕而歸。比歸，掃迹城府，杜門自養。圖書左右，亹亹不倦。興到則獨步林壑，尋芳討勝，風度悠然。善古文，尤長於詩。文涵蓄縝密，詩清婉悲壯。有《練溪集》若干卷。嘉靖歲甲午，先生苦脾胃之疾。黔陽之歸已十年於兹。明年乙未春二月二十有七日，終於正寢。距始降成化辛卯三月七日，年六十有五。

《(康熙)黔陽縣志》卷七《秩官・訓導》：“凌震，烏程人。歲貢。正德年任。”

是年，正月，廢皇后張氏，立德妃方氏爲皇后。六月，南京太廟災。

【是年僞作】

《晚翠圖軸》。

日本興文社《支那南畫大成》第四卷《陳淳晚翠圖軸》。行書題“晚翠”，款云：“嘉靖甲午夏四月，白陽山人道復。”日本京都國立博物館藏。

按:畫爲大寫意,而這種風格到明中晚期徐渭時纔有,款字和所鈐"白陽山人""復父氏"白文方印亦不合,當爲贋品。

嘉靖十四年乙未(1535) 五十二歲

二月,陸治以其所藏《文徵明詩三首卷》寓意,補作《山水圖》,陳淳爲題引首。

陸治(1496—1576),字叔平,號包山,吴縣(今江蘇蘇州市)人。陳淳門生。府諸生。嘉靖三十六年(1557)歲貢生,隱而不出。倜儻嗜義,愛慕賢豪。能詩文書法,尤精繪畫。有《包山遺詩》。

台北故宫博物院《吴派畫九十年展》圖132《文徵明、陸治書畫合璧卷》。前幅行書引首"春在毫端",款云:"道復題。"中幅《山水圖》,款云:"嘉靖乙未春仲,包山陸治補意。"(圖55)後幅行書《七律三首》,款云:"癸巳五月,漫書於玉磬山房,徵明。"

張照等撰《石渠寶笈》卷三十六亦載此,言之未詳。

按:文徵明所書七律三首爲《春日漫興》《雨後》《上巳石湖小集》,當陸治所藏,時以其寓意補圖,陳淳題引首。

《陳白陽集》七言絶《南園書感》序云:"是日,宗郗川、陸包山見訪,談及數年前事。"詩曰:"城南風雨忽淒其,野竹疏花自及時。何似當年無繫累,焚香煮茗畫烏絲。"此乃晚年作,從中可以感受,陸治嘗於其門下相得甚歡。

王世貞《弇州四部稿》卷一百五十五《藝苑巵言附録四》:"陸治,字叔平。吴諸生。有風調,而極耿介。……叔平工寫生,能得徐、黄遺意,不若道復之妙而不真也。其於山水,喜仿宋人,而時時出己意。風骨峻削,霞思湧疊,而不免露

圖55 陸治《山水圖卷》

蹊徑。”

又《弇州續稿》卷一百五十《吴中往哲像贊》:“布衣陸包山先生治,字叔平,吴人也。……先生生而磊落,負文采,有姿制,爲故太傅王文恪公所識異。遊祝、文二先生門。其於丹青之學,務出其胸中奇,以與古人角。一時好稱之,幾與文先生埒。先生倜儻嗜義,愛慕學士賢豪若渴,富家兒齎重資踵門,謝弗納也。家支硎旁,有山水之勝,藝菊數百本,五色相鮮。佳客至,輒解衣伏雌斗酒,彌日夜不倦。有腴田數頃,忽盡棄之構祠,以祀其先祖而依焉。”

《(民國)吴縣志》卷七十五上《列傳·藝術一》:“陸治,字叔平。居包山,號包山子。吴諸生。數辭廪,督學嘉其才,行令爲貢生。遂衣處士服,隱支硎山。……好古文辭,詩亦秀,善行楷。弘治丙辰生,萬曆丙子卒,年八十有一。”

又卷十六《選舉表八·貢生》:“嘉靖三十六年丁巳:吴縣,陸治叔平,府學。”

朱彝尊《静志居詩話》卷十四《陸治》:“陸治,字叔平……有《包山遺詩》。”“叔平遊道復之門。當時鄉曲之論,謂詩得其興,畫得其趣。然叔平畫以工致勝,詩則與道復同流。”

三月,鄭希大子若曾因貢北上,試禮部,陳淳爲寫《杏花圖》期之,有詩。

鄭若曾(1503—1570),字伯魯,號開陽,崑山縣(今江蘇崑山市)人。明年入國學。就選,未仕。嘉靖三十一年(1552)以密陳《殄倭方略》爲胡憲宗幕僚。叙功授錦衣世蔭,不受。薦修國史,亦不就。乃軍事地理學家。有《江南經略》諸著。

陳淳《陳白陽集》五言絶《鄭希大子伯魯積學□解,寫〈杏花〉期之》:“杏花春事早,三月見花開。有客看花去,高枝定折來。”

《(嘉靖)崑山縣志》卷八《薦舉·監胄》:“鄭若曾,字伯魯。嘉靖十四年生員,援例入監。”

《(乾隆)蘇州府志》卷五十九《人物十三·崑山縣》:“鄭若曾,字伯魯。文康五世孫。幼有經世志,凡天文地理、山經海籍,靡不周覽。嘉靖中,以諸生入北雍。闈中擬元者再,竟不遇。就選,亦未仕。倭擾東南,總制胡宗憲、總兵戚繼光延若曾入幕中,參贊機務。後以叙功論授錦衣職,力辭弗受。所著有《江南經略》《籌海圖編》及《八閩志》《日本圖纂》等書。”

據張慧劍《明清江蘇文人年表》:崑山鄭若曾(伯魯),1536 丙申嘉靖十五年,以貢生入國子監讀書。1540 庚子嘉靖十九年,在北京應北闈試。1552 壬子嘉靖三十一年,以《殄倭方略》密陳胡憲宗,入憲宗幕。

江蘇人民出版社《江蘇藝文志·蘇州卷》第三分册《崑山市》:"鄭若曾,號開陽。明崑山人。文康玄孫,魏校[從]婿。少師魏校,又師湛若水、王守仁,與歸有光、唐順之互相切磋,有經世之志。佐胡宗憲平倭,敘功授錦衣世蔭,不受。薦修國史,亦不就。"

按:歸有光《震川集》卷十八《外舅光禄寺典簿魏公墓志銘》曰:"公諱庠,字子秀。……大父諱鐘,生二子:諱奎,字孟文,恭簡公之父也。恭簡公諱校,仕至太常寺卿,知名於世。諱璧[壁],字仲文,公之父也。……子男五人:希明、希哲、希直,孺人出。……女五人:適鄭若曾、歸有光、姚員,孺人出。……"鑒此,鄭若曾是魏校從婿,魏希明姊妹夫,歸有光連襟。

鄭希大俟考。

春日,作《牡丹并詩扇》,詩中云:"人生行樂貴及時,光陰有限無淹期。花開花謝尋常事,寧使花神笑儂醉。"

潘正煒《聽帆樓書畫記》卷三《明陳白陽花卉扇册》。第十四幅《墨牡丹》題云:"東風飄飄不絶吹,遊蜂舞蝶相追隨。名花嫣然媚晴晝,深紅淺白紛差池。高堂列筵散羅綺,珠簾掩映春無比。歌聲貫耳酒如澠,醉向花前睡花裏。人生尋樂貴及時,光陰有限無淹期。花開花謝尋常事,寧使花神笑儂醉。乙未春日,白陽山人陳淳道復製并書近作。"

春日,作《花卉并草書牡丹詩卷》。清宋伯魯有跋。

天津人民美術出版社《陳淳精品畫集》圖4《花卉圖卷》。前幅畫花卉八種,款云:"嘉靖乙未春日,道復。"後幅草書《牡丹詩》:"東風飄飄不絶吹,遊蜂舞蝶相追隨。名花嫣然媚晴晝,深紅淺白紛差池。高堂列筵散羅綺,朱簾掩映春無比。歌聲貫耳酒如澠,醉向花前睡花裏。人生行樂當及時,光陰有限無淹期。花開花謝尋常事,寧使花神笑儂醉。白陽山人陳道復。"(圖56)拖尾宋伯魯跋云:"此卷純以墨筆寫折枝,簡澹閑逸,對之可以醫俗。詩亦矯健,大草書恣肆淋漓,是公本色,蓋爲公得意作也。"天津市歷史博物館藏。

四月六日,從子陳椿舉進士。不久,授南京刑部主事。

王鏊《姑蘇志》卷六《科第表下·進士》:"嘉靖十四年乙未韓應龍榜:吴江,陳椿子年。(南京)刑部主事、員外郎、郎中。"

張廷玉等撰《明史》卷七十五《志·職官四》:"南京刑部。……十三司……主事十四人(正六品)。"

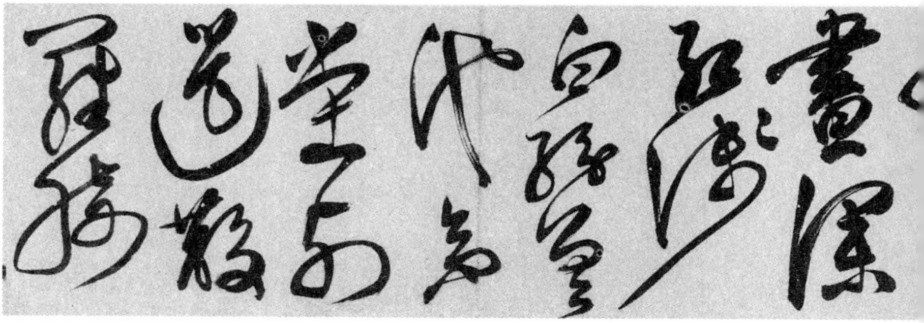

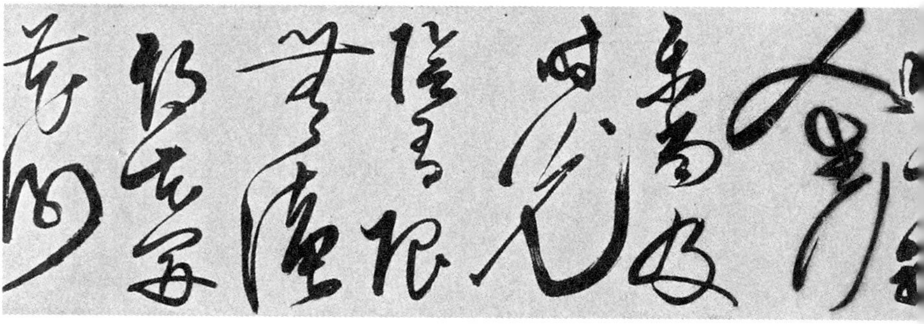

按:《明世宗實録》卷一百七十三、卷一百七十四載,以大行莊肅皇后喪,改四月二日廷試,四月六日放榜。陳椿授職應在此後不久,因并繫之。

四月十五日後,作《草書千字文卷》,題中云:"若道復者尚須師人,人其將師我邪則此卷也。不足爲榮,適足爲累,觀者原之。"

吉林美術出版社《歷代千字文墨寶》第三册《明陳淳草書千字文卷》款云:"書《千字文》往往有人,非人好書,人欲書之耳,蓋《千字文》無重字,人謂書學盡於此矣。余則曰:未也!求形不若求心,心豈止一《千字文》而已,或觸類而長,亦不爲無益,此又須師法古人。若道復者尚須師人,人其將師我邪則此卷也。不足爲榮,適足爲累,觀者原之。乙未初夏望後志。"

東京國立博物館《東京國立博物館圖版目録·中國書跡篇》圖 64 即此。

五月十二日,仲子陳栝作《花卉卷》。

文物出版社《中國古代書畫圖目》六《明陳栝花卉卷》款云:"嘉靖乙未長至(五月十二)日,沱江陳栝。"蘇州博物館藏。

夏日,於陸粲貞山草堂燕遊,遂作《燕遊圖卷》遺之。清羅文彬等有題。

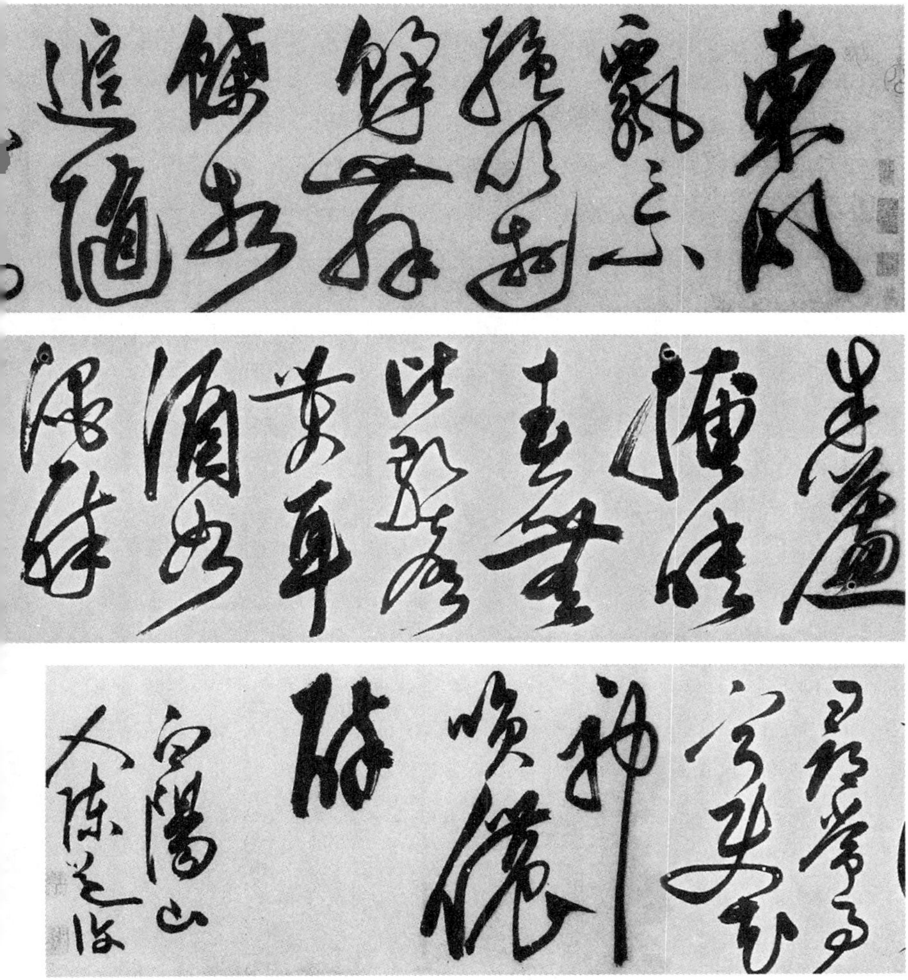

圖 56 陳淳《草書牡丹詩卷》

陸粲(1494—1552),初名燦,字子潛,後更名粲,字子餘,别字浚明,號貞山,長洲縣(今江蘇蘇州市)人。陳淳親戚。嘉靖五年(1526)進士,由庶吉士授工科給事中。以劾權臣張璁、桂萼,謫都鎮驛丞。前年仕終永新知縣。卒,復原職,贈太常少卿。有《陸子餘集》諸著。

湖南美術出版社《1995—2002 書畫拍賣集成・明代繪畫》圖 862《陳淳燕遊小景圖卷》款云:"嘉靖丁未夏日作於貞山草堂,道復。"(圖 57)後有羅文彬等題。羅題云:"白陽山人畫寫生居多,山水源出文氏,頗希見。此似燕遊即景之作,山寺全景,西折幽邃,前後遊客,行止坐立,宛然在目,無分毫凌競跼蹐之處,筆意雅在文、沈間。疑畫後必有同遊題詠,割裂不完。王穉登嘗題米元暉《姚山秋霽圖》

圖 57　陳淳爲陸粲作《燕遊圖卷》

謂：'元則高侍郎、方方壺，明則沈徵君、文待詔、陳道復父子，庶幾似之云云。'標此是又遠祖米家，不但近宗文氏矣。"

文物出版社《中國古代書畫圖目》十二《明陳道復虎丘山圖卷》即此，上海文物商店藏。

按：陸粲前年致仕。陳淳款云"嘉靖丁未"即嘉靖二十六年(1547)，其時去世已二年。故"丁未"當爲"乙未"之誤。關於《圖目》稱"虎丘山圖卷"，是因此圖背景爲蘇州城西外虎丘山。繼而知曉，貞山草堂離這不遠。

陳淳亦嘗爲其弟采作《杜牧阿房宫賦并自作暮春望日登虎丘詩册》，北京翰海 2013 年秋拍會拍賣。

陸粲兄弟乃陳淳夫人張氏家姻親，其從姊妹又爲淳從子椿夫人，而粲亦是淳二姑父王延素長兄延喆親家，兩家乃三重親戚。

據申時行《賜閑堂集》卷十八《給事中陸公傳》：陸公者諱粲，字子餘，浚明其别字也。嘗讀書貞山，學者稱"貞山先生"云。其先居吴。宋避亂，居長洲之陳湖。嘉靖丙戌，公舉會試，咸魁其經。及廷對，尋被選爲庶吉士。丁亥，授工科給事中。是時，張璁、桂萼以議禮合上意，躐致宰執，紛易朝政。尋上疏，極詆二相。得旨，二相皆罷，中外稱快。然二相一旦猝斥，上心憐之。上乃召張還，而謫公都鎮驛丞。歲餘，稍遷知永新縣。癸巳，公念太夫人老，上疏乞休，即日就道。十有八年，而太夫人没。公竟以哀勞成疾卒，年五十有八。公長身玉立，鬚髯朗秀。好讀書，於百氏之學，無所不窺。尤練達典故，論經史，評古今，談議鑿鑿，如矢激刃，解悉中窾。爲文章，出入左馬。詩在選[盛]唐之間。所著有《左氏鐫附注》《胡傳辨疑》《煙霞山房書尺》《庚巳編》及詩文若干卷藏於家。

陸粲《陸子餘集》附録尹臺《明給事中貞山先生陸公墓志銘》："公生弘治甲寅

六月二十六日,卒嘉靖辛亥十二月二十五日,春秋五十有八。"

《明穆宗實録》卷三十一載:隆慶三年四月乙亥(二日),復故給事中陸燦原職,贈太常寺少卿。

按:歸有光《震川集》卷二十一《張孺人墓志銘》云:"孺人姓張氏,太學生陸子徵之妻……子徵名焕,與其弟燦子潛兄弟皆有名吴中。子潛,進士高第,入翰林,爲給事中……言事,被謫都匀……"可見,陸粲初名燦,字子潛。後更名粲,字子餘,又字浚明。

夏日,從弟陳津由舉人得壽寧令。臨行,同年友禮部主事皇甫涍有《序》贈之。蔡羽時亦由國子生得南京翰林孔目,與其偕行南下,便道過家,爲其父鍵撰《傳》,以紀念。

皇甫涍(1497—1546),字子安,號少玄子,長洲縣(今江蘇蘇州市)人。嘉靖十一年(1532)進士,授工部主事。是年轉今官。累擢浙江按察僉事,以不職論黜。有《皇甫少玄集》等著。

《(康熙)壽寧縣志》卷四《官守志・職官・知縣》:"嘉靖年任:陳津,直隸長洲人。舉人。陞南京工部主事。"

皇甫涍《皇甫少玄集》卷二十四《贈莪齋陳子令壽寧序》:"往歲吾鄉陽湖王子由刑曹擢建寧兵備,非齋夏子亦由刑曹擢守建寧,不浹旬而二命繼下。……今年夏,余友莪齋陳子謁選,得壽寧。陳子間過辭余,乃曰:'不敏往令壽寧,吾子其何以教我?'皇甫子曰:'陳子之治云何?'陳子應曰:'壽寧,盜區。其民悍嚚,不識上下之節、禮儀之教。其土瘠,其財傷,其政弛,其害滋。然則余何知其惟訓諭以端始,規物以貞教。民,吾子也,吾煦之奠之;盗,吾民也,吾感之格之,亦弗忍刈之而已。'余曰:'有是哉!曩余論建寧治,嘉二子之遭也,實克相濟以有成。乃若子之身實兼二子之長。往哉,有王子之忠信以率之,有夏子之果毅以經之,有陳子之兼通以贊之。嗚呼,盡之矣!其何有於建寧,夫天下大矣,非一人任也。或合或分,要諸治而能事畢矣。此王者大公之道也。於是皇甫子樂鄉之多賢,慶建寧得人之盛,陳子又同年友也,遂述而序之。"

按:據《(嘉靖)建寧府志》卷五《官師·國朝》,陽湖王子即王庭,長洲人,去年至明年任建寧道按察僉事整飭兵備。非齋夏子即夏玉麟,常熟人,去年至後年任建寧知府。故陳津應是年夏謁選,得壽寧令。

張朝瑞《南國賢書》卷二載,皇甫涍與陳津同舉嘉靖七年戊子(1528)鄉試,因謂"同年友"。

據文徵明《甫田集》(三十六卷本)卷三十三《浙江按察司僉事皇甫君墓志銘》:君諱涍,字子安,長洲人。舉壬辰進士,初授工部虞衡司主事。尋改禮部精膳司,再改儀制,進員外郎,陞主客司郎中。會東宮肇建,遂用爲春坊司直。車駕之行,君先已注籍扈從。會改官,不果行。未奏請代,坐是左遷廣平[大名]府通判。逾年,召爲南京刑部主事。未任,丁父憂。服闋還朝,復補原職,進員外郎。尋陞浙江按察司僉事,分蒞浙東。曾未數月,而以"不職"論黜。既解浙臬,還長洲。未及赴調,而母夫人卒。摧毁得疾,甫三月亦卒。君雅性閑靖,慕玄晏先生所爲,自號少玄子,作《續高士傳》以著志。爲文必古人爲師,自兩漢而下,咸有所擇。見諸論撰,居然合作。詩尤沉蔚偉麗,早歲規仿初唐,旋入魏晋,晚益玄造,鑄詞命意,直欲窺曹劉之奥而及之,惜乎未見其止也。君生弘治丁巳六月某日,卒嘉靖丙午三月九日,享年五十。

俞汝楫《禮部志稿》卷四十二《歷官表·主事》:"皇甫孝(涍)……嘉靖十四年任。"

《明世宗實録》卷二百二十二:"嘉靖十八年三月……庚寅(二十二日)……降禮部……主客司郎中皇甫涍……爲直隸大名府通判。"

蔡羽《南館集》卷七《懷山子傳》:"懷山子姓陳氏,名鍵,字以嚴……子七人:津、汸……津刻苦《經》術,文爲一時法,傳《經》之士數十人。……戊子秋,第應天。爲壽寧令。"

按:其文置是年正月至九月間。《南館集》卷十一《白知序》云:"丁酉冬仲晦前一日,蘇先生車入於孔目之舍……先生曰:'得今官何時?'羽曰:'前年甲午……方秋,比部試,居首。……明年,集選於部,得預者三百人。再試,再居首。……於是,羽得南京翰林孔目。'"鑒此,蔡羽亦應是年夏由國子生得南京翰林孔目,與陳津偕行南下,便道過家時作。

其文參見第14頁傳文、47頁譜文。

八月十五日,於太倉濠西旅館作《梅雪圖并行草蝶戀花詞卷》,贈葛姬。

葛姬(生卒不詳),號情、梅雪,金陵(今江蘇南京市)人。性淑,與尋常姬不侔。

卞永譽《式古堂書畫彙考》卷二十六《陳道復梅雪詞帖》。篆書題"梅雪",又行草題曰:"葛姬,號梅雪,金陵人也。年最幼,性最淑,與尋常姬大不侔,原其號稱情矣。山人見於婁之東,扣其顛末,則其前輩山人之二十年交也。呼酒盡醉,且作梅枝并置一詞贈之,詞調《蝶戀花》云。梅子花開春事早,瑞雪霏霏,滿目明如掃。高下一天渾是縞,誰云世上無瑶島?花下那人真箇好,就裏温然,似玉無瑕藻。人景相輝難細道,多情忽地爲傾倒。白陽山人書於濠西旅館,時嘉靖乙未中秋。"

按:"婁東"即太倉,因婁江東流經此而名。

陳葆真《陳淳研究·陳淳書畫編年表》將此作稱爲"梅雪詞帖及蝶戀花",蕭平《陳淳》附鄒正玉《陳淳書畫作品編年表》、天津人民美術出版社《陳淳精品畫集》附單國霖《陳淳行跡及書畫作品編年表》從之,俱誤。

八月二十日,雨中借居太倉城西樓,四顧滃然。有客出素卷,具筆墨,欲圖所見,遂爲作《江山雨意圖》。日本信天翁有跋,稱爲"稀世之寶"。

日本東京大學出版會《中國繪畫總合圖録》第四卷《明陳淳江山雨意圖卷》款云:"乙未中秋後五日,艤舟婁東,曉起雨作,乃借居城西樓,四顧滃然。有客出素卷,具筆墨,欲圖所見,遂率爾爲之。真景在目,天趣爛如,而復事此,猶置土苴於太虚,亦自知其不可也。白陽山人道復。"日本橋本太乙藏。

味岡義人等編《橋本氏收藏中國書畫録》亦載此,後日本信天翁跋云:"古人曰:'道復畫從《林藻深慰帖》悟入,故不易及。中歲忽作山水,參米高間,寫意而已。'夫米高真跡所不能見,於道復畫亦茫然無鑒。此畫足見米老之真面目,詢爲稀世之寶。"

是年,仿米友仁筆意作《雲山圖卷》。後歸文徵明甥,文徵明有跋。董其昌亦有跋。

日本東京大學出版會《中國繪畫總合圖録》第一卷《明陳淳仿米友仁雲山圖卷》款云:"嘉靖乙未,白陽山人道復仿小米作此圖。"後跋云:"道復陳子昔從余遊,博學好古,文字之外,復工丹青,頗得諸家筆意。一日,余示以《米南宫山水圖》,陳子展玩良久,若有所得。遂拈筆戲效作之,極盡模寫之妙。雖南宫復作,亦不知出他人手矣。戊午春,余甥偶持是圖來乞余跋。余慨遺墨之猶存,悼斯人之不作也。徵明識。""米虎兒論畫，以王右丞猶爲刻畫。自其家傳墨戲，一正從來畫家謬習，其高自標置如此。近代惟陳道復得米高二家法。然米元章有《竹溪峻嶺圖》，絶類《大李將軍設色山》。白陽作宋元人細謹畫，亦奕奕有致。不得以疏莽遊戲，畫其醖籍。所謂有米之學，如張伯高能爲《郎官壁記》之楷法，雖以頭濡墨，規矩具在也。董其昌題。"美國弗利爾美術館藏。

按：劉九庵《宋元明清書畫家傳世作品年表》將此作在去年和是年重複繫年。

董其昌（1555—1636），字玄宰，號思翁等，華亭縣（今上海市）人。萬曆十七年（1589）進士，官至南京禮部尚書，掌詹事府事。卒，贈太子太傅，謚文敏。工詩文，精鑒賞，書畫世稱"二絶"，人擬之米芾、趙孟頫云。

從弟陳津《乙未稿》成。

《（乾隆）長洲縣志》卷二十四《人物三》："陳津，字道通，號莪齋。……著有《乙未稿》……"

是年，七月二十二日，王穉登生。

李維楨《大泌山房集》卷八十八《徵君王百穀先生墓志銘》："先生名穉登，字百穀。少肄業玉遮山中，别號玉遮山人。……生嘉靖乙未七月二十有二日，年七十有八。"

是年，二月，建九廟。十月，以旱災免應天、蘇、松等府存留糧税有差。

嘉靖十五年丙申（1536）五十三歲

二月，於五湖田舍之静寄庵作《花卉册》。

汪砢玉《珊瑚網》卷四十六《陳白陽墨花八種册》。梅花：梅花當盛日，猶自勒春寒。幾樹霏香雪，偏宜竹外看。水仙：荒圃淑氣回，寒柯發光澤。下有白玉花，玲瓏映深碧。黄［萱］花：堂背宜男草，花間葉復柔。應須好培植，見説解忘憂。栀子：薝蔔花開日，園林香霧濃。要從花裏去，雨後自扶筇。石榴：蠟蒂團赭［頳］玉，文英簇絳綃。秋來結佳果，珍味不須調。秋葵：月上墻東阿，秋光照庭户。幽葩向人明，泫以泠泠露。巖桂：秋令士氣肅，桂子正流芳。金碧輝煌處，遂饒萬斛香。山茶：丹葩間碧葉，雪中自重叠。山人倚醉時，奈可映頳頰。款云："嘉靖丙申春二月，淹留累日，獨坐静寄庵，戲作墨花八種，燈下戲題八絶句。以形索影，以影索形,模糊到底耳。道復。"

按:"静寄庵"乃陳淳五湖田舍中一室。

五月十五日,雨窗閱帖,及《米芾書杜甫戲題王宰畫山水圖歌》,遂摹而圖之,稱書不能仿佛萬一,圖又豈敢謂得米家法耶?

江兆申《文徵明與蘇州畫壇·文徵明年譜》:"一五三六,嘉靖十五年丙申,仲夏望日,(陳淳)作《雙絶卷》。前用水墨作《雲山》,後書《杜甫山水歌七古》,款題:'右杜工部作,米南宫嘗書之,今刻於石。丙申仲夏望日,雨窗閱帖,及米書,遂摹一過,雖不能仿佛萬一,聊紀吾興。卷首有素絹,復破墨作圖,又豈敢謂得米家法耶? 觀者幸勿哂也。道復志。'香港私人收藏。"

五月,於城南草堂作《水仙山茶圖扇》。

文物出版社《中國古代書畫圖目》六《明陳道復水仙山茶圖扇頁》款云:"丙申仲夏,道復作於城南草堂。"南通博物苑藏。(圖 58)

圖 58 陳淳《水仙茶花圖扇》

八月,赴杭州。九月,歸蘇州。不數日,錢子儀過訪,出紙索書,遂爲作《草書遊武林詩卷》。後歸陸玉泉,申時行、王錫爵、余有丁、馮符、吴桓、袁尊尼、王世懋題跋。

文物出版社《中國古代書畫圖目》二十《明陳道復草書自書詩卷》:"《席上次韻》:揭來湖上覽奇觀,濕雲載酒令湖昏。諸山變幻已頃刻,猶使我曹傾百尊。《奉次衡翁扇上梅花六言韻》:折取一枝吟弄,黄昏紙帳生寒。幾度孤眠未穩,直須待月同看。《遊孤山四賢祠》:四賢祠上秋陰陰,芰荷香送孤山潯。西湖魂夢入已久,誰知此日纔登臨。主人愛客渾忘倦,移舟南[北]渾無心。楚天在眼望不望

[見]，凉風颯颯開幽襟。尊前落日蔭佳樹，高吟長嘯憐知音。當年放鶴遊已遠，荒丘古石空追尋。白雲悠悠動遐想，梅花疏影留餘馨。徘徊林臯不忍去，恐致後夜相思深。《八月十八，從萬松嶺到勝果寺看潮，次第得詩二首》：行行尋石磴，不覺到松顛。未具凌風翼，疑從辟穀仙。堪輿渾小[矣]，廟貌尚巋然。何物供吟興？江湖在目前。見説江潮至，轟轟隱地雷。爲看逾峻嶺，且坐得高臺。遠意通雲漢，閑情共酒杯。詠歌出蘿徑，麋鹿不須猜。《九月朔日，遊湖西諸山，小愒昭慶寺，謁岳武穆祠》：小愒城邊寺，朝煙卒未收。漁歌還默默，鳥道去悠悠。回首瞻吾侣，盟心吊古丘。自憐頭既白，剛得稱斯遊。右酺言數首，遊武林作，雖不成佳致，紀日月而已。丙申中秋，言歸湖上方數日，而雪野錢君乃過田舍，出此卷要書之，遂爲揮翰。閣筆，殊愧愧也。道復識。"故宫博物院藏。

陳淳《陳白陽集》附録《跋武林帖》："吾蘇陳白陽先生，素以文翰自命。其豪暢之懷，跌蕩之氣，每於吟詩作字中發之。詩步晋唐，書則出入米蔡，而時有幻態，蓋勾吴之宗匠也。此卷皆武林遊覽諸作，檃括湖山勝概，而揮毫體勢，儼若崖谷巔巘，煙霞吞吐，亦生平適意筆也。昔司馬子長遊名山大川，而文遂肆。先生蓋盡攬武林之勝云。申時行。""遊覽之詩妙在言，遂境生識與境冥，使見者如親履其地乃致佳也。試誦唐人'樓觀滄海日，門對浙江潮'之句，何必身到天竺靈隱間耶？予多山水之好，通年遊宦京師，意未嘗不在吴越湖山也。適有持白陽卷過示，予旋展旋讀，如行六橋，度蘇公堤，湖山應接不暇。時正午，塔影在庭，恍然坐寶公禪院，又疑濤頭隱隱動地，自遠漸近。既而户外車馬駢闐，塵埃坌涌前境，惘然若失。遂一笑，斂卷還客。王錫爵。""余少時，聞姑蘇有陳白陽先生者，以詩名家，而尤工於書法。一時詞人墨士，競相播頌，得其手筆，則輒珍藏之。玉泉君持卷索題，乃先生遊武林諸作，其詞多冲雅清逸之句。昔晋王右軍馳聲藝苑，其最傳而久者惟《蘭亭記》《黄庭經》諸作。百世之下，先生此卷與二帙并傳矣。余有丁。""蘇杭名勝甲天下，士生於其間，其文章、政事即評之亦未易。軒輊至論，詞翰之傑，然者則必以蘇爲首稱。如皮陸競譽於往時，徐祝蜚聲於近代，記載所列，不可誣已。若我白陽先生之詞翰，則又卓然名豪，三吴推讓者焉。余生也晚，猶及先生之門親，見其援筆則一掃千言，點翰即脱出畦徑。至與武林勝遊，日夕思赴之，弗克也。自余以出宰過其境，近以使事蒞兹土。凡詩中所詠紫陽，詠勝果，詠孤山、萬松，皆爲余日用之玩、軒楹之物，生平豔慕，爲之一慰。及欲侍先生之側，更相詠和於湖山之上，則又悵乎不可攀而致焉。湖山如故，英哲已亡。俯仰今昔，竟增一感愴焉耳。余讀是卷，儼武林之在望，而深幸夫先生之不没也。馮符。""'出新意於法度之中，寄妙理於豪放之外'，此坡翁評繪法語也。予以爲不獨繪法，施之書法，亦莫不然。吾蘇以書名家者，若衡山之縝密，所謂出新意於法度之中者也；白陽之奇縱，所謂寄妙理於豪放之外者也。雖其臨摹之巧，能使觀者亂真。所可辨者，惟其新意、妙理出於形似之外者，精神自别焉。此卷筆力老健，豪放之内妙理溢出,定爲白陽真跡無疑矣。吴桓。""白陽,江左之偉人;武林,浙右之勝地。以若人遊斯地而發爲篇章,著之翰墨,可謂兩不相負矣。余薄遊都下,日苦塵紛,忽鄉友陸君出此卷見示,恍然若接白陽公丰標,而與之寓目於孤山、六橋之間也。袁尊尼。""陳道復少有逸氣,作真行小書,極清雅。晚好李懷琳、楊凝式書,率意縱筆,不妨豪舉,而臨池家尤重其体骨。陸君持示此[卷],結構特密,豈其鋭意詠勝,當神與景適之際耶! 錢塘山水之勝,爲此老助一籌矣。王世懋。"

梁詩正等輯《西湖志纂》卷三《孤山勝跡》:"孤山在西湖中,一嶼聳立,旁無聯附,爲湖山最勝處。""四賢祠在孤山之陽,祀唐刺史李泌、白居易、宋守蘇軾、處士林逋。"

又卷六《南山勝跡下》:"萬松嶺在鳳山門外。""聖果禪寺在鳳凰山之右。《西湖遊覽志》:唐乾寧間,無著禪師建。吴越王鐫三佛及羅漢像於石壁。宋景祐間,僧惠然建塔。慶曆五年,賜額曰'崇聖'。……明永樂十五年,重建,更名勝果,内有忠實亭。"

又卷七《北山勝跡上》:"昭慶寺在溜水橋西。""忠烈廟在棲霞嶺下,俗稱岳王廟。萬曆《杭州府志》:祀宋少保岳武穆王飛。王誣死後,孝宗爲雪其冤,改葬於棲霞嶺,復官,賜謚武穆。廢智果院爲祠,賜額曰'褒忠衍福寺'。……"

按:所書詩分别收入《陳白陽集》七言絶、六言絶、七言古、五言律,詩題略異,即《西湖席上次韻》《畫梅花》《遊孤山飲四賢祠聯句》《八月十八日,從萬松嶺到勝果寺看潮,次第得詩二首呈同遊》《遊西湖諸山,先憩昭慶寺》。

"武林"乃杭州之别稱。據第三、四首詩題,其八月十八日到勝果寺看潮,九月朔日遊西湖諸山,當八月赴杭州,九月歸蘇州,而款云"中秋"爲"暮秋"之誤。

申時行(1535—1614),字汝默,號瑶泉等,長洲縣(今江蘇蘇州市)人。嘉靖四十一年(1562)狀元,官至少師兼太子太師、吏部尚書、中極殿大學士,爲首輔。卒,贈太師,謚文定。

王錫爵(1534—1611),字元馭,號荆石,太倉州(今江蘇太倉市)人。嘉靖四十一年(1562)榜眼,官至少保兼太子太保、吏部尚書、建極殿大學士,爲首輔。卒,贈太保,謚文肅。

余有丁(1527—1584),字丙仲,號同麓,鄞縣(今浙江鄞縣市)人。嘉靖四十一年(1562)探花,官至少傅兼太子太傅、户部尚書、建極殿大學士。卒,贈太保,謚文敏。

馮符(生卒不詳),字信伯,吴縣(今江蘇蘇州市)人。嘉靖三十五年(1556)進士,官至撫州知府。

王世懋(1536—1588),字敬美,號麟洲等,太倉州(今江蘇太倉市)人。世貞弟。嘉靖三十八年(1559)進士,官至太常少卿。

陸玉泉、吴恒待考。

冬日，作《花卉卷》。

文物出版社《中國古代書畫圖目》三《明陳道復花卉卷》。畫花卉二十三種，其中十二種題詩句。一、薄霧迷龍麝，凉飆灑珮環。二、酒香茅店日，人醉玉樓天。三、最好池邊見，還宜月下逢。四、偏與兒童有緣分，往來摘取過南窗。五、翠葉翻羅帶，金英結綺霞。六、要從花裏去，雨後自扶筇。七、夜深香滿屋，正是酒醒時。八、晚凉臨水坐，花影自重重。九、有心傾曉日，無力對秋風。十、美人來不來，臨風默然想。十一、折取一枝懸竹杖，歸來隨處有清香。十二、花萼相輝處，冰霜歷盡初。款云："丙申之歲，自春徂冬，隨處觀物，會意即賦小句。他日獨坐五湖田舍，翻思法事，每作一種，既而歌曰。堪笑主人疏懶甚，長劖不動草叢生。睡餘閑向闌干立，粉蝶黄花趣自成。白陽山人道復書。"上海博物館藏。

按：以題語，此卷作於冬日。

是年，姊妹夫顧岕由南安府通判致仕。

《(萬曆)重修南安府志》卷五《秩官表二・皇明南安府通判》："嘉靖：顧岕，長洲人。監生。儋州同知陞任，大計隆敞。"

按：上著卷十七《宦績傳二・皇明郡邑》載，其繼任者張溪是年任，知其是年致仕。

約是年，獲觀内表兄弟陸氏藏《宋馬遠水圖卷》，對文嘉誇曰"世間奇物"。

張照等撰《石渠寶笈》卷三十二《宋馬遠水圖一卷》。後文嘉跋云："《馬遠水》十二幅，楊妹子所題。往時陳道復嘗誇予謂是'世間奇物'。今四十餘年矣，始得一見，豈勝快哉！萬曆五年仲夏六日，文嘉。"

按：是圖亦有吴寬跋，曰："馬遠不以畫水名。觀此十二幅，曲盡水態，可謂多能者矣。全卿家江湖間，蓋真知水者，宜其有取於此。"由是，原乃陳淳内表叔陸完家藏物，時應歸其子。

王鏊《震澤集》卷三十一《陸冢宰母太夫人華氏墓志銘》云："……前天官冢宰完之母也，曰華氏。……孫男七：伷、价、仕、佯、修、係、倬。……伷、价、仕，國子生……修，中書舍人。"《(康熙)吴郡甫里志》卷八《胄監・明朝》曰："陸仕，字子可，號小村，長洲人。以蔭授中書舍人。進士完子。陸修，字子慎，號海濱，長洲人。以蔭授中書舍人。完次子。"又薛己《薛氏醫案》卷一《脾胃虧損吞酸噯腐等症七》中，有陸伷於嘉靖乙巳春因母久患心腹疼痛，請薛氏診治，一服而效後，所寫的感謝信。卷三十一《婦人血氣心腹疼痛方論第十五》中,陸小村母之病例即此。可見,佃、仕乃兄弟。繼而得知,陸完至少有三子,長佃,次仕,次修。但圖究竟歸誰,不詳。

以文嘉署萬曆五年丁丑(1577),上推四十餘年,陳淳獲觀陸氏兄弟藏是圖約在明年之前,故繫此。

是年,十月,京師等地地震。十一月,以皇長子生,詔赦天下。十二月,九廟成。

嘉靖十六年丁酉(1537) 五十四歲

春日,作《山水軸》。

文物出版社《中國古代書畫圖目》二十《明陳道復山水軸》款云:"嘉靖丁酉春日,白陽山人陳道復。"故宫博物院藏。

按:蕭平《陳淳》附鄒正玉《陳淳書畫編年表》將此作在是年重複繫年,天津人民美術出版社《陳淳精品畫集》附單國霖《陳淳行跡及書畫作品編年表》從之,亦誤。

春日,於浩歌亭作《花卉卷》,題中云:"至此已不識造化吾身爲何物矣"。

日本東京大學出版會《中國繪畫總合圖録》第一卷《明陳淳花卉圖卷》。畫花卉十一種,或題詩句,或題詩一首。一、月窟多仙桂,秋來寶碎金。異香飄滿地,詩酒慣相尋。二、露下偏增媚,風前更作嬌。三、碧玉蒂長金瓈側,黄酥葉綻紫房深。四、渡頭秋水碧,上下明芙蓉。弄楫採花去,錦雲自重重。五、疏影横斜水清淺,暗香浮動月黄昏。六、葉披犀甲厚,花放鶴頭丹。七、歲晚來冰雪,寂没驚夢魂。八、羞容匀薄粉,香袖卷輕羅。且莫凌波去,江頭冰雪多。九、日暮存孤節,歲寒知後凋。十、碧絲風外弱,朱實雪中明。十一、挺挺寒巖百尺松,滿身鱗甲蘚苔青。若應驟白空中見,還訝春雷起蟄龍。款云:"此卷在浩歌亭漫作。時天氣爽朗,情興頗適,不覺雜亂成文,然至此已不識造化吾身爲何物矣。觀者尚當一笑。丁酉春日,白陽山人道復識。"美國舊金山亞洲美術館藏。

初,爲石橋作《山水扇》。是年五月十五日,更見,又書二絶於後。

文物出版社《中國古代書畫圖目》三《明陳道復山水扇頁》款云:"此圖爲石橋先生作,今幾閲歲矣。今日更見,漫書二絶於後并識。丁酉五月望,白陽山人陳

圖 59　陳淳爲石橋作《山水扇》

道復。"上海博物館藏。(圖 59)

按:此扇只見山水,無二絶。疑原爲正反兩面,初於正面畫山水,時更見,又於反面書二絶,補款於圖,但未能并存至今。石橋俟考。

夏日,於五湖田舍作《花卉卷》。後李日華有跋。

澳門藝術博物館《故宫上博珍藏青藤白陽書畫特集》下卷《陳淳》圖 65《花卉圖卷》。畫花卉十種,每種題詩句。一、誰知深雪裏,卻有異香來。二、喜逢三月景,開遍洛陽花。三、讓渠多豔色,憐我足幽香。四、塘坳閑意思,波面好丰神。五、枝頭明玉臉,葉底度香魂。六、葉出裁青玉,花舒浴澹金。七、白酒誰能送?黄花自可餐。八、羞容匀薄粉,翠袖卷輕羅。九、凉聲風入坐,澹影月行窗。十、寒林凝黛色,晚照入酡顔。款云:"嘉靖丁酉夏日,白陽山人陳道復寫於五湖田舍。"後李日華跋云:"破一滴墨水,作種種妖妍,改旦暮之觀,備四時之氣。自徐熙没骨圖後,唯浩歌亭主人擅其妙耳。"故宫博物院藏。

文物出版社《中國古代書畫圖目》二十亦載此,無李日華跋。

按:李日華(1565—1635),字君實,號竹懶,嘉興縣(今浙江嘉興市)人。萬曆二十年(1592)進士,官至太僕少卿。能書畫,善賞鑒,人稱"名士"。

七月二十日,有客携舊爲作《蘇軾前赤壁賦卷》索圖,補而歸之。

湖南美術出版社《海外藏中國歷代名畫》第六卷《明陳道復前赤壁圖卷》款云:"客有携《前赤壁賦》來田舍,不知余何時所書,乃欲補圖。余於赤壁,未嘗識面,烏能圖之。客强不已,因勉執筆,圖既玩之,不過江中片石耳。而舟中之人,將謂是坡公與客也。夢中説夢，寧不可笑邪？嘉靖丁酉孟秋廿日，白陽山人陳道復書。”日本大阪市立美術館藏。

八月一日，得觀《文徵明行書蘭亭詩卷》，有題。

北京保利國際拍賣有限公司 2011 年春季拍賣會——北美華人藏中國古代書畫專場拍賣《文徵明行書蘭亭詩卷》款云：“嘉靖十二年歲在癸巳十一月廿又四日書畢。是日乍寒，硯膠手皴，不能成字。徵明記。”後題云：“丁酉仲秋朔，門人陳道復敬觀。”

九月二十二日，親戚陸采卒，享年四十一。後八年，葬吴縣天池山麓。其仲兄粲爲撰《墓志銘》。

陸粲《陸子餘集》卷三《天池山人陸子玄墓志銘》：“天池山人陸子玄者，吾弟也。名灼，更名采，世吴人。……語人曰：‘世無知我者，吾聞京師天下豪傑輻輳，又燕趙多慷慨士，吾且往觀焉。’儻庶幾乎，行半道病，還及家，意頗惘惘。……居亡何，竟不起，傷哉。是歲嘉靖丁酉九月廿二日也，年四十一。後八年乙巳十二月十三日乃葬，其地寔(吴)天池之麓，於君初志亦若有冥契云。”

秋日，於五湖田舍作《花卉卷》。

文物出版社《中國古代書畫圖目》十六《明陳道復四季花卉卷》。畫花卉十種，每種題五絶詩。一、江南春雨足，杏子正開花。茅屋青帘下，遥知是酒家。二、東風日夜發，桃李不禁吹。點檢穠[華]事，辛夷落較遲。三、東風吹琪樹，幻出冰雪姿。虚亭落清影，半夜月明時。四、庭院日初長，玫瑰正堪頌。香色兩徘徊，聲價令人重。五、薝蔔花開日，園林香霧濃。要從花裏去，雨後自扶筇。六、五月葵榴燦，争如百合奇。夜深香滿屋，正是酒醒時。七、素質倚秋風，向人渾欲語。春花莫相笑，丹心自能許。八、清霜下籬落，佳色散花枝。載詠南山篇，幽懷不自持。九、羞容匀薄粉，香袖卷輕羅。且莫凌波去，江頭冰雪多。十、庭中老梅樹，雪候見花開。自笑不如梅，春風何日來？款云：“丁酉秋日，白陽山人道復作於五湖田舍。”青島市博物館藏。

秋日，作《雨景山水卷》。清汪洪度有跋。

澳門藝術博物館《故宫上博珍藏青藤白陽書畫特集》下卷《陳淳》圖 99《雨景山水圖卷》款云：“丁酉秋日，道復。”(圖 60)後汪洪度跋云：“白陽畫脱去蹊徑，獨留神韵。酷暑對之，凉風撲面，真逸品也！”上海博物館藏。

圖 60　陳淳《雨景山水卷》

文物出版社《中國古代書畫圖目》三亦載此，無汪洪度跋。

秋日，作《草書千字文卷》。

日本二玄社《宋元明清書法叢刊》第三卷《明陳淳草書千字文卷》款云："嘉靖丁酉秋日，白陽山人道復復甫書。"

十月一日，作《竹菊圖扇》。文彭、顧聞題詩。

顧聞(生卒不詳)，字行之，號九嵕，吳縣(今江蘇蘇州市)人。嘉靖七年(1528)舉人。善古文詩歌，有《九嵕山人集》。

文物出版社《中國古代書畫圖目》二十《明陳道復竹菊圖扇頁》款云："丁酉十月朔旦，道復。"他人題詩："九月黄花粲粲，凌霜獨逞奇姿。愛殺當當陶令，南山相對東籬。文彭。""石畔竹差差，秋風澹碧漪。冰霜元有伴，故修菊花枝。顧聞。"故宫博物院藏。

《(乾隆)蘇州府志》卷五十三《人物七・吳縣》："顧聞，字行之。河南參政福之子。舉嘉靖戊子鄉試。性嗜古文，上公車，輒不利。寄傲詩歌，所著有《九嵕山人集》。"

王兆雲《皇明詞林人物考》卷十二《顧行之》："顧行之，名聞，號九嵕。……古文辭流易自放，天真爛如，華不至靡，勁不示骨。"

十月十五日，就月下作《草書李白把酒問月詩卷》。後與舊作《望月圖》裝成合卷，有題。

佳士得香港拍賣有限公司 2003 年春季拍賣會——中國古代書畫專場拍賣《陳

淳望月圖并書李白把酒問月詩卷》。前幅畫《望月圖》,左下署:"道復。"右上題:"此圖余舊作,因裝池在李詩前,蓋有取於月,不復知其他也。裝成乃復識數語云。道復。"後幅草書《李白把酒問月詩》,款云:"丁酉十月望,夜色甚良,把酒竟醉,就月下書李青蓮《問月歌》,以畢余興,漫不自知其妍醜也。白陽山人陳道復復甫識。"

是年,於城南草堂爲朱朗作《草書仲長統樂志論并圖卷》。後歸凌湛初,黄姬水、文嘉、臧懋循有跋。清程恩澤亦有跋。

陸時化《吴越所見書畫録》卷二《陳白陽樂志圖并書仲長統論卷》。引首"今日仲長",款:"復甫。"《山水圖》,款:"道復。"《仲長統論》,款:"右《仲長統樂志論》,丁酉暇日在城南草堂登卷,因補小圖於其首,亦後人之論志也。雖爲客强,余何辭何辭?道復志。"後跋云:"士[古]有寢巢棲澤而眇□□(天子)之位,負甑織畚而避諸侯之招,其所樂者大也。必若公理所述而後輕富貴,何哉?公理初欲卜居清曠,以樂其志,後卒就彧辟參操軍事。然則公理非真能輕富貴者,於論見之矣。此卷陳太學所書,復補圖於首,爛熳多天趣,爲玄旻嘉玩。玄旻博學儁才,方將紆紱帝王之門,無徒樂此爲也。己巳八月,延州生黄姬水書。""道復書此論,時年五十三歲。絶去筆墨蹊徑而頽然天放,有旭素之風,信非餘子可及。今去之二十餘年,時一披展,猶可想像其酒酣落筆,如風雨驟至而點畫狼籍,姿態横生,奕奕在眉睫間也。前畫雖草草,而天真爛熳,欲與方方壺、張復陽争勝。吾猶恨其筆墨稍繁,蓋道復之畫愈簡愈妙耳。己巳九月二十六日,雨坐烏程學舍,玄旻携示,因爲評此。茂苑文嘉。""吴中稱書畫兼長者文待詔,而下陳復甫、陸子傳、王禄之數人而已。然陸以山水,王以花鳥,各有專工,而復甫并操之。至夫淋漓跌宕,離合於古人而抒其才藻,往往有出待詔上者,故其品在季孟間。此卷尤爲復甫得意之作，良可寶也。萬曆辛丑五日，臧懋循題於秦淮客舍。”

方濬頤《夢園書畫録》卷十一《明陳白陽書畫卷》即此，有文嘉、程恩澤跋，無黄姬水、臧懋循跋。程跋云：“白陽山人天才秀發，雖爲衡山入室弟子而不囿師法。此卷畫既疏爽，書尤得顛素流逸之趣。”

按：文嘉所云“道復書此論，時年五十三歲”，爲實歲。

據黄姬水、文嘉跋，陳淳此作乃玄旻所藏。王世貞《弇州續稿》卷九十二《凌元旻墓志銘》即載其人，諱湛初，字玄旻，震曾孫，世爲湖甲族。國學生。爲古文辭，雅好古人圖籍碑版。與吴中文氏伯仲等公遊。年二十四卒。是文作於萬曆初，即其生，陳淳已卒，故此作當得自他人之手。而他人蓋朱朗者，因著録載，書畫上皆有“朱子朗氏”印。

朱朗（生卒不詳），字子朗，號青溪，蘇州府（今江蘇蘇州市）人。文徵明入室弟子，善繪事。其强求陳淳作書畫，極有可能。

臧懋循（1550—1621），字晋叔，號顧渚山人，長興縣（今屬浙江）人。萬曆八年（1580）進士，官至南京國子博士。戲曲創作、理論家。

二姑父王延素陞南京宗人府經歷。

皇甫汸《皇甫司勳集》卷五十三《明中順大夫思南府知府王公墓志銘》：“大夫諱延素，字子儀……丁酉，六載考績……遷（南京）宗人府經歷。”

張廷玉等撰《明史》卷七十五《志・職官四》：“南京宗人府。經歷司，經歷一人（正五品，典出納、文移）。”

是年，七月六日，莫是龍生。

汪世清《藝苑疑年叢談・莫是龍》：“莫是龍，字雲卿，後以字行，更字廷韓，別號後朋，又改號秋水，南直隸松江府華亭縣人。……生於明嘉靖十六年丁酉七月六日，即一五三七年八月十一日……”

【是年僞作】

《花卉圖卷》。

澳門藝術博物館《故宫上博珍藏青藤白陽書畫特集》下卷《陳淳》圖70《花卉圖卷》。畫花卉十二種，款云：“嘉靖丁酉秋日寫，白陽山人道復。”上海博物館藏。

按：此作書畫風格與陳淳相差甚遠，所鈐“白陽山人”“復父氏”白文方印亦不合，必爲贋品。

嘉靖十七年戊戌(1538) 五十五歲

正月，於精一堂作《花卉卷》，以紀興。

陸心源《穰梨館過眼録》卷二十《白陽山人花卉卷》。前題引首"窗前漫興"，款云："道復書。"後畫花卉十種。一、牡丹：洛下花開日，妝成富貴春。獨憐凋落易，爲爾貯丰神。道復。二、春海棠：三月韶光好，名花説海棠。妖嬈看已足，何用復聞香！三、桃花：上林春暖日，花柳各争妍。肯信疏籬下，紅桃也燦然。四、蘭花：薄霧迷龍麝，凉飆復[灑]珮環。五、薔薇：薝蔔花開日，妝[園]林香霧濃。要從花裏□(去)，雨後自扶笻。六、石榴：雲霞籠錦萼，風露浥琳條。結果多佳子，甘酸合并調。七、秋葵：有心傾曉日，無力對秋風。八、菊花：清霜下籬落，佳色散花枝。載詠南山篇，幽懷不自持。九、梅花：寒巖如削鐵，凡木未堪依。獨有梅花冷，疏疏點翠微。十、水仙：低回玉臉側，小褶翠裙長。不用薰蘭麝，天生一段香。款云："戊戌春正月，閑坐精一堂，撫弄筆硯，作此以紀一時之興耳。道復。"

按：精一堂俟考。

春日，於五湖田舍作《草書千字文册》。

香港中文大學文物館藏《陳淳草書千字文册》款云："嘉靖戊戌春日，白陽山人道復復甫書於五湖田舍。"(圖 61)

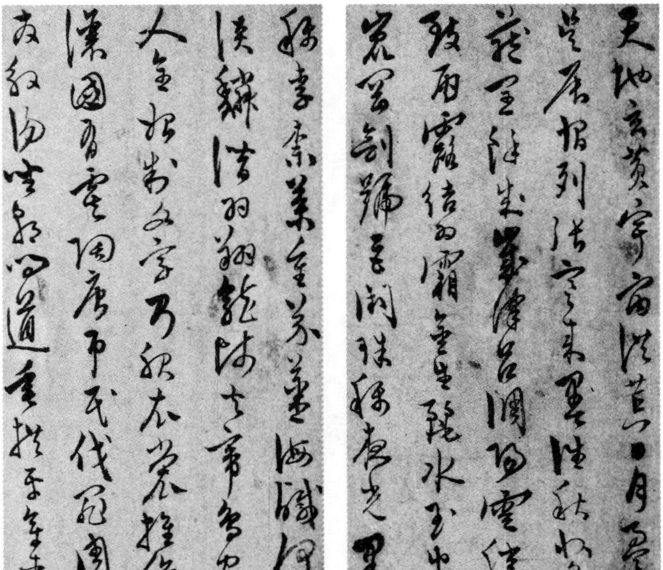

圖 61　陳淳《草書千字文册》前四頁

春日，作《草書王維春中田園作詩卷》。

卞永譽《式古堂書畫彙考》卷二十六《陳白陽詩草》之二："屋上春鳩鳴，村邊杏花白。持斧伐遠揚，荷鋤覰泉脉。新燕識舊巢，舊人看新曆。臨觴忽不怡，惆悵遠行客。戊戌春日，道復書。"

春日，仿《沈周蔬果卷》，説嘗見其此卷，遂援筆效顰。非敢與相角也，用以見我企慕之私耳。

高士奇《江村銷夏録》卷三《陳白陽水墨蔬果卷》款云："余舊嘗見石田翁有此卷，今落在揺城金氏，目中不接已數載矣。戊戌春日，偶坐閑窗，漫有此思，遂援筆效顰。非敢與相角也，用以見我企慕之私耳。道復志。"

春日，從子南京刑部主事陳椿因考績，封父澐如其官，封母顧氏安人，并迎養於官邸。陳淳爲之送行，有詩。至南京，又爲父澐六十壽慶，南京翰林孔目蔡羽有《序》贈之。自此交遊不斷，蔡羽皆有詩。

椿孝行醇篤，奉父母與俱，旦夕孺戀，不離左右。蔡羽是年將致仕。

《（康熙）吴郡甫里志》卷八《封贈·補遺》："陳澐，字希原，號西江。係進士椿父。封承德郎、（南京）刑部主事。"

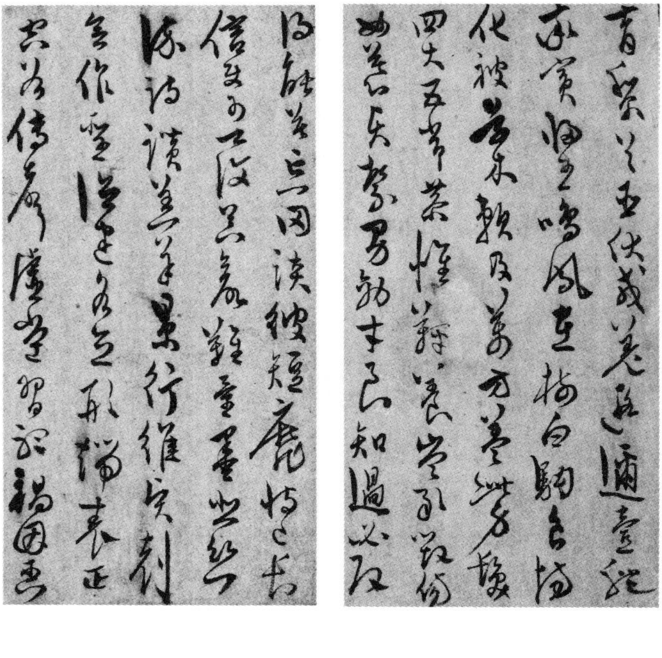

陳仁錫《無夢園初集》駐集四《家乘·西江公小記》:"顧安人……晚膺命服,蔬素如故。"

張廷玉等撰《明史》卷七十二《志·職官一》:"文之散階四十有二,以歷考爲差。……正六品……陞授承德郎。……外命婦之號九。……六品曰安人。"

陳淳《陳白陽集》五言古《送子齡侄秋官之南都》:"愛爾吾家彦,温温玉有情。琢成瑚璉貴,登作縉紳榮。父母膺新敕,班行列舊京。法曹秋可擬,耿分石宜并。政考三年績,書回兩日程。御堤容走馬,官柳帶啼鶯。事簡知雍穆,身閑賴聖明。心懸紅日近,目送白雲平。既得承顔樂,寧忘補衮誠。須留秣陵酒,相與盡平生。"

蔡羽《南館集》卷十一《金門榮壽序》:"同郡長洲陳先生西江年六十,其子秋官主政子年迎於官。嘉靖戊戌之春,將爲慶。……子年昔觴親於吴,今觴於金陵,進爾同官,合爾同第,以有祝於二人。壽之日,車别交於門,文必彙於座,朱芾斯皇,爲龍爲光,韡韡煌煌,平日之所願,見而未得者。於是乎畢集,子年乎孝不其光,西江乎壽不其榮。《詩》曰:'朋酒斯饗,曰殺羔羊,躋彼公堂,稱彼兕觥:萬壽無疆!'……夫人不喪其父子之文,而後天下之文,至不虧其天倫之樂,而後四方之樂,從固知今日之所得,西江、子年自致矣,而天休方始矣。厥孝光,厥壽榮,厥爲樂,大是今日之祝。余與客之言未及也,故曰《榮壽序》。"

又卷四《陳秋官子年奉其封君西江邀余於靈谷寺二首》:"花靄籠朝騎,松濤作午寒。穿雲尋德水,聽鳥入空壇。多客苔難合,長晴雪早乾。去來三十載,揮塵戀蒲團。""遲我煙霞裏,多君父子情。花叢暗紅白,村郭近清明。竹映袈裟動,藤埋畫壁傾。寶公燈籙遠,佇錫問三生。"

又卷四《爲陳同野秋官題〈南園、石湖讀書處〉》:"古栝禪堂在磵西,碧雲寒處我曾棲。緑萍不斷南園路,水檻陰陰鳥晝啼。""緑蘚閉門僧瀹茗,石床懸壁客焚香。三秋不盡天邊巘,六月常開竹裏房。"

又卷五《六月七日,秋官趙青墅、張春江、施璉川、大理王白谷見招,封君陳西江與其子同野與》,略。

《(乾隆)長洲縣志》卷二十四《人物三》(陳津條):"時有椿字子年者……孝行醇篤,官南曹,奉父母與俱,旦夕孺戀,不離左右。"

按:《南館集》卷十一《白知序》謂:"丁酉冬仲晦前一日,蘇先生車入於孔目之舍……公告:'以來月望日將考績。'羽既辱知,遂白於下吏,作《白知序》。"據此,蔡羽去年十二月十五日考績,是年將致仕。

四月十二日,與子侄、春波泛舟次虎丘山下,坐於茂林。詠歸之際,春波

命以筆研，遂爲作《草書舊詩五首卷》。

台北歷史博物館《中華文物集粹——清玩雅集收藏展》圖22《明陳淳草書春日訪茅君詩卷》："春日訪茅君，行行紫翠分。至人留勝跡，幽徑絶塵氛。觀迥留清磬，壇高送白雲。何當歸事促，回首念離群。右登窿穹。偶作探春遊，歸來市已收。空中鈴語塔，城上柝鳴樓。款曲多青眼，風流自白頭。何時發幽興，重繫木蘭舟。右城南訪舊之作。溪曲隱君家，疏籬帶郭斜。繫船人問字，窺食鳥穿花。架上書難帙，尊中酒易賒。偶來淹話久，車馬隔前沙。右訪隱。自憐不入少年群，出郭登山酒半醺。古殿時聞落清梵，瑶階常見走紅裙。倦來且坐千人石，興到平臨萬頃雲。未得辭衆爲老衲，茗杯棋局共殷勤。右陪諸友登虎丘。西風吹我上肩輿，路入煙霞自鬱紆。行去古松真九里，登來天竺總三區。老僧入定元相習，好鳥出林時一呼。酒榼隨身從遣興，望中茅店不須沽。右遊天竺作。春波先生最愛我者，一日泛舟次虎丘下，促先生登之，先生不欲，乃坐於山下之茂林，余子侄咸在。詠歸之際，命余筆研。先生固不棄余，而余亦豈爲先生棄哉？此所以不敢自棄而呈醜於先生，先生其不吝教，其不吝教。嘉靖戊戌四月十二日白陽山人陳道復書。"

王鏊《姑蘇志》卷八《山上》："虎丘山在府城西北七里。"

按：所書舊詩五首，第二、三首收入《陳白陽集》五言律，題與卷中略異，即《春日城南夜歸》《贈金溪隱》。

春波、茅君、金溪隱俟考。

五月十六日，於五湖田舍之碧雲軒作《山水圖并草書沈約八詠樓詩卷》。

日本東京大學出版會《中國繪畫總合圖録》第一卷《明陳淳八詠樓詩畫卷》。前幅畫《山水圖》，後幅草書《沈約八詠樓詩》，款云："戊戌夏仲既望，白陽山人陳道復復甫書於五湖田舍之碧雲軒。"美國芝加哥美術館藏。

五月十七日，於起蛟亭爲胡源東作《源東圖并行書范仲淹岳陽樓記卷》。

源東其字（生卒不詳），號夢樟。業賈，以貿易往來江廣間。

文物出版社《中國古代書畫圖目》二十《明陳道復行書岳陽樓記卷》，絹本，款云："嘉靖戊戌五月十又七日，白陽山人陳道復爲源東先生書。"故宫博物院藏。（圖62）

張照等撰《石渠寶笈》卷十六《明陳淳源東圖并書岳陽樓記一卷》。前幅素絹本，著色畫，幅前篆書署"源東圖"三字，款識云："白陽山人陳道復寫於起蛟亭。"後幅素牋[絹]本，草[行]書《范仲淹岳陽樓記》，款識云："嘉靖戊戌五月十又七日，白陽山人陳道復爲源東先生書。"

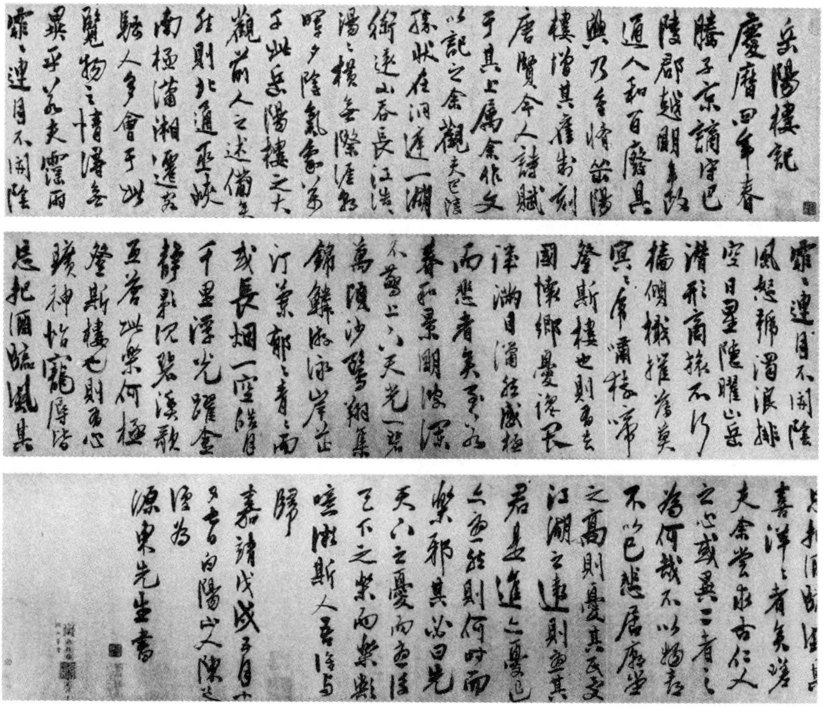

圖 62 陳淳爲胡源東作《行書范仲淹岳陽樓記卷》

按：兩著所載是一件作品，但引首和畫已經散失。起蛟亭俟考。

《中國古代書畫圖目》十三《明文徵明夢樟圖卷》後有王穀祥《夢樟説》，曰：“如今胡君源東者，可謂孝子之不幸矣。君幼從其父□□翁，以貿易遊江廣間。甫九齡，而翁以疾終於臨江之樟樹。君幼有至性，克自樹立，用能紹箕裘之業，痛親之没於旅途也。瞻望悲號，匪晝匪夜，其志行無愧於古侍人孝子之美，哀思未已也。又切於夢寐，其神魂之惝怳，恒不離於親之旁，若有接乎其容，有聞乎其聲者，且不於丘園故里，而在於江濱於水涯，遂自號曰夢樟，以寓其追慕無窮之意。”可知，源東姓胡，自幼從父業賈，以貿易往來江廣間。九歲時，父殁於臨江樟樹。既長，承紹箕裘。因紀念父殁於樟樹而號夢樟。名無考。

夏日，作《花卉卷》。後許初題引首。

澳門藝術博物館《故宫上博珍藏青藤白陽書畫特集》下卷《陳淳》圖 72《花卉卷》。前幅篆書引首“水墨天工”，款云：“吴人許初題陳白陽水墨花真跡。”後幅畫花卉五種，每種題詩一首。一、花事時正殷，亭墀鬭紅紫。弄筆寫花真，聊爾得形似。二、瑶葩碧葉自參差，濃馥飄揚度曲池。今日小齋添勝事，雨中折得畫中枝。

三、清霜下籬落,佳色上花枝。載詠南山篇,幽懷不自持。四、好花真可賞,卻笑酒杯乾。偶自窺園去,丹霞似可餐。五、本是凌寒物,春來也自多。莫言開太晚,翻得際陽和。款云:"嘉靖戊戌夏,白陽山人陳道復。"上海博物館藏。

文物出版社《中國古代書畫圖目》三、日本興文社《支那南畫大成》第四卷亦載此,無許初題引首。據其款語氣,應爲後事。

夏日,作《採蓮圖并行草前賢諸作卷》。民國諸公有題,金祖澤稱其"一卷流傳五百載,令人長憶大姚村"。

文物出版社《中國古代書畫圖目》三《明陳道復採蓮圖卷》。前幅隸書引首"若邪溪",款云:"白陽山人陳道復書。"中幅畫《採蓮圖》,款云:"道復作。"後幅行草《前賢諸作》,款云:"戊戌夏日,白陽山人作《採蓮圖并書前賢諸作》。"拖尾彥威題詩,識云:"……白陽山人《採蓮圖書畫卷》,有'遠性風疏,逸情雲上'之致。山人畫花卉爲多,如此卷之老筆紛披,尤屬難能可貴。"趙眠雲跋云:"白陽山人畫天趣多而境界少,花卉多而山水少。此圖以高曠之筆,寫平遠之致,逸而不放,約而能縱,實抉二米之精而吸其髓。蓋山人本大姚村人,而米氏《大姚村》及《海岳庵》兩圖,皆爲山人先達中丞陳公所藏。山人爲中丞之孫,幼而篤好,日夕臨摹,所以得二米筆法爲多。衡山翁以爲道復自有師承,良有以也。米畫不易見得,見斯圖斯可已。"金祖澤詩云:"明漪十里炤煙鬟,嶕峴承流寫碧潺。讀罷《水經》披《畫卷》,果然秀韻絕人寰。通辭脉脉叩微波,翦取鵝溪染黛螺。笑隔荷花共人語,謫仙詩意寫來多。歌詠承平大雅扶,聲明文物照三吴。雅宜尚寶精能品〔王履吉、陸子傳與白陽間出衡山門下〕,傳得衡山的派無。師承別自有淵源,海岳遺風涉想存。一卷流傳五百載,令人長憶大姚村。"上海博物館藏。

按:所書《前賢諸作》計十二首,皆《採蓮曲》,即唐代王勃一首、李白一首、王昌齡三首、戎昱二首、鮑溶二首、張籍一首、白居易一首、隋代殷英童一首。

郁逢慶《書畫題跋記》卷十《文休承仿米氏雲山卷》題云:"《海岳庵圖》是先待詔所藏,後歸之陳道復,道復亦歸之石田。"可見,趙眠雲言此圖爲陳淳祖父璚藏,誤。

夏日,酷暑,作《雪渚驚鴻圖并行草謝惠連雪賦卷》,覺寒氣自筆端來。

澳門藝術博物館《故宫上博珍藏青藤白陽書畫特集》下卷《陳淳》圖100《雪渚驚鴻圖并行草謝惠連雪賦卷》。前幅行書引首"雪渚驚鴻",款云:"道復。"中幅畫圖,款云:"戊戌夏日,長洲陳道復復甫作。"後幅行草《雪賦》,款云:"戊戌夏日,苦於酷暑,展卷漫掃雪圖,因簡《文選》,得謝惠連《雪賦》并書之。持翰意想,已覺寒氣自筆端來矣。道復識。"故宫博物院藏。

文物出版社《中國古代書畫圖目》二十僅載圖,無引首和《雪賦》。

夏日,作《草書牡丹詩卷》。

神州國光社《白陽山人草書詩卷》:"東風飄飄不絶吹,遊蜂舞蝶相追隨。名花嫣然媚晴晝,深紅淺白紛差池。高堂列筵散羅綺,朱簾掩映春無比。歌聲貫耳酒如澠,醉向花前睡花裏。人生行樂當及時,光陰有限無淹期。花開花謝尋常事,寧使花神笑儂醉。嘉靖戊戌夏日,白陽山人道復。"

九月十一日,於五湖田舍之碧雲軒作《花卉卷》。

湖南美術出版社《海外藏中國歷代名畫》第六卷《明陳道復墨花圖卷》。畫花卉八種,各題五絶詩。一、春是花時節,紅紫各自賦。勿言薄脂粉,適足表貞素。二、東風吹琪樹,幻出冰雪姿。虚庭落清影,半夜月明時。三、薝蔔花開日,園林香霧濃。要從花裏去,雨後自扶筇。四、波面出仙妝,可望不可即。熏風入坐來,置我凝香域。五、秋來花事少,霜霰未應繁。把酒對花酌,幽意滿前軒。六、渡頭秋水碧,上下明芙蓉。弄檝採花去,錦雲自□□(重重)。七、玉面嬋娟小,檀心馥郁多。盈盈仙骨在,端欲去凌波。八、寒葩堪燕賞,卻笑酒杯乾。偶爾窺園去,丹霞似可餐。款云:"戊戌重陽後二日,白陽山人陳道復寫於碧雲深處。"美國王己千藏。

按:"碧雲"即碧雲軒,乃陳淳五湖田舍中一景。

秋日,於城南草堂作《草書蘇軾前赤壁賦卷》。

王乃棟《陳淳書法真僞圖鑒》圖56《陳淳草書前赤壁賦卷》款云:"戊戌秋日,道復書於城南草堂。"(圖63)

按:王先生斷此作爲贋品,云:"此書爲洋洋灑灑二十多米長卷,大字草書外形顛狂不羈。但細看是以硬毫快速書寫,線條粗者臃腫,細者虚弱。行筆之間,多爲横拖竪抹,缺少提按轉折。陳淳是否會如此狂野而無法度?外貌雖似陳淳,但功力神韻,差之甚遠。"

據圖版,其言不免主觀。此作無論是瀟灑豪逸的浪漫風格,還是雅有畫意的藝術語言,或是一些文字的特殊寫法,都與陳淳同期草書完全吻合。即便單從用筆的角度來看,粗者雄渾蒼健,細者猶如鋼絲,提按有度,轉折靈便。當真無疑,故録之。

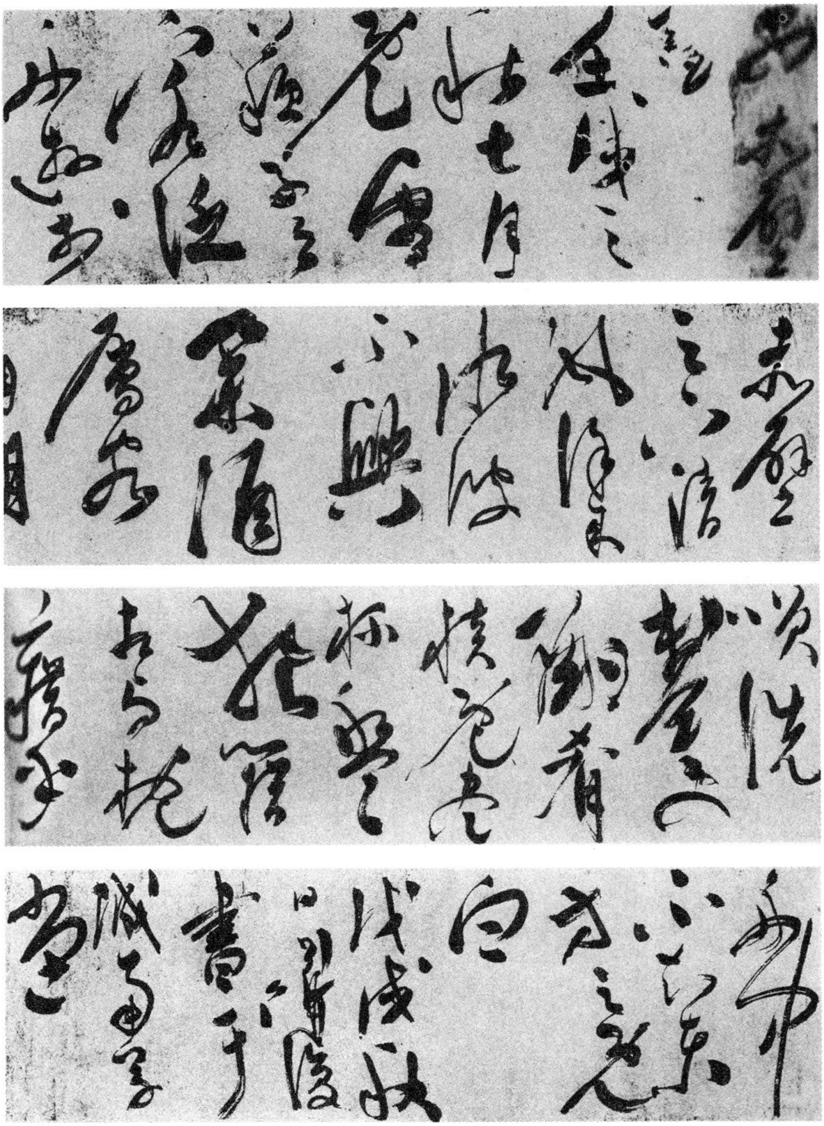

圖 63　陳淳《草書蘇軾前赤壁賦卷》局部

秋日，南遊，寓嘉興玉樞道院，書《自作詩卷》。李日華云其“有魯公法，今天下不復有能爲是書者矣”。

李日華《味水軒日記》卷二：萬曆三十八年庚戌三月十日：“五里亭人負諸卷軸來看，俱不佳，止白陽山人擘窠書一詩，極快利，有魯公法，今天下不復有能爲是書者矣。詩曰：‘嘉禾古越地，去吴僅百里。本在唇齒間，何當較彼此。我未遊越時，不道甚密邇。帶月掛蒲帆，早已到東市。市中有崇山，山中多羽士。相見即殷勤,置我碧梧裹。登樓縱老眼,軒豁快無已。願結方外交,幸勿誚我鄙。戊戌秋日,南遊,寓玉樞道院漫賦。陳道復。'"

《(光緒)嘉興府志》卷十八《寺觀一·嘉興縣》:"玉樞道院在治東北二里,俗名天尊閣。元至正己酉,里人張道貞捨宅建。明洪武辛未,并歸元妙觀。永樂癸未,道士宋棲雲重建。嘉靖間,燹火殿焚。萬曆丙子,道士李宗源重建。"

秋日,於皆山樓作《雲山圖扇》。

文物出版社《中國古代書畫圖目》三《明陳道復小米雲山圖扇頁》款云:"戊戌秋日,道復作於皆山樓。"上海博物館藏。(圖 64)

按:皆山樓俟考。

圖 64 陳淳《雲山圖扇》

秋日,因事獲歸,喜農家有登場之慶。遂作《花卉卷》,以志興。

陳焯《湘管齋寓賞編》卷六《陳淳父雜卉卷》。姿容元自麗,粉黛不須勻。牡丹。薄霧迷龍麝,凉飇灑珮環。蘭。塘坳閑意思,波面好精神。荷。枝頭明玉臉,葉底度香魂。梔子。碧葉溥清露,金英側曉風。葵。綺霞花漫結,羅帶葉新裁。萱。千載白衣洒,一生青女霜。菊。葉裁犀甲厚,花放鶴頭丹。山茶。款云:"嘉靖戊戌秋日,余偶自事獲歸亭上,喜農家有登場之慶。童僕雞狗,各得其所,真郊居一樂也! 暢我心曲,舍筆硯又奚以哉? 遂展素紙,作墨花數種,以志野興。白陽山人道復書。"

秋日,作《韓愈送李愿歸盤谷序并圖卷》。

原田謹次郎《日本現在支那名畫目録·陳淳盤谷序書畫卷》款云:"嘉靖戊戌

秋日，白陽山人道復書并作小圖。”橋本辰二郎藏。

秋日，常熟王舜元持《文徵明七星檜圖卷》過訪，爲題，稱：“其筆法得松雪公三昧，故染勒秀潤，若出一手，當不易异人。”

日本東京大學出版會《中國繪畫總合圖録續編》第一卷《明文徵明摹趙孟頫古柏圖卷》。前幅畫圖，款云：“壬辰夏日，徵明摹松雪翁筆。”後幅作《賦》，款云：“嘉靖壬辰夏日，徵明爲石門先生賦并圖。”拖尾跋云：“嘉靖壬辰春日，石門王子自海虞訪余於湖上，盤桓信宿，别去數年。戊戌之秋，復來過湖上，持吾師衡山先生所圖《七星檜》見示，曰：‘此昔年訪君，别後見衡翁，丐得此卷。兹持來，欲求賞鑒數語。’余端觀之，不能釋手，蓋吾師得意作也。其筆法得松雪公三昧，故染勒秀潤，若出一手，當不易异人。今君乃不煩請謁，遽爾得之，非高標儒雅，有以愜其神情，莫能與也。石門子其十襲寶藏之。道復謹志。”美國火奴魯魯美術館藏。

十月十日，於浩歌亭作《落花游魚圖扇》。

文物出版社《中國古代書畫圖目》二十《明陳道復落花游魚圖扇頁》款云：“戊戌十月十日，道復作於浩歌亭。”故宫博物院藏。（圖 65）

按：劉九庵《宋元明清書畫家傳世作品年表》此條將“十月十日”誤作“四月十日”。

圖 65　陳淳《落花游魚圖扇》

十月二十三日，於五湖田舍之碧雲軒作《草書千字文册》。

中國嘉德國際拍賣有限公司北京 2011 年秋季拍賣會——中國書畫珍品專場拍賣《陳淳草書千字文册》款云：“嘉靖戊戌冬孟廿三日，白陽山人戲書此册於五湖田舍之碧雲深處。”

十二月八日,作《牡丹圖卷》,云:"自笑年來活計無""獨有研田耕未了"。

天津人民美術出版社《陳淳精品畫集》圖13《牡丹圖卷》題云:"吴淞江上老迂疏,自笑年來活計無。獨有研田耕未了,好花還向筆端鋤。戊戌季冬八日,風甚極寒,晴窗弄筆,作此適興。道復。"首都博物館藏。

冬日,作《花卉并草書牡丹詩卷》。

台北故宫博物院《故宫書畫圖録》十九《明陳淳寫生卷》。前幅畫花卉八種,款云:"道復"。後幅草書《牡丹詩》:"東風飄飄不絶吹,遊蜂舞蝶相追隨。名花嫣然媚晴晝,深紅淺白紛差池。高堂列筵散羅綺,朱簾掩映春無比。歌聲貫耳酒如澠,醉向花前睡花裏。人生行樂當及時,光陰有限無淹期。花開花謝尋常事,寧使花神笑儂醉。戊戌冬日,白陽山人道復書并圖。"

是年,七月二日,徐霖卒,享年七十七。

焦竑《焦太史編輯國朝獻徵録》卷一百十五顧璘《隱君徐子仁霖墓志銘》:"嘉靖戊戌,年七十七,以七月二日卒於家。"

是年,七月,慈寧宫成。

【是年僞作】

《蟹藻圖軸》。

台北故宫博物院《海外遺珍・繪畫續》圖123《陳淳蟹藻圖軸》款云:"嘉靖戊戌春日,白陽山人道復。"美國堪薩斯城納爾遜藝術博物館藏。

按:畫爲大寫意,款字和所鈐"白陽山人"白文方印、"陳道復氏"朱文方印亦不合,當僞。

是年,三月,蘇州地震。

嘉靖十八年己亥(1539) 五十六歲

正月六日,日風雨凄,於五湖田舍之碧雲軒作《花卉卷》。

梁章鉅《退庵所藏金石書畫跋尾》卷十六《陳白陽花卉兩卷》。"前卷款署:

‘嘉靖己亥立春(正月六日),日風雨淒,獨坐五湖田舍之碧雲深處,撫弄筆硯,遂成此卷。筋力向衰,恐皆不佳也。道復志。’”

三月十三日,因病謝客田舍,作《花卉并行草詩卷》。又作《山水卷》。

日本東京大學出版會《中國繪畫總合圖録續編》第二卷《明陳淳花卉圖卷》。前畫花卉十二種,後行草五絶十二首。洛下花開日,妝成富貴春。獨憐凋落易,爲爾貯丰神。右牡丹。暖風來格几,鼻觀攬清香。莫道無珍異,蘭芽已自長。右蘭花。天風吹琪樹,幻出冰雪姿。虚庭落空影,夜半月明時。右毬花。庭院日初長,玫瑰正堪頌。香色兩徘徊,聲價今人重。右玫瑰。五月葵榴粲,争如百合奇。夜深香滿屋,正是酒醒時。右夜合。波面出仙妝,可望不可即。薰風入坐來,置我凝香域。右荷花。素質倚秋風,向人渾欲語。春花莫相笑,丹心自能許。右黄葵。清霜下籬落,佳色散花枝。載詠南山篇,幽懷不自持。右菊花。江水秋瀰漻,瀠洄玉有文。芙蓉向風立,花影對繽紛。右芙蓉。羞容匀薄粉,香袖卷輕羅。且莫凌波去,江頭冰雪多。右水仙。庭中老梅樹,雪候見花開。自笑不如梅,春風何日來?右梅花。香呈南國瑞,花發上林紅。何物供吟興?春光已自濃。右瑞香。款云:“嘉靖己亥歲春三月望前二日,余因謝客田舍,時值陰雨連旬,几格生寂,漫調脂粉,戲作花枝數種,聊以遣我老懷。觀者自擬,尚多覺態也。白陽山人長洲陳道復復甫識。”香港藝術館虚白齋藏。

胡積堂《筆嘯軒書畫録》卷下《陳白陽山水卷》款云:“己亥歲春三月望前二

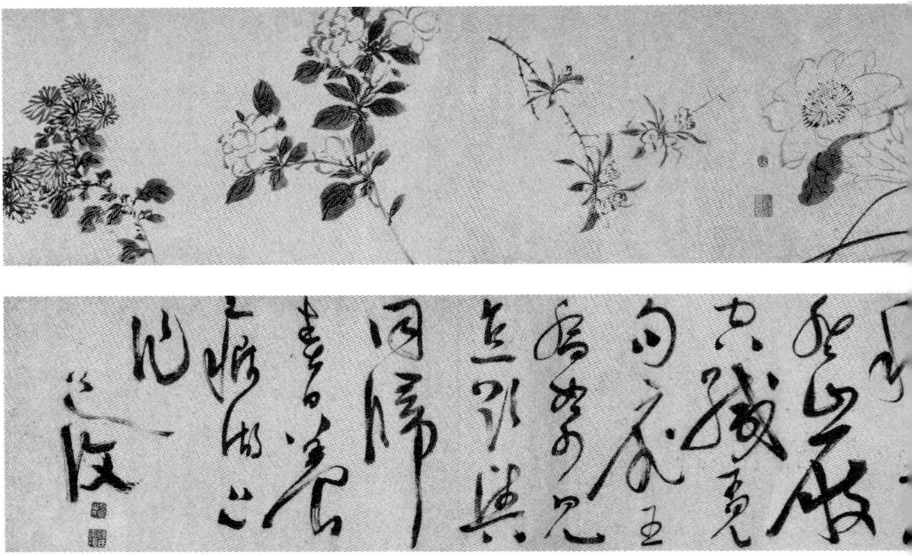

圖 66　陳淳《花卉并草書春日養疴湖上詩卷》

日，長洲陳道復。”

按：據下第二條，其患肺病需謝客静養。

三月十五日後，作《花卉并草書春日養痾湖上詩卷》。後周恭先、方亨咸有跋。

澳門藝術博物館《故宫上博珍藏青藤白陽書畫特集》下卷《陳淳》圖 76《書畫卷》。前幅畫花卉八種，款云：“嘉靖己亥三月望後，道復復甫戲筆。”後幅草書五律詩：“樂事亦多違，春猶戀褐衣。敞園花發早，荒徑客來稀。已辨登山屐，空緘覓句扉。王喬如少見，直欲與同歸。春日養痾湖上作，道復。”(圖 66)畫後明周恭先跋云：“余非知畫者，見白陽先生八種花，殊覺筆端有生意，寔鮮儔匹，宜爲後人所共寶也。”書後清方亨咸跋云：“白陽先生戲墨，與沈石田先後齊名。其瀋墨片紙，矜重當時，得之者如卞璧隋珠，珍之奕世。此卷尤爲先生得意筆，觀其酣舞淋漓，有幕天席地，縱其所如，不知人世猶有爾我，故藩籬盡破，獨露天真，直令小巫望之神沮步卻。就公博古好奇，故天下神物每來歸之，宜與蘇文忠《竹卷》同寶也。”上海博物館藏。

文物出版社《中國古代書畫圖目》三亦載此，無周恭先、方亨咸跋。

春日，養痾，有詩寄諸弟。

陳淳《陳白陽集》五言律《春日養痾寄諸弟》：“春來淹肺病，静息較偏宜。院

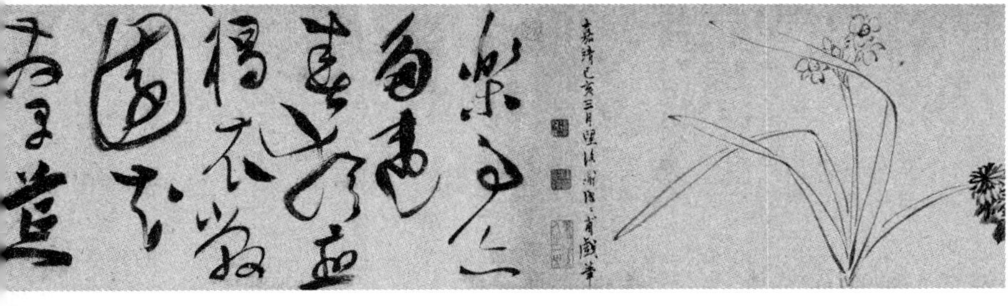

僻人踪斷，晝陰花事遲。未能忘筆硯，聊復葺園池。何日携蘭舫？湖山共一枝。”

按：據上二條，其患肺病在是年春。

春日，仿《倪瓚山水扇》。三十八年後，文嘉題詩。

潘正煒《聽帆樓書畫記》卷四《集明人書畫扇册》。第十二幅《陳白陽山水》款云：“己亥春日，道復戲效倪迂小景。”題詩云：“雨餘竹色明，風恬鳥聲樂。睡起北窗凉，斜陽在高閣。萬曆丁丑八月，文嘉。”

春日，於金閶舟中作《花卉卷》。清李瑞清稱：“此卷蕭閑淡逸，誠仙筆也。夏日讀之，如坐梅花下嚼冰雪也。”

日本東京大學出版會《中國繪畫總合圖録》第一卷《明陳淳花卉卷》。畫花卉六種，各題五絶詩。一、花發憐多態，氣華許競誇。一枝山館裏，猶足醉琵琶。二、春暮辛夷發，未嫌花事遲。園林成緑遍，還薦紫葳蕤。三、衆草栖白露，已早[早已]識秋期。蕙生孤竹根，香風朝夕吹。四、秫田欣有秋，白酒釀應熟。西風解人意，吹綻籬根菊。五、玉面嬋娟小，檀心馥郁多。何須論色相[盈盈仙骨在]，端欲去淩波。六、百卉未萌蘖，山葩破臘時。何須論色相？濃淡各相宜。款云：“己亥春日，道復作於金閶舟中。時酒既醉，不知妍醜也。”前有李瑞清篆書引首“墨花德馨”，題云：“白陽山人此卷蕭閑淡逸，誠仙筆也。夏日讀之，如坐梅花下嚼冰雪也。因以四字奉讚，并用荒率枯寂之筆篆之，勿與肉食人共讀也。”個人藏。

按：金閶乃蘇州之别稱，因城西閶門内舊有金閶亭而名。

春日，作《行書牡丹詩并圖卷》。

浙江人民美術等出版社《中國繪畫全集》十三《明陳道復牡丹圖卷》。前行書《牡丹詩》：“東風飄飄不絶吹，遊蜂舞蝶相追隨。名花嫣然媚晴晝，深紅淺白紛差池。高堂列筵散羅綺，朱簾掩映春無比。歌聲貫耳酒如澠，醉向花前睡花裏。人生行樂貴及時，光陰有限無淹期。花開花謝尋常事，寧使花神笑儂醉。嘉靖己亥春日，道復書。”後畫《牡丹圖》，題云：“道復既書看花之作，後有餘素，復贅數花於後。一解不如一解，可笑也。”故宫博物院藏。

夏日，作《牡丹圖并草書詩卷》。

劉九庵《宋元明清書畫家傳世作品年表》：“嘉靖十八年己亥(1539)，夏日，陳道復(白陽)作《牡丹圖并草書詩卷》。上海博物館。”

夏日,作《牡丹圖并書李白詞二首軸》。後張大千仿之,有題。

西泠印社拍賣有限公司2010年秋季藝術品拍賣會——中國書畫海派作品專場拍賣《張大千仿白陽山人墨牡丹圖軸》題云:"'雲想衣裳花想容,春風拂檻露華穠。若非群玉山頭見,會向瑶臺月下逢。名花傾國兩相歡,常得君王帶笑看。解識春風無限恨,沈香亭北倚闌干。己亥夏日,道復。'此白陽山人晚歲之筆,晴窗展玩,漫臨一紙,但得其仿佛耳。蜀人張大千畫并題。"劉少旅舊藏。(圖67)

按:陳淳所書爲李白《清平調詞三首》之一、之三,個别字詞略異。

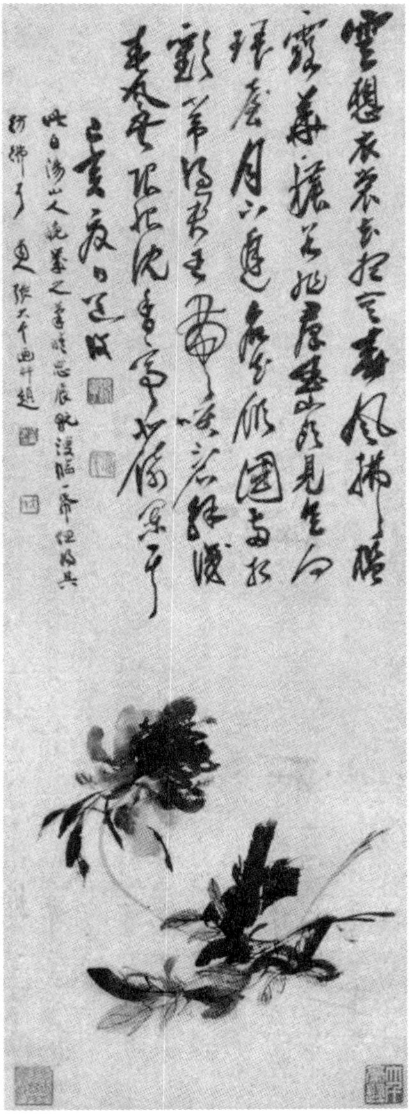

圖67 張大千仿《陳淳牡丹圖并書李白詞二首軸》

九月九日,病中有詩。

陳淳《陳白陽集》五言律《九日病中作》:"重九今年好,何當值病中。登高心自倦,把酒興猶濃。破帽不出户,瘦肌還怯風。弱兒勤筆硯,想亦慰衰翁。"

按:其是年春患肺病,此詩當是年作。

秋日,作《草書牡丹詩并圖卷》。

文物出版社《中國古代書畫圖目》七《明陳道復洛陽春色書畫卷》。前幅畫《牡丹圖》,款云:"道復製。"後幅草書《牡丹詩》:"東風飄飄不絶吹,遊蜂舞蝶相追隨。名花嫣然媚晴晝,深紅淺白紛差池。高堂列筵散羅綺,朱簾掩映春無比。歌聲貫耳酒如澠,醉向花前睡花裏。人生行樂須及時,光陰有限無淹期。花開花謝尋常事,寧使花神笑儂醉。己亥秋日,道復書并圖。"南京博物院藏。

秋日，爲萸莊作《菊石軸》。

台北故宫博物院《蘭千山館名畫目録》圖 11《明陳淳菊石軸》款云："嘉靖己亥秋日，白陽山人道復爲萸莊先生作。"台北蘭千山館藏。

按：萸莊待考。

十月十日，於浩歌亭作《草書舊作四首卷》。

天津市藝術博物館藏《陳淳草書舊作四首卷》："早起有寒色，擁鼻還讀書。田父語隔牖，野禽鳴繞廬。但願取自適，敢望謀其餘。被褐出門去，曦光下階除。小艇衝寒出，追陪兩使君。沙鷗集斷渚，海鶴翔孤雲。久坐似忘世，高談渾是文。夜深酒杯歇，一榻任平分。獨卧滄江上，風高雪復深。故人能對榻，時事亦關心。酒盡平生話，詩成今夕吟。不妨屢易燭，舉世誰幽尋？家住陳湖曲，爲農到百年。前賢不可作，諸父總能遷。門閥幸無恙，箕裘欣有傳。倚篷遥望久，搔首一愀然。舊作四首，白陽山人書於五湖田舍之浩歌亭，己亥孟冬十日。"

按：舊作四首皆見嘉靖七年戊子(1528)春爲水塘叔書《行草自作詩諸首卷》，即《早起》《陪王令鶴峰宿東浦宅》《雪夜與葛舟對酌》《過射瀆有感》，前三首作於嘉靖五年丙戌(1526)秋，第四首作於翌年春，個别字詞略異。

浩歌亭不在陳淳五湖田舍，而在離此不太遠的自家山野中。參見第 151、152 頁譜文。

十月二十六日，夫人張氏卒，享年五十八。嘉靖二十六年(1547)三月十二日與陳淳合葬吴縣小白陽山墓次。

陳淳《陳白陽集》附録張寰《白陽先生墓志銘》："夫人同邑張氏……生成化十八年七月初一日，卒嘉靖十八年十月二十六日，春秋五十有八。以二十六年三月十二日葬白陽山墓次。"

按：張氏與陳淳合葬吴縣小白陽山。

冬日，作《行草元稹連昌宫辭、杜牧阿房宫賦卷》。

日本株式會社東京中央拍賣 2015 年春季拍賣會——中國古代書畫專場拍賣《陳淳行草連昌宫辭及阿房宫賦卷》款云："嘉靖己亥冬日，白陽山人陳道復復甫書。"

冬日，於有叟堂作《山茶水仙圖扇》。

文物出版社《中國古代書畫圖目》三《明陳道復山茶水仙圖扇頁》款云："嘉靖己亥冬日，道復作於有叟堂。"上海博物館藏。(圖 68)

圖 68 陳淳《山茶水仙圖扇》

按：有叟堂俟考。

冬日，於五湖田舍作《花卉册》。

文物出版社《中國古代書畫圖目》一《明陳道復花卉册》，嘉靖十八年己亥(1539)冬作。中國歷史博物館藏。

冬日，有客持《沈周十二峰圖并書趙孟頫詞卷》過訪，爲之題跋。

卞永譽《式古堂書畫彙考》卷五十五《啓南翁十二峰圖并書趙松雪詞卷》款云："此《松雪翁詠巫山十二峰詞》也，讀之則楚宋風流宛然在目。秋來因雨連綿，偶録此卷，以遣孤興，并仿米南宫筆意於卷首。時弘治癸丑八月望後六日，長洲沈周。"後跋云："嘉靖己亥冬日，有客持此卷來，余展玩不能去手。文敏公之詞既得宋人三昧，而石田先生能以涪翁書法書之卷首，又以南宫墨法圖之，精神溢於几案，令人醒爽，誠不易得，知者當視爲重寶可也。白陽山人陳道復。"

按：澳門藝術博物館《故宫上博珍藏青藤白陽書畫特集》别册《陳淳、徐渭年表》此條誤將上著卷五十五所載沈周另一畫作《春草秋花圖卷》冠之。

是年，作《蘇武詩扇》《仲長統樂志論卷》。

文物出版社《中國古代書畫圖目》十一《明陳道復行書蘇子卿詩扇》，嘉靖己亥十八年(1539)作。湖州市博物館藏。

陳葆真《陳淳研究·陳淳書畫編年表》："五十六歲，1539 嘉靖十八年己亥，書《仲長統樂志論》。夏威夷藝術學院藏。"

按：以《樂志論》篇幅，此作當爲卷。

是年，三月二十七日，陳寰卒，享年六十三。

陳寰《祭酒琴溪陳先生集》附録錢穀《明故朝列大夫南京國子監祭酒琴川陳公行實》："公諱寰，字原大。……嘉靖……十八年己亥，公患疝疾。三月……二十七日早，索新衣服，畢出，坐正寢，乃絶。享年六十有三。"

施儒卒，享年六十二。

焦竑《焦太史編輯國朝獻徵録》卷九十九張元《廣東按察司副使施公儒墓志銘》："公諱儒，字聘之，别號西亭，浙之歸安人。……卒於嘉靖己亥，年六十有二。"

是年，二月，立皇子朱載壡爲皇太子。詔赦天下。

嘉靖十九年庚子（1540）　五十七歲

正月十四日，到滸墅鈔關義塾訪從弟陳汸。汸正宴請户部主事李增，見其後詞色倉皇，有愧懼狀，其遂與相别。

陳汸時爲義塾塾師。李增（1507—?），字孟川，穎州衛（今安徽阜陽市）人。嘉靖十四年（1535）進士，授今官。是年監蘇州滸墅鈔關。累任濟寧知府。

陳仁錫《無夢園初集》駐集四《家乘・白陽公小記》："白陽筆記云：'庚子正月十四日，到鈔關訪方舟弟於義塾。方舟設宴請主政。公某見其詞色倉皇，有愧懼之狀，豈謂余將干焉，遂與相别登舟。主政反令人來問，余竟解纜。'"

《（道光）滸墅關志》卷十五《人物・流寓》："陳汸，字道濟，都御史璚孫。郡廩生。始居郡城。……世家鼎族争迎爲師。已結屋滸墅，鼓篋者日輳門下，凡司農大夫蒞兹土者，争禮敬之。會社學師缺，聘典之。四方翕從弟子積至數百人，多科第。而已竟不第，無懟色。乃閉户掃軌，肆志《墳典》。構洗心亭，以爲遊息之所。名人過吴下者，必造其廬。"

《（雍正）江南通志》卷二十五《輿地志・關津一》："蘇州府：滸墅關，府西北二十七里。"

《（民國）吴縣志》卷六《職官表五》附録："明景泰元年，户部奏設鈔關，監收船料鈔。十一月，立分司於滸墅鎮，差主事一員，一年更代。""嘉靖：李增孟川，穎州衛人。進士。十九年任。"

《（乾隆）穎州府志》卷七《選舉表・進士》："嘉靖乙未：李增，濟寧府知府。"

《嘉靖十四年進士登科録》:“李增……年二十九,(正德二年)六月十一日生。”

正月二十日午後,唐先生去。舊師小潘來,一茶而退。陳淳云其“衣著紈綺,殊不類師儒也”。

陳仁錫《無夢園初集》駐集四《家乘·白陽公小記》:“白陽筆記云:‘庚子正月……廿日,晴,大霜。……午後,唐先生去。舊師小潘來,一茶而退,衣著紈綺,殊不類師儒也。’”

按:唐先生、小潘無考。

二月十一日,頗有春意,燕坐五湖田舍之碧雲軒,甚適,云:“日日得如此,正東坡所謂‘一日是兩日’也。”

陳仁錫《無夢園初集》駐集四《家乘·白陽公小記》:“白陽筆記云:‘庚子……二月十一日,晴,霜霧。日高漸暖,頗有春意,燕坐碧雲軒,甚適。日日得如此,正東坡所謂“一日是兩日”也。’”

三月十五日前,自山行還舍,適淑景滿郊陌間,人意靡靡,然筋力衰遲,遂作《花卉卷》,以志興。

文物出版社《中國古代書畫圖目》一《明陳淳墨花圖卷》款云:“墨花八種皆春榮者,蓋花事之盛至春爲極,而王孫士如必於此騁其驕逸。庚子三月望前,余偶自山行還舍,適淑景滿郊陌間,而人意亦頗靡靡,然顧筋力亦衰遲甚矣,遂檢素卷寫此,非有遺於三時,要欲志一時之興耳。道復記。”首都博物館藏。(圖 69)

三月,於浩歌亭作《花卉卷》。清梁章鉅有詩贊之。

梁章鉅《退庵所藏金石書畫跋尾》卷十六《陳白陽花卉兩卷》。“嗣於歷下又得一卷,款署:‘嘉靖庚子暮春,漫作於浩歌亭。’……所畫凡十二種,各附題句十四字。……文二水謂:‘道復之畫愈簡愈妙。’王弇州謂:‘有明寫花卉者,自沈啓南之後,無如陳道復、陸叔平。陳妙而不真,陸真而不妙。’皆確評。余因摭拾其語,合兩卷爲之詩云:‘天然何必妙非真? 意足方知簡入神。風雨淒其浩歌出,白陽白石本分身。’”

春日,於浩歌亭作《草書牡丹詩并圖卷》。

文物出版社《中國古代書畫圖目》十五《明陳道復洛陽春色書畫卷》。後卷,《草書牡丹詩》:“東風飄飄不絶吹,遊蜂舞蝶相追隨。名花嫣然媚晴晝,深紅淺白紛差池。高堂列筵散羅綺,朱簾掩映春無比。歌聲貫耳酒如澠,醉向花前睡花

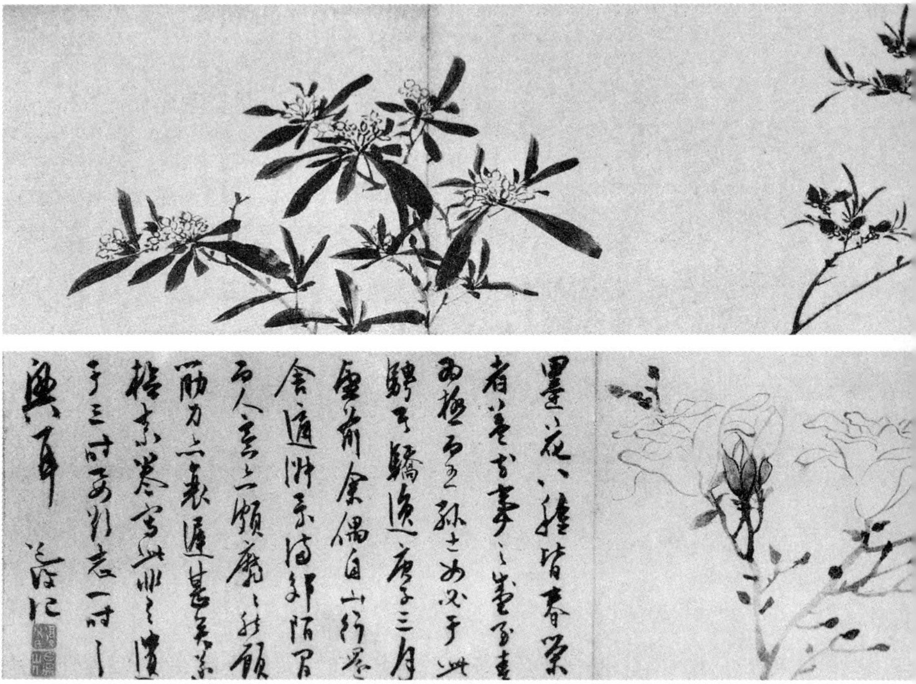

圖 69　陳淳《花卉卷》局部

裏。人生行樂當及時，光陰有限無淹期。花開花謝尋常事，寧使花神笑儂醉。庚子春日，白陽山人陳道復書并圖於浩歌亭。”瀋陽故宫博物院藏。

天津人民美術出版社《陳淳精品畫集》圖 112《芍藥圖卷》同上。

按：兩著所載前後卷實爲兩件作品，後卷圖已散失，玆以原作繫之。

春日，於五湖田舍之碧雲軒作《花卉卷》。後彭年、王穀祥有跋。

文物出版社《中國古代書畫圖目》九《明陳道復花卉卷》。畫花卉八種，各題五絶詩。一、洛下花開日，妝成富貴春。獨憐凋落易，爲爾貯丰神。二、波面出仙妝，可望不可即。薰風入坐來，置我凝香域。三、東風日夜發，桃李不禁吹。點檢穠華事，辛夷落較遲。四、堂北宜男草，花間葉亦稠。請君好培植，聞説解忘憂。五、素質倚秋風，向人渾欲語。春花莫相笑，丹心自能許。六、羞容匀薄粉，香袖卷輕羅。且莫淩波去，江頭冰雪多。七、江水秋瀰瀿，瀠洄玉有文。芙蓉向風立，花影對繽紛。八、窮冬多雪霰，桃李不禁摧。獨有丹砂質，能臨臘後開。款云：“右墨花八種，閑中偶坐碧雲軒漫成，頗紀幽興，不復計筆研草須耳。庚子春日，道復記。”天津市藝術博物館藏。

南京博物院 2017 年《徐渭、陳淳書畫藝術特展》中展此作，後有他人跋：“覧

茲卷,筆墨淋漓,意態自足,猶想先生醉後染翰,風流逸邁,宛然在目也。今之效作者,往往加意丹粉而不知氣骨之凡近矣。嘉靖甲寅新正既望,彭年識於寒緑堂。""白陽先生,人品風流,襟期灑落,故每下筆寫生,似乎草草立就,而天真爛發,自臻妍妙。此卷脱去塵凡,超出蹊徑,而姿容氣韻自然飛動充滿,且每種各題一詠,詠各奇絶流暢。時一展睇,不啻珠玉在前,華采盎然,可掬也。丙寅秋日,客有持以過余者,因識其後而歸之。穀祥。"

春日,錢子儀過訪,以素楮索《雲山卷》,爲作,云:"不知觀者肯進我得窺米家堂奥否?"後陳鎏、王穀祥、彭年、袁尊尼、文彭、文嘉、陳繼儒、董其昌有題。

郁逢慶《書畫題跋記》卷十一《陳白陽仿米氏雲山卷》款云:"庚子春日,余閑居湖上,雪野錢君自吴城來,持素楮索《雲山卷》。時春容滃鬱,煙雲變幻,觸目成畫,遂爲作此,頗謂適意。然不知觀者肯進我得窺米家堂奥否?一笑。道復復甫志。"後題云:"尺素中作長山大江,畫家所難。我吴中惟沈石田先生得此奇訣[訣],他未能及。偶閲此卷,乃白陽得意之筆。溪山雲壑將數十尺,連亘似萬里,觀者不覺有遠心。使石田復起,未必不展卷嘖嘖也。寶之。吴門陳鎏題。""陳白陽作畫天趣多而境界少,或殘山剩水,或遠岫疏林,或雲容雨態,點染標致,脱去塵俗而自出畦徑,蓋得意忘象者也。此作長卷，乃獨窮盡山川之狀，重疊變幻，實而復虛，斷而復續，煙雲吞吐，草木蔽虧，景有盡而意無窮也。又非若平日所作而已，若此卷豈可多得哉？觀者當自識之。酉室王穀祥題。""昔米南宫女嫁吴中大□(姚)村某氏，故敷文每過吴必往視妹，嘗作《雲山卷》留其家。越四百年，而先達中丞陳公大姚人也，乃於京得之，甚以爲奇，西涯、匏庵、石田俱有題詠。白陽先生即中丞之孫，幻[幼]而篤好，日就臨拓，領其真趣逸思，故所作多煙巒雲樹、約略點染而已。獨此卷連楮尋丈，備極畫家諸法，有江貫道江山千里之勢。豈非高人博古，既無所不見而亦何所不學也。舊吴彭年題。""渺渺平蕪隔，迢迢遠溆迴。林光雲外出，山色雨中開。賀老鑑湖曲，王丞輞水隈。風流今已矣，遺墨使人哀。白門散吏袁尊尼。""陳白陽，先君門人也。其家藏不惟有《大姚村圖》，又有《海岳庵圖》，所以得二米筆法爲多。嘗爲余作匹紙長卷，又嘗於燈下以紙蘸墨作雲山，此何異張旭以髮作書哉？偶閱此卷，因題於後。隆慶戊辰六月廿三日，文彭。""雪野乃余友錢君子儀，亦頗能畫。其請白陽寫畫，蓋欲以爲規式耳，故白陽爲之點筆與平時所作大異。今又得諸公題語，極其稱許，則與殘山剩水、似有如無之筆大不同矣。萬曆丁丑立冬日，茂苑文嘉書。""白陽此卷專摹荆浩洪谷子。洪谷子筆法，倪元鎮、王叔明特窺三昧，餘未能夢見也。不見荆浩畫，不知白陽此卷來歷。若以南宫《大姚村》《海岳庵》許之，此老尚未心服。或云前跋自負米家者何也？余曰：'正是此探竿影草耳，所謂真人前不得説夢。'華亭陳繼儒題。"

楊恩壽《眼福編二集》卷十五亦載此，卷首陳淳題："米家父子，前無古人，後無來者。極力揣摹，終落跡相，亦變化規矩之變耳。白陽山人陳淳。"諸題後董其昌跋："米南宫素以臨摹古人名跡見長，故出筆不落恒蹊。不意四百年後，乃有白陽亦擅其技，使其尚在。當必曰：'不虞君之涉吾地也。'其昌。"

上海人民美術出版社《藝苑掇英》第三十八期亦載此，美國王己千藏。

按：《書畫題跋記》是最早録此者，然無卷首語。疑《眼福編二集》所載，乃後來者移自它作。

澳門藝術博物館《故宫上博珍藏青藤白陽書畫特集》别册《陳淳、徐渭年表》此條云："春，陳淳閑居杭州，錢子儀（雪野）自蘇州來，索畫，以米氏雲山應之……"陳淳所謂"湖上"，是代稱其在長洲縣陳湖西大姚村之别業。而編者以爲西湖之上，誤曰"閑居杭州"。

陳鎏（1506—1575），字子兼，號雨泉，吴縣（今江蘇蘇州市）人。嘉靖十七年（1538）進士。除工部主事，歷至郎中。遷四川按察僉事、湖廣布政參議、河南按察副使。至稍後期，遭劾罷官。數年，起補雲南。以四川右布政使致事。能詩文，尤精書法。有《已寬堂集》等著。（《賜閑堂集》卷二十六《陳公墓志銘》）

其尤喜陳淳繪畫，除此跋外，《已寬堂集》卷一還有《題陳道復水墨牡丹，次衡山韻》，云："百寶闌前舊有花，不知今日屬誰家？輕煙縞素藏春色，笑卻濃妝陰麗華。"

陳繼儒(1558—1639)，字仲醇，號眉公等，華亭縣(今上海市)人。爲諸生，與董其昌齊名。後棄舉業，隱逸山林，杜門著述。善詩文書法，兼能繪事。屢奉詔徵用，皆以疾辭。

圖 70 陳淳《商尊白蓮圖軸》

春日，有客持數日前爲作《商尊白蓮圖軸》索書《臨江仙》，書而歸之。

文物出版社《中國古代書畫圖目》三《明陳道復商尊白蓮圖軸》。左上行草題五絶詩："波面出仙妝，可望不可即。薰風入坐來，置我凝香域。道復。"右下行草題《臨江仙》詞："花葉亭亭渾似采，坐來涼思橫秋。幾回相盼越嬌羞。翠羅仍捲袂，紅粉自低頭。前輩風流猶可想，丹青片楮還留。水枯花謝底須愁。只消浮太白，何必蕩扁舟？余舊嘗作此紙，既題絶句。既數日，復持來索書《臨江仙》其上，又漫爲書之。庚子春日，道復重志。"上海博物館藏。(圖 70)

春日，作《草書王羲之蘭亭集序卷》。

方濬頤《夢園書畫録》卷十一《明陳白陽草書蘭亭卷》。筆致磊落，雅有畫意。款云："庚子春日，道復書。"

西泠印社拍賣有限公司 2006 年秋季大型藝術品拍賣會——中國書畫古代作品專場拍賣《陳淳草書蘭亭記卷》即此，李研吾舊藏。

春日，王穀祥過訪，有詩；陳淳和之。

陳淳《陳白陽集》七言絶《和王禄之春燕》："柳條拂水已堪憐，燕子雙飛雨後天。莫道老夫心獨冷，焙茶吹火自烹煎。"

按：王穀祥詩無考。陳淳詩有"莫道老夫心獨冷，焙茶吹火自烹煎"句，故穀祥過訪當在其夫人張氏卒後的某年春，而張氏去年十月二十六日卒，繫此應距事實不遠。

時家藏《楊凝式神仙起居法帖》。文徵明借觀作跋，且編入《停雲館法帖》卷四，明年六月摹勒上石。

按：王杰等撰《石渠寶笈續編》第七《陳淳書千字文一卷》後有文彭跋，云："復甫家藏《楊凝式起居法帖》，又藏《米元章臨争坐位帖》，故其書自有來歷。"

《停雲館法帖》卷四《唐人真跡·五代楊少師書神仙起居法》首下有"淳"朱文方印，末前代諸公跋後有"陳道復氏""陳淳私印"白文方印。（圖71）繼爲文徵明跋，署："嘉靖庚子春"。又最終署："嘉靖二十年夏六月，長洲文氏停雲館摹勒上石。"可見，該帖時屬陳淳所藏，文徵明借觀作跋，且編入《停雲館法帖》卷四，明年六月摹勒上石。

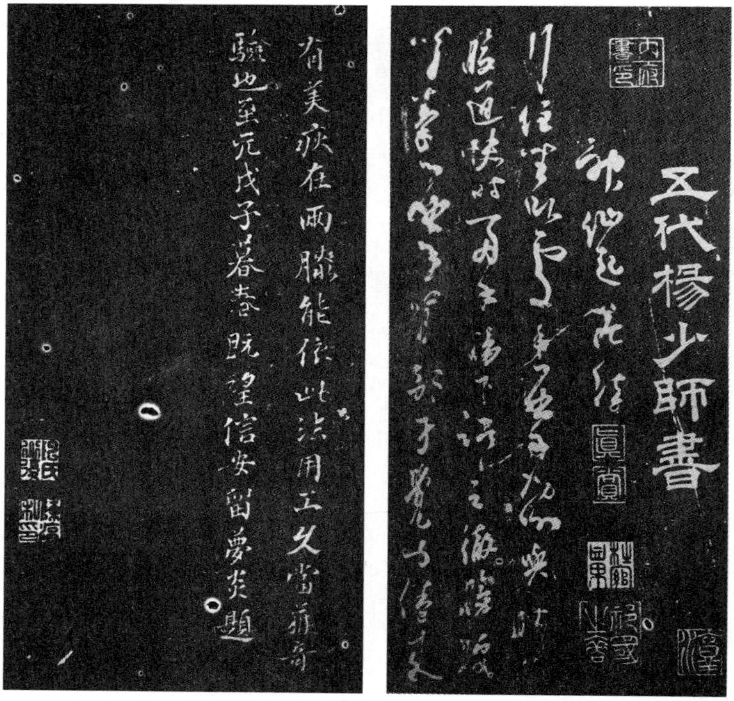

圖71　陳淳藏《楊凝式神仙起居法帖》前後

六月，岳父張約卒，享年八十五。某年葬長洲金芝嶺之原。陸粲爲撰《墓志銘》。約與粲世代姻親，因子秉仁和孫餘慶、承慶早逝，將孫衍慶和曾孫夔托孤於他，皆賴以成立。

陸粲《陸子餘集》卷三《奉政大夫工部營繕司郎中張公墓志銘》："營繕公之卒也，屬粲以後事。及葬，則其孫衍慶來徵銘。張、陸世婚姻家，公，粲父行也，爲叙其事行而銘焉。……張公諱約，守之其字，吴之長洲人也。……以今皇帝之十九年嘉靖庚子六月某日卒，春秋八十有五。某年月日葬城西金芝嶺之原。……子男一，秉仁，太學生，前卒。……孫男三：餘慶、承慶，隸校官，并秀慧而有文，早夭。最幼者衍慶。……曾孫男一，夔。"

又附録尹臺《明給事中貞山先生陸公墓志銘》："貞山先生陸公者，長洲陳湖鄉人也。名粲，字子餘，一字浚明。……陸長史鍾、張郎中約慕公義，皆以後爲托。公積歲經紀中外，睹二氏之後并立，乃私謂：'吾今始釋重負矣。'"

夏，作《山水圖軸》，題中談到繪事如何纔能有常作之外更出意外之作的感悟。

日本東京大學出版會《中國繪畫總合圖録續編》第二卷《明陳淳山水圖軸》題云："繪事雖一藝，亦不得苟作。或心平氣和，或逸興峻發，則落墨自爾不類。否則如傭工受苦，值日復一日，惟求了事，豈有常作之外更出意外之作耶？是以古人不以盈尺之楮博尋丈之素，或者正余之愚論也。庚子之夏，旱蝗警，俗余亦不能恝然於農事，何暇弄筆研哉？既而雨至警退，置我清凉，戲作此紙，雖不能佳，自覺已寡俗態耳。白陽山人道復。"畏壘堂藏。

按：金瑗《十百齋書畫録》丁卷亦載此，將"落墨自爾""博""何暇"録爲"落筆亦爾""作""何得暇"，"恝然"前漏"不能"。

七月十五日後，作《山水并草書杜甫戲題王宰畫山水圖歌册》，以寄社中。

台北故宫博物院《故宫書畫圖録》二十二《明陳淳畫山水册》。首幅草書"漫興"二大字。繼十四幅畫，一、層巖叢木，二、疏樹閑亭，三、石壁艤舟，四、江帆遠眺，五、雲峰濕翠，六、柳浦清光，七、林籟傳風，八、巖松浮靄，九、蘆汀雨泛，十、喬木秋陰，十一、寒江釣雪，十二、空林積雨，十三、蟠松臨澗，十四、雪浦歸鴉。後三幅草書《杜甫戲題王宰畫山水圖歌》，款云："庚子秋孟望後，偶得素册，作墨染十四幅，尚欲繼興，以時事適擾，遂中止。乃檢少陵之作，曳之册末。復志此數語，以寄社中一笑。道復復甫。"

八月前，二姑父王延素拜思南知府，投劾歸。

皇甫汸《皇甫司勳集》卷五十三《明中順大夫思南府知府王公墓志銘》："大夫諱延素，字子儀……丁酉，六載考績……遷宗人府經歷。秩高而事簡，銓曹廉其有治材，不宜置散地。乃就闕下，拜爲思南守。歎曰：'……母老且病惡，忍忘垂堂之戒，驅峻阪之馭耶？'遂投劾歸。"

按：王熙桂等編《太原家譜》卷二十一楊循吉《文恪公側室胡太宜人墓志銘》曰："當嘉靖十九年秋八月庚午，夫人詔封太宜人胡氏以疾卒。嗣子延素時方拜郡思南，未上，乞終養歸。……皆在侍下，乃相與躬親含殮畢大事。"鑒此，王延素當是年八月前拜思南知府，投劾歸。

八月十五日，於五湖田舍之碧雲軒作《花卉册》。又赴無錫鵝湖，訪華夏東沙草堂，爲跋《淳化閣帖合璧》。

華夏（1494—1567），字中甫，號東沙，無錫縣（今江蘇無錫市）人。坦長孫，欽長子。嘉靖中期太學生，以衄疾棄舉業。精鑒賞，富收藏，時推江東巨眼。有《真賞齋帖》。

郁逢慶《書畫題跋記》卷十二《陳白陽著色花卉册》。"玉面嬋娟小，檀心馥郁多。盈盈仙骨在，端欲去凌波。水仙。""堂背宜男草，花間葉復柔。應須好培植，見説解忘憂。萱草。""紅粉天然色，香毬簇寶叢。唐宮歌舞處，遺恨滿東風。牡丹。""春風一夜狂，吹雪滿瓊樹。山禽偶來棲，殊有噤寒意。梨花。""朱房明漢時，翠珮委湘川。觸目琳琅盛，春風得瑞偏。幽蘭。""深院春已歸，名花遲獨輝。清香凝紫玉，何必數薔薇？玫瑰。""東風吹琪樹，幻出冰雪姿。虛庭落清影，夜半月明詩[時]。白毬。""三月韶光好，桃花發滿蹊。武陵千萬樹，何不放人題？桃花。""穠香折麝臍，細蕊秀鶴頂。東風故飄蕩，熏人醉不醒。瑞香。""薝蔔花開日，園林香霧濃。要從花裏去，雨後自扶筇。梔子。""波面出仙妝，可望不可即。熏風入坐來，置我凝香域。荷花。""蠟蒂團頳玉，文英簇絳綃。秋來結佳果，珍味不須調。石榴。""紛披多碧葉，秋至亂抽苗。細蕊垂垂處，春棠未足嬌。秋棠。""秋令氣云肅，桂子正流芳。金碧爛煌處，遂饒萬斛香。桂花。""秋霜下籬落，佳色散花枝。載詠南山篇，幽懷不自持。籬菊。""梅花當盛日，猶自勒春寒。幾樹霏香雪，偏宜竹外看。梅花。"款云："庚子中秋，白陽山人陳道復書於五湖田舍之碧雲軒。"

汪砢玉《珊瑚網》卷二十一《華氏閣帖合璧諸跋》之一："予與華中甫平生有書畫之癖，而古帖尤所酷嗜。每從中甫求閲所藏，必首及此，蓋刻拓之妙，固不待言。而其聚散之跡，又復奇異，當爲華氏世寶也。庚子中秋，道復書於東沙草堂。"

華啓直《華豫庵先生集·族侄中甫君墓志銘》:"君華氏,諱夏,中甫其字,别號東沙……居(無錫)鵝湖濱,爲邑之延祥里人。……君幼穎敏,識偉志昂。……稍長,鋭情砥學,才可脱露,比業成均,試輒優,聲動南雍。……而遘衄疾……遂棄去舉子業,絶意進取。惟博古自娱,圖史是躭,精鑑遠識,日研以確,凡魏晋法書,金石古刻,并金懸購,所藏皆劇跡最品。他如圖畫器物,種種英粹,賞心寓目,陶厥性真,顔所居之齋曰'真賞',太史衡山文公數過嘉之,爲叙銘。……君家故温裕,而不嗜侈富聲色,就齋中疊石藝卉,開軒列榭,暇則從而偃息,嘉木幽花,翳簷繞室,鈎簾爇薰,道書在几,真賞外并未有他,慕識者以爲高云。……而瞑,時隆慶丁卯八月六日。生弘治甲寅四月八日,年七十有四。"

《(光緒)無錫、金匱縣志》卷二十二《文苑》:"華夏,字中甫。少師事王守仁。守仁謫龍場驛,夏周旋患難。中歲與吴下文徵明、祝允明輩爲性命交。構真賞齋於東沙,藏三代鼎彝、魏晋以來金石、縑素,品鑒推江東巨眼。……《真賞齋》拓本妙埒《宣和》,《停雲》《快雪》而下,不敢望也。"

按:華察《華氏傳芳續集》卷十六文徵明《華南坡墓志銘》稱,南坡翁,姓華氏,諱坦,字汝平。嘉靖二十四年四月八日卒。配錢氏,生子欽,娶吕氏。孫男五人:夏、韶、勺、英、武。夏、武,俱太學生。由是,華夏乃坦長孫,欽長子,嘉靖中期太學生。

是日或稍後,於無錫道中,作《行草王勃採蓮曲卷》。後張寰題引首,朱邦作《採蓮圖》,裝成合卷。

張寰去年陞通政司右參議,明年致仕。朱邦(生卒不詳),字正之,號九龍山樵、隱叟等,新安(今安徽歙縣)人。善畫。

文物出版社《中國古代書畫圖目》一《明朱邦採蓮圖卷》。前幅行書引首"採蓮圖詠",款云:"石川叟。"中幅畫《採蓮圖》,題云:"楊花飛盡蓮花紅,佳人採蓮湖西東。把花照水比顔色,愁心容易起秋風。朱邦。"後幅行草《採蓮曲》,款云:"右王勃作。白陽山人陳道復書於錫山道中,庚子秋日。"中國美術館藏。

按:錫山乃無錫之别稱。陳淳八月十五日至無錫鵝湖訪華夏東沙草堂,所云"錫山道中"應爲此行中即是日或稍後事。

歸有光《震川集》卷二十三《通政使司右參議張公墓表》曰:"公姓張氏,諱寰,字允清……服除,授通政司右參議。……會九廟災……公遂自陳,得致仕。"據《明世宗實録》卷二百三十二、卷二百四十八,去年十二月九日,張寰授通政司右參議。明年四月五日,九廟災。可知,其於此後不久致仕。而時居京師,題引首是後事。

朱邦《採蓮圖》何時所作不詳。

朱謀垔《畫史會要》卷四《明》:"朱邦,字正之,别號九龍山樵、隱叟。山水、人物,草草用筆,墨汁淋漓,與鄭顛仙、張平山相仿佛。"

上海人民美術出版社《中國美術家人名辭典》:"朱邦,字正之,别號九龍山樵,亦稱隱叟,又稱酣齁道人,新安(今安徽歙縣)人。"

秋日,寓覺喜山房,作《草書千字文册》。後與文徵明篆書、文彭隸書、彭年楷書合册,文震孟有跋。

張照等撰《石渠寶笈》卷二十八《明人四體千文一册》。第四十一至六十二幅《陳淳草書》款識云:"庚子秋日,寓覺喜山房,漫書。道復。"

按:覺喜山房待考。此作與文徵明篆書、文彭隸書、彭年楷書合册,非同時所書。後副頁有文震孟跋,惜未載内容。據合册人員,應是其家藏物,因除陳淳外,皆是其先人——曾祖父、祖父、外祖父。

秋日,於五湖田舍之静寄庵作《草書蘇軾前赤壁賦册》。

中貿聖佳國際拍賣有限公司2007年秋季藝術品拍賣會——中國古代書法專場拍賣《陳淳草書蘇軾前赤壁賦册》款云:"嘉靖庚子秋日,白陽山人陳道復書於五湖田舍之静寄庵。"

秋日,於浩歌亭作《楷書屈原九歌、卜居卷》。後與杜堇《九歌圖》裝成合卷。

文物出版社《中國古代書畫圖目》二十《明杜堇九歌圖卷》。前幅《九歌圖》,款云:"明癸巳中秋念即一日,隗臺陸謹寫於番文昌雲泉山房。"後幅楷書《屈原九歌、卜居》,款云:"庚子秋日,白陽山人道復書於五湖田舍之浩歌亭。"故宫博物院藏。

按:劉九庵《宋元明清書畫家傳世作品年表》云此作爲"楷書九歌卷",不確。

秋日,於浩歌亭作《花卉卷》。

文物出版社《中國古代書畫圖目》三《明陳道復墨花圖卷》。畫花卉十二種,每種題五絶詩。一、疏影孤山下,香魂瘦嶺前。恐遭蜂蝶妬,開向百花先。二、熏風來几席,鼻觀攬清香。試向階前看,蘭芽已自長。三、庭院日初長,玫瑰正堪頌。香色兩徘徊,聲價今人重。四、百合種偏殊,幽閑絶可娱。花傾蒼玉蒂,香泛紫檀須。五、倚榭花争發,風前駐綵雲。既回白玉面,還妥絳紗裙。六、何處堪逃暑？園林緑正濃。晚凉臨水坐，花影自重重。七、今年秋序早，餘暑未全回。池上追凉去，幽花忽自開。八、月窟多仙桂，秋花滴碎金。老夫無所事，聊爾動高吟。九、時序催秋令，江村花事成。芙蓉水上拆，甘菊露中明。十、寒氣方隆日，千林競落時。東籬有黄菊，偏許自望持。十一、羞容匀薄粉，翠袖卷輕羅。且莫凌波去，江頭冰雪多。十二、雪裏見梅花，高標已足誇。未應憐寂寞，作伴有山茶。款云："嘉靖庚子秋日，道復作於五湖田舍之浩歌亭。"上海博物館藏。

秋日，於浩歌亭仿《古山水册》。

梁章鉅《退庵所藏金石書畫跋尾》卷十六《陳白陽山水册》。"此白陽仿古山水凡十二幀，第一幀摹惠崇，次幀臨梅道人，三幀摹王駙馬，四幀仿董北苑，五幀擬郭忠恕，六幀摹九龍山人，七幀摹曹雲西，八幀仿洪谷子，九幀仿巨然，十幀仿米虎兒，十一幀仿夏禹玉，十二幀仿李晞古，乃嘉靖庚子秋日在五湖田舍浩歌亭遣興所作。"

是年，遊崑山，過周鳳來六觀草堂。鳳來出素册，具丹粉，欲其作《花卉》。留連累月乃成。後文彭題引首和詩，王穉登有跋。清金農亦有跋。

周鳳來(1523—1555)，字于舜，號六觀居士、愛梧，崑山縣(今江蘇崑山市)人。倫四子。嘉靖十四年(1535)以蔭入太學，卒業歸。能詩善書，通古今名物，家藏法書名畫、樽罍彝鼎爲一時無比者。

日本東京大學出版會《中國繪畫總合圖録續編》第一卷《明陳淳花卉圖册》。凡二十一頁。前二頁隸書引首"白陽雜花"四大字，署"文彭"。十六頁畫，一頁款："嘉靖庚子，余遊玉山，過周氏六觀草堂，主人出此册，具丹粉，欲圖雜卉。留連累月，不覺盈帙，見者亦且以草本視之可也。道復志。"後二頁題詩跋："趙昌王友已無偏，更學徐熙更逼真。意到不論顔色似，筆端原有四時春。閲白陽《雜花》，漫題。文彭。""寫生貴在約略點染，天真爛如，不當以分葩計蕊爲似、重丹叠翠爲工。觀此册陳道復先生所作粉墨，蕭閑意象自足，所謂千金駿骨，識者求之牝牡驪黄之外可也。金昌王穉登書。""畫派始於伏羲畫卦，以通天地之德。史皇收蟲魚卉木之形，以抒藻揚芬，筆端乃有造化。自唐李思訓、王維始分宗派。南宋畫院全以勾勒行筆，設色工整，傳之後世，仍金碧焜煌。但彼時不免刻劃工巧，有失畫家天趣。其間亦有李唐、馬遠，落筆縱横，淋漓揮灑。至明戴文進、吴小仙、謝時臣，皆其流派。雖於古人背馳，也覺另開户牖。然未聞以書畫兼傳者。白陽山人書出二王而不泥其法，故其畫筆若作書。然此册九葉花草，凡七間以山水二幀，行筆絶無時蹊，設色亦未敷采炫目，蓋畫以意似而非以形似也。任月山房主人舊蓄唐宋來古今名畫，余曾於十年前獲觀少許，今見此册有不勝鶺鴒分飛之歎。舉凡屏軸畫册或三或五，類多零星，無全璧者。嗟乎，傳物不得，付與傳人，古人之不幸也！惟此册雖花草、山水，大小相間，猶能合裝爲一，尚屬白陽之幸也。農漫筆數行，以補其一，令觀者稍作苟完之想。然而蘭亭繭紙，尚隨零雨之淋，後世臨寫紛紛，徒勞豪楮，未始非老夫迂論也。……金農漫書於九節菖蒲憇館。”美國大都會美術館藏。

按：以陳淳和文彭、王穉登言，此册爲花卉；以金農言，已是花卉、山水相間；如今又成花卉，蓋其間幾經分割重裝而成。兹依原作繫之。

玉山即崑山，又名馬鞍山，位於崑山縣西北。周氏六觀草堂當離此不遠。陳淳後年至後亦訪之，稱“愛梧周子”，知其另號“愛梧”。

俞允文《仲蔚先生集》卷十三《亡友周于舜墓志銘》：“于舜，諱鳳來，姓周氏，吴郡崑山人也。……父諱倫……有四子……于舜，公最少子也。……爲太學生。即不喜齷齪諸生間，乃獨依林構堂，欞軒回環，以文木爲壁，甚精。日燕處其中，以閑絶人事，罕嘗至其家。好釋氏書，因取釋氏所謂夢、幻、泡、影、露、電爲六觀者，名其堂，自稱‘六觀居士’。悉出其藏數千金，購天下奇書圖畫及古彝鼎璜玦之屬，合珍怪衆物居之，以歛其精英。又燃奇香，令芬氣發越苾勃篁竹間，翳翳如輕雲出山，累日夜不歇。遊其堂，紛雜盡屏，眇然長懷，有幽人之想。……能爲五言詩。善楷法，多放依趙孟頫。通古今名物，辨證剖剥有卓識。……然醇謹自視，常慊慊。飲酒至醉，能爲莊語。人或犯之，亦終不以屬意。尤敦行孝悌，遇宗黨雖疏而有思。年三十有三，嘉靖三十四年五月十六日以疾卒。”

《（嘉靖）崑山縣志》卷八《薦舉・監胄》：“周鳳來，字于虞［舜］。嘉靖十四年生員，援例入監。”

張大復《梅花草堂筆談》卷十三《何上舍》：“周于舜多買法書名畫、樽罍彝鼎，藏凝香、雲谷、夢芝、六觀諸館中，殆可充棟。華豔富贍，一時無與比者。”

訪周之冕墨花館，觀其所藏坑仔端硯，刻銘爲記。

周之冕（？—1602 尚在），字服卿，號少谷，長洲縣（今江蘇蘇州市）人。師陳淳。善花鳥。

静妙軒主人《静妙軒藏研》端硯《明陳淳銘雲龍端硯》：“坑仔巖。宋朝治平年間開採……石質細潤、堅實，石色深紫色微帶赤。……明硯中的精品，材質優良，刻工講究。雕刻恰到好處，無繁縟纖細之感。堂堂風格，古樸厚重。硯上部凸刻祥雲蛟龍，中間有一鴝鴿活眼。硯面平坦，（硯底）左下方刻：‘嘉靖庚子白陽山人陳淳觀於墨花館。’”（圖 72）

圖 72 陳淳爲周之冕銘刻雲龍坑仔端硯及拓片

按:佳士得香港拍賣有限公司 2005 年春季藝術品拍賣會——中國古代書畫專場拍賣《周之冕花鳥對軸》,左幅署:"萬曆辛丑春暮寫於墨花館,汝南周之冕。"紐約蘇富比拍賣有限公司 2013 年 9 月拍賣會——中國古代書畫專場拍賣《周之冕等扇面合册》第三幅署:"汝南周之冕寫於墨花館。"據此,墨花館即周之冕齋號。

其云"汝南周之冕",是因祖籍河南汝南。2012 年第 7 期《東方收藏》刊載謝金飛《明代畫家周之冕與鈎花點葉派》一文稱,其"又字汝南",誤。

文物出版社《中國古代書畫圖目》二十一有其萬曆三十年壬寅(1602)作《竹石雄雞軸》《百花圖卷》,知其是年尚在。

《(崇禎)吴縣志》卷五十三《人物十八・藝事・畫》:"周之冕,字服卿。花鳥亦宗陳道復。"

朱謀垔《畫史會要》卷四《明》:"周之冕,字服卿,號少谷,長洲人。寫意花鳥,最有神韻,設色亦鮮雅。家畜各種禽鳥,詳其飲啄飛止,故動筆具有生意。國朝花鳥家唯陸平叔[叔平]與服卿,洗盡院體俗氣。但平叔[叔平]明秀,服卿遒勁,斯用筆少異耳。"

王世貞《弇州續稿》卷一百七十《周之冕花卉後》："勝國以來，寫卉草者無如吾吴郡。而吴郡自沈啓南之後，無如陳道復、陸叔平。然道復妙而不真，叔平真而不妙，周之冕似能兼撮二子之長。特以嗜酒落魄，如李邈卓不甚爲世重耳。"

姊妹夫顧岕所著《海槎餘録》刊行。

顧岕《海槎餘録·序》："儋耳，孤懸海島……余自嘉靖龍飛承乏是郡，迄於丁亥，乃有南安之命。山川要害，土俗民風，下至鳥獸蟲魚，奇怪之物，耳目所及，無不記載。共幾百餘則，藏之篋笥，將謂他日南歸，客有詢及兹郡之略，即舉以對。既而水陸跋涉，頗多散失，遂至湮滅無遺矣。今懸車去郡，倏有數載，不敢謂久而能終。但郡中事跡班班，尚能追憶，掇拾數事，恍然猶在滄溟杳渺之中。因懲吹虀之失，用梓以傳，名《海槎餘録》云。嘉靖庚子，吴郡匯堂顧岕識。"(圖 73)

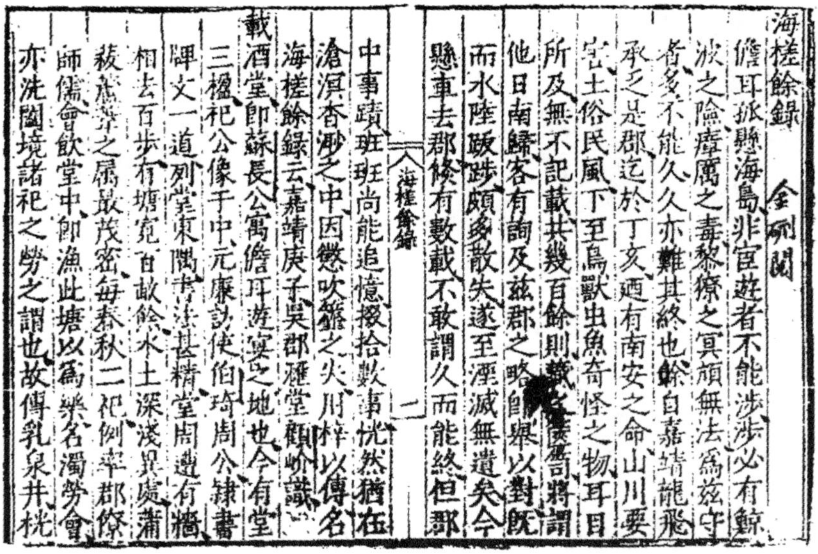
海槎餘録　金剛閲
儋耳孤懸海島非宦遊者不能涉涉必有鯨
波之險瘴癘之毒黎獠之冥頑無法爲兹守
者多不能久久亦難其終也余自嘉靖龍飛
承乏是郡迄於丁亥迺有南安之命山川要
害土俗民風下至鳥獸虫魚奇怪之物耳目
所及無不記載共幾百餘則藏之篋笥將謂
他日南歸客有詢及兹郡之略即舉以對既
而水陸跋涉頗多散失遂至湮滅無遺矣今
懸車去郡倏有數載不敢謂久而能終但郡
海槎餘録　一
中事蹟班班尚能追憶掇拾數事恍然猶在
滄溟杳渺之中因懲吹虀之失用梓以傳名
海槎餘録云嘉靖庚子吳郡匯堂顧岕識
載酒堂即蘇長公寓儋耳游宴之地也今有堂
三楹祀公像于中元廉訪使伯琦周公隸書
碑文一道列堂東隅書法甚精堂周遭有牆
相去百步有塘竟百畝餘水土深淺異處蒲
菰蔬草之屬最茂密每春秋二祀例率郡僚
師儒會飲堂中即漁此塘以爲樂名濁勞會
亦洗閩境諸祀之勞之謂也故傳乳泉井枕

圖 73　陳淳姊妹夫顧岕所著《海槎餘録序》

是年，十二月二十八日，魏希明卒，享年三十九。

歸有光《震川集》卷二十五《魏誠甫行狀》："誠甫諱希明，姓魏氏，世爲蘇州人。……誠甫卒於嘉靖十九年十二月乙酉(二十八日)，年三十九。"

黄省曾卒，享年五十一。

張慧劍《明清江蘇文人年表》："1540 庚子嘉靖十九年，吴縣黄省曾死，年五十一。"

是年,三月,詔修仁壽宮。九月,以災傷免蘇、松、常、鎮四府正官朝覲。十一月,慈慶宮成。

嘉靖二十年辛丑(1541) 五十八歲

正月,於武進舟中作《草書千字文卷》。後歸厄文,文彭、文嘉、彭年有跋。

王杰等撰《石渠寶笈續編》第七《陳淳書千字文一卷》。草書。款:"嘉靖辛丑春孟書於毗陵舟中,道復復甫識。"後幅題跋:"復甫家藏《楊凝式起居法帖》,又藏《米元章臨争坐位帖》,故其書自有來歷。然每以欹側取妍,晚益有得。今人作書,惟喜墨濃,更不論字之好惡。惟復甫力排衆議,見人磨墨太濃,往往閣筆不下。復甫真古人哉! 此《千文》,辛丑歲書於毗陵舟中,蓋偶然欲書,得過庭之合者也。嘉靖乙巳正月望後一日,爲厄文題。三橋文彭。""白陽不喜鼠鬚、兔穎諸豪健筆,特取羊毛小筆最圓熟者爛熳書之。初若率易爾,然寓規矩於放逸中。後進多效之,殊不能彷彿也。顛張醉素皆平生學力到處,豈謂傾側橫恣便似之邪? 嘗話及小歐陽非犀玉管不入手,白陽大笑之:'誠以矜莊,不若自然也。'嗚乎! 九京一遊,豈可復作。此《千文》乃其得意筆,覽者宜刮目焉。沛彭年識。""冬夜甚寒,對酒生倦態。及見此卷,披閱再三,興勃然作,竟忘卧也。識之。己酉十二月廿三日,文嘉。"

按:厄文待考。

三月,作《行草張謂湖中對酒行詩扇》。

上海書畫出版社《朵雲軒藏書畫精品集》圖 361《陳淳七言詩扇片》款云:"又湖中對酒一首。辛丑春暮,道復。"

文物出版社《中國古代書畫圖目》十二《明陳道復行(草)書對酒詩扇頁》即此,只載所作年份,無圖。

春日,於浩歌亭草書節録《司馬光獨樂園記卷》,將遺同好,云:"文知樂意在天地間,不以古今有隆起日也。"

文物出版社《中國古代書畫圖目》一《明陳道復草書獨樂園記卷》:"《獨樂園》:迂叟平日讀書,上師聖人,下友群賢,窺仁義之原,探禮樂之緒……因合而命之曰'獨樂'。辛丑春日,偶坐浩歌亭,花竹映户,禽鳥近人,幽興頗舉,大有閑適之趣。遂檢司馬温公此作,漫録成卷,將以遺我同好。文知樂意在天地間,不以古今有隆起日也。道復識。"中國歷史博物館藏。

按：所書爲司馬光《獨樂園記》片段，個别句子略異。

春日，作《花卉卷》。民國徐宗浩題詩跋贊之。

澳門藝術博物館《故宫上博珍藏青藤白陽書畫特集》下卷《陳淳》圖 61《花卉圖卷》。畫花卉八種，款云："嘉靖辛丑春日，白陽山人陳道復畫。"後徐宗浩題云："此卷……審爲晚年之筆，超逸瀟灑，非尋常畫史所能夢見。良由胸次高曠，故出筆便無點塵耳。漫賦二絶，用志欣賞。用行書法寫花枝，逸墨遒毫自擅奇。海岳雲林堪鼎足，風流儒雅亦吾師。焚香隱几樂幽閑，勝士高人獨往邁。詩古文辭書與畫，平生福慧接衡山。"故宫博物院藏。

文物出版社《中國古代書畫圖目》二十亦載此，無徐宗浩題詩跋。

春日，作《牡丹卷》。

文物出版社《中國古代書畫圖目》十五《明陳道復洛陽春色書畫卷》。前卷，前行書引首"洛陽春色"，款云："道復。"後畫《牡丹圖》，款云："嘉靖辛丑春日，白陽山人陳道復作。"瀋陽故宫博物院藏。

天津人民美術出版社《陳淳精品畫集》圖 112《芍藥圖卷》同上。

春日，作《墨竹圖軸》。

方濬頤《夢園書畫録》卷十一《明陳白陽墨竹立軸》款云："嘉靖辛丑春日，白陽山人陳道復作。"

夏日，爲叔襄作《行書近作詩三首卷》。

文物出版社《中國古代書畫圖目》三《明陳道復行書近作詩卷》："《辛丑夏日

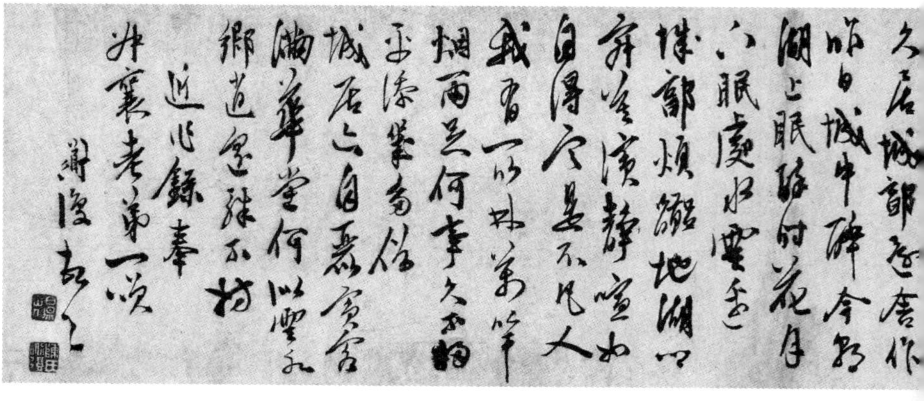

圖 74　陳淳爲叔襄作《行書近作詩三首卷》

紀事》：可憫三吴地，俗澆民益貧。終身事勤動，卒歲膺苦辛。今年更無聊，蝗潦難具陳。蝗生聚若蟻，雨霪兼數旬。值此凋敝時，而今遭邅屯。我稟既薄劣，百事徒因循。宗依謝良友，所顧乏四鄰。炊煙幾欲絶，壯志寧復伸。何如笑美酒，斟酌忘主賓。偃仰天地間，醉中有餘春。《久居城郭還舍作(二首)》：昨日城中醉，今朝湖上眠。醉時花月下，眠處水雲邊。城郭煩囂地，湖鄉寂寞濱。静喧如自得，定是不凡人。我有一竹林，萬竿煙雨足。何事久不歸？平添幾多俗。城居亦自麗，賓客滿華堂。何似雲水鄉，逍遥殊不妨。近作録奉叔襄老弟一笑，道復頓首。”上海博物館藏。(圖 74)

按：據第一首詩題“辛丑夏日紀事”和款云“近作”，此卷書於是年夏。叔襄待考。劉九庵《宋元明清書畫家傳世作品年表》本條將“叔襄”誤作“叔衷”。

夏日，作《雲山圖扇》。

文物出版社《中國古代書畫圖目》二十《明陳道復雲山圖扇頁》款云：“辛丑夏日，道復作。”故宫博物院藏。

夏日，作《湖石牡丹圖卷》。

劉九庵《宋元明清書畫家傳世作品年表》：“嘉靖二十年辛丑(1541)，夏日，陳道復(白陽)作《牡丹湖石圖卷》。故宫博物院。”

七月，於浩歌亭爲客作《岳陽樓圖并草書范仲淹記卷》。

澳門藝術博物館《故宫上博珍藏青藤白陽書畫特集》下卷《陳淳》圖 107《岳陽樓圖并書記卷》。前幅畫《岳陽樓圖》，後幅草書《岳陽樓記》，款云：“辛丑秋孟，客過浩歌亭，要余作岳陽樓圖并書范文正之作。范，吴産也。書生不能忘世故者，

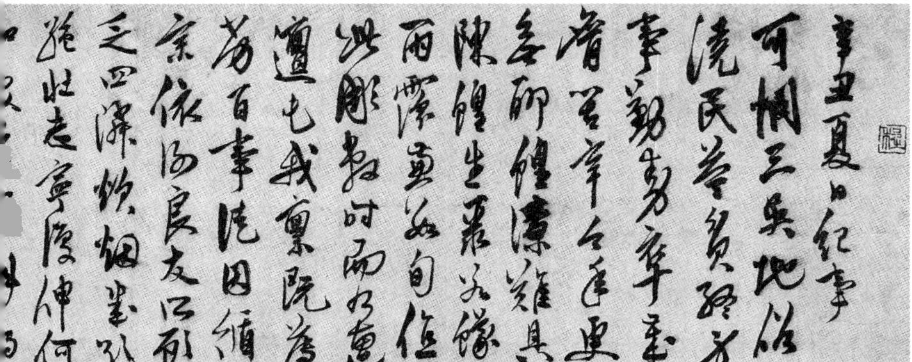

圖 75　陳淳《松石圖軸》

儻亦有仰止之意云。道復記事。"故宫博物院藏。

八月十二日，於城南草堂作《松石圖并行草近作浣溪沙詞軸》。

江蘇美術出版社《中國民間秘藏繪畫珍品》錢君匋先生藏畫選《明陳淳墨松圖軸》。下作《松石圖》，上行草題詞："秀色扶疏覆野庭，滿身鱗甲似龍形，主人依倚醉還醒。城市山林閑宰相，竹籬茅舍老書生，不妨隨伴採芝苓。近作得《浣溪沙》并書圖上，白陽山人。"左另款云："嘉靖辛丑中秋前三日，道復寫於城南草堂。"（圖 75）

八月十六日，過無錫鵝湖，訪華夏東沙草堂。坐中談及趙孟堅《水仙花卷》，華夏欲其仿佛爲之，乃出古紙。遂發興作《梅花水仙圖卷》，以副其意。明年，文嘉有跋。

迮朗《三萬六千頃湖中畫船録》卷三十二《陳白陽梅花水仙》。後題曰："舊嘗見趙彝齋所畫《水仙花》一卷，紙墨精致，花葉稠疊，繁而不亂，約有三十餘尺，真妙品也！偶過鵝湖，訪東沙草堂，坐中談及此卷。主人中甫欲余仿佛爲之，乃出古紙四節，粘成一卷。筆研在側，遂發興揮之，以副其意。倘置此於趙卷之右，妍媸自别。古今人不相及，理之必然，觀者幸勿深誚。嘉靖辛丑八月既望，白陽山人陳道復。"又一跋曰："余所見子固《水仙》及湯叔《雅霜八千林圖》，行筆俱弱，疑非二公得意之作。道復此卷皆雙鈎篆筆，草草而成，天真爛熳，誠非二卷可并也。壬寅夏至，獲觀於東沙草堂,因題。茂苑文嘉。"

是日後,訪華復誠,爲作《竹枝山鳥并詩扇》。

華復誠(1516—1585 尚在),字存叔,號元皐,無錫縣(今江蘇無錫市)人。雲三子。諸生。嘉靖末期以恩例授鴻臚序班,官至鳴贊。能書法。

陳葆真《陳淳研究·陳淳書畫編年表》:"五十八歲,1541 嘉靖二十年辛丑,秋日爲存叔作《竹枝山鳥扇面》,并書七言古詩。故宫博物院藏《煙雲寶笈扇》。"

顧光旭《梁溪詩鈔》卷九《明隆慶·華臚贊復誠》:"字存叔,號元皐。官鴻臚寺鳴贊。補庵公之子。"

無錫市博物館藏嚴訥《明故華室曹孺人墓志銘》:"(曹)嫁元皐華君復誠……華君早歲負意氣,人忤之,輒不平……鋭於學,自謂唾掌一第。久之,丁外艱。坐家政旁午,知勢不克,則去而媒別進取。奉恩例,官鴻臚。"

華渚《勾吴華氏本書》卷四十八下《鴻臚寺序班華復誠敕命一道》:"敕曰:……鴻臚寺序班華復誠乃南京刑部郎中雲之子,紹學家庭,毓賢庠序,能工其藝藻,熟於容儀,而掄兹近秩,則服勤夙夜,以祗其官。兹以覃恩,授爾階爲登仕佐郎,錫之敕命。……隆慶元年十月□□日。"

王世貞《弇州續稿》卷一百八十一《華存叔》:"公書法駸駸大令,以故多外拓,筆日益工,而結體益廓落。"

按:華孳亨《華氏傳芳集》卷五《奉議大夫補庵府君宗譜傳》云:"府君諱雲,字從龍,號補庵。……卒嘉靖庚申九月廿三日……子五:復初、復禮、復誠、復元、復陽。"可見,復誠爲雲三子。

又其丁外艱後,奉恩例,官鴻臚序班。以守喪二十七個月,嘉靖四十一年壬戌(1562)十二月服闋,當次年得官。與三年考滿,授登仕佐郎,正相吻合。

王世貞《弇州續稿》卷十一《賦得匡廬觀瀑壽華存叔鴻臚》有"只今高卧梁溪上,七十風神愈蕭爽"句,萬曆十三年乙酉(1585)作,知其生正德十一年丙子(1516)。

陳淳八月十六日過無錫鵝湖華夏,離南門外耕讀橋南的華雲家有 20 多公里,當是日後至此爲復誠作書畫扇。

九月七日,文元肇載雨過訪,留宿,遂作《姚山田舍圖并詩》爲贈。明後日,集浩歌亭,文元肇有詩。數年後,王穀祥、彭年爲其題圖。

文元肇(1520—1589 後),字子初,後更名肇祉,字基聖,號雁峰,長洲縣(今江蘇蘇州市)人。徵明長孫,彭長子。嘉靖後期以貢入國學,授上林苑録事。詩文書法,秉承家學。有《文録事詩集》等著。

卞永譽《式古堂書畫彙考》卷三十七《明法書名畫合璧高册》。第一册第十七幅《陳道復姚山田舍圖并題》:"景物秋來好,蕭蕭絶可憐。幽人發幽興,載雨過山前。辛丑重陽前二日,喜子初過姚山,遂留宿田舍,對雨作此爲贈。時已薄暮,殊不能佳也。淳。""林疏秋欲暮,溪上草堂開。訪友誰乘興? 扁舟冒雨來。穀祥。""登高九日興,載雨五湖船。不見元龍久,披圖意惘然。嘉靖癸丑五月廿有七日,彭年。"

文肇祉《録事詩集》五言律《過陳丈白陽田舍,留集浩歌亭》:"種竹開三徑,編籬翠作屏。憐公千載調,憶别兩秋螢。杯盞香醪白,盤餐菜甲青。因過問奇字,醉卧子雲亭。"

按:文物出版社《中國法書全集》十三《明祝允明行楷書燕喜亭等四記卷》後有周天球跋,云:"子初爲衡山太史公冢孫,家學競爽,不靳厚直,以購之,得鑒賞之真矣。"黄佐《泰泉集》卷五十四《將仕郎翰林院侍詔衡山文公墓志》曰:"公初諱璧[壁],字徵明。後以字行,更字徵仲。……嘉靖己未二月二十日……執筆而逝……生子男三人:長彭,嘉興府學訓導。……孫男五人:元肇,國子生……彭出。"文含《文氏族譜續集·歷世生配卒葬志》謂:"上林公肇祉,國博長子。"《蘇州世系表》稱:"六世:肇祉,字基聖,號雁峰。"鑒此,子初即文徵明長孫,彭長子。名元肇,字子初,後更名肇祉,字基聖,號雁峰。嘉靖後期國子生。

元肇抵陳淳田舍當日下雨,應明後日集浩歌亭。

文含《文氏族譜續集·歷世生配卒葬志》:"上林公肇祉,國博長子。以諸生入太學,選授上林苑録事。生於正德十五年庚辰,年七十餘卒。"

又《歷世載籍志》:"上林公肇祉《文録事詩集》《虎丘山志》。"

孫岳頒等撰《佩文齋書畫譜》卷四十三《書家傳二十二·明四》:"文肇祉……國博公彭長子。……詩文草隸,仿佛國博公。"

秋日,於五湖田舍作《二松圖》,以紀興。

李日華《味水軒日記》卷二:萬曆三十八年庚戌四月二十日:"有持示陳白陽草草戲筆作《二松》,蘆葦陂潋,頗有子久之致,而稍涉疏曠耳。自題云:'長松落落映寒流,衰草蕭蕭一葉舟。歌罷滄浪誰肯和? 青山滿目送清秋。嘉靖辛丑秋日,自山中還湖上,戲寫此紙,以紀野興。白陽山人道復。'"

秋日,於五湖田舍作《山水圖》,以紀興。

李日華《味水軒日記》卷二：萬曆三十八年庚戌十月四日："張媪持《陳白陽散筆山水》來觀，氣象荒率，一時乘興之作也。然如豪士哺嚼，初不經意，而雄邁自露。一絶云：'長松落落映寒流，衰葦蕭蕭一葉舟。歌罷滄浪誰肯和？青山滿目送清秋。嘉靖辛丑秋日，自山中還湖上，戲作此紙，以紀興。白陽山人道復。'行草如指頂，天真爛漫，大類唐人林藻。"

秋日，作《瓶荷圖軸》。

台北故宫博物院《故宫書畫圖録》七《明陳淳瓶荷圖軸》款云："辛丑秋日，白陽山人陳道復作。"(圖 76)

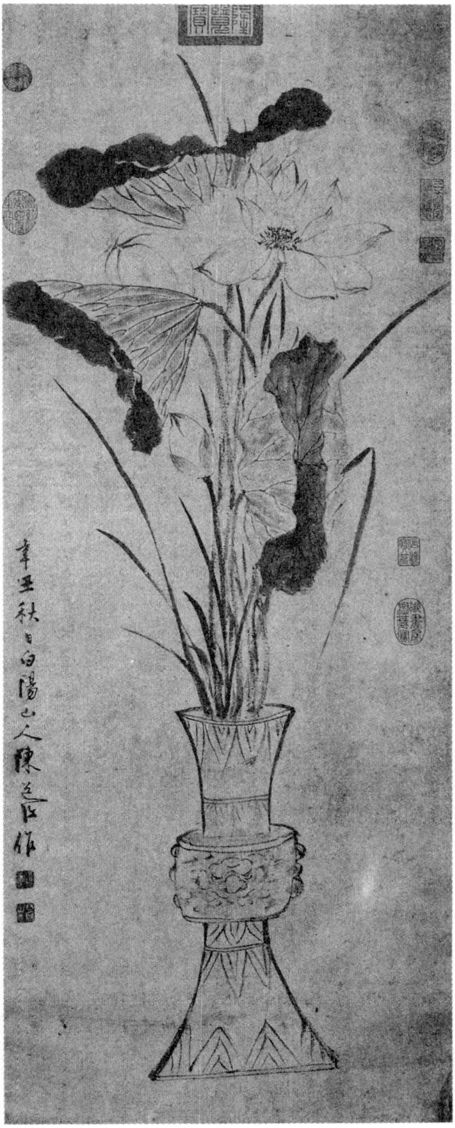

圖 76 陳淳《瓶荷圖軸》

秋日，於胥江之上，得故人所贈茉莉花。既歸五湖田舍，作《行書茉莉花詩并圖軸》復之以謝。

台北故宫博物院《故宫書畫圖録》七《明陳淳茉莉軸》。下作圖，上行書題云："幽葩剪冰雪，素香飄麝蘭。晚風涼月下，偏許醉眸看。此余舊作《茉莉花詩》也。辛丑秋日，偶從湖上來，逗留胥江之上，故人出名花美酒，相賞忘歸。解舟時，則花已在舟上，足知故人知我清癖。既至田舍，秉燭對花，籬落頓增奇事，不敢忘惠，戲寫此紙復之。所謂名花即茉莉也。白陽山人陳道復作於五湖田舍碧雲深處。"

《(乾隆)蘇州府志》卷五《水・吴縣城外河》："胥江深闊不必開濬。支河二：夏駕橋河，東接胥江入口，西行至香山廟，長二百三十丈，闊一丈八尺。康履橋河，俗名新開河，東接南濠入口，西行至歸涇橋，長八百二十丈有奇，闊二丈五尺有奇。”

十月一日，吴承恩寄素索圖，作條幅復之。

吴承恩（約1500—1582），字汝忠，號射陽山人，山陽縣（今江蘇淮安市）人。嘉靖二十三年（1544）歲貢生。三十九年（1560）授長興縣丞，不久辭歸。工詩文，能書法，善諧劇。有《射陽存稿》等著。

梁章鉅《退庵所藏金石書畫跋尾》卷十六《陳白陽畫軸》。“余近日又新得白陽一軸，款云：‘射陽吴子有别業在射陽湖上，因以自號。今日遠寄此素，欲余作圖，草草奉復。時嘉靖辛丑十月朔旦。’”

上海辭書出版社《中國歷史大辭典》上卷：“吴承恩（約1500—1582），明淮安山陽（今江蘇淮安市）人，字汝忠，號射陽山人。少時有文名，屢試不第。嘉靖時舉爲歲貢生。嘉靖二十八年（1549）遷居南京，賣文爲生。三十九年（1560）任長興縣丞，不久辭職。隆慶四年（1570）開始撰寫《西遊記》。另著《花草新編》《禹鼎志》等，大多散佚。今存《射陽先生存稿》四卷、《續稿》一卷。”

譚正璧《中國文學家大辭典》下：“吴承恩……性敏多慧，博極群書。工書，詩文雅麗，有秦少游風。嘉靖二十三年（1544）歲貢生，授長興縣丞。隆慶初，歸山陽，放浪詩酒。卒，無子。承恩詩文，身後多散失。邑人邱正綱爲之編纂成《射陽存稿》四卷，《續稿》一卷。生前又善諧劇，著雜記數種，名震一時。今存《西遊記》一百回，爲明人四大奇書之一，至今盛行閭閻間。”

十二月十六日，過無錫鵝湖，訪華北溪，獲觀《沈周和香亭圖卷》，見有其祖父陳璚等人題詩，感慨不已，作跋爲記。

香港蘇富比拍賣有限公司2000年春季拍賣會《柯瑞珍藏中國書畫》圖111《明沈周和香亭圖卷》。前行書引首“和香亭”，款云：“允明題。”後沈周圖，題云：“春園暢百卉，芳馨向陽敷。風氣遠邇揚，妙聞微若無。澄懷默有入，慮消塵亦俱。中備芝與蘭，清氛與凡殊。主人君子德，燕坐林亭孤。沈周。”拖尾題詩跋：“風向百花過，雨飄千樹來。主人坐亭上，欣然鼻觀開。璚題。”顧福、祝允明、張靈等詩，略。“和香亭在吴城一圃中，美花奇樹，環列四面，引水爲池，可飲可濯。時有名流遊愒，試觀其圖其詩可知矣。余幼時亦嘗侍吾大父登其亭，卷中五言絶句即吾大父作也。今日偶過鵝湖，訪北溪草堂。案頭獲此卷，披覽之餘，真成一夢耳。辛丑臘月既望，白陽山人道復。”

按：此卷後歸項元汴，有跋，曰：“入姑蘇天池採茶，購此於蕩口華北溪氏，原價念兩。"由是,北溪姓華,家住無錫蕩口,應爲華夏等人親戚,名字待考。

是日或稍後,泛鵝湖,有客具筆研,爲作《花果卷》,以紀勝遊。

文物出版社《中國古代書畫圖目》三《明陳道復花果卷》。畫花果十二種,款云:"嘉靖辛丑臘月望後,偶泛鵝湖,晴光可愛,有客具筆研,漫寫此卷,以紀勝遊。白陽山人道復。"上海博物館藏。

按:陳淳十二月十六日訪鵝湖華北溪,所言"臘月望後",當是日或稍後事。

冬,作《葡萄圖軸》,并就昨日於文徵明府見其所作《葡萄圖并書李白草書歌卷》,提出當以自家篆法作此而使日觀尚在的觀點。

台北侯彧華藏《陳淳葡萄圖軸》。下作圖,行書題云:"戲筆。"上草書題云:"余常見温日觀所寫葡萄,取其筆建超脱。昨於衡師處,見其一卷中雜書《李翰林草書歌》,蓋其自況。余則以爲,不能無竊余家篆法使日觀尚在。聞吾此論,不容不嘆服矣。辛丑冬日,道復。"(圖 77)

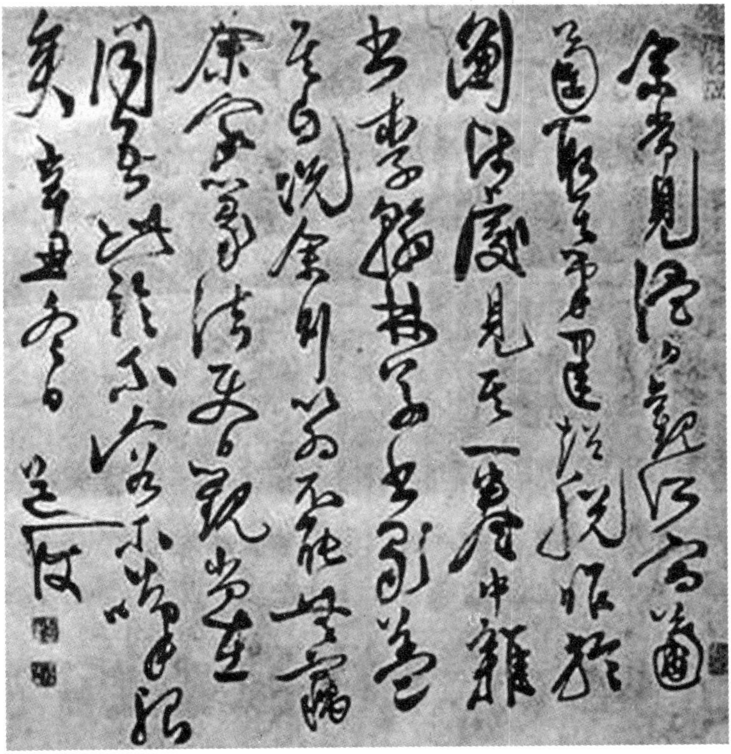

圖 77 陳淳《葡萄圖軸》題識

是年，從女陳氏嫁禮部主事陸師道爲繼室。

陳氏（1524—1549），敬事婆母，能甘淡薄，無所黷慕。陸師道（1510—1573），字子傳，初號元洲，後號五湖道人，長洲縣（今江蘇蘇州市）人。嘉靖十七年（1538）進士，授工部主事。改今職。是年以侍母告歸。後起南京禮部，累任尚寶少卿。亦文徵明弟子。詩文書畫皆有聲，有《五湖集》。

陸師道《陸尚寶遺文・亡妻陳氏墓志銘》："嘉靖二十八年十一月二十日，禮部儀制司主事長洲陸師道之繼室陳氏卒。……陳氏，長洲聞家，世居縣之大姚村。自都御史成齋公爲大官，顯聞於時，宗姓益盛，子孫世事詩禮，雖貧不徙業。至淡泉居士諱濰，讀書，授徒里中，稱德人長者。娶長溪夏氏，生女，慎擇所歸，過年不嫁。師道喪吴安人，聞而娶焉。既歸，事太安人寅畏，不遂從師道去祿。家食能甘淡薄，無所黷慕，相與安焉。歸八年，生三女，長字金應，次皆不育。固以感疾卒，年止二十有六。"

按：以陳氏卒嘉靖二十八年己酉（1549），上推八年，嫁陸師道在是年。而其父濰乃淳哪位伯叔或從伯叔之子，不詳。

趙用賢《松石齋集》卷十五《尚寶司少卿五湖陸先生行狀》："先生姓陸氏，諱師道，字子傳。始號元洲，歸田後别稱五湖道人。學者尊而不以官名，因稱之曰'五湖先生'云。先生世籍長洲。……舉嘉靖戊戌進士……授工部都水司主事。……庚子，改禮部儀制司主事，入管制敕房。明年，太宜人病，請告歸侍，不許。再疏乞休，四上書，宰相始聽予告。……乙丑，以南京祠祭司主事召。數月，遷膳部郎。復改尚寶司少卿。……戊辰，署司篆。以勞憊故疾益發，復疏乞骸骨。上特憫，賜歸。……先生爲文法昌黎，詩取大曆中語，五七言律得孟襄陽、岑嘉州致。小楷精絶，大都似顔魯公《仙壇記》。晚歲尤工隸書，咄咄自謂過韓李。畫法獨喜倪元鎮，而傅染精麗者，遂不減趙吴興。吴中故重文先生徵仲，謂得四絶。先生自棄官後，則往執弟子禮，甚恭。故其文藝多類徵仲，而名德亦相亞云。先生生正德庚午，卒萬曆癸酉，壽六十四。"

黄虞稷《千頃堂書目》卷二十三："陸師道《五湖集》。"

是年，正月三日，蔡羽卒，享年六十四或六十五。

文徵明《甫田集》（三十六卷本）卷三十二《翰林蔡先生墓志》："嘉靖二十年辛丑正月三日，吴郡蔡（羽）先生卒。"

汪世清《藝苑疑年叢談・蔡羽》："蔡羽生於成化丁酉或戊戌，即一四七七年或一四七八年……"

錢允治生。

張慧劍《明清江蘇文人年表》:"1541 辛丑嘉靖二十年,吴縣錢允治(功甫)生。……允治,穀子。"

是年,四月,九廟災。

【是年僞作】

《牡丹圖卷》。

張照等撰《石渠寶笈》卷三十四《明陳淳牡丹一卷》自識云:"嘉靖辛丑夏日,白陽山人道復作於五湖田舍之浩歌亭。"

按:澳門藝術博物館《故宫上博珍藏青藤白陽書畫特集》下卷《陳淳》圖 60 即此,故宫博物院藏。但畫和款爲兩紙:前紙畫牡丹,用筆乾净,設色淡雅,首下鈐"閬颿堂印"朱文方印;後紙行書款,起首鈐"大姚"朱文圓印,款後鈐"白陽山人""復父氏"白文方印,而款字和兩紙用印與陳淳皆不類。故推斷,此作畫真,款和印僞。

《花卉卷》。

文物出版社《中國古代書畫圖目》三《明陳道復折枝花卉卷》。畫花卉十六種,款云:"辛丑秋日,道復作。"上海博物館藏。

按:陳淳書畫一貫署竪款,而此作於卷末上方署横款,用筆板滯,與其不合;畫筆和構圖,無其乾净生動;所鈐"白陽山人""陳道復氏""復生印"白文方印亦有疑,當爲贋品。

嘉靖二十一年壬寅(1542) 五十九歲

二月十五日,作《松菊圖軸》。又作《草書古詩十四首卷》。

天津人民美術出版社《陳淳精品畫集》圖 65《松菊圖軸》款云:"嘉靖壬寅二月望日,道復。"雲南省博物館藏。

廣東崇正拍賣有限公司 2016 年春季拍賣會"九藤書屋藏明清書畫"專場拍賣《白陽山人草書古詩卷》款云:"余生平更無能事,惟於書卷不忍棄去。而漸濱老,目力甚衰,難於檢閲,不免自作大字,以備閑邊歌詠爲佐酒之具云。嘉靖壬寅仲春望日，道復。”

按：所書十四首爲《古詩十九首》中第三至十、十二至十五、十八至十九首。

三月，作《雪蕉軸》。

李佐賢《書畫鑑影》卷二十一《陳道復雪蕉軸》款云：“嘉靖壬寅春暮日，道復。”

三月，仿《倪瓚墨竹圖軸》，有題。

中貿聖佳國際拍賣有限公司2011年春季藝術品拍賣會——中國古代書畫專場一拍賣《陳淳仿雲林墨竹圖軸》。左上行書題云：“昔嘗見雲林畫竹，超於形似之外，甚有蕭散之趣，非尋常俗工所能及。吾今老矣，輒復效顰，其猶在夢想間耶。道復。”左下款曰：“嘉靖壬寅春暮。”

三月，遊吴縣西山，仿《沈周山水軸》，贈二姑父王延素。

郁逢慶《續書畫題跋記》卷十一《陳白陽仿石田小幅》題云：“春日氣和山出雲，陰陰山路未能分。山人日日看不厭，但惜不堪持贈君。此石田翁題畫之作。壬寅春暮，遊西山，戲寫以贈雲屋上人。道復。”

春日，於五湖田舍作《牡丹湖石圖軸》。

天津人民美術出版社《陳淳精品畫集》圖1《牡丹湖石圖軸》款云：“嘉靖壬寅春日，道復作於五湖田舍。”蘇州博物館藏。（圖78）

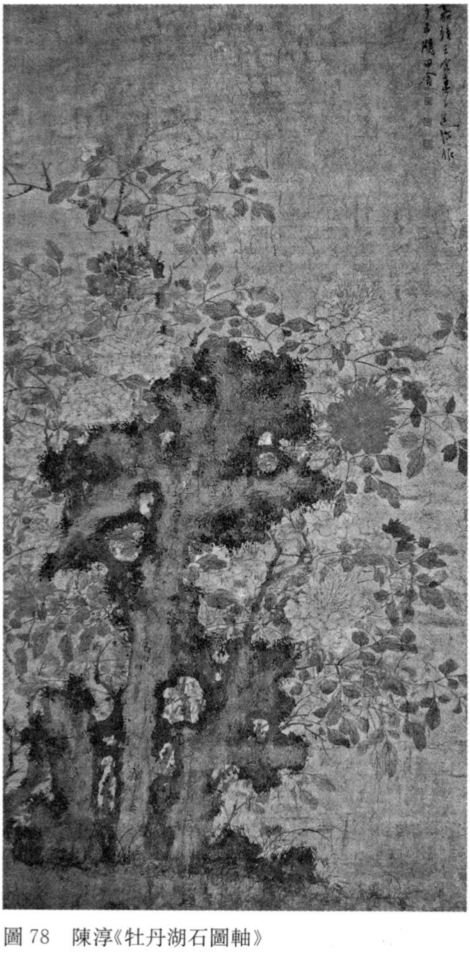

圖78 陳淳《牡丹湖石圖軸》

春日，於城南草堂古石軒作

《杏花春燕圖卷》。

上海書畫出版社《朵雲軒藏品續集·書法繪畫》圖13《陳淳桃[杏]花春燕圖卷》款云:"嘉靖壬寅春日,獨坐古石軒,撫弄筆研,作此以紀一時之興。道復志。"(圖79)

文物出版社《中國古代書畫圖目》十二《明陳道復杏花春燕圖卷》即此,只載所作年份,無圖。

按:古石軒乃陳淳城南草堂中一景。

春日,作《古詩數首卷》。

梁章鉅《退庵所藏金石書畫跋尾》卷八《陳白陽書古詩卷》。"此所書古詩若干首,老筆縱橫,王弇州以爲似楊凝式、林藻,殆非虚也。……此卷署款係壬寅春日。"

春日,作《花卉卷》,寄之社中。清汪紫佩有跋。

周二學《一角編》乙册《陳白陽寫生真跡》。"江南春雨足,杏子正開花。茅屋青帘下,遥知是酒家。""三月韶光好,名花説海棠。妖嬈看不足,何用復聞香!""波面出仙妝,可望不可即。薰風入坐來,置我凝香域。""薝蔔花開日,園林香露濃。要從□□(花裏)去,雨後自扶筇。""秋田新有秋,白酒釀應熟。西風解人意,吹綻籬根菊。""月窟多仙桂,秋來滴碎金。異香飄滿地,詩酒慣相尋。""窮冬多雪霰,柔脆已先摧。不是丹砂質,寧能最後開。""清香漂素質,舞袖卷輕羅。且莫凌波去,江頭冰雪多。"款云:"壬寅春日,作花枝八種并曳舊題,聊紀野興。寄之社中,用博一笑。道復志。"後汪紫佩跋云:"右横卷,紙本,設色畫,纖枝嬌朵,若斷若續而魂欲飛;淺絳輕螺,似有似無而意已足,此正弇州所謂'妙而不真'者也。若舍其妙而求其真,則鈍置白陽不少矣。題字亦神似眉山《醉翁亭記》筆意。"

五月七日,於五湖田舍之碧雲軒作《枯木竹石圖軸》。

金瑗《十百齋書畫録》辛卷《陳道復枯木竹石畫軸》款云:"嘉靖壬寅端陽後二日,道復寫於五湖田舍之碧雲軒。"

六月,於浩歌亭作《行草李白春夜宴桃李園序卷》,以遺社中。

澳門藝術博物館《故宫上博珍藏青藤白陽書畫特集》下卷《陳淳》圖113《行草書李白春夜宴桃李園序卷》款云:"白陽山人道復書於五湖田舍之浩歌亭。時歲壬寅夏六月,避暑漫筆,遺之社中,勿誚狂態。"故宫博物院藏。

圖 79　陳淳《杏花春燕圖卷》

夏日，於浩歌亭作《花卉卷》，説沈周嘗言“人當以丹青之外求我可也”，今吾爲此，豈謂是歟？

台北故宫博物院《故宫書畫圖録》十九《明陳淳花卉卷》。畫花卉八種，各題五絶詩。“春色上花枝，紅紫呈妍好。摹寫不知疲，筆墨竟草草。牡丹。”“三月東風起，花開雪作團。不知冰玉相，卻把繡毬看。繡毬。”“春暮辛夷發，未嫌花事遲。園林成緑遍，獨薦紫葳蕤。辛夷。”“百合種偏殊，幽閑絶可娱。花傾蒼玉蒂，香泛紫檀須。百合。”“衆草栖白露，早已識秋期。蕙生孤竹根，香風朝夕吹。秋蕙。”“清霜殄衆草，野菊自紛若。撫玩闃無人，風摇松子落。菊花。”“玉面嬋娟小，檀心馥郁多。盈盈仙骨在，端欲去凌波。水仙。”“寒巘如削鐵，凡木未堪依。獨有梅花冷，疏疏點翠微。梅花。”款云：“昔嘗見沈石田先生所作《水墨花鳥》一册，似不經意而精妙入神。册後自題曰：‘人當以丹青之外求我可也。’蓋自有得而云然耳。今吾爲此，豈謂是歟？不過糊亂塗抹、消磨歲月而已。觀者幸勿多誚。嘉靖壬寅夏日，道復書於五湖田舍之浩歌亭。”

八月十五日，過嚴仁吴江湖灣里第。酒次，出筆研索書，遂爲作《草書蘇軾前赤壁賦卷》。

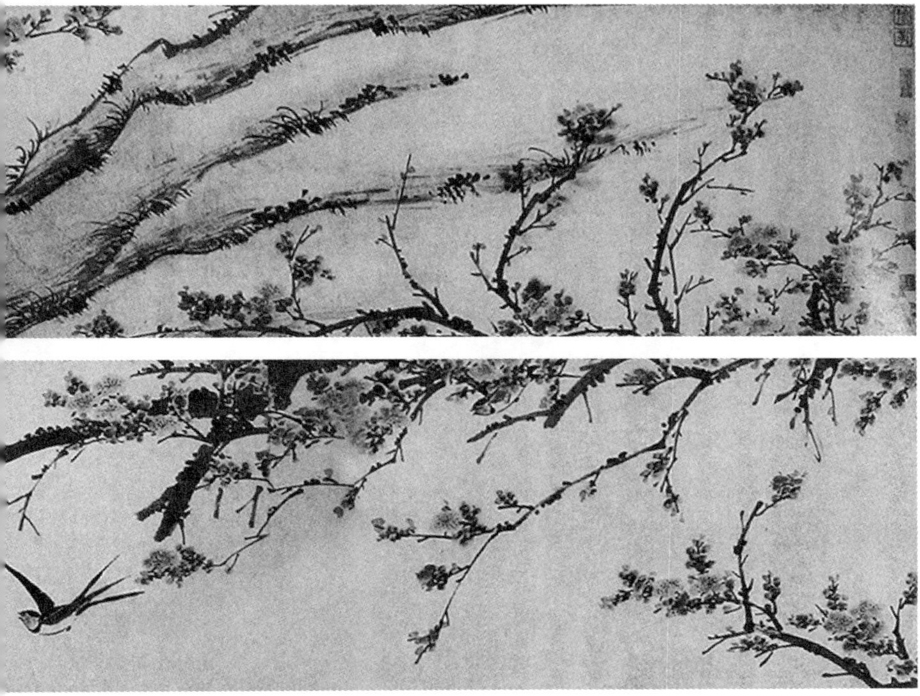

嚴仁(1510—1564),字子春,號古灣,吴江縣(今江蘇吴江市)人。晚年徙居長洲陳湖。好文善義,文徵明、陳淳等樂與交往。

眉山縣三蘇博物館藏《明陳道復草書前赤壁賦卷》款云:"嘉靖壬寅中秋,過子春湖灣里第,酒次,出筆研,命童磨墨,强書此卷,遂漫爾爲録蘇長公作。將醉舉筆,草草成興,不復此之拙也。道復記。"

文物出版社《中國古代書畫圖目》十七亦載此,局部。

按:此作所鈐"白陽山人""復父氏""陳道復氏"白文方印皆不合,當本無印,後爲他人僞製補鈐。

嚴仁湖灣里第應在吴江。

徐師曾《湖上集》卷十二《處士嚴子春夫妻合葬墓表》:"君諱仁,字子春,别號古灣,姓嚴氏,蘇之吴江人。……君家舊業素饒,私政日繁,公役遂重。父勑而托諸君,君身任之,克當其意。……里中歲歉,君出奇贏貸之,或不能庚,輒毁券不言。家世業農,至君始學禮好文。……如待詔文公徵仲、太學陳君復甫、文學顧君中甫、高士黄君志淳、姜君玄仲,皆負才名,樂與交往。陳湖之涯,葺茅穿水,營軒池,以遲客,共適其間,飄飄如仙窟云。……君享年五十有五,以嘉靖四十三年十一月十九日卒。"

費善慶《垂虹識小録》卷二《明》:“嚴仁,字子春。明自嘉靖以前,役務煩重,吴江尤甚。仁承役不避,知縣喻禮重之。每遇歉歲,出粟貸鄉農,弗計償否。晚年居陳湖濱,文徵明、陳淳輩樂與之遊。”

九月九日後,於太倉道中跋《蘇軾書宋玉九辯册》。

張丑《清河書畫舫》卷八下《蘇文忠公九辯帖》。宋玉《九辯》。陳淳跋云:“右坡翁所書《九辯》,觀其字畫精致,紙墨若新,真奇寶也!余雖鄙野,所見不多,亦嘗見數十帖,皆莊重有餘而逸韻或減,此册可謂兼得之矣。况已有勝國二名公(郭畀、龔𤅷)品題於前,蓋二公以書名家,其言足信。余復贅此,不過識吾所見之歲月而已。嘉靖壬寅重陽後,道復書於婁江道中。”

按:“婁江”爲太倉之别稱,因婁江經此而名。

九月十五日後,跋《宋拓玉枕蘭亭》。

繆曰藻《寓意録》卷二《宋拓玉枕蘭亭》。陳淳跋云:“《蘭亭》爲古今名帖,自真跡入御府模賜諸王,後有《定武》等刻行於世,歷代鑒賞者甚多,載諸卷册,無容更喙。唯此刻收縮片楮間,行次結構,無毫髮不類,其精到如此。嘉靖壬寅九月望後,白陽山人陳道復志。”

秋日,於五湖田舍之碧雲軒作《草書王勃滕王閣序册》。

上海辭書出版社《陳道復書滕王閣序》款云:“右唐王勃子安作。壬寅秋日,白陽山人道復漫書於五湖田舍之碧雲軒。”

文物出版社《中國古代書畫圖目》二十《明陳道復草書滕王閣序册》即此,祇載所作年份,無圖,故宫博物院藏。

秋日,於五湖田舍作《花卉卷》,以紀興。

陸時化《吴越所見書畫録》卷二《陳白陽設色折枝花卷》。引首“漫興”,款云:“道復。”後畫花卉十六種,其中十三種題詩句。牡丹:寧知洛陽陌,化作梵王宫。道復。芝蘭:月摇庭下珮,風遞谷中香。道復。海棠:嬌嬈看已足,何用復薰香!道復。荷花:未題。秋葵:絶無脂粉態,偏有向陽心。道復。百合:夜深香滿屋,正是酒醒時。道復。茶花:虚亭落清影,半夜月明時。道復。菊花:撫玩闃無人,風摇松子落。道復。芙蓉:美人來不來,臨風默然想。道復。薝蔔:枝頭明玉臉,葉底度香魂。道復。木筆:未題。桂花:異香飄滿地,詩酒慣相尋。道復。紅梅:折取一枝懸竹杖,歸來隨處有清香。道復。梅再題:月持顔色好,故向雪中來。

道復。水仙:盈盈仙骨在,端欲去臨[凌]波。道復。山茶:未題。款云:"嘉靖壬寅秋日,獨坐五湖田舍,戲作此卷,聊以紀興。白陽山人道復志。"

秋日,兩作《菊花扇》。

澳門藝術博物館《故宫上博珍藏青藤白陽書畫特集》下卷《陳淳》圖 55《秋菊扇頁》款云:"壬寅秋日作於五湖田舍,道復。"故宫博物院藏。

潘正煒《聽帆樓書畫記》卷三《明陳白陽花卉扇册》。第十二幅《墨菊》款云:"嘉靖壬寅秋日,白陽山人道復。"

十一月六日,陪常熟令孟顔宴虞山致道觀來雲閣,有詩。

孟顔(1515—?),字學顔,號懷溪、小溪,澤州(今山西晋城市)人。嘉靖十七年(1538)進士,授今職。官至四川參議。其爲令,以仁愛爲政,惠澤及於民。工詩文,有《孟亭恒隱集》。

陳淳《陳白陽集》七言律《至日,奉陪小溪孟尹宴虞山之來雲亭》:"當年一别虞山去,此日重來異昔時。可是言侯仍作宰,多應子羽不徇私。登臨豈在忘民瘼,詩酒還兼盡所司。野老何能勞問訊?扁舟聊爾共襟期。"

《(康熙)常熟縣志》卷十三《寺觀・宫觀》:"致道觀在縣西一里虞山南嶺下。"

又卷十四《古跡〔附名勝〕》:"來雲閣在致道觀内,即覽翠樓。邑令計宗道建。"

按:據《(康熙)蘇州府志》卷十七《職官二》,在陳淳生卒即成化二十年甲辰(1484)至嘉靖二十三年甲辰(1544)間,蘇州府屬縣令姓孟者僅常熟令孟顔一人,所言"孟尹"必爲此人,"小溪"乃其號。

《(康熙)常熟縣志》卷十《官師表》載,其前年任,明年遷户部主事。又上詩云"當年一别虞山去,此日重來異昔時。可是言侯仍作宰,多應子羽不徇私",知陳淳兩次見其至少相隔一二年——前年初次謀面,今年十一月六日冬至重逢,已經考績。

《澤州大陽歷代名人詩鈔》載:孟顔,字學顔,號懷溪,又號小溪。嘉靖戊戌科進士,歷任常熟縣令、工[户]部主事、四川布政參議。

《净影寺・名人遊歷》載:孟顔,澤州人。初任縣令,以仁愛爲政,惠澤及於民。擢工[户]部主事,累官四川布政參議。不久,以終養歸。所作詩歌不拘格律,以自抒性情爲能事;文章有氣勢,下筆動輒千萬言。著《孟亭恒隱集》數卷。

《嘉靖十七年進士登科録》:"孟顔……年二十四,(正德十年)三月初一生。"

是日後,放舟赴常熟,留凡浹旬。南歸,過崑山,訪周鳳來凝香閣,爲題

圖 80　陳淳爲周鳳來題《仇英彈箜篌侍女圖軸》

《仇英彈箜篌仕女圖軸》，云："乃吾吴門仇實甫筆，精妙特甚，可謂前無古人矣。"

上海有正書局《中國名畫》第十九集《仇實甫彈箜篌仕女圖軸》。裱邊上方行草題："嘉靖壬寅至後，放舟自陳湖草堂，抵於虞山，留凡浹旬。望南行艤玉峰之下，徑造愛梧周子之凝香室(閣)，壁上懸此圖，乃吾吴門仇實甫筆，精妙特甚，可謂前無古人矣。愛梧欲余志數語於上，漫爾奉命。白陽山人道復。"托忒克・端方藏。(圖 80)

按：蕭平《陳淳》附鄒正玉《陳淳書畫作品編年表》此條衹載題圖，且將"至後"誤爲"至夜"。天津人民美術出版社《陳淳精品畫集》附單國霖《陳淳行跡及書畫作品編年表》從之，亦誤。

"玉峰"即崑山縣西北的玉山，又曰崑山和馬鞍山。

仇英（1494—1561），字實甫，號十洲。太倉州（今江蘇太倉市）人，徙吴郡（今江蘇蘇州市）。善畫，尤工仕女，與沈周、文徵明、唐寅并稱明代"四大家"。

其嘗爲歙縣徐宗成作《南溪圖卷》，爲原南京工部郎中姜絅作《方竹圖卷》，陳淳分别題引首，可見兩人交遊亦密。

十二月，訪崑山周鳳來凝香閣，得見二十餘年前自家舊藏《趙孟頫書文賦卷》，感慨萬千，題語爲記。

張照等撰《石渠寶笈》卷五《元趙孟頫書文賦一卷》款署："子昂。"陳道復跋云："右松雪翁書《文賦》，精妙無容贅言，乃余家舊藏物也。别去二十餘年，無日不在夢想。今得於于舜凝香閣再見,恍若隔世事。于舜好古博雅,最所珍重。此卷其得所矣,吾何憾焉? 嘉靖壬寅冬暮,白陽山人陳道復。”

冬日,爲天若題《祝允明行楷海外西經卷》,稱其有師道,往往見其書札如接其談論。

中國嘉德國際拍賣有限公司2013年秋季拍賣會“大觀——開卷有益”專場拍賣《祝允明行楷書海外西經卷》款云:“正德四年春正月廿七日呵凍書,長洲祝允明。”後跋云:“枝山先生,余少時常侍筆研,有師道焉,往往見其書札如接其談論。今逝去已久,無復領其教益,每觀人間翰墨,輒興嘆不已。此卷乃天若近得,超逸不類平日書,天若可謂深於賞識矣,閱畢漫志。壬寅冬日,道復。”(圖81)

按:天若待考。

是年,於城南草堂作《草書李白襄陽歌詩卷》。

日本二玄社《明清書道圖説》圖22《陳淳草書李白襄陽歌詩卷》款云:“嘉靖壬寅,道復書於城南草堂。時值多乖,無怪其不足觀也。”台北靈漚館藏。

是年,七月一日,周倫卒,享年八十。訃聞,贈太子少保,謚康僖,祭葬如例。

文徵明《甫田集》(三十六卷本)卷二十八《周康僖公傳》:“周公名倫,字伯明,蘇之崑山人也。……嘉靖……二十一年,年八十,卒是歲七月一日也。訃聞,贈太子少保,謚康僖。再賜祭,命有司營葬如制。”

【是年僞作】

《山水圖軸》。

日本興文社《支那南畫大成》第九卷《陳淳山水圖軸》題云:“蕭蕭風雨晚來多,江上漁翁未解蓑。撑入蘆花清淺處,且圖安穩避風波。嘉靖壬寅秋日,偶筆於大姚村浩歌亭,白陽山人陳道復。”

按:詩風與陳淳相合,但書畫、印章不類,尤其是書法,寫得拙劣不堪,當爲仿品。

《花卉樹石圖卷》。

日本興文社《支那南畫大成》第四卷《陳淳花卉樹石圖卷》款云:“壬寅秋日戲畫,白陽山人。”

按:此作畫筆、款字與陳淳不類,所鈐“陳道復氏”“陳淳私印”白文方印亦有疑,而且其晚年很少用後印,應是贋品。

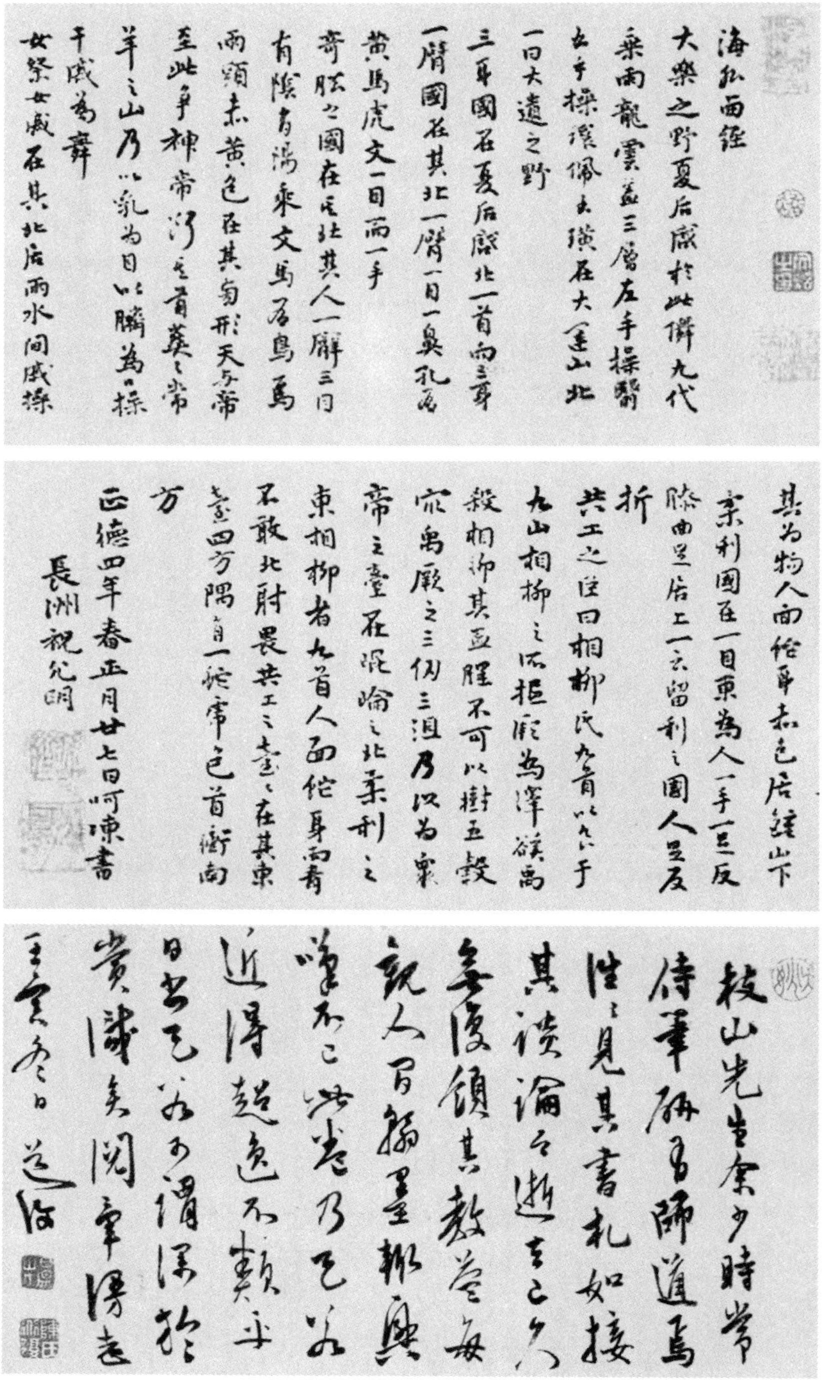

圖 81　祝允明《行楷海外西經卷》局部和陳淳題跋

嘉靖二十二年癸卯(1543) 六十歲

正月,作《菊花圖軸》。

天津人民美術出版社《陳淳精品畫集》圖75《墨菊圖軸》款云:"嘉靖癸卯春正月,白陽山人寫。"廣州市美術館藏。

二月十六日,於山居作《花觚牡丹繡球軸》。題中曰,蓋素企慕石翁者,故敢稱其"觀者當求我於丹青之外"以自釋,不敢求社中視我小視石田也。

文物出版社《中國古代書畫圖目》十四《明陳道復牡丹繡球圖軸》。下畫圖,上行書題云:"余自幼好寫生,往往求爲設色之致,但恨不得古人三昧,徒煩筆研,殊索興趣。近年來,老態日增,不復能事。□年馳騁,每閑邊輒作此藝,然已草草水墨。昔石田先生嘗云:'觀者當求我於丹青之外。'誠爾!余亦庶幾。若以法度律我,我得罪於社中多矣。余迂妄,蓋素企慕石翁者,故敢稱其語以自釋,不敢求社中視我小視石田也。癸卯春二月既望作於山中,道復識。"廣州市美術館藏。(圖82)

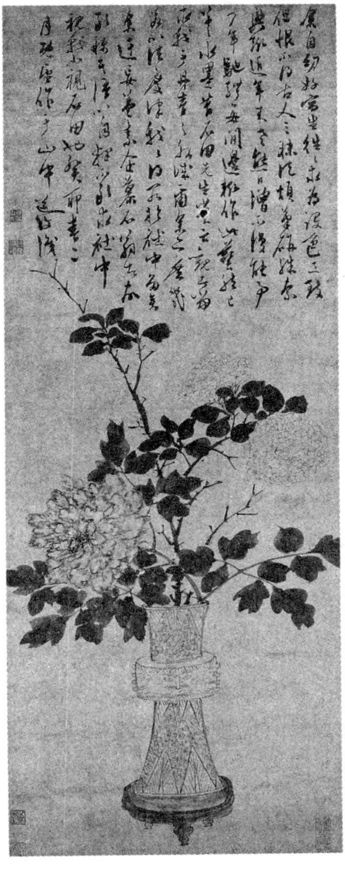

圖82 陳淳《花觚牡丹繡球軸》

天津人民美術出版社《陳淳精品畫集》圖63《花觚牡丹圖軸》即此。

按:陳淳自是年云"山中""白陽山中",爲其白陽山居之代稱,參見下第十一條。

二月,爲徐君作《虎山圖》。

陳葆真《陳淳研究·陳淳書畫編年表》:"六十歲,1543嘉靖廿二年癸卯,春仲爲徐君作《虎山圖》。《石鼓硯齋所藏書畫録》二。"

按:徐君無考。

春日,於吴縣城南小南園作《花卉四條屏》。又作《瑞珠仙影圖》。

文物出版社《中國古代書畫圖目》三《明陳道復四季花卉四條屏》。前三屏款云:"白陽山人陳道復製。”第四屏款云:“癸卯春日,白陽山人陳道復作於城南之小南園。”上海博物館藏。

陳葆真《陳淳研究·陳淳書畫編年表》:“六十歲,1543 嘉靖廿二年癸卯,春日作《瑞珠仙影》於小南園。《藝苑遺珍》三圖 33。”

春日,於浩歌亭作《草書王勃採蓮曲卷》。

中國書店出版社《中國書法大成》五《明陳道復草書採蓮曲卷》款云:“癸卯春日,書王子安作於浩歌亭。道復識。”

春日,作《蘭石圖軸》。

雅昌藝術網《陳道復蘭石圖軸》款云:“嘉靖癸卯春日,道復戲作。”

春日,有《六十》詩。

陳淳《陳白陽集》七言絶《六十》:“盛世優遊六十年,一琴一鶴自相便。從今且學彭籛去,歲歲逢春啓壽筵。”

按:上詩有“歲歲逢春啓壽筵”句,當是年春日作。

六月三十日,於五湖田舍仿《沈周瓶蓮圖并草書臨江仙詞軸》。

文物出版社《中國古代書畫圖目》二十《明陳道復瓶蓮圖軸》。上草書題詞:“花葉亭亭渾似采,坐間凉思横秋。幾回相盻越嬌羞。翠羅仍卷袂,紅粉自低頭。前輩風流猶可想,丹青片紙還留。水枯花謝底須愁。祇消浮太白,何必蕩扁舟?石田先生嘗作《瓶蓮圖》,上有此詞詞調《臨江仙》。今日小子效顰并追和如右。道復。”右下草書題款:“癸卯夏六月晦作於五湖田舍。時既醉,不知其草草也。”故宫博物院藏。(圖 83)

七月十五日後,於吴江垂虹亭爲尚寶司丞王有壬作《水仙茶花并草書楊凝式神仙起居法軸》。

王有壬(1518—1583),字克大,號文峰,吴縣(今江蘇蘇州市)人。鏊長孫,延喆長子。縣學生。嘉靖十六年(1537)以蔭授今官。時丁父和嫡母憂服除,即將還京復職。仕終太常少卿。嗜書,能詩,尤湛好史學。

天津人民美術出版社《陳淳精品畫集》圖 86《書畫圖軸》。下畫《水仙茶花》,上草書《楊凝式神仙起居法》,款云:“嘉靖二十二年歲在癸卯七月望後,爲文峰先生録於松陵之垂虹亭。白陽山人陳道復記。”南京博物院藏。(圖 84)

圖 83 陳淳仿《沈周瓶蓮圖并草書臨江仙詞軸》

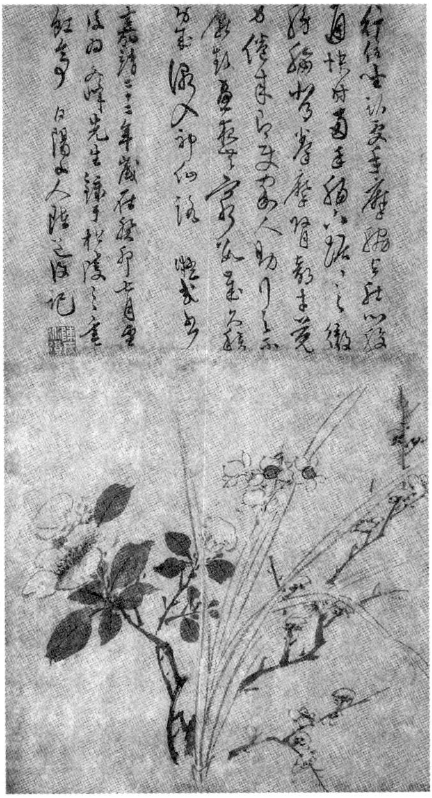

圖 84 陳淳爲王有壬作《水仙茶花并草書楊凝式神仙起居法軸》

趙用賢《松石齋集》卷十五《中順大夫太常寺少卿文峰王公行狀》載:公諱有壬,字克大,别號文峰。贈太傅謚文恪公諱鏊之孫,大理寺右寺副諱延喆之子。少從蓼川黄先生、觀槿姚先生遊。嘗一謁試縣官,選置高等隸校官。而會文恪公薨,天子念其於先朝有翊贊功,詔官冢孫爲尚寶司司丞。未幾,而大理公病卒。越明日,毛宜人亦遽卒。公匍匐歸。服除,仍故官。秩滿,遷尚寶司卿。滿九載,擢太常寺少卿,行尚寶事如故。久之,念母徐宜人春秋高,乃具疏,請得歸養。再上,不報。居有頃,韓王薨,復詔公往視其祭葬。於道移疾乞歸,既得請。公元配陸宜人,故吴名臣給事中浚明陸先生女。公性不喜甘鮮華縠,布衣糲食,人弗能堪。自解組歸,絶不干時事。顧獨嗜書,尤湛好史學。常日杜門下鍵,手自編寫者累數十家。即大寒暑不廢,或時會心處,輒作小詩,意度灑脱,絶出畦徑,澹如也。萬曆十一年癸未二月十二日,卒於西城之里第。公生正德戊寅四月十八日,享年六十有六。

《明世宗實録》卷一百九十七:"嘉靖十六年二月……壬子(三日)……授故大學士王鏊孫有壬爲尚寶司司丞,以身後蔭叙請也。"

按：陸粲《陸子餘集》卷三《前儒林郎大理寺右寺副王君墓志銘》云："君諱延喆，字子貞，姓王氏。其先世家吴之東洞庭山。……竟以嘉靖辛丑正月二十六日不起，年五十九。……娶毛氏，封孺人，有内行。後君一日卒。無子。諸少房生子男五人：長有壬，尚寶司丞。"鑒此，王有壬乃延喆長子，時丁父和嫡母憂服除，即將還京復職。

又其二叔延素乃陳淳二姑父，岳父陸粲亦陳淳夫人張氏家姻親，兩人爲雙重親戚。

八月一日，故友五榆來續盟，追尋宿昔，凡六日不能竟，爲作《枯木竹石圖》等，以俟再晤之券。清葛嗣浵有評。

葛嗣浵《愛日吟廬書畫續録》卷二《明陳淳枯木竹石軸》款云："余與五榆交逾廿載，彼此多故違闊殊甚。今秋八月朔，偶來續盟，留余别館，追尋宿昔，凡六日不能竟，漫寫小圖揭諸壁，以俟將來再晤之券。癸卯歲，友弟道復。"評曰："畫無師，則法不嚴，而功力無所施。畫守舊，則法太嚴，而妙悟無由。見白陽承停雲，後將停雲所有爲書爲畫，及畫之山水、花草，攙和合并，鑄成白陽之筆，於停雲無所加，而風趣盎然。畫豈不關於悟哉？"

按：據"漫寫小圖揭諸壁"語，陳淳爲五榆所作不止一件作品，其他蓋已散失。

八月四日，過龍泉山房，坐玩水石。中有崑壁小景，尤奇。主人見其酷嗜，因割贈之。其愧奪人所好，作《崑壁圖軸》以謝。

台北故宫博物院《故宫書畫圖録》七《明陳淳崑壁圖軸》。下作圖，上行書題云："久不入城府，緣有山水之癖。今日偶過龍泉山房，坐玩水石，種種可愛。中有崑壁□景，尤奇。主人見余酷嗜，因割贈余。余愧奪人所好，故寫此紙謝之。余得奇玩固可喜矣，主人得此亦可少慰乎，將爲文社中一段故事耳。嘉靖癸卯八月四日，道復志。"

按：據"久不入城府……今日偶過龍泉山房"語，龍泉山房在蘇州城内，主人無考。"□"字有一短竪，兩邊漫漶，當爲"小"。

秋日，於浩歌亭作《行草蘇軾前後赤壁賦并圖卷》。又作《花卉詩畫册》。

陸時化《吴越所見書畫録》卷二《陳白陽書前後赤壁賦并圖卷》。小行草，極精。款云："癸卯秋日，白陽山人陳道復書於五湖田舍之浩歌亭。"

陸心源《穰梨館過眼續録》卷七《陳白陽書畫合璧卷》。水墨凡九頁，對題九頁。第一頁《蘭花》：野竹自蕭散，幽蘭亦錯雜。清風一披拂，雅韻互相答。道復。第二頁《繡毬》：天風吹琪樹，幻出冰雪姿。虚亭落空影，夜半月明時。道復。第三頁《玫瑰》：庭院日初長，玫瑰正堪頌。香色兩徘徊，聲價令人重。道復。第四頁《荷花》：白蓮開曲沼，花葉自亭亭。移席墻陰坐，令人心自清。道復。第五頁《桂花》：金粟花開日，秋來摘碎金。異香飄滿地，詩酒慣相尋。道復。第六頁《菊花》:清霜下籬落,佳色散花枝。感[載]詠南山篇,幽懷不自持。道復。第七頁《芙蓉》:江水秋瀰潔,瀠洄玉有文。芙蓉向風立,花影自繽紛。道復。第八頁《梅花》:緣溪衍修竹,結茅映寒玉。但令一會心,何事千畝足? 道復。第九頁《水仙》:玉面嬋娟小,檀心馥郁多。盈盈仙骨在,端欲去凌波。道復。款云:"嘉靖癸卯秋日,白陽山人陳道復作於五湖田舍之浩歌亭。"

按:此作本爲册頁,應在流傳中合裝成卷,兹以原作繫之。

秋日,於白陽山居之風木堂作《行草宋之問秋蓮賦并圖卷》。

文物出版社《中國古代書畫圖目》十五《明陳道復行草書宋之問秋蓮賦卷》款云:"右宋之問《秋蓮賦》,癸卯秋日漫書并作小圖於白陽山居之風木堂。道復記。"遼寧省博物館藏。(圖 85)

按:此卷圖與書作前段 177 字缺損。

卞永譽《式古堂書畫彙考》卷二十六《陳復甫閑事札》,是寫給親家夏澤的一封信,其中曰:"欲結一巢,以蔽弱雛,而後長往,而百無一備。"又陳淳有五子,隱居後,將城南草堂留給長子枚,其餘四子與其同住五湖田舍,而且俱弱。尤其是仲子栝和另子樹,在其安葬前都已去世。因此,信札所言,當指欲建白陽山居,以安頓後嗣未來的生活。

《陳白陽集》七言律有《十月廿二日,謁白陽山時,栝兒在山居讀〈禮〉》詩,而陳淳約是年春始於詩文書畫中云"山居""山中",故仲子栝約是時入住於此。繼而推斷,白陽山居建於近年。

《中國古代書畫圖目》十七《明陳道復辛夷花軸》自題云:"白陽山居在穹窿之南、靈巖之左,因先隴在山陽,故結廬焉。"所謂"先隴"即其父鑰墓,"山陽"即小白陽山山陽。《(民國)吴縣志》卷十九《輿地考·山》曰,穹窿山距城西四十里,靈巖山距城西南二十五里。可見,白陽山居在吴縣小白陽山以南的穹窿山南、靈巖山左。

秋日,於白陽山居作《草書千字文卷》。

上海博物館藏《明陳道復草書千字文卷》款云:"嘉靖癸卯秋日,白陽山人陳道復漫書此卷於白陽山中。"

文物出版社《中國古代書畫圖目》三著録此卷,衹載所作年份。

十月十五日後,於白陽山居作《山前曉景圖并行草五律十一首卷》,以請教於大方。文徵明有跋。

台北陳先生藏《陳淳山前曉景并行草五律十一首卷》。前幅畫《山前曉景圖》,後幅行草五律十一首:"《胥江雨夜》:何處問通津? 行遊及暮春。相依不具

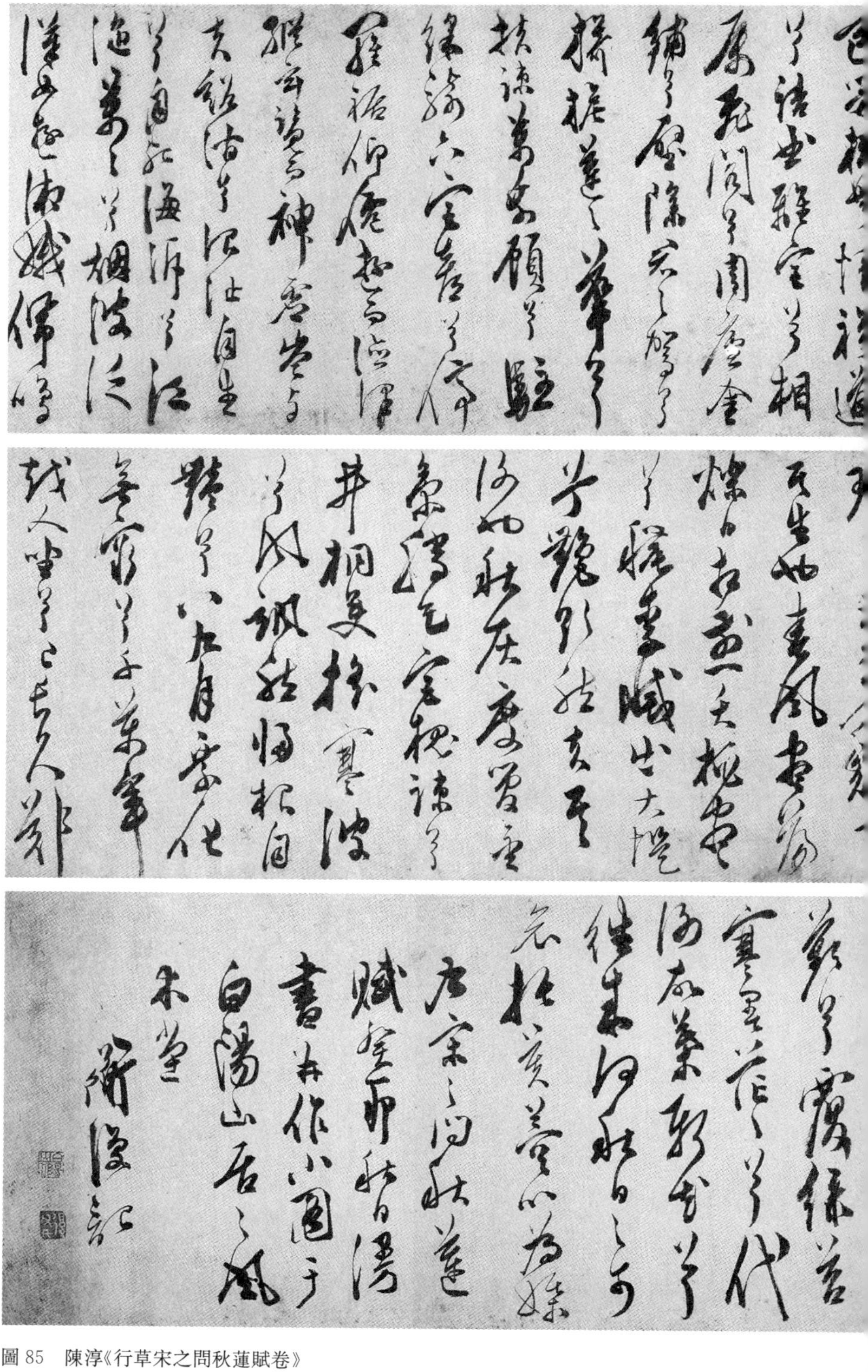

圖 85 陳淳《行草宋之問秋蓮賦卷》

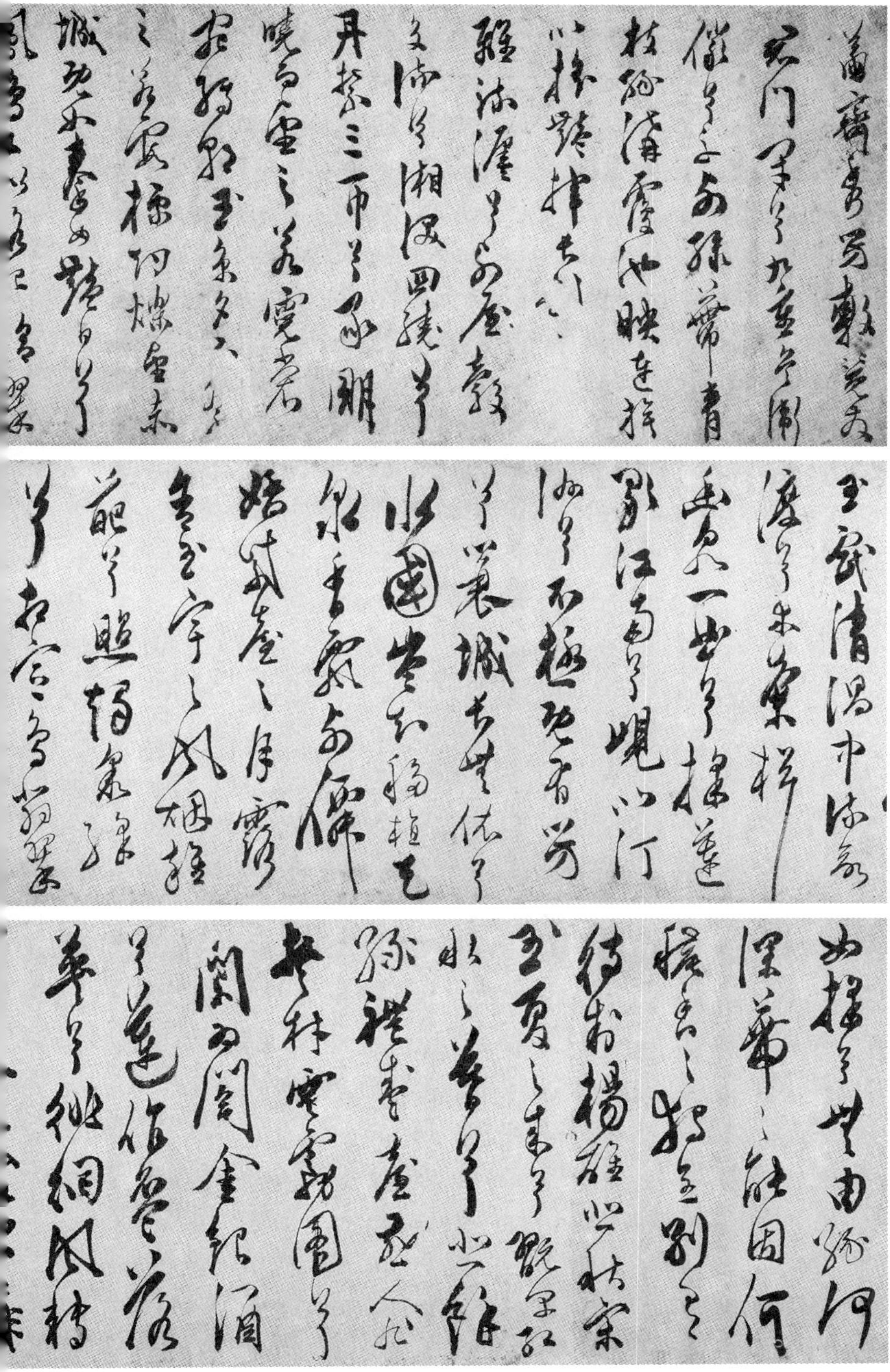

姓,同止即爲鄰。細雨青燈夕,無心白髮人。明朝還泛泛,萍梗是吾身。《過横塘》:窅窅横塘路,非爲汗漫遊。人家依岸側,山色在船頭。舉目多新第,經心袛舊丘。孰知衰老日,獨往更無儔。《山居》:暮春來壟上,竹樹儘縱横。過雨禽聲巧,隔雲山色輕。草堂容病骨,茶碗適閑情。好去收書劍,居然就此耕。《過横塘有感》:横塘經歷慣,此日倍傷神。風景依稀處,交遊寂寞濱。歲華忙裏老,踪跡夢中陳。壽夭各由命,誰能謀此身?《山居二首》:山堂春寂寂,學道莫過兹。地僻人來少,溪深鹿過遲。炊粳香入箸,瀹茗碧流匙。從此逍遥去,長生安可期?自小説山林,年來得始真。耳邊惟有鳥,門外絶無人。飲啄任吾性,行遊憑此身。卻憐三十載,何事汨紅塵?《秋日復到山居》:不到山居久,煙霞袛自稠。竹聲兼雨落,松影共雲流。且辨今宵醉,寧懷千歲憂。垂簾一蚨坐,真覺是良謀。《遣興一首》:山堂棲息處,似與世相違。竹色浮杯緑,林光入坐緋。欲行時索杖,頻醉不更衣。日夕陶陶爾,知爲吾所歸。《枕上》:獨眠山館夜,燈影麗殘釭。雨至鳴攲瓦,風來入破窗。隔林群雉雊,何處一鐘撞?展轉竟無寐,愁心殊未降。《對雨》:吾山真勝境,一坐直千金。世事自旁午,人生空陸沉。利名緣已薄,丘壑痼逾深。風雨忽然至,尤能清道心。《出山居有感》:偶出吾山去,遂得塵世羈。忽忽竟旬日,遥遥如歲時。松楸誰做主?狐兔將爲期。寄語謝諸彦,此情良可悲。吾故居在陳湖之上,而先壟在白陽山,相去七十餘里,今年乃有事於山中往來,得詩數首。此素卷隨行久矣,一日乘興作圖於前,蓋山前曉景也。因録五言近體於卷尾,以請教於大方云。癸卯十月望後,山人陳道復志。"(圖 86)拖尾跋云:"陳道復畫不好模楷而綽有逸趣,故生平所製,無一點塵俗氣。此卷尤其合作者。吴中少年,不勝家雞之賤。余得其片楮,未嘗不磅礴竟日也。徵明題。"

十月十六日前,仲子陳栝作《菊石圖軸》。十六日,顧聞題《楊將軍宅雨中觀菊歌》。

文物出版社《中國古代書畫圖目》九《明陳栝菊石圖軸》。下作圖,款云:"癸卯冬日,陳栝寫。"上行書題詩,款云:"右《楊將軍宅雨中觀菊歌》,偶見沱江子畫,遂書上方,恍若坐花下也。小雪(十月十六)日,九峻山顧聞。"天津藝術博物館藏。(圖 87)

按:陳栝畫當作顧聞題詩前。

十月二十二日,見仲子陳栝於山居讀《禮》,有詩。

陳淳《陳白陽集》七言律《十月廿二日,謁白陽山時,栝兒在山居讀〈禮〉》:"遠上寒山披紫翠,攬衣匍匐拜荒丘。霜餘木葉蕭蕭下,日暮孤心黯黯愁。賴有愚兒能讀《禮》,不妨野老自悲秋。茅堂話久渾忘寐,一盞孤燈照白頭。"

按:陳栝約是年春入住白陽山居。陳淳自此便往來於田舍和山居之間,於明年十月二十一日卒,故上詩約作是年。

十一月十五日後,爲南京右軍都督府經歷白怡題《趙孟頫行書朱子感興詩卷》《米芾書帖》。

台北故宫博物院《故宫歷代法書全集》三《趙孟頫行書朱子感興詩卷》款云:“後學趙孟頫書。”拖尾跋云:“趙文敏公書,妙絶古今,片紙隻字,重如金玉,况此鉅卷尤爲罕見。余嘗藏公所書《道德經》小楷一卷、《文賦》一卷,今皆散失。若并得之,可相伯仲。洛川其用心求購,吾將快睹焉。嘉靖癸卯仲冬望後,白陽山人陳道復。”(圖 88)

張照等撰《石渠寶笈》卷三十亦載此。

吴其貞《書畫記》卷五《米元章九札合爲一卷》。“江孟明未得此卷時,先得有陳白陽米書題跋一張,曰:‘浩浩於不意處反見天真。老米此帖爛熳可愛,當求之晋唐之間。鄙見如此,洛川子以爲何如?嘉靖癸卯仲冬望後,白陽山人陳道復。’噫,此跋莫非原是此帖上者,不然何評語字字切實,無一虚語。又或爲術數,豫先推算如古碑記之類耶。大凡世間事不可解者,蓋不能私議也。”

按:據吴其貞言,陳淳所跋爲《米芾書帖》,但不一定就是《九札合卷》,故如實繫之。

白道金《晉陵白氏宗譜外篇》卷一《恩綸志》有《封南京右軍都督府經歷司經歷白怡誥命》,云其後年十二月二日授階奉直大夫。以現職三年考滿授此階,時爲南京右軍都督府經歷。

冬日,爲三愚作《蘭石圖軸》。

日本東京大學出版會《中國繪畫總合圖録續編》第二卷《明陳淳蘭石圖軸》款云:“癸卯冬日,道復爲三愚寫。”香港藝術館虚白齋藏。

按:據張照等撰《石渠寶笈》卷三《明人書扇二册・下册》第十幅著録,三愚乃吴縣杜大綬親家,與陸士仁、文從龍、薛明益有交,文士,姓名字不詳。

是年,從弟陳汸五十八壽誕,有詩。

陳淳《陳白陽集》七言絶《詩壽道濟弟》:“六十年來老弟兄,每因詩酒盡平生。明朝是爾懸孤日,把袂相看未忍行。”

按:上詩有“六十年來老弟兄”句,當是年作。陳汸生於成化二十二年丙午(1486),是年五十八歲。

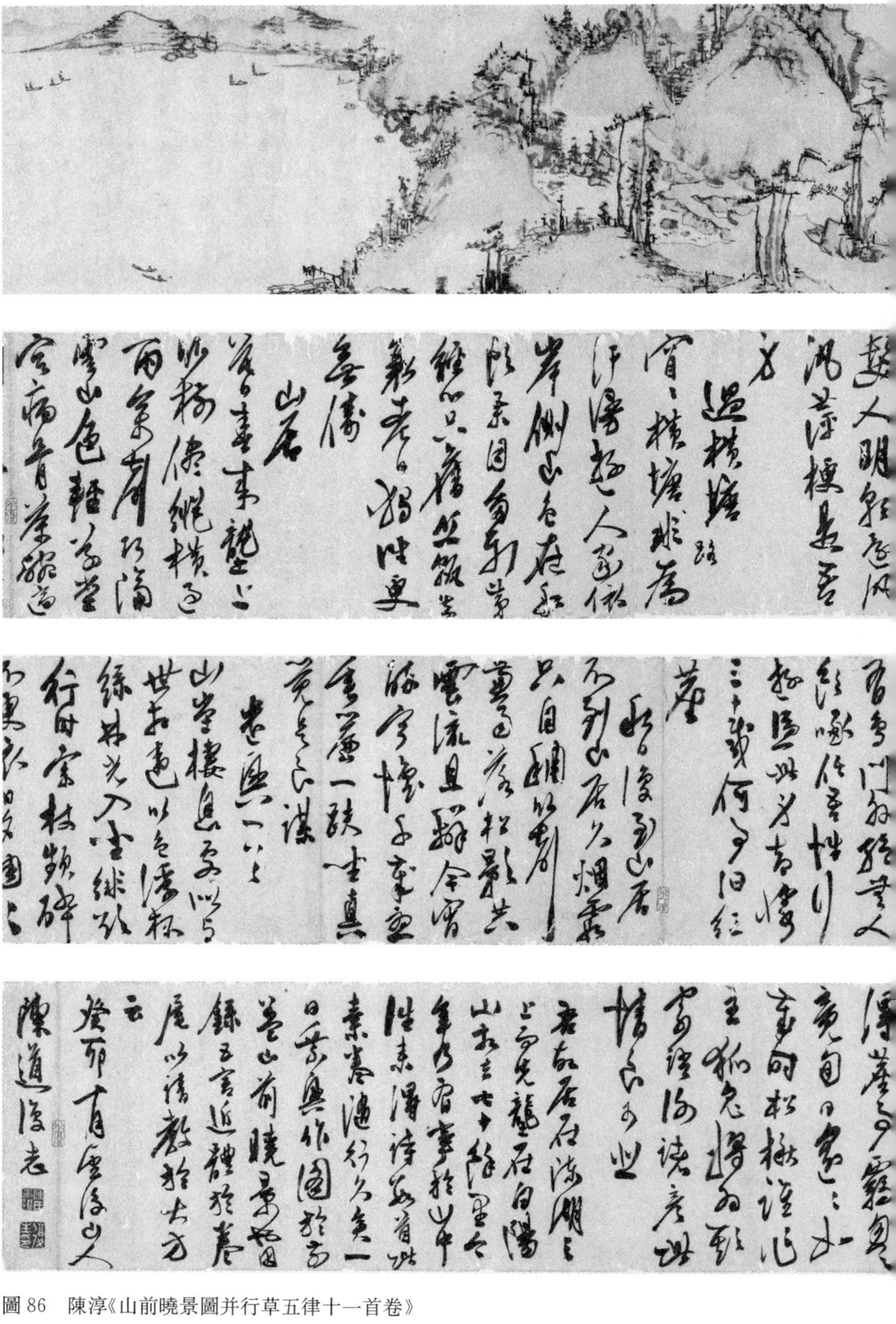

圖 86　陳淳《山前曉景圖并行草五律十一首卷》

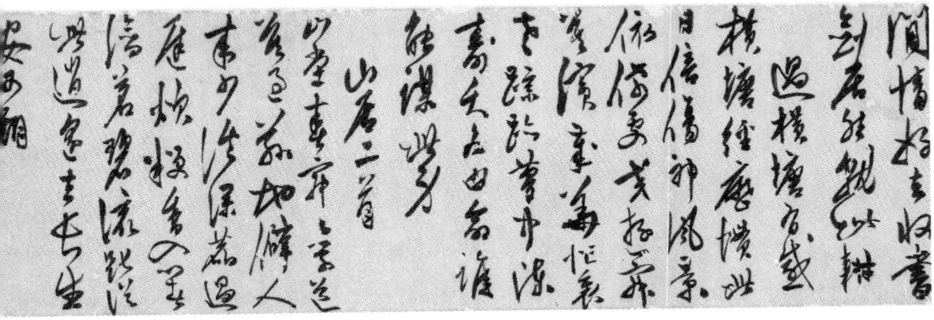

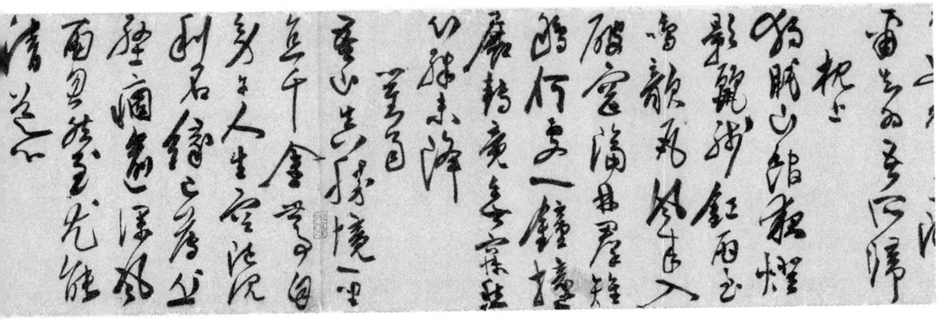

圖 87　陳栝《菊石圖軸》

王思親壽誕，有詞。

陳淳《陳白陽集》詩餘《浣溪沙·壽思親王君》："一曲清溪繞屋流，映門修竹有千頭，主人終日自夷猶。身外功名知已去，眼前花甲喜方週，百年詩酒正堪謀。"

按：上詞有"眼前花甲喜方週"句，當是年作。據楊循吉《松籌堂集》卷四《王氏思親詩序》，王君喪親，思而久之，因以爲號，名字不詳。

約是年，赴吴江令朱舜民召，有詩。

朱舜民（生卒不詳），字虞甫，齊東縣（今屬山東）人。嘉靖二十年(1541)進士，授今官。陞澤州知州，累任江西按察使。

陳淳《陳白陽集》五言律《赴吴江令朱舜民召》："把棹不知遥，松陵赴客招。雲中瞻寶塔，波面數虹橋。處處聞歌頌，人人仰帝堯。吾生何補答？甘分老漁樵。"

按：《(乾隆)吴江縣志》卷十九《職官二·知縣》載，朱舜民去年任，向後年陞澤州知州。而陳淳明年十月卒，故赴其召在去年至明年十月間，因繫此。

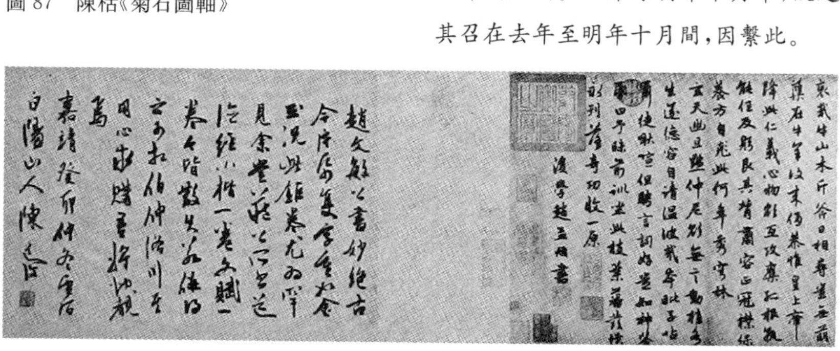

圖 88　趙孟頫《行書朱子感興詩卷》局部和陳淳題跋

《(民國)齊東縣志》卷五《人物志·鄉賢》:"朱舜民,字虞甫。嘉靖庚子舉人,辛丑進士。任吴江知縣,歷任刑部郎、應天兵備副使、江西按察使。"

是年,十二月,以水災免蘇、松、常、鎮四府税糧有差。

【是年僞作】

《花卉圖卷》。

上海人民美術出版社《藝苑掇英》第二十八期《明陳淳四季花卉圖卷》款云:"嘉靖癸卯春日作於五湖田舍之浩歌亭,白陽山人道復。"

按:此作構圖繁縟茂密,款字造作怪異,所鈐"復父氏""白陽山人"白文方印亦不合,應是贋品。

《行草李白春夜宴桃李園序卷》。

文物出版社《中國古代書畫圖目》十八《明陳道復行草春夜宴桃李園序卷》款云:"晦日,偶開青蓮居士作,漫爲一揮。時癸卯夏日,白陽山人道復。"湖南省博物館藏。

按:是作用筆狂怪不堪,所鈐"復父氏""白陽山人""陳道復氏"白文方印皆有疑,而且其署時間無此重複不明者,必爲贋品。

《牡丹圖軸》。

天津人民美術出版社《陳淳精品畫集》圖52《牡丹圖軸》款云:"癸卯十月四日,白陽山人道復製。"瀋陽故宫博物院藏。

按:此作字畫以及所鈐"道復""白陽山人"白文方印皆不合,當僞無疑。

嘉靖二十三年甲辰(1544) 六十一歲

正月,作《梅蘭竹圖扇》。

劉九庵《宋元明清書畫家傳世作品年表》:"嘉靖二十三年甲辰(1544),春正,陳道復(白陽)作《梅蘭竹圖扇》。故宫博物院。"

二月四日,張寰過訪,作《草書山居十詠》贈之。又同赴姜龍長可山居讌集，直至夜分。

姜龍（？—1545），字夢濱，號時川，太倉州（今江蘇太倉市）人。正德三年（1508）進士，官至雲南按察副使。嘉靖五年（1526）罹讒罷歸。博學多聞，亦能詩。

陳淳《陳白陽集》附録張寰《訪白陽先生叙事》："嘉靖甲辰仲春……癸酉（四日）辰，放櫂横塘……乃逾木瀆，迤邐靈巖而西，訪時川姜翁於長可山居。翁方匀藥，先是期予賞花，有詩，蓋用白陽陳子韻也。白陽山居，相望咫尺。予函乘藍輿，深扣林廬，呼酒數行，贈予草書《山居十詠》。如曰：'人家依岸側，山色在船頭。''歲華忙裏老，山色夢中陳。''近窗梳白髮，據案寫烏絲。''竹聲兼雨至，松影共雲流。''地僻人來少，溪深鹿過遲。''耳邊惟有鳥，門外絶無人。''利名緣日暮，丘壑痼逾深。''竹色浮杯緑，林光入座緋。''隔林聞雉雊，何處一鐘撞？''過雨禽聲巧，隔雲山色輕。'句多渾成，尤得草聖三昧，充予寶墨齋欣賞。隨拉白陽同赴時翁所讌集，聽雨傳觴，坐入夜分。翁出示往歲《武夷紀遊》一編，予朗誦數章，客咸傾耳歎嘖，命奚奴録置巾笥。予將南遊武夷，按圖索駿云。"

按：蕭平《陳淳》附鄒正玉《陳淳書畫作品編年表》此條只載前事，且將"仲春""張寰"誤作"仲冬""張環"。

張寰所謂《山居十詠》，皆陳淳去年作，此僅舉每首詩中之一句。第三首見是年春作《五律十四首卷》，另九首見去年十月十五日後作《五律十一首卷》，個别字詞有異，題略。

《（康熙）蘇州府志》卷六十三《人物·列傳九》："姜龍，字夢濱。昂子。正德戊辰進士。歷禮部郎中。……己卯，武宗將南巡，龍率同官諫，罰跪五日，杖幾死。出補同知建寧。尋遷雲南按察司副使，兵備瀾滄、姚安等處。……在滇四年，番漢大和。鄧川州立三正人祠，祀袁州郭紳、莆田林俊及龍。丙戌春，罹讒罷歸，滇民哭載道。家居二十年，結社於鄉，從容詩酒以没。龍博覽書史及星曆醫卜、天文地理，下至稗官小説，莫不通曉。"

錢謙益《列朝詩集小傳》丁集中《時川姜龍》："龍，字□□，太倉人。官至副使。"

薛己《薛氏醫案》卷十四《耳瘡·治驗》："憲副姜時川……卒於（乙巳）仲春二十八日……"

二月六日，訪陸氏。又同與張寰、彭科等遊吴縣銅坑。返途舟中，張寰作《詠梅詩二十首卷》，爲補圖於卷首。

彭科（生卒不詳），字孔明，長洲縣（今江蘇蘇州市）人。昉仲子，年弟。太學生。

陳淳《陳白陽集》附録張寰《訪白陽先生叙事》:"嘉靖甲辰仲春……甲戌(五日)黎明,艤櫂穹窿之麓,陸氏迓予道周,堂構落成,肅予過臨……午,乘輕橈,吊同年朱憲副乃翁西崦先生之喪於東朱……晚,仍止陸氏,宴於中堂。……乙亥(六日),時翁以他約辭不赴宴,貽於《仲冬雪意十二詠》……頃之,白陽過訪,主人將復張宴中堂。予訝之曰:'踏雪尋梅,庶幾一飽湖山之偉觀,宴此奚爲?'盍命載酒於舟,循虎山橋而西,從我一探銅坑之奥。僉謂:'選勝於斯,當不減鄧尉林、錢家崐之稱奇也。'至則風恬浪平,湖光如鏡,山容益妍。乃命童子携壺榼隨行,山人許老前爲嚮導。千畦萬徑,擁後參前,香飄襲人,恍如珠裳瓊佩,升月闕而下瑶臺也。已乃陟銅坑之中岡,探悟陽之雪洞,撫景憑高,掀髯長嘯。復循故道,緩步登舟,狎坐蓬窗,則新月揚揮,鳴榔返檝。白陽顧予曰:'樂哉兹遊,幸同濟勝,可無述乎?'予探囊中,得吾師蒲汀先生李公、約庵鄉丈周公二司徒《詠梅詩卷》,倚韻和之。凡二十首,妍媸并列,不暇計焉。白陽將爲予補圖卷首,用傳故事。斯行也,期而不赴者時川暨予家妹[姊]丈趙子四近、茂才彭子孔嘉,不期而集者白陽暨太學生彭孔明——孔嘉弟也。"

《(乾隆)蘇州府志》卷四《山·吴縣》:"銅井山即銅坑山。在彈山東北,與西磧并峙。相傳晋宋間,鑿坑取沙土煎之成銅,故名。山頂有巖洞,其懸溜匯而爲池,名曰銅泉。……山不甚高,四面皆樹梅。"

按:文徵明《甫田集》(三十六卷本)卷三十《彭寅甫墓志銘》載,君諱昉,字寅甫,長洲人。子男二人:長年,次科。又年字孔嘉。鑒此,彭孔明,名科,昉仲子,年弟。

陸氏、許老無考。

二月十五日後,於白陽山居之風木堂作《草書千字文卷》。又作《千葉紅梨花圖并草書歐陽修詩卷》。

天津人民美術出版社《陳淳精品畫集》圖147《草書千字文卷》款云:"嘉靖甲辰春仲望後書於白陽山居之風木堂,陳道復志。"廣州美術館藏。

文物出版社《中國古代書畫圖目》二十《明陳道復紅梨詩畫卷》。前幅畫圖,後幅草書詩,款云:"右歐陽文忠公《千葉紅梨花》詩,余既作圖,復書此以借重云。時甲辰春仲望後也,道復識。"故宫博物院藏。(圖89)

按:《陳淳精品畫集》附單國霖《陳淳行跡及書畫作品編年表》將後者在是年重複繫年。

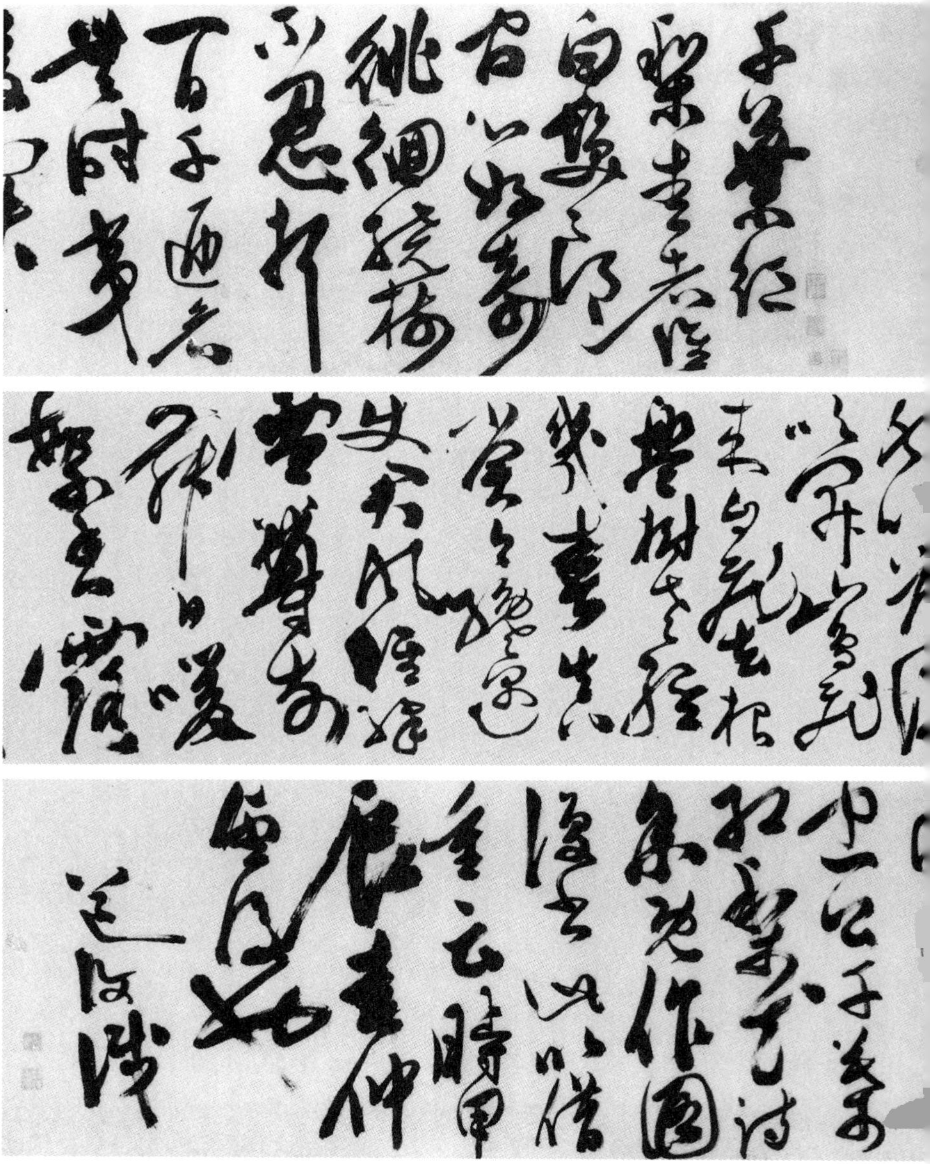

圖 89 陳淳《千葉紅梨花圖并草書歐陽修詩卷》

二月，作《古木寒鴉圖軸》。

孔廣陶《嶽雪樓書畫録》卷五《明陳道復古木寒鴉圖軸》款云："嘉靖甲辰春仲，白陽山人陳道復。"

三月三日後，題《吴寬、祝允明、徐禎卿、唐寅、文徵明、王寵詩札卷》。

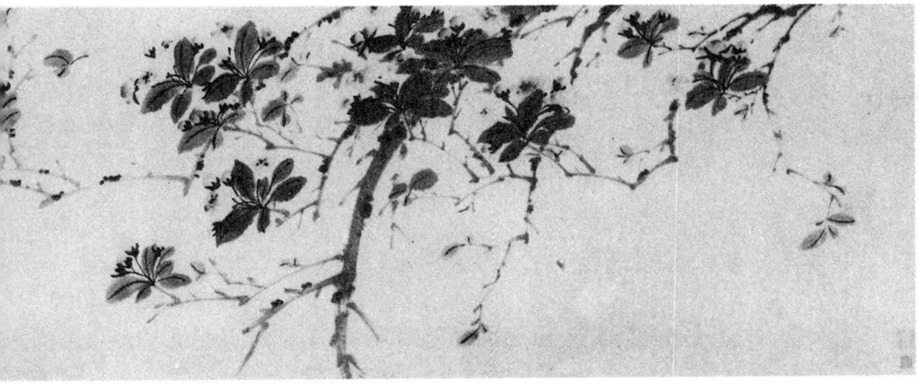

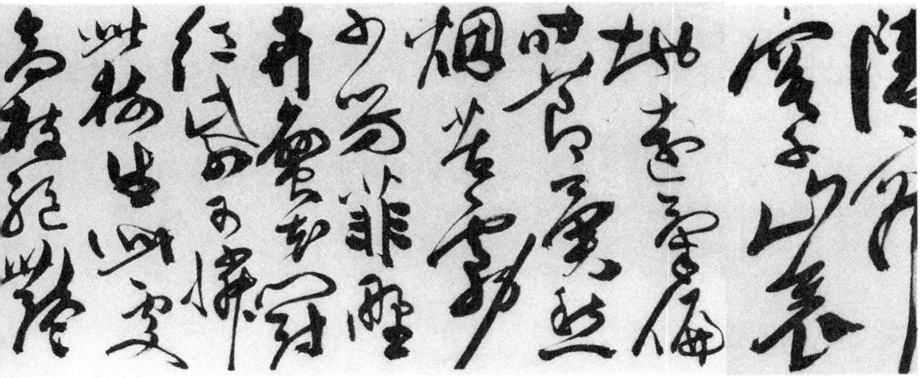

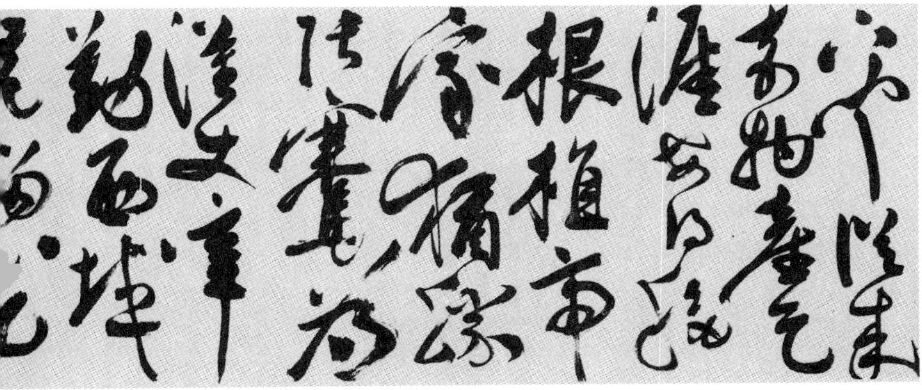

文物出版社《中國古代書畫圖目》二十《明沈度等行書詩札卷》。凡十一幀，沈度一幀，吴寬一幀，祝允明二幀，徐禎卿一幀，唐寅三幀，文徵明二幀，王寵一幀。後題云："右詩帖十，皆吴中名公巨卿詞翰，雖顯晦不同而照曜一時，鬱乎盛矣。四十年來，凋落殆盡，惟南峰楊翁、吾師文翁巋然尚存，壽日益隆，名日益重，蓋盛世元氣也。余等小子何幸，更獲侍筆研於數廿年後耶，閱畢敬書。嘉靖甲辰

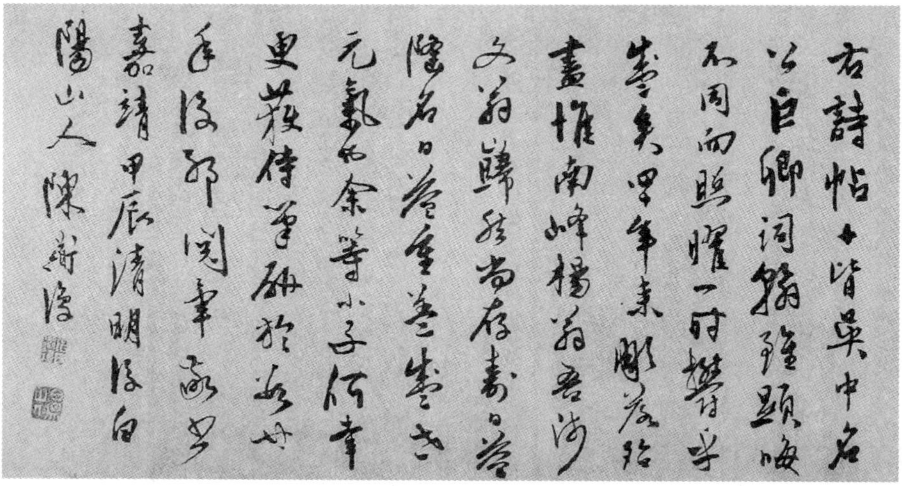

圖 90　陳淳題《吴寬等人詩札卷》

清明(三月三日)後,白陽山人陳道復。”故宫博物院藏。(圖 90)

按:沈度乃華亭縣(今上海市)人,與陳淳題云“詩帖十,皆吴中名公巨卿詞翰”不合,故其札應後來加裝,不在其列。

三月,於浩歌亭作《花卉卷》。

英和等撰《石渠寶笈三編》延春閣藏二十三《明陳淳畫四時花卉一卷》。畫花卉十八種,款:“嘉靖甲辰春三月作於五湖田舍之浩歌亭,白陽山人道復。”

春望,於白陽山居作《草書牡丹詩并圖軸》。

台北故宫博物院《故宫藏畫大系》六《陳淳牡丹圖軸》。下作圖,上草書《牡丹詩》:“東風飄飄不絶吹,遊蜂舞蝶相追隨。名花嫣然媚晴晝,深紅淺白紛差池。高堂列筵散羅綺,朱簾掩映春無比。歌聲貫耳酒如澠,醉向花前睡花裏。人生行樂當及時,光陰有限無淹期。花開花謝尋常事,寧使花神笑儂醉。甲辰春望在白陽山居,道復。”

春日,於浩歌亭作《山水并行草杜甫戲題王宰畫山水圖歌卷》。

日本東京大學出版會《中國繪畫總合圖録續編》第一卷《明陳淳仿米高兩家山水圖卷》。前幅《山水圖》,款云:“道復。”後幅行草《杜甫戲題王宰畫山水圖歌》,款云:“甲辰春寫於浩歌亭,白陽山人道復。”美國舊金山亞洲美術館藏。

春日,於白陽山居作《行草五律十四首卷》,以請教於大方。後莫是龍有跋,云:"其圓潤清媚,動合自然,無纖毫刻意做作,遂能成家。"

文物出版社《中國古代書畫圖目》九《明陳道復行草自書卷》:"歲癸卯,有事於白陽山往來,得詩數首。何處問通津? 行遊及暮春。相依不具姓,同止即爲鄰。細雨青燈夕,無心白髮人。明朝還泛泛,萍梗是吾身。窅窅横塘路,非爲汗漫遊。人家依岸側,山色在船頭。舉目多新第,經心只舊丘。孰知衰老日,獨往更無儔。暮春來隴上,竹樹儘縱横。過雨禽聲巧,隔雲山色輕。草堂容病骨,茶碗適閑情。好去收書劍,居然就此耕。横塘經歷慣,今日倍傷神。風景依稀處,交遊寂寞濱。歲華[忙]裏老,人跡夢中陳。壽夭各由命,誰能謀此身? [香入箸,淪茗碧流]山堂春寂寂,學道莫過兹。地僻人來少,溪深鹿過遲。炊粳[匙,且復悠悠爾][香入箸,淪茗碧流匙。且作逍遥客],長生安可期? 自小説山林,年來得始真。耳邊惟有鳥,門外絶無人。飲啄任吾性,行遊憑此身。最憐三十載,何事汩紅塵? 理棹入山時,風高去路遲。近窗梳白髮,據案寫烏絲。麥菜村村好,蠶桑户户宜。清和真令節,幽賞共誰期。眼前新緑遍,春事覺闌珊。燕子能差羽,鶯花亦破顔。雨來風滿屋,雲去日沉山。坐此清凉境,羲皇相與還。不到山居久,煙霞只自稠。竹聲兼雨落,松影共雲流。且辨今宵醉,寧懷千歲憂。垂簾一趺坐,真覺是良謀。山堂棲息處,似與世相違。竹色浮杯緑,林光入坐緋。欲行時索杖,頻醉不更衣。日夕陶陶爾,知爲吾何歸? 獨眠山館夜,燈影麗殘缸。雨至鳴敧瓦,風來入破窗。隔林群雉雊,何處一鐘撞? 展轉竟無寐,愁心殊未降。吾山真勝境,一坐直千金。世事自旁午,人生空陸沉。利名緣既薄,丘壑痼逾深。風雨忽然至,尤能清道心。獨往非逃世,幽棲豈好名。性中元有癖,身外已無縈。霜鬢笑吾老,清尊歡客傾。雲松即可寄,誰復問蓬瀛? 招提深寂寂,小閣向明開。雲影當窗落,松陰傍榻栽。世緣消未了,人事掃還來。一坐虚無境,凡心亦漸灰。山居無事,漫理舊稿案上,得此素卷,因録數詩於上,以請教於大方云。甲辰春日,白陽山人陳道復。"後莫是龍跋云:"陳徵君平生學米南宫,可稱具體。惜其晚年爲麯蘗所傷,腕間運掣無精氣,結構不及耳。然其圓潤清媚,動合自然,無纖毫刻意做作,遂能成家。今吴中自祝京兆、王貢士二先生而下,輒首舉徵君,即文太史當屈北面,非過論也。蓋太史法度有餘而天趣不足,徵君筆趣骨力與元章僅一塵隔耳。世有俗眼,不必與論,若求正法眼藏,當終服膺余旨,且使徵君吐色於九原也。此卷是其山居無事時作,與尋常酬應者不同,更可寶襲。"(圖 91)天津市藝術博物館藏。

按:所書五律十四首,其中第一、二、三、四、五、六、九、十、十一、十二首見去年十月望後作《五律十一首卷》,又除第十、十一首之外,其他詩均收入《陳白陽集》五言律,依次爲《胥江雨夜》《過横塘》《山居》《過横塘有感》《山居二首》《初發

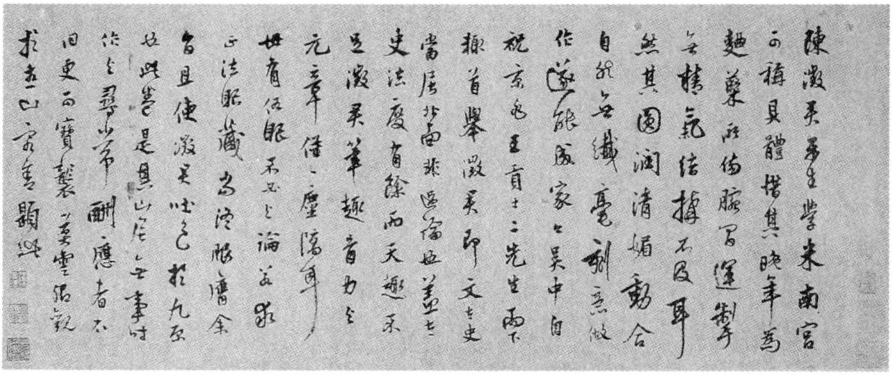

圖 91　莫是龍題《陳淳行草五律十四首卷》

舟中閑興》《静寄庵獨坐》《秋日復到山居》《遣興一首》《枕上》《對雨》《入山》《懋無塵長老山房》。而第一、二、九首集中詩題略異，即《雨夜泊胥江》《往白陽山》《秋日白陽山居》。

莫是龍（1537—1587），字雲卿，後以字行，更字廷韓，號後朋等，華亭縣（今上海市）人。如忠長子。以貢入國學，卒業歸。雲間書派中堅。

春日，於白陽山居爲東巖作《草書杜甫詠懷古跡二首卷》。

上海天衡拍賣有限公司 2010 年春季拍賣會——中國古代書畫專場拍賣《陳淳草書詩卷》款云："甲辰春日，長洲晚學生陳道復爲東巖老先生書於白陽山居。"

按：所書乃《杜甫詠懷古跡五首》之三、之四。東巖待考。

春日，於白陽山居作《花卉卷》。

劉九庵《宋元明清書畫家傳世作品年表》："嘉靖二十三年甲辰（1544），春，陳道復（白陽）於白陽山居作《花卉十段圖卷》。北京市文物商店。"

春日，於白陽山居作《花卉卷》。文徵明題跋。

天津人民美術出版社《陳淳精品畫集》圖 20《花卉圖卷》。前行書引首"觀物之生"，款云："道復書。"後畫花卉十一種，各題詩句。一、澹月籠仙骨，輕風倚道妝。二、姿容元自麗，脂粉不須施。三、露濡凝蘸墨，風暖欲書空。四、帶雨冰爲骨，翻風玉作團。五、暖風撩密刺，清露浥濃妝。六、疏葉舒鸞尾，幽葩展麝臍。七、丰姿出塵表，光彩漾潤心。八、枝頭明玉臉，葉底度香魂。九、千載白衣酒，一生青如霜。十、翠葉翻羅帶，金英結綺霞。十一、雅韻霜前發，芳姿臘後開。款云："嘉靖甲辰春日，作此卷於白陽山中，道復復甫。"拖尾跋云："道復遊余門，遂

擅出藍之譽。觀其所作四時雜花，種種皆有生意，所謂略約點染，而意態自足，誠可愛也！徵明題。”無錫市博物館藏。(圖 92)

春日，於山居作《行書杜甫戲題王宰畫山水圖歌卷》。

陳焯《湘管齋寓賞編》卷三《陳淳父書杜詩卷》款云：“右少陵《戲題王宰畫山水歌》一首。甲辰春日，獨居山中，對酒自酌，頗有野興，抽編得此，漫爾書之。道復識。”

春日，於山居作《雲山圖并草書蘇軾書王定國所藏煙江疊嶂圖詩卷》，云：“觀者不知今人果能與前人争衡否？”

日本東京大學出版會《中國繪畫總合圖録》第三卷《明陳淳雲白山青圖卷》。前幅行書引首“雲白山青”，款云：“道復書。”中幅《雲山圖》，款云：“嘉靖甲辰春日，偶坐山窗無事，撫弄筆硯，遂作此卷，聊紀野興。白陽山人陳道復志。”後幅草書《蘇軾書王定國所藏煙江疊嶂圖詩》，款云：“雲山景色能圖之者若米海岳之高古、高尚書之秀潤，皆足以言畫家三昧。而坡翁此作，又能與二公之畫相掩映。不觀諸圖，不足以知圖之詩；不觀諸詩，又烏足以知傳之成圖。余懶拙，不能畫，不能詩，然企慕古人高處，自不能已。故暇輒爲小素，而卷尾則漫書蘇作以曳之。觀者不知今人果能與前人争衡否？道復記。”日本大阪市立美術館藏。

春日，有客挈數年前爲作《花卉蔬果册》過山居，索記年月，題而歸之。後王穉登、顧雲龍、周天球、張之象、文仲義、文彭分題副頁。

陸時化《吴越所見書畫録》卷二《陳白陽水墨觀物册》。行草引首二幅“觀物之生”，款云：“道復書。”畫八幅，對題六幅。松枝：“風惧濤聲入，雲疑嶽勢移。棟梁材不乏，結子在高枝。王穉登。”枇杷：“朱明開麗景，珍果鬪繁華。黄金與顏玉，色味兩堪誇。顧雲龍。”石榴：“錦苞初破玉，萬寶露芳姿。已兆多男慶，真成瓊樹枝。周天球。”藕蓮：“香含白雪清，影照碧池明。偶贈同心侶，俱憐并蒂情。張之象。”菜、芋，未題。菊：“淵明老去不憂貧，醉擷金莖滿意春。卻笑微花何幸會，至今珍重爲斯人。梅灣文仲義。”菱、姜、雞頭、荸薺，未題。水仙：“翠帶臨風婀娜，玉盤挹露丰神。子建昔年曾賦，凌波羅襪生塵。文彭。”款云：“此册余數年前作於湖上，當時已爲客持去，不復記憶誰何？余年來老懶，避地山中。今日有客自城來過我者，乃挈此見示，且索復記年月。人生幾何，流光如電，對此不勝感慨，爲題數語還[之]。甲辰春日，道復記。”

澳門藝術博物館《故宫上博珍藏青藤白陽書畫特集》下卷《陳淳》圖 71《花果册》即此，無引首和題款，上海博物館藏。

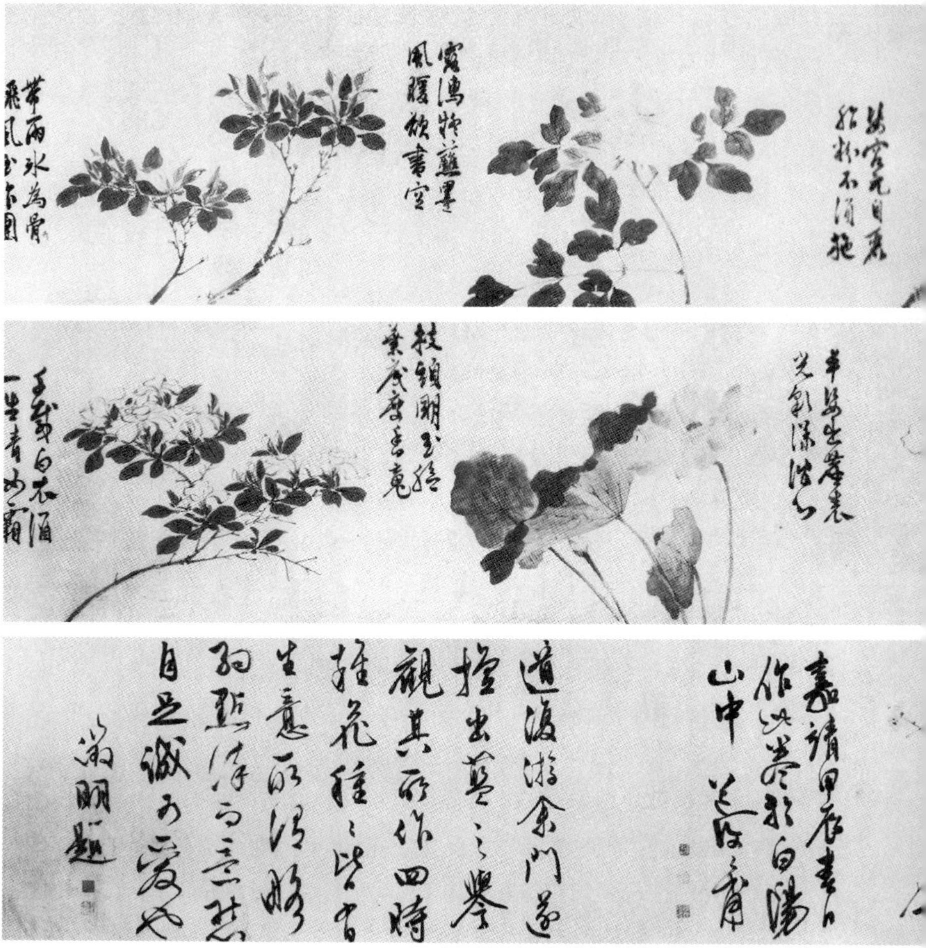

圖 92　陳淳《花卉卷》及文徵明跋

按：顧雲龍（生卒不詳），字時化，又字從化，號南明山人，吴縣（今江蘇蘇州市）人。萬曆二年（1574）貢生。（《（康熙）蘇州府志》卷三十二等）

張之象（1508—1587），字月麓，一字玄超，號王屋，上海縣（今上海市）人。嘉靖間以貢入國學，官浙江按察知事，隆慶初投劾歸。工詩文，善考據，富著述，喜交遊。有《剪綵集》諸著。（《崇蘭館集》卷十九《王屋張公墓志銘》）

春日，於白陽山居作《春山雲樹圖軸》。

浙江人民美術等出版社《中國繪畫全集》十三《明陳道復春山雲樹圖軸》題云："雲向山中宿，泉從雲外來。相看情自適，未許俗人猜。甲辰春日作於白陽山居，道復。"寧波天一閣博物館藏。

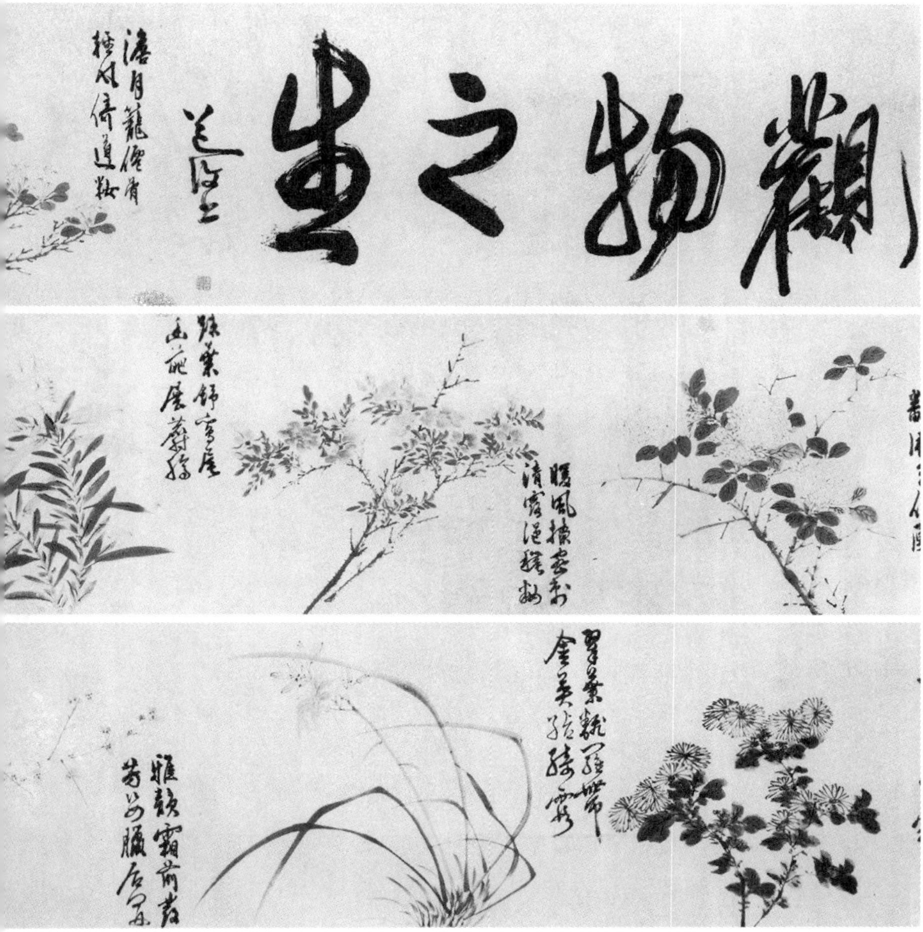

春日,於無錫鵝湖舟中作《行草山居雜賦四首卷》。

文物出版社《中國古代書畫圖目》三《明陳道復行草書山居雜賦卷》:"暮春來壟上,竹樹儘縱横。過雨禽聲巧,隔雲山色輕。草堂容病骨,茶碗適閑情。好去收書劍,居然就此耕。横塘經歷慣,今日倍傷神。風景依稀處,交遊寂寞濱。歲華忙裏老,人迹夢中陳。壽夭各由命,誰能謀此身? 山堂春寂寞,學道莫過兹。地僻人來少,溪深鹿過遲。炊粳香入箸,瀹茗碧流匙。且作逍遥客,長生安可期? 自小説山林,年來得始真。耳邊惟有鳥,門外絶無人。飲啄任吾性,行遊憑此身。卻憐三十載,何事汩紅塵? 山居雜賦。甲辰春日書於鵝湖舟中,白陽山人道復。"上海博物館藏。(圖 93)

按:《山居雜賦》計四首,皆去年作,爲《山居》《過横塘有感》《山居二首》。

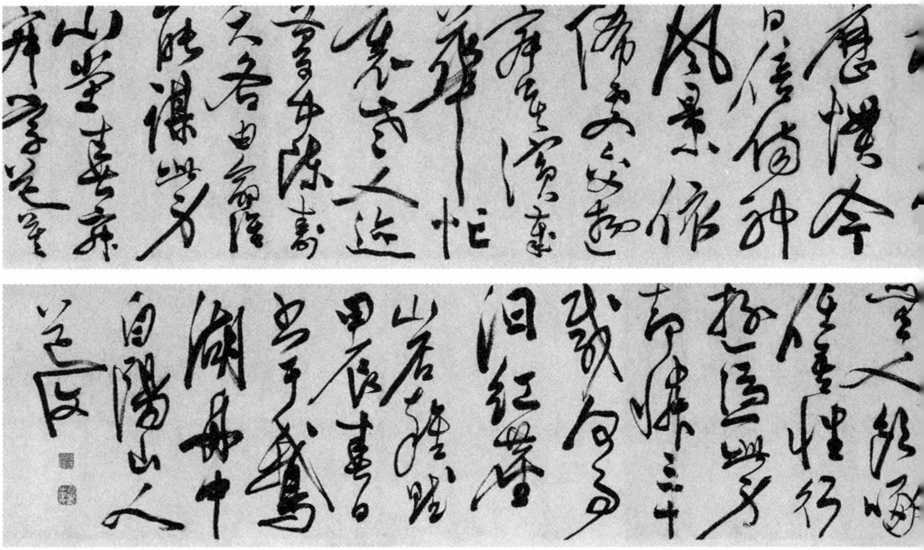

圖 93　陳淳《行草山居雜賦四首卷》

春日，於宜興道中作《草書千字文卷》。

雅昌藝術綱《陳道復草書千字文卷》款云："甲辰春日書於荊溪道中，道復記。"

春日，於宜興寓館作《草書李白宫中行樂詞卷》。後莫是龍有跋。

上海博物館藏《明陳道復草書李白宫中行樂詞卷》款云："甲辰春日書於荆溪寓館，道復識。"後莫是龍跋云："陳徵君書《李青蓮宫詞》一卷，筆氣縱横，天真爛然，如駿馬下阪，翔鸞舞空，較之米家父子，不知誰爲後先矣。曹駕部北行，携以自隨，舟過高郵，得一快觀，於雲濤縹緲中，政自令人有天際真人想也。"

文物出版社《中國古代書畫圖目》三著録此卷，衹載所作年份。

春日，作《草書杜甫秋興八首卷》。

台北故宫博物院《故宫歷代法書全集》四《陳淳草書秋興八首卷》款云："右杜少陵作。甲辰春日，白陽山人道復書。"

春日，作《草書唐詩三首卷》。

文物出版社《中國古代書畫圖目》十七《明陳道復草書唐詩三首卷》款云："甲

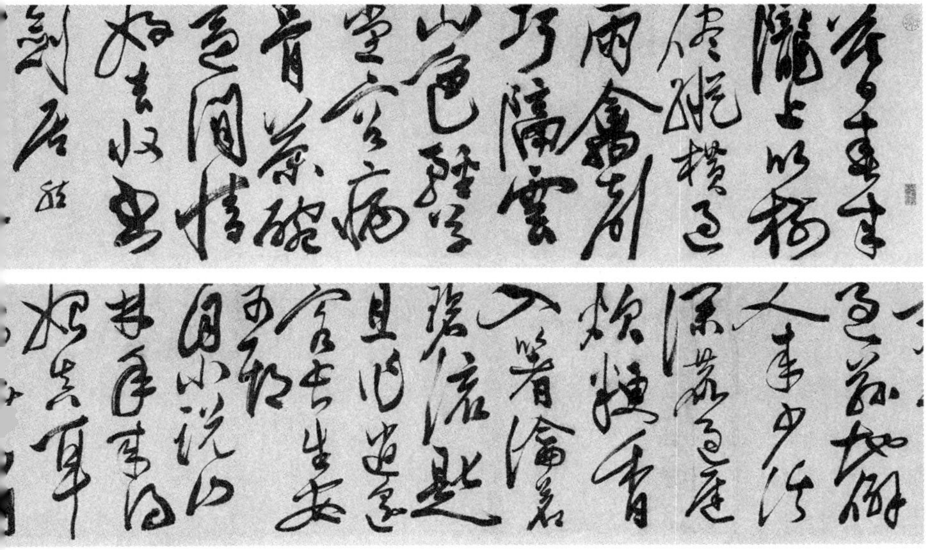

辰春日,道復書。"重慶市博物館藏。

按:所書爲孟浩然《春曉》和李白《静夜思》《渌水曲》。

春日,作《行草古詩十九首卷》。近代周壽昌等有跋。

文物出版社《中國古代書畫圖目》十八《明陳道復行草書古詩十九首卷》款云:"嘉靖甲辰春日,白陽山人道復漫書。"湖北省博物館藏。

2000年第1期《書法叢刊》載此作,後周壽昌跋云:"白陽山人以花卉名一世,而草書亦特名於時。……而得此卷書《古詩十九首》,縱横蕩決,出入於李懷琳、楊凝式之間,而轉側取姿,依然衡山家法。蓋沆瀣所承,雖青藍互勝,而骨理終莫之能易也。"張宗祥跋云:"白陽以草法作畫,即以畫法作書。在明代求之,青藤最相似,故青藤評其書畫亦最真切。"

春日,作《草書杜甫奉先劉少府新畫山水障歌卷》。

按:故宫出版社《徐渭、陳淳書畫學術研討會論文集》富田淳《日本現存陳淳書法考略》云,京都國立博物館藏陳淳是年春日作《草書杜甫奉先劉少府新畫山水障歌卷》。

春日,作《石雀圖軸》。四年後,文徵明題《菖蒲歌》。

杜讓編《寶繪集》圖4《明陳道復石雀圖軸》款云:"甲辰春日作,道復。"左上題謝枋得《菖蒲歌》，款云："嘉靖戊申秋七月十又三日，尚湖舟中書《菖蒲歌》。徵明時年七十有九。"法國巴黎集美博物館藏。

春日，作《玫瑰扇》。後陸儀、梁孜、韓墨、韓師愈、吴彬、章焕題詩。

潘正煒《聽帆樓書畫記》卷三《明陳白陽花卉扇册》。第十一幅《玫瑰》款云："甲辰春日，白陽山人道復製。""春風飄袂透香來，香透簾櫳玉樹開。休誇桃李多春色，漫看深紅護碧苔。橋山陸儀。""蜂蝶飛飛去復來，琪花瓊樹玉顔開。不同凡種争春色，飄謝紅妝徑滿苔。羅浮山人漫次。""吴門春色逐人來，上苑名花次第開。有客閑居正愁絶，不知紅粉委蒼苔。文溪韓墨。""香風冉冉入懷來，始識名花向日開。最愛有香還有色，恨飛紅點墮蒼苔。桂橋韓師愈。""名花濃媚暗香來，送盡春容獨自開。遊遍上林最深處，也有殘英撲緑苔。綺川吴彬次韻。""上國名花海外來，醉鄉春色冉容開。佳人摘取充鮮味，不許紅英點翠苔。北人以玫瑰作醬，南人以玫瑰作餅，故句中及之。章焕。"

按：陸儀（生卒不詳），字天秩，吴縣（今江蘇蘇州市）人。嘉靖十三年（1534）舉人。（《（康熙）蘇州府志》卷三十一）

梁孜（1519—1573），字思伯，號羅浮山人、浮山，順德縣（今廣東佛山市）人。儲孫。嘉靖十三年（1534）諸生。師少詹事黄佐。尋負笈遠遊，過名山大川。而後寓姑蘇，訪太史文徵明，特被鑒賞。北涉燕趙，歸。三十七年（1558）以蔭授中書舍人。官至禮部主事，仍掌中書科。萬曆初出使還鄉，得疾卒。性好客，有酒德，善詩書畫。（《百可亭摘稿》卷下《浮山梁公墓志銘》）

吴彬（生卒不詳），字文中，又字文仲，號枝庵髮僧。莆田縣（今福建莆田市）人，寓金陵（今江蘇南京市）。萬曆間，以能畫薦授中書舍人。歷工部主事。天啓中，閲邸報於都門，見魏璫擅權之旨，則批評而訾議之，被邏者所偵，逮繫削奪。畫工山水，尤善白描，佛像人物，迥别前人，自立門户。（《無聲詩史》卷四等）

章焕（1505—?），字懋實，吴縣（今江蘇蘇州市）人。嘉靖十七年（1538）進士，授禮部主事。歷吏部郎中、南京太僕少卿、光禄寺卿、都察院右僉都御史撫治鄖陽等。三十九年（1560）累遷右副都御史督理南京糧儲。以赴任遲延，謫戍廣東。兼贍文學，有《陽華漫稿》。（《（乾隆）吴縣志》卷五十九等）

韓墨、韓師愈俟考。

春日，作《煙江帆影圖》。

陳葆真《陳淳研究・陳淳書畫編年表》："六十一歲，1544 嘉靖廿三年甲辰，春日作《煙江帆影圖》。《石鼓硯齋所藏書畫録》二。"

春日,作《花卉并草書趙孟頫苕霅閑情詩卷》,自視頗高,云:"識者以爲何如?"

邵松年《澄蘭室古緣萃録》卷四《陳白陽墨花卉草書合裝卷》。畫花卉十二種:一、牡丹,二、柿果,三、秋海棠、野菊,四、玉簪,五、桑葉數蠶,六、稻㰅,七、海棠,八、蓮房荷葉、蟬抱枝梢,九、萱花,十、菊花,十一、山茶,十二、梅花。末題:"嘉靖甲辰春,道復。"後草書七言絶句六首,末題:"右書《趙子昂苕霅閑情卷》,識者以爲何如? 道復。"

春日,作《行草徐有貞水仙花賦并圖卷》。後董其昌有跋。

上海朵雲軒拍賣有限公司2011年秋季藝術品拍賣會——古代書畫專場拍賣《陳道復書畫雙清卷》。前幅畫《水仙圖》,後幅行草《徐有貞水仙花賦》,款云:"嘉靖甲辰春日書并作小圖,道復記。"拖尾跋云:"白陽山人爲盛時逸品,寄興筆墨,瀟灑不群。兹所作《水仙圖》,翩翩有凌波之致,并賦一篇書法,高古俱非塵寰中物色也。雅人自能愛之秘之。其昌識。"

四月一日,寫信給從弟希澄,述説自家祠堂、田地遭無藉郭布袋者踐踏,請其出面調解,緩和矛盾,并告知大阿媽。

上海科技文獻出版社《上海圖書館藏〈明代尺牘〉》第三册《陳道復致希澄札》:"老夫一向作意山中學道,不欲在家幹俗事。豈料無藉在地方中作潑,喫酒賭錢,靡所不爲。有郭布袋者,平昔不甚親密,不知何故,前日打進我家祠堂,將燒香之具盡行下地,田内種植毁損,出醜狼籍,有玷門風。山中聞之,未足深信。昨還舍扣之,果然。可發大笑。地方中只好欺負和尚,如何也來欺負我? 如何就得西江兄回? 告訴一場,以雪此忿。街上惟吾弟可謂老成,特作數字奉達,得暇可過北橋,與大阿媽一言亦可。欲自出來,因有小絆,不能行也。今後各宜遵守太祖高皇帝《教民榜》,不可仍前違犯,取咎不便。道復字奉希澄老弟足下。四月朔日。"(圖94)

按:"西江兄"乃陳淳從兄澐,字希原,就養子椿,居南京刑部官邸。而"希澄老弟",應是澐同支的從弟,名待考。"大阿媽"是誰不詳。"郭布袋者"指郭氏入贅他人爲婿者。

"山中聞之"即於白陽山居聞之。陳淳自從仲子栝約於去年春入住後,便往來於山居和田舍之間,於是年十月二十一日卒。故本札當寫於去年或是年四月朔日,因繫此。

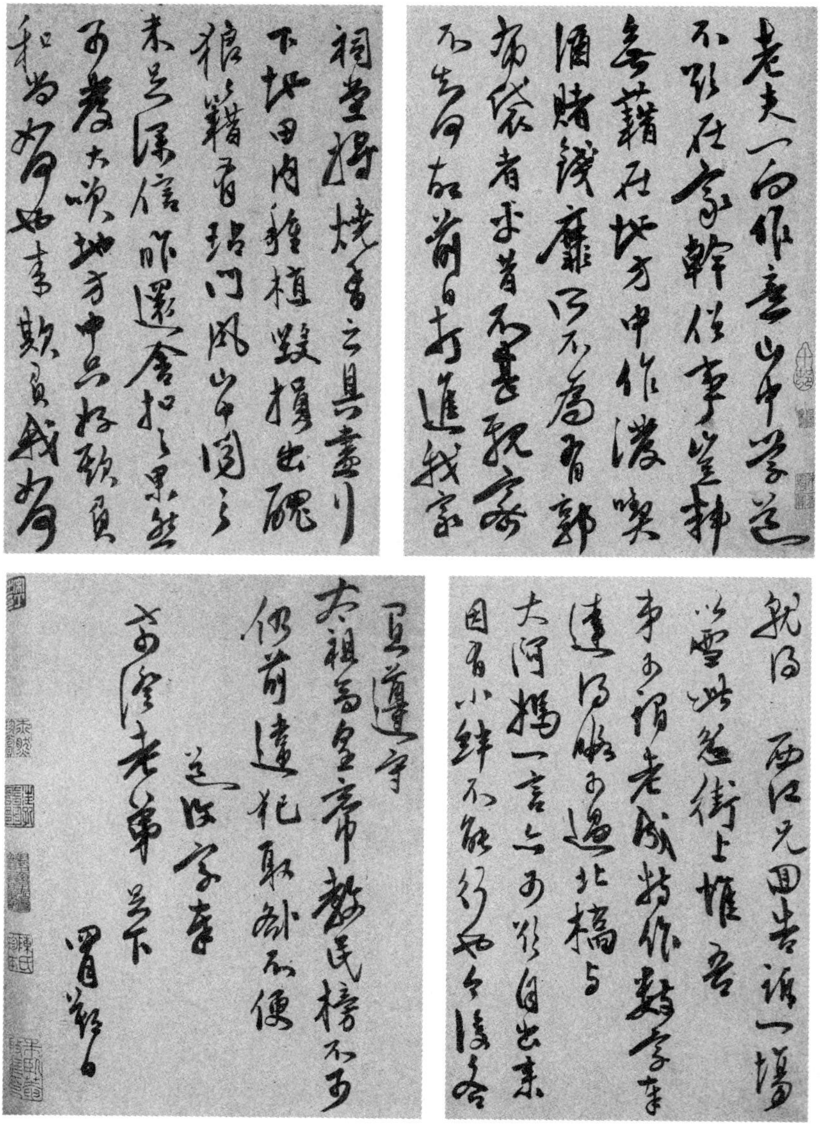

圖 94　陳淳《致希澄札》

四月，爲懷齋表弟作《松菊圖軸》，文徵明題詩。

日本興文社《支那南畫大成》第五卷《陳淳松菊圖軸》。下作圖，左上題云："清霜殄衆草，野菊自紛若。撫玩闃無人，風摇松子落。甲辰初夏，道復爲懷齋表弟作。"右上題云："歸來松菊未全荒，雪幹霜姿照草堂。種得秫田供釀酒，年年風雨醉重陽。徵明。"日本大阪市立美術館藏。

按:懷齋俟考。

五月十九日,作《雨窗即景圖軸》。

葛金烺《愛日吟廬書畫録》卷一《明陳淳雨窗即景圖軸》題云:"山斂雲舒水自流,板橋斜擱岸東頭。茅堂幽僻人囂遠,一片閑情對野鷗。嘉靖甲辰夏五月望後四日,雨窗即景,寫此紀興并賦。白陽山人陳淳道復。"

夏日,作《花卉卷》。

日本東京大學出版會《中國繪畫總合圖録續編》第二卷《明陳淳花卉圖卷》。畫花卉六種,款云:"甲辰夏日,道復。"大英博物館藏。

九月十七日前,赴宜興道中,作《草書杜甫渼波行詩并圖卷》。後許初題引首。

陸時化《吴越所見書畫録》卷二《陳白陽水墨渼波行卷》。前行楷引首"墨華三昧",款云:"高陽許初。"後圖和狂草《渼波行》,款云:"甲辰秋日,余有荆溪之行。舟行道中,偶閲杜集得此作,遂書成卷,并製小圖。道復識。"

按:陳淳九月十七日已於宜興法藏寺觀山作畫,此當是日前事。許初引首蓋後來題。

九月十七日,寓宜興法藏寺,遠眺山色,遂効米家筆法作《罨畫圖卷》。十七年後,文彭、王穀祥有題。

文物出版社《中國古代書畫圖目》九《明陳道復罨畫圖卷》款云:"嘉靖甲辰,寓荆溪之法藏寺,遠眺山色,遂効米家筆法寫此卷。時九月望後二日也,道復記。"(圖 95)拖尾題云:"嘗聞米老有《大姚村圖》,爲有力者所得。而石田先生曾爲摹出,舊藏白陽處,以白陽爲大姚村人也,故白陽得米老筆法爲多。此卷又寫陽羨諸山,尤爲勝絶。一展卷間,而瀉墨同官,恍然在目,固不必身遊,罨畫而已,得其八九矣。嘉靖辛酉秋,三橋文彭題。""雲山煙樹兩模糊,仿佛荆溪景象無。疑是南宫真筆意,不知卻是白陽圖。辛酉九月四日,觀於盍簪草堂,因題。酉室王穀祥。"天津市藝術博物館藏。

天津人民美術出版社《陳淳精品畫集》圖 90 即此,前有陳淳行書引首"罨畫圖",後無文彭、王穀祥兩題。

《(嘉慶)增修宜興縣舊志》卷九《古跡志 · 名勝》:"罨畫溪在縣東南三十六里。本名東溪。任昉詩有'長溪水東舍'之句,故名東舍溪,又名東瀉溪。陸希聲

圖 95　陳淳《罨畫圖卷》

《君陽遁叟記》名之曰蒙溪。又言:'山居在東溪之上',自注云:'溪兩岸多朱籐花,映溪遠望如畫。'遂名曰罨畫溪。……又因獨孤及詩,名曰五雲溪。今俗呼曰山溪。"

又卷末《古跡志・寺觀》:"法藏禪寺在縣西南隅。"

秋日,作《行草越遊詩四首卷》,呈社中諸君子。

文物出版社《中國古代書畫圖目》十五《明陳道復行草書越遊詩卷》:"《越遊》數首,録呈社中諸君子一笑。西風動遊興,鼓枻入名都。未吊前賢跡,先聞長者呼。肆筵依石洞,舉目見江湖。才蹇難爲賦,山靈冷笑吾。隨伴湖西去,言爲傑閣登。隔山江渺渺,拔地塔層層。雨逐飛觴過,雲同望眼凝。衹須尋上榻,淹話有高僧。見説江潮至,轟轟殷地雷。爲看逾峻嶺,且坐得高臺。遠意通雲漢,閑情共酒杯。詠歸出蘿徑,麋鹿不須猜。行行循石磴,不覺到松巔。未具凌風翼,疑登辟穀仙。堪輿渾小矣,廟貌尚巍然。何物供吟興?江湖在目前。甲辰秋日,白陽山人陳道復頓首。"遼寧省博物館藏。

按:《越遊》計四首,皆收入《陳白陽集》五言律,爲《始到武林,張侍御鳳溪邀

登吴山,宴紫陽庵》《遊塔院》《八月十八日,從萬松嶺到勝果寺看潮,次第得詩二首呈同遊》。而第三、四首亦見嘉靖十五年丙申(1536)秋作《遊武林詩卷》,可知皆遊武林作。張鳳溪待考。

所鈐“大姚”朱文圓印、“陳道復氏”白文方印不合,蓋本無印,後爲他人僞製補鈐。

秋日,於浩歌亭作《花卉卷》。

台北故宫博物院《故宫書畫圖録》十九《明陳淳花卉卷》款云:“右墨花數種,閑居弄筆,流連春光,不計工拙也,以詠物情云爾。嘉靖甲辰秋日作於浩歌亭,白陽山人道復。”

十月十五日後,作《李白前有尊酒行二首軸》。

金瑗《十百齋書畫録》辰集《陳淳書詩條幅》款云:“右《尊前有酒行一首》,李翰林。甲辰冬孟望後,陳道復書。”

按：所書爲李白《前有尊酒行二首》，著録詩題誤。

是年，跋《沈周秋江圖卷》。

按：美國弗利爾美術館《東方研究》第五卷理查德·愛德華兹《山水的意境——沈周藝術研究》第66、105頁載，瑞典斯德哥爾摩國立博物館藏沈周弘治十三年庚申(1500)十月作《秋江圖卷》，後有陳淳是年行草題跋，惜未載内容。

初，懷宜興山水幽奇，往遊，感疾不治。十月二十一日，卒於家，享年六十一。嘉靖二十六年(1547)三月十二日，與夫人張氏合葬吴縣小白陽山墓次。其仲子栝夫婦、另子樹、長孫燦亦已歿，隨葬。周光爲撰《行狀》，張寰爲撰《墓志銘》。

周光(？—1577尚在)，字韜叔，號青嶼山人，長洲縣(今江蘇蘇州市)人。陳淳甥，亦其高足。善書法，乃其代筆者。

陳淳《陳白陽集》附録張寰《白陽先生墓志銘》："久之，懷義興山水幽奇，冬日往遊，感疾不治，卒於家，嘉靖二十三年十月二十一日也。距其生成化二十年六月二十八日，春秋六十有二[一]。……夫人同邑張氏……生成化十八年七月初一日，卒嘉靖十八年十月二十六日，春秋五十有八。以二十六年三月十二日葬白陽山墓次。窕[窀]穸之費，咸出於冡婦沈。沈生子曰燦，既夭也。而栝之夫婦與樹相繼歿。棺斂喪葬，亦沈所營。餘子貧弱，中丞公之澤幾斬。沈乃盡損其嫁時粧田，若干畝俱春秋之祭，若干畝供墓田之税，爲陳氏宗祀久遠計，有烈丈夫風。有司議旌其貞孝，沈曰：'先舅、先姑高名懿德，尚未有表章之者，未亡人豈敢蒙此，然亦豈非未亡人之責耶？'乃屬其母舅眉州倅趙公禧奉周君光所具狀，乞銘於予。予與君累世通家友善，而君之外舅都水公與先考刑部府君又同年雅厚，眉州公寔予姊丈。君家伉儷之賢及冡婦沈氏之貞孝，予所稔知也，乃按狀而爲之銘。銘曰：世趨奔競，君抑弗營，衆饕豐殖，君散弗盈。進不干禄，退亦避名，遊藝樂志，希古濯纓。仲連輕世，公理達生，彼美令淑，雅操雙明。仰高黔媛，俯慕菜嫫，棲遲衡泌，餘富餘榮。白陽之麓，共啓佳城，殁而不朽，千載同聲！"

姜紹書《無聲詩史》卷三《陳淳》："子栝……先道復卒。"

按：錢穀《吴都文粹續集》卷四十四文徵明《明故祁州知州封奉直大夫刑部員外郎張公墓志銘》謂："公諱安甫，字汝勉。……子男一人，即寰。……女一人，適臨安府經歷趙禧。"歸有光《震川集》卷二十三《通政使司右參議張公墓表》稱："公姓張氏，諱寰，字允清……事長姊，終身孝敬不衰。"《陳白陽集》附録張寰《訪白陽先生叙事》曰："嘉靖甲辰仲春……乙亥……盍命載酒於舟，循虎山橋而西，從我一探銅坑之奥。……斯行也,期而不赴者時川暨予家妹[姊]丈趙子四近……"鑒此,陳淳長媳沈氏母舅趙禧乃張寰姐夫,字四近,官臨安府經歷、眉州倅。

周光所撰《行狀》失考。

《(康熙)吴郡甫里志》卷九《書碩》:"周光,字[號]青嶼。陳道復之甥也,又爲高等弟子。善書,白陽山人墨跡多光代筆者。亦居大姚村。"

王世貞《弇州續稿》卷一百六十四《有明三吴楷法二十四册·第十四册》:"周光韜叔,初出道復。而此書《醉鄉語》《酒德頌》精嚴有古意。"

裴景福《壯陶閣書畫録》卷二《後梁趙巖神駿圖卷》後有其跋,署:"萬曆五年歲舍丁丑夏日,青嶼山人吴門周光志。"知其該年尚在。

【是年僞作】

《水閣飛舟圖軸》。

文物出版社《中國古代書畫圖目》六《明陳道復水閣飛舟圖軸》款云:"甲辰春日作於浩歌亭,道復。"蘇州博物館藏。

按:此作畫筆、款字和所鈐"復父氏""白陽山人"白文方印皆不合,爲贋品無疑。

《花卉册》。

澳門藝術博物館《故宫上博珍藏青藤白陽書畫特集》下卷《陳淳》圖 78《墨花册》。凡二十一頁,首頁隸書引首"寫生",款云:"文彭。"後畫二十頁,末頁款云:"嘉靖甲辰春,道復。"上海博物館藏。

按:畫筆渾濁,款字拖沓,所鈐"大姚"朱文圓印、"陳道復氏""白陽山人""復生印"白文方印粗劣,當僞。文彭引首、署款以及所鈐"文壽承氏"朱文方印、"三橋居士"白文方印亦僞。

《瓶蓮圖軸》。

龐元濟《虚齋名畫續録》卷二《明陳白陽瓶蓮圖軸》。上下兩題,一題云:"白陽山人作於五湖田舍。時既醉,不知其草草也。"二題云:"花葉亭亭渾似采,坐間凉思横秋。幾回相盼越嬌羞。翠羅仍卷袖,紅粉自低頭。前輩風流猶可想,丹青片紙遥留。水枯花謝底須愁。衹消浮大白,何必蕩扁舟?石田先生嘗作《缾蓮圖》,上有此詞二調。甲辰春,白陽山人道復。"

按:陳淳去年六月三十日於五湖田舍仿《沈周瓶蓮圖并草書臨江仙詞軸》亦

有二題，一題爲《臨江仙》詞，在上，款云："石田先生嘗作《瓶蓮圖》，上有此詞詞調《臨江仙》。今日小子效顰并追和如右。"二題爲另款，在右下，曰："癸卯夏六月晦作於五湖田舍。時既醉，不知其草草也。"

經比較，上録作品的一題即此作二題，二題即此作一題，但署款内容純屬斷章取義，不明始終，而且將"卷袂""還留"誤作"卷袖""遥留"，甚至一些字的特殊寫法亦相同，如"瓶"作"缾"、"太"作"大"，必爲仿品。

題《祝允明北禪大蘭若募修魚花堂疏卷》。

文物出版社《中國古代書畫圖目》二十《明祝允明等行書卷》。《祝允明北禪大蘭若募修魚花堂疏》款云："正德元年十一月八日疏，京闈鄉貢進士佛弟子祝允明爲文。"後題詩之三："高人棲隱在名山，竹几蒲團鎮日閑。好向雨花臺上望，白雲明月有無間。甲辰春日，白陽山人陳道復漫書。"故宫博物院藏。

按：此著編者云陳淳題僞，從之。

《重陽風雨圖軸》。

張照等撰《石渠寶笈》卷十七《明陳淳重陽風雨圖一軸》款題云："滿城風雨近重陽，橘熟橙黄菊吐香。瑟瑟凉天無限樂，好懷何必論他鄉？嘉靖甲辰重陽日寫浩歌亭，道復。"

按：台北故宫博物院《故宫書畫圖録》七亦載此，得知書畫和所鈐"白陽山人""陳道復氏"白文方印皆不類，并將"寫於浩歌亭"誤作"寫浩歌亭"，應是仿品。

《花卉卷》。

澳門藝術博物館《故宫上博珍藏青藤白陽書畫特集》下卷《陳淳》圖66《書畫合卷》。前行草引首"上苑群芳"，款云："三橋文彭書。"後畫花卉十二種，款云："白陽山人道復作於五湖田舍之浩歌亭。"另紙款云："久雨初霽，晴光落几，以事和暢，漫寫花枝數種，以紀其興。甲辰秋日，白陽山人陳道復作於五湖田舍。"故宫博物院藏。

按：畫筆生硬，構圖呆板，款字纖弱，所鈐"復父氏""白陽山人"白文方印亦不合。而且另款無由，書寫風格和所鈐"復父氏""白陽山人"白文方印與前者大相徑庭。顯然出兩人之手，必僞。文彭引首、署款和所鈐"停雲"圓印、"文彭之印"白文方印亦僞。

後記

1999年，我考入南京藝術學院，於黄惇先生門下攻读碩士研究生。入學伊始，便在先生的指導下，擬定《陳淳書法研究》課題。先生云："個案研究，宜從年譜入手，這樣纔能關照全部，有的放矢。"囑咐研讀周道振等纂《文徵明年譜》以及張培恒主編《新編明人年譜叢刊》。因此，編撰《陳淳年譜》成爲我撰寫碩士論文和研究書法史的第一步。

不久，蒙先生提携，參與他主持的部分課題的編寫工作，從而積累了收集資料和研究書法史的基本方法。先生還借赴香港中文大學講學之際，幫助尋得陳葆真《陳淳研究》，賜贈於我，爲進一步瞭解該課題的研究狀況起到了重要作用。

逾年，我懷着忐忑的心情，在碩士論文開題報告會上，提交了初見雛形的《陳淳年譜》，得到先生和諸位老師的鼓勵和指教。畢業後，又蒙先生推薦，應邀擔任《中國書法全集・陳淳王寵卷》陳淳部分主編。以體例，有四方面内容，年譜則是其中之一，所以更增添了潛心於此的動力。

總之，先生一直關心着這個課題的進展，不斷給予無私的幫助。我前進的每一步，都凝結了先生的心血，他是我最要感謝的人。

在收集資料的過程中，還得到《中國書法全集》主編劉正成先生、武漢大學副教授胡鴻先生、江蘇大學講師崔祖菁先生、南京藝術學院博士吴雲峰先生、中國農業大學博後張永建先生、日本愛知學院大學副教授劉作勝先生、北京故宫博物院研究員傅紅展先生、上海博物館副研究員黄朋女士、無錫博物院副院長盛詩瀾女士，以及國家圖書館、南京圖書館、安徽圖書館、上海圖書館、北京大學圖書館、清華大學圖書館、清華大學美術學院圖書館、南京藝術學院圖書館、安徽大學圖書館、安徽師範大學圖書館有關人士的全力幫助，使研究能夠推進和深入，於此一并致謝。

朱愛娣

2015年8月28日於廬州

又　記

拙著基本成書時，適逢上海書畫出版社編輯出版《書畫名家年譜大系》，蒙社長王立翔先生的關懷，有幸能夠收入。責任編輯是吴雲峰先生，其審讀極爲認真，意見言言中的，使之大爲增色。讀博後，依然堅守職責，直到曹瑞鋒先生接任。而曹瑞鋒先生以同樣負責的態度完成後續工作。

更感動的是，付梓前，黄惇先生親爲把關，欣然作序，勖勉有加。《中國書法全集》主編劉正成先生、暨南大學書法研究所所長曹寶麟先生也專門推薦和鼓勵。

就此，深表謝意！

朱愛娣

2016年冬於廬州

附録一

主要引用書目

一、古近現代

經部

禮類

漢鄭玄注《禮記》,清同治十二年(1873)刻本。

史部

正史、雜史、職官、政書等類

清張廷玉等撰《明史》,北京:中華書局,1974 年版。

《明憲宗實録》《明孝宗實録》《明武宗實録》《明世宗實録》《明穆宗實録》,中央研究院歷史語言研究所,1962 年版。

明張朝瑞《南國賢書》,燕京大學圖書館,民國三十年(1941)版。

明《嘉靖十四年進士登科録》,《原國立北平圖書館甲庫善本叢書》第 260 册,北京:國家圖書館出版社,2013 年版。

明《嘉靖十七年進士登科録》,同上。

明王世貞《弇山堂别集》,《文淵閣四庫全書》409—410 册,台北:台灣商務印書館有限股份公司,1986 年版。

明俞汝楫等撰《禮部志稿》,《文淵閣四庫全書》597—598 册,同上。

目録類

清永瑢等撰《欽定四庫全書總目》,《文淵閣四庫全書》1—5 册,台北:台灣商務印書館有限股份公司,1986 年版。

清黄虞稷《千頃堂書目》,《文淵閣四庫全書》676 册,同上。

清于敏中等撰《欽定天禄琳琅書目》,《四庫全書薈要》242 册,台北:世界書局股份有限公司,1988 年版。

清彭元瑞《欽定天禄琳琅書目後編》,《續修四庫全書》917 册,上海:上海古籍出版社,2002 年版。

清曹寅《楝亭書目》,《遼海叢書》71 册,遼海書社,民國二十三年(1934)鉛印本。

清汪璐《藏書題識》,《叢書集成續編》71 册,上海:上海書店出版社,1994 年版。

清葉昌熾《藏書紀事詩》,上海:上海古籍出版社,1999 年版。

民國王文進《文禄堂訪書記》,文禄堂書籍鋪,民國三十一年(1942)鉛印本。

傳記類

明黄魯曾《續吴中往哲記》,《四庫全書存目叢書》史部 89 册,濟南:齊魯書社,1996 年版。

明雷禮《國朝列卿紀》,《四庫全書存目叢書》史部 92—94 册,同上。

明劉鳳《續吴先賢贊》,《四庫全書存目叢書》史部 95 册,同上。

明焦竑《焦太史編輯國朝獻徵録》,《四庫全書存目叢書》史部 100—105 册,同上。

明王兆雲《皇明詞林人物考》,《四庫全書存目叢書》史部 111—112 册,同上。

明文震孟《姑蘇名賢小紀》,《四庫全書存目叢書》史部 115 册,同上。

明李日華《味水軒日記》,《續修四庫全書》558 册,上海:上海古籍出版社,2002 年版。

清錢大昕《弇州山人年譜》,《續修四庫全書》533 册,同上。

清吴榮光《歷代名人年譜》,上海:上海書店出版社,1989 年版。

清顧沅《吴郡名賢圖傳贊》,清道光九年(1829)刻本。

清路鴻休《帝里明代人文略》,清道光三十年(1850)甘氏津逮樓活字印本。

清錢謙益《列朝詩集小傳》,上海:上海古籍出版社,1959 年版。

清費善慶《垂虹識小録》,蘇州:蘇州古舊書店静電,1986 年版。

譜牒類

明華察輯《華氏傳芳續集》,《無錫文庫》第三輯,南京:鳳凰出版社,2012 年版。

清華孳亨輯《華氏傳芳集》,同上。

清華渚《勾吴華氏本書》,清光緒三十一年(1905)活字印本。

清王熙桂、葉耀先《太原家譜》,《中華族譜集成・王氏譜卷》第 16—17 册,成都:巴蜀書社,1995 年版。

清袁廷檮《吴門袁氏家譜》,清乾隆五十四年(1789)刻本。

清袁來僞《袁氏家譜》,民國八年(1919)刻本。

清白道金《晋陵白氏宗譜》,清嘉慶活字印本。

清白道金《晋陵白氏宗譜外篇》,同上。

清文含《文氏族譜續集》,清道光十一年(1831)沈復燦鈔本。

地理類

明顧岕《海槎餘録》,《四庫全書存目叢書》史部255册,濟南:齊魯書社,1996年版。

明祝允明《正德興寧志》,上海:中華書局,1962年版。

明王鏊《姑蘇志》,《文淵閣四庫全書》493册,台北:台灣商務印書館有限股份公司,1986年版。

清《(康熙)蘇州府志》,清康熙三十一年(1692)刻本。

清《(乾隆)蘇州府志》,清乾隆十三年(1748)刻本。

清《(道光)蘇州府志》,清道光四年(1824)刻本。

明《(嘉靖)濮州志》,明嘉靖六年(1527)刻本。

明《(嘉靖)崑山縣志》,明嘉靖十七年(1538)刻本。

明《(萬曆)崑山縣志》,明萬曆四年(1576)申恩科刻本。

清《(康熙)崑山縣志》,清康熙二十二年(1683)鈔本。

明《(嘉靖)建寧府志》,明嘉靖二十年(1541)刻本。

明《(隆慶)儀真縣志》,明隆慶元年(1567)刻本。

明《(萬曆)青浦縣志》,明萬曆二十五年(1597)刻本。

明《(萬曆)嘉興府志》,明萬曆二十八年(1600)刻本。

清《(光緒)嘉興府志》,清光緒四年(1878)鴛湖書院刻本。

明《(萬曆)重修南安府志》,明萬曆三十七年(1609)刻本。

明《(萬曆)福寧州志》,明萬曆四十二年(1614)刻本。

明《(萬曆)儋州志》,明萬曆四十六年(1618)刻本。

明《(崇禎)吴縣志》,明崇禎十五年(1642)刻本。

清《(乾隆)吴縣志》,清乾隆十年(1745)刻本。

《(民國)吴縣志》,民國二十二年(1933)蘇州文新公司鉛印本。

清《(順治)攸縣志》,清順治十七年(1660)刻本。

清《(康熙)黟陽縣志》,清康熙五年(1666)刻本。

清《(康熙)隨州志》,清康熙六年(1667)刻本。

清《(康熙)鄞縣志》,清康熙二十五年(1686)刻本。

清《(康熙)壽寧縣志》,同上。

清《(康熙)常熟縣志》,清康熙二十六年(1687)刻本。

清《(康熙)新會縣志》,清康熙二十九年(1690)刻本。

清《(康熙)無錫縣志》,同上。

清《(光緒)無錫、金匱縣志》,清光緒七年(1881)刻本。

清《(康熙)西安縣志》,清康熙三十九年(1700)刻本。

清《(康熙)吴郡甫里志》,清康熙四十三年(1704)刻本。

清《(乾隆)吴江縣志》,清乾隆十二年(1747)刻本。

清《(乾隆)潁州府志》,清乾隆十七年(1752)刻本。

清《(乾隆)長洲縣志》,清乾隆十八年(1753)刻本。

清《(嘉慶)增修宜興縣舊志》,清嘉慶二年(1797)刻本。

清《(嘉慶)開州志》,清嘉慶十一年(1806)刻本。

清《(嘉慶)直隸綿州志》,清嘉慶十九年(1814)刻本。

清《(嘉慶)寧國府志》,清嘉慶二十年(1815)刻本。

清《(道光)吉水縣志》,清道光五年(1825)刻本。

清《(道光)滸墅關志》,清道光七年(1827)刻本。

清《(光緒)漳州府志》,清光緒三年(1877)芝山書院刻本。

清《(光緒)直隸和州志》,清光緒二十七年(1901)活字本。

清《(光緒)富陽縣志》,清光緒三十二年(1906)刻本。

清《(光緒)杭州府志》(民國續修),民國十一年(1922)鉛印本。

《(民國)齊東縣志》,民國二十四年(1935)鉛印本。

《(民國)歙縣志》,民國二十六年(1937)鉛印本。

清《(雍正)畿輔通志》,《文淵閣四庫全書》504—506 册,台北:台灣商務印書館有限股份公司,1986 年版。

清《(雍正)江南通志》,《文淵閣四庫全書》507—512 册,同上。

清《(雍正)山西通志》,《文淵閣四庫全書》542—550 册,同上。

清《(雍正)甘肅通志》,《文淵閣四庫全書》557—558 册,同上。

清《(雍正)廣東通志》,《文淵閣四庫全書》562—564 册,同上。

清《(乾隆)貴州通志》,《文淵閣四庫全書》571—572 册,同上。

清梁詩正等輯《西湖志纂》,《文淵閣四庫全書》586 册,同上。

子部

類書、醫家、小説家、雜家類

明薛己《薛氏醫案》,《文淵閣四庫全書》763—764 册,台北:台灣商務印書館有限股份公司，1986 年版。

明淩迪知《萬姓統譜》，《文淵閣四庫全書》957 册，同上。

明徐充《暖姝由筆》，《藏説小萃十集》，清刊本。

明陸延枝《説聽》，上海：文明書局，民國四年(1915)石印本。

明何良俊《四友齋叢説》，《四庫全書存目叢書》子部 103 册，濟南：齊魯書社，1995 年版。

明張大復《梅花草堂筆談》，《四庫全書存目叢書》子部 104 册，同上。

明詹景鳳《詹氏理性小辨》，《四庫全書存目叢書》子部 112 册，同上。

明沈德符《野獲編》，《續修四庫全書》1174 册，上海：上海古籍出版社，2002 年版。

清龔煒《巢林筆談》，《續修四庫全書》1177 册，同上。

藝術類

明朱存理《珊瑚木難》，《文淵閣四庫全書》815 册，台北：台灣商務印書館有限股份公司，1986 年版。

明朱謀垔《畫史會要》，《文淵閣四庫全書》816 册，同上。

明郁逢慶《書畫題跋記》《續書畫題跋記》，《文淵閣四庫全書》816 册，同上。

明張丑《清河書畫舫》，《文淵閣四庫全書》817 册，同上。

明汪砢玉《珊瑚網》，《文淵閣四庫全書》818 册，同上。

明朱簡《印經》，《歷代印學論文選》上，杭州：西泠印社出版社，1999 年版。

明王穉登《國朝吴郡丹青志》，《中國書畫全書》第 3 册，上海：上海書畫出版社，1992 年版。

明文嘉《鈐山堂書畫記》，同上。

明孫鳳《孫氏書畫鈔》，同上。

清金瑗《十百齋書畫録》，《中國書畫全書》第 7 册，上海：上海書畫出版社，1994 年版。

清佚名《書畫史》，同上。

清繆曰藻《寓意録》，《中國書畫全書》第 8 册，上海：上海書畫出版社，1994 年版。

清吴其貞《書畫記》，同上。

清梁章鉅《退庵所藏金石書畫跋尾》，《中國書畫全書》第 9 册，上海：上海書畫出版社，1996 年版。

清彭蘊燦《歷代畫史彙傳》，《中國書畫全書》第 11 册，上海：上海書畫出版社，1997 年版。

清潘正煒《聽帆樓書畫記》《聽帆樓續刻書畫記》,同上。

清梁廷枏《藤花亭書畫跋》,同上。

清陶樑《紅豆樹館書畫記》,《中國書畫全書》第 12 册,上海:上海書畫出版社,1998 年版。

清龐元濟《虚齋名畫録》《虚齋名畫續録》,同上。

清胡積堂《筆嘯軒書畫録》,《中國書畫全書》第 14 册,上海:上海書畫出版社,1999 年版。

清孫岳頒等撰《佩文齋書畫譜》,《文淵閣四庫全書》819—823 册,台北:台灣商務印書館有限股份公司,1986 年版。

清高士奇《江村銷夏録》,《文淵閣四庫全書》826 册,同上。

清卞永譽《式古堂書畫彙考》,《文淵閣四庫全書》827—829 册,同上。

清張照等撰《石渠寶笈》,《文淵閣四庫全書》824—825 册,同上。

清王杰等撰《石渠寶笈續編》,《續修四庫全書》1069—1074 册,上海:上海古籍出版社,2002 年版。

清英和、黄鉞等撰《石渠寶笈三編》,《續修四庫全書》1075—1081 册,同上。

清姜紹書《無聲詩史》,《續修四庫全書》1065 册,同上。

清顧復《平生壯觀》,《續修四庫全書》1065 册,同上。

清安歧《墨緣彙觀録》,《續修四庫全書》1067 册,同上。

清陸時化《吴越所見書畫録》,《續修四庫全書》1068 册,同上。

清孔廣陶《嶽雪樓書畫録》,《續修四庫全書》1085 册,同上。

清李佐賢《書畫鑑影》,《續修四庫全書》1085—1086 册,同上。

清方濬頤《夢園書畫録》,《續修四庫全書》1086 册,同上。

清陸心源《穰梨館過眼録》《穰梨館過眼續録》,《續修四庫全書》1087 册,同上。

清葛金烺《愛日吟廬書畫録》,《續修四庫全書》1088 册,同上。

清葛嗣浵《愛日吟廬書畫續録》,《續修四庫全書》1088 册,同上。

清邵松年《澄蘭室古緣萃録》,《續修四庫全書》1088 册,同上。

清迮朗《三萬六千頃湖中畫船録》,《叢書集成續編》86 册,上海:上海書店出版社,1994 年版。

清周二學《一角編》,同上。

清陳焯《湘管齋寓賞編》,清乾隆四十七年(1782)刻本。

清楊恩壽《眼福編二集》,清光緒長沙楊氏刻本。

清唐岱《畫山水訣》,《藝海一勺》第 1 册,民國二十二年(1933)鉛印本。

清裴景福《壯陶閣書畫録》,上海:中華書局,民國二十六年(1937)鉛印本。

集部

別集類

明沈周《石田先生詩鈔》,《四庫全書存目叢書》集部 37 册,濟南:齊魯書社,1997 年版。

明沈周《石田稿》,《續修四庫全書》1333 册,上海:上海古籍出版社,2002 年版。

明沈周《石田詩選》,《文淵閣四庫全書》1249 册,台北:台灣商務印書館有限股份公司,1986 年版。

明李東陽《懷麓堂集》,《文淵閣四庫全書》1250 册,同上。

明朱存理《樓居雜著》,《文淵閣四庫全書》1251 册,同上。

明倪岳《青溪漫稿》,《文淵閣四庫全書》1251 册,同上。

明程敏政《篁墩文集》,《文淵閣四庫全書》1252—1253 册,同上。

明吴寬《家藏集》,《文淵閣四庫全書》1255 册,同上。

明謝遷《歸田稿》,《文淵閣四庫全書》1256 册,同上。

明王鏊《震澤集》,《文淵閣四庫全書》1256 册,同上。

明邵寶《容春堂前集》《容春堂後集》《容春堂續集》,《文淵閣四庫全書》1258 册,同上。

明史鑑《西村集》,《文淵閣四庫全書》1259 册,同上。

明祝允明《懷星堂集》,《文淵閣四庫全書》1260 册,同上。

明顧清《東江家藏集》,《文淵閣四庫全書》1261 册,同上。

明王守仁《王文成全書》,《文淵閣四庫全書》1265—1266 册,同上。

明陸深《儼山集》,《文淵閣四庫全書》1268 册,同上。

明韓邦奇《苑洛集》,《文淵閣四庫全書》1269 册,同上。

明孫承恩《文簡集》,《文淵閣四庫全書》1271 册,同上。

明薛蕙《考功集》,《文淵閣四庫全書》1272 册,同上。

明文徵明《甫田集》(三十六卷本),《文淵閣四庫全書》1273 册,同上。

明文徵明《甫田集》(四卷本),明正德刻本。

明文徵明《甫田集》(文嘉鈔本),明刻本。

周道振輯校《文徵明集》《文徵明集補輯》,上海:上海古籍出版社,1987 年版。

周道振輯校《文徵明集續輯》,編者 2002 年自行出版。

明陸粲《陸子餘集》,《文淵閣四庫全書》1274 册,台北:台灣商務印書館有限股份公司,1986 年版。

明王慎中《遵嚴集》,《文淵閣四庫全書》1274 册,同上。

明皇甫汸《皇甫司勳集》,《文淵閣四庫全書》1275 册,同上。

明皇甫涍《皇甫少玄集》,《文淵閣四庫全書》1276 册,同上。

明王立道《具茨文集》,《文淵閣四庫全書》1277 册,同上。

明王世貞《弇州四部稿》《弇州續稿》,《文淵閣四庫全書》1279—1284 册,同上。

明歸有光《震川集》,《文淵閣四庫全書》1289 册,同上。

明文林《文温州集》,《四庫全書存目叢書》集部 40 册,濟南:齊魯書社,1997 年版。

明楊循吉《松籌堂集》,《四庫全書存目叢書》集部 43 册,同上。

明靳貴《戒庵文集》,《四庫全書存目叢書》集部 45 册,同上。

明毛紀《鼇峰類稿》,《四庫全書存目叢書》集部 45 册,同上。

明毛澄《三江遺稿》,《四庫全書存目叢書》集部 46 册,同上。

明顧潛《静觀堂集》,《四庫全書存目叢書》集部 48 册,同上。

明朱應登《凌溪集》,《四庫全書存目叢書》集部 51 册,同上。

明顧鼎臣《顧文康公文草》《顧文康公三集》,《四庫全書存目叢書》集部 55 册,同上。

明孟洋《孟有涯集》,《四庫全書存目叢書》集部 58 册,同上。

明方鵬《矯亭存稿》,《四庫全書存目叢書》集部 61 册,同上。

明胡纘宗《鳥鼠山人小集》,《四庫全書存目叢書》集部 62 册,同上。

明丁奉《南湖先生文選》,《四庫全書存目叢書》集部 65 册,同上。

明蔣山卿《南泠集》,《四庫全書存目叢書》集部 70 册,同上。

明吴鼎《過庭私録》,《四庫全書存目叢書》集部 75 册,同上。

明王寵《雅宜山人集》,《四庫全書存目叢書》集部 79 册,同上。

明徐階《世經堂集》,《四庫全書存目叢書》集部 79—80 册,同上。

明袁袠《胥臺先生集》,《四庫全書存目叢書》集部 86 册,同上。

明白悦《白洛原遺稿》,《四庫全書存目叢書》集部 96 册,同上。

明莫如忠《崇蘭館集》,《四庫全書存目叢書》集部 104—105 册,同上。

明陳鎏《已寬堂集》,《四庫全書存目叢書》集部 105 册,同上。

明瞿景淳《瞿文懿公集》,《四庫全書存目叢書》集部 109 册,同上。

明龐尚鵬《百可亭摘稿》,《四庫全書存目叢書》集部 129 册,同上。

明耿定《耿天臺先生文集》,《四庫全書存目叢書》集部 131 册,同上。

明申時行《賜閑堂集》,《四庫全書存目叢書》集部 134 册,同上。

明袁尊尼《袁魯望集》,《四庫全書存目叢書》集部 137 册,同上。

明俞允文《仲蔚先生集》,《四庫全書存目叢書》集部 140 册,同上。

明陳淳《陳白陽集》,《四庫全書存目叢書》集部146册,同上。

明于慎行《穀城山館文集》,《四庫全書存目叢書》集部147—148册,同上。

明李維楨《大泌山房集》,《四庫全書存目叢書》集部150—153册,同上。

明黄姬水《黄淳父先生全集》,《四庫全書存目叢書》集部186册,同上。

明王錫爵《王文肅公文集》,《四庫禁毁書叢刊》集部7—8册,北京:北京出版社,1997年版。

明董其昌《容臺集》,《四庫禁毁書叢刊》集部32册,同上。

明趙用賢《松石齋集》,《四庫禁毁書叢刊》集部41册,同上。

明張邦奇《張文定公靡悔軒集》,《續修四庫全書》1336—1337册,上海:上海古籍出版社,2002年版。

明徐師曾《湖上集》,《續修四庫全書》1351册,同上。

明陸采《天池山人小稿五種》,《續修四庫全書》1354册,同上。

明陳仁錫《無夢園初集》,《續修四庫全書》1381—1383,同上。

明陳仁錫《無夢園遺集》,《續修四庫全書》1383册,同上。

明陸師道《陸尚寶遺文》,《叢書集成續編》116册,上海:上海書店,1994年版。

明劉鳳《劉子威雜稿》,《叢書集成三編》49册,台北:台灣新文豐出版公司,1997年版。

明蔡羽《林屋集》,明嘉靖八年(1529)刻本。

明蔡羽《南館集》,明嘉靖二十二年(1543)王廷刻本。

明袁衮《袁禮部詩》,明嘉靖三十六年(1557)吴縣袁氏家刊本。

明徐縉《徐文敏公集》,明隆慶二年(1568)刻本。

明黄佐《泰泉集》,明萬曆元年(1573)香山黄氏刻本。

明陳寰《祭酒琴溪陳先生集》,《二陳先生全集》,明萬曆四十五年(1617)陳玉階刻本。

明豐坊《萬卷樓遺集》,明萬曆四十五年(1617)豐建刻本。

明陸完《先太宰水村集遺稿》,明鈔本。

明馮時可《馮元成選集》,明刻本。

明邢參《邢麗文先生遺稿》,清鈔本。

明陸治《陸包山詩集》,清康熙五十九年(1720)至六十年(1721)刻本。

明華啓直《華豫庵先生集》,清宣統三年(1911)存裕堂活字印本。

明唐寅《唐伯虎全集》,北京:北京市中國書店,1985年版。

明徐渭《徐文長三集》,北京:中華書局,1998年版。

吴長庚、費正忠校點《費宏集》,上海:上海古籍出版社,2007年版。

清汪琬《堯峰文鈔》,《文淵閣四庫全書》1315 册,台北:台灣商務印書館有限股份公司,1986 年版。

清冒襄《同人集》,《四庫全書存目叢書》集部 385 册,濟南:齊魯書社,1997 年版。

清鄒炳泰《午風堂叢談》,《續修四庫全書》1462 册,上海:上海古籍出版社,2002 年版。

清張廷濟《桂馨堂集》,《續修四庫全書》1491 册,同上。

總集類

明文肇祉《録事詩集》,《文氏五家集》,《文淵閣四庫全書》1382 册,台北:台灣商務印書館有限股份公司,1986 年版。

明錢穀編《吴都文粹續集》,《文淵閣四庫全書》1385—1386 册,同上。

清張豫章等編《御選明詩》,《文淵閣四庫全書》1444 册,同上。

清黄宗羲編《明文海》,《文淵閣四庫全書》1453—1458 册,同上。

清顧沅輯《吴郡文編》,《蘇州文獻叢書》第一輯,上海:上海古籍出版社,2011 年版。

清顧光旭輯《梁溪詩鈔》,清宣統三年(1911)文苑閣刻本。

詩文評類

清朱彝尊《静志居詩話》,北京:人民文學出版社,1990 年版。

二、當代

理查德·愛德華兹《山水的意境——沈周藝術研究》,《東方研究》第五卷,華盛頓:美國弗利爾美術館,1962 年版。

江兆申《文徵明與蘇州畫壇》,台北:台北故宫博物院,1977 年版。

周道振、張月尊《文徵明年譜》,上海:百家出版社,1998 年版。

楊建峰編《文徵明》,南昌:江西美術出版社,2009 年版。

陳葆真《陳淳研究》,台北:台北故宫博物院,1978 年版。

蕭平《陳淳》,長春:吉林美術出版社,1996 年版。

南京師範大學古文獻整理研究所編《江蘇藝文志》,南京:江蘇人民出版社,1996 年版。

陳傳席《中國山水畫史》,天津:天津人民美術出版社,2001 年版。

容庚《頌齋書畫小記》,廣州:廣東人民出版社,2000 年版。

容庚《伏廬書畫録》,《容庚學術著作全集》,北京:中華書局,2012 年版。

澳門藝術博物館編《徐渭、陳淳書畫學術研討會論文集》,北京:故宫出版社,2015 年版。

郭味蕖《宋元明清書畫家年表》,北京:人民美術出版社,1982 年版。

張慧劍《明清江蘇文人年表》,上海:上海古籍出版社,1986 年版。

劉九庵《宋元明清書畫家傳世作品年表》,上海:上海書畫出版社,1997 年版。

汪世清《藝苑疑年叢談》,台北:石頭出版股份有限公司,2008 年版。

静妙軒主人《静妙軒藏研》,上海:上海書店出版社,2010 年版。

陳垣《二十史朔閏表》,北京:中華書局,1962 年版。

鄭鶴聲《近世中西史日對照表》,北京:中華書局,1981 年版。

國立中央圖書館編《明人傳記資料索引》,台北:文史哲出版社,1965 年版。

譚正璧《中國文學家大辭典》,北京:北京圖書館出版社,1998 年版。

中國歷史大辭典編委會編《中國歷史大辭典》,上海:上海辭書出版社,2000 年版。

楊廷福、楊同甫《明人室名别稱字號索引》,上海:上海古籍出版社,2002 年版。

《藝苑掇英》第 28 期、第 34 期、第 38 期,上海:上海人民美術出版社,1986 年、1987 年、1988 年版。

《書法叢刊》2000 年 1 期,北京:文物出版社主辦。

《祠堂博覽》2006 年夏之卷,無錫:無錫祠堂文化研究會主辦。

《榮寶齋》2008 年 4 期、2015 年 7 期,北京:榮寶齋出版社主辦。

《中國書畫》2008 年 12 期,北京:經濟日報社主辦。

《中國美術館》2010 年 8 期,北京:中國美術出版總社主辦。

《東方收藏》2012 年 7 期,福州:福建日報社主辦。

三、圖録

明文徵明輯《停雲館法帖》,北京:北京出版社,1997 年版。

明陳淳《千字文卷》,上海:上海科學儀器館民國石印本。

明陳淳《白陽山人草書詩卷》,上海:神州國光社,民國十八年(1929)版。

劉正編《陳淳精品畫集》,天津:天津人民美術出版社,2000 年版。

王乃棟《陳淳書法真僞圖鑒》,北京:文物出版社,2000 年版。

《故宫上博珍藏青藤白陽書畫特集》下卷《陳淳》,澳門:澳門藝術博物館,2006 年版。

孫寶文編《陳道復書滕王閣序》,上海:上海辭書出版社,2015 版。

清孔繼涑輯《玉虹鑑真帖》,清初拓本。

狄平子編《中國名畫》第十九集,上海:上海有正書局,民國十四年(1925)版。

《明賢墨跡》,上海:商務印書館,民國二十二年(1933)版。

杜讓編《寶繪集》,民國二十六年(1937)中國版。

鄭振鐸編《域外所藏中國古畫集》六《明畫》中輯,上海:上海出版公司,民國三十六年(1947)版。

羅振玉《百爵齋藏歷代名人法書》第二册,民國珂羅版。

王雲五編《明代名人手札》,台北:台灣商務印書館,1973 年版。

張大千《大風堂名跡》第四集,台北:聯經出版事業公司,1978 年版。

台北故宫博物院編《吴派畫九十年展》,台北:台北故宫博物院,1981 年版。

台北故宫博物院編《海外遺珍·繪畫續》,台北:台北故宫博物院,1985 年版。

台北故宫博物院編《蘭千山館名畫目録》,台北:台北故宫博物院,1987 年版。

台北故宫博物院編《故宫書畫圖録》七、十八、十九、二十二,台北:台北故宫博物院,1991 年、1999 年、2001 年、2003 年版。

台北故宫博物院編《故宫歷代法書全集》三、四、五,台北:台北故宫博物院,1995 年版。

台北故宫博物院編《故宫藏畫大系》六,台北:台北故宫博物院,2011 年版。

高玉珍、徐政夫主編《中華文物集粹——清玩雅集收藏展》,台北:台北歷史博物館,1995 年版。

田口米舫編《支那南畫集成》第二期,日本光明社,大正八年(1919)版。

河井荃廬等編《支那南畫大成》第四卷、第五卷、第九卷,日本興文社,昭和十年(1935)至十一年(1936)版。

原田謹次郎《日本現在支那名畫目録》,東京:大塚巧藝社昭和十三年(1938)版。

東京國立博物館編《東京國立博物館圖版目録·中國書跡篇》,東京:東京國立博物館,1980 年版。

鈴木敬編《中國繪畫總合圖録》第一卷、第二卷、第三卷、第四卷,東京:東京大學出版會,1982 年、1982 年、1983 年、1983 年版。

户田禎佑·小川裕充編《中國繪畫總合圖録續編》第一卷、第二卷、第三卷,東京:東京大學出版會,1998 年、1998 年、1999 年版。

青山杉雨、渡邊隆南編《明清書道圖説》,東京:二玄社,1986 年版。

黄君寔編《宋元明清書法叢刊》三,東京:二玄社,1996 年版。

黄君寔編《宋元明清四朝翰墨》五,東京:二玄社,1996 年版。

味岡義人、曾布川寬編《橋本氏收藏中國書畫録》，漢字情報研究センター東方學資料叢刊 13，京都：京都大學人文科學研究所附屬漢字情報研究センタ，2005 年版。

中國古代書畫鑒定組編《中國古代書畫圖目》一、二、三、六、七、九、十一、十二、十四、十五、十六、十七、十八、二十，北京：文物出版社，1986 年—1999 年版。

中國古代書畫鑒定組編《中國繪畫全集》十三，浙江人民美術出版社、文物出版社，2006 年版。

中國古代書畫鑒定組編《中國法書全集》十三，北京：文物出版社，2009 年版。

吳泰昌主編《中國民間秘藏繪畫珍品》，南京：江蘇美術出版社，1989 年版。

中國書法大成編委會編《中國書法大成》五，北京：中國書店出版社，1991 年版。

高美慶編《至樂樓藏明清書畫》，香港：香港中文大學出版社，1992 年版。

張魯泉、傅紅展編《故宮藏明清名人書札墨跡選・明代一》，北京：榮寶齋出版社，1993 年版。

朵雲軒編《朵雲軒藏書畫精品集》，上海：上海書畫出版社，1994 年版。

朵雲軒編《朵雲軒藏品續集》，上海：上海書畫出版社，2000 年版。

孫寶文編《歷代千字文墨寶》三，長春：吉林美術出版社，1997 年版。

胡光華主編《海外藏中國歷代名畫》第六卷，長沙：湖南美術出版社，1998 年版。

故宮博物院編《中國歷代書畫鑒別圖録》，北京：紫禁城出版社，1999 年版。

王世偉、鄭明主編《上海圖書館藏〈明代尺牘〉》三，上海：上海科技文獻出版社，2002 年版。

欣弘主編《1995—2002 書畫拍賣集成・明代繪畫》，長沙：湖南美術出版社，2004 年版。

《唐宋元明名畫大觀》下，揚州：廣陵書社，2005 年版。

宋志英輯《明代名人尺牘選萃》十、十一，北京：國家圖書館出版社，2008 年版。

許忠陵主編《吳門繪畫》，上海世紀出版股份有限公司、上海科技出版社、商務印書館(香港)有限公司專版。

附録二

人名字號齋號索引

D

E

F

G

H

J

L

X

Y

Z

附録三

地名名勝索引

附圖一

（乾隆）蘇州府志・蘇州府城圖

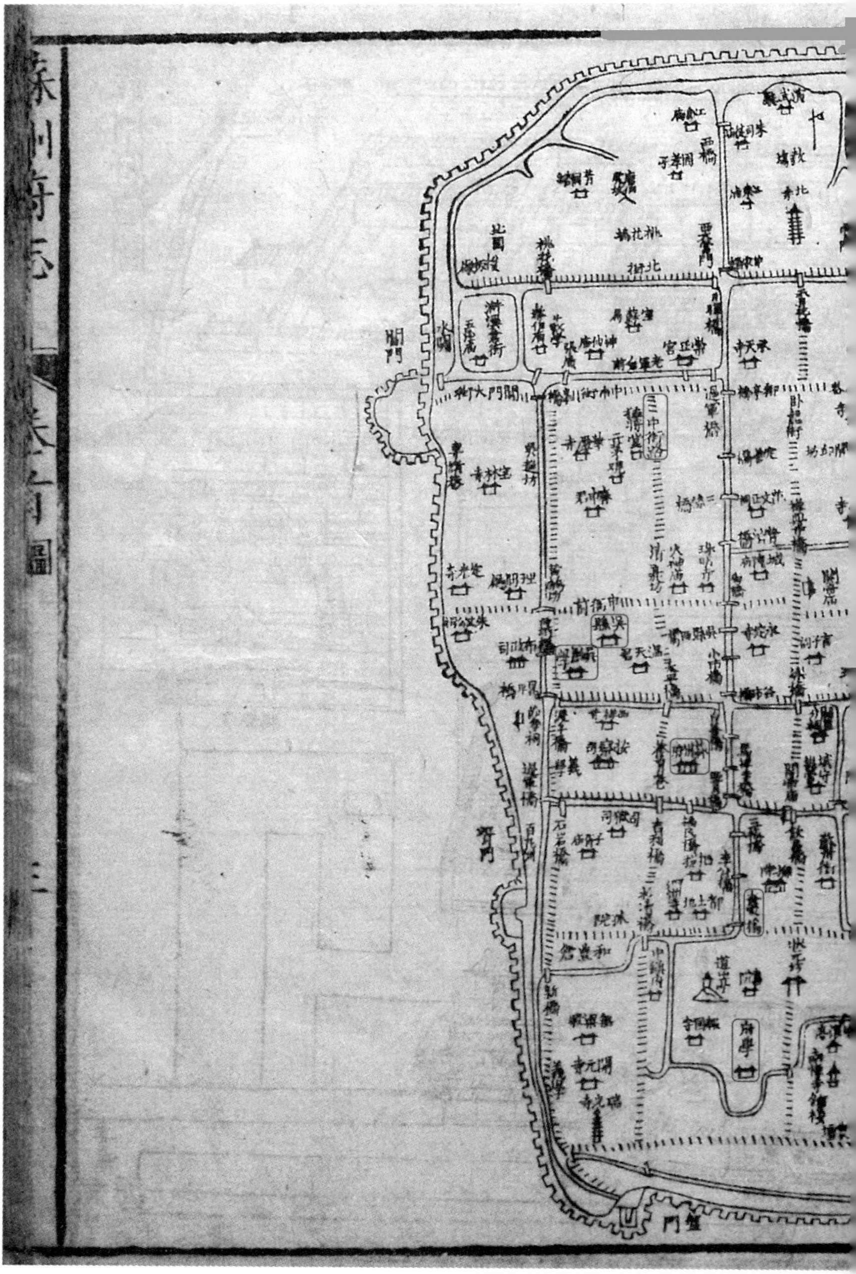

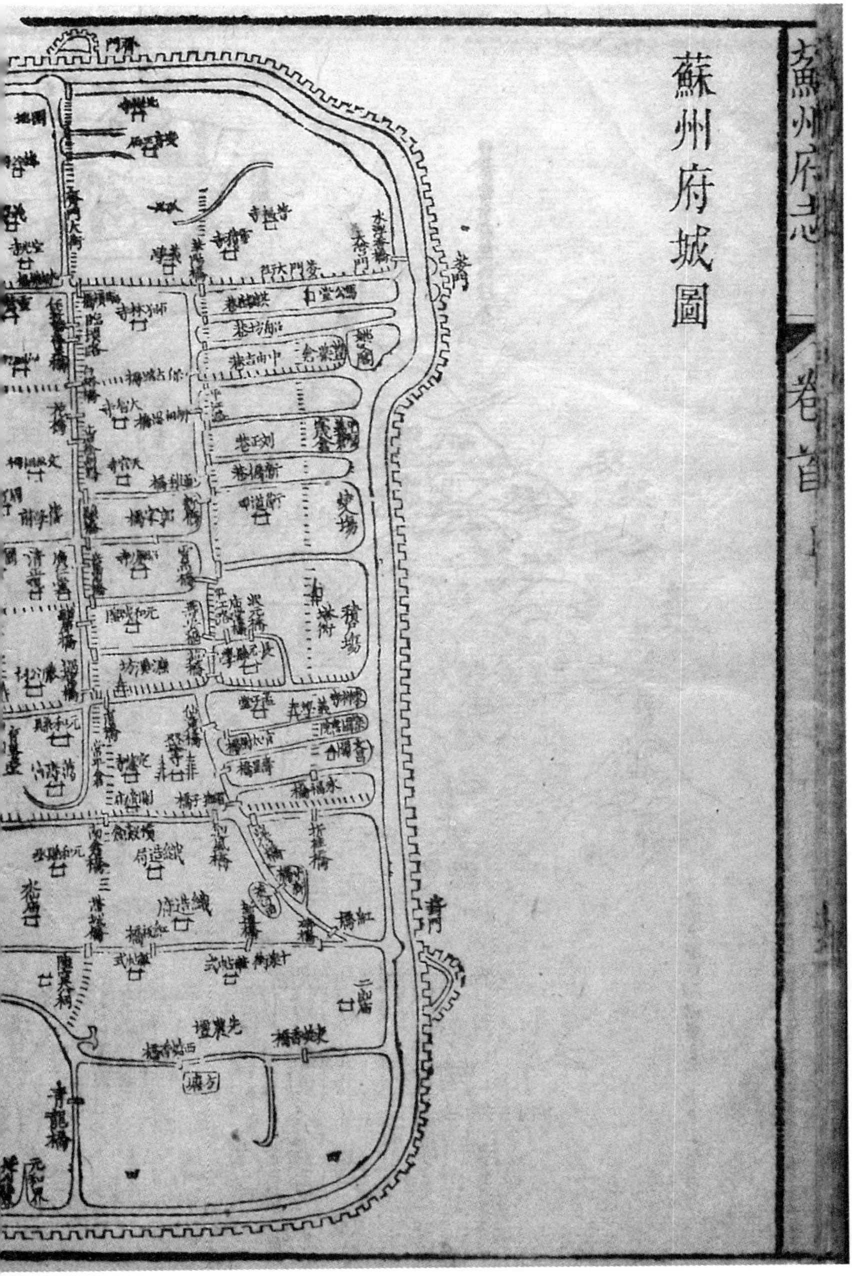
蘇州府城圖
蘇州府志
卷首

附圖二

（乾隆）蘇州府志・吴縣疆域圖

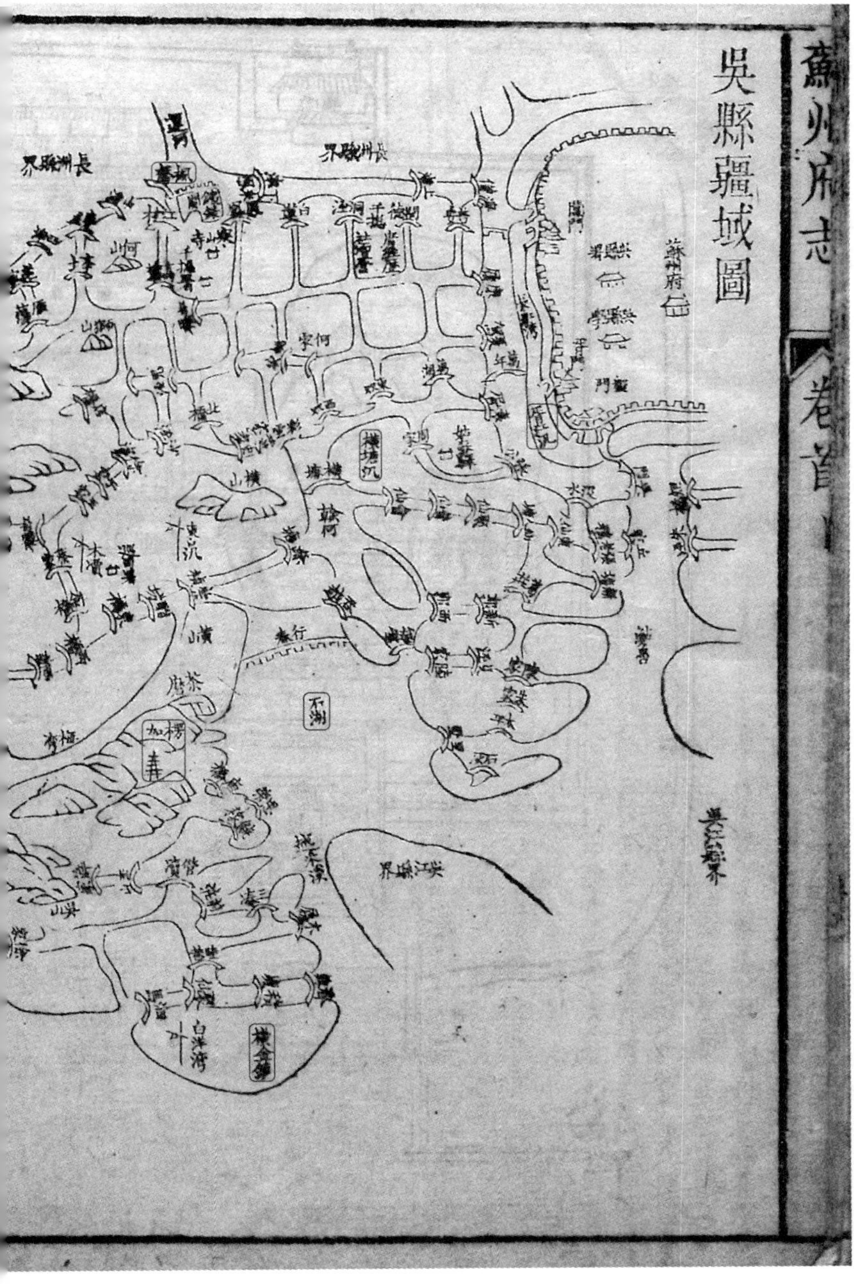
吳縣疆域圖
蘇州府志
卷首
長洲縣界
吳江縣界
蘇州府

附圖三

（乾隆）蘇州府志·長洲元和二縣疆域圖

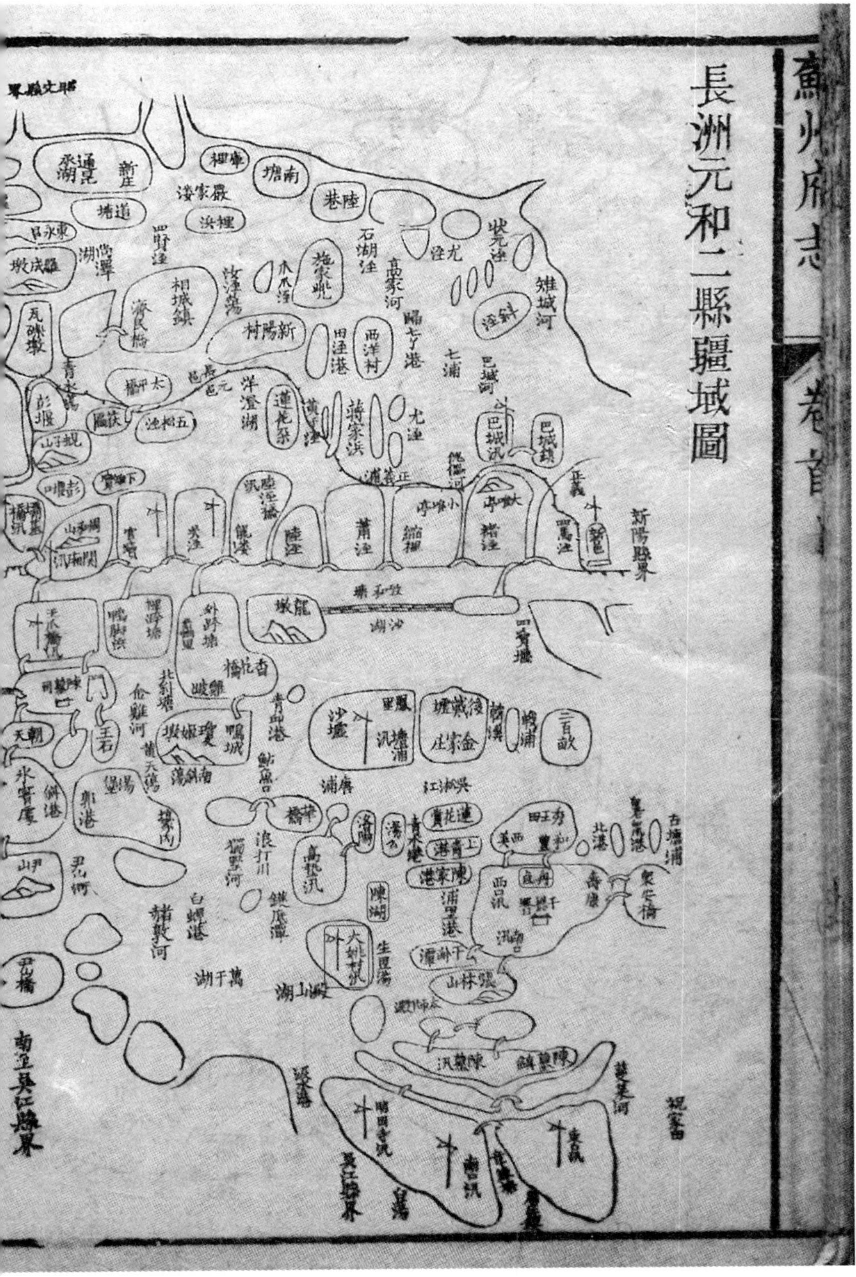
長洲元和二縣疆域圖
新陽縣界
南至吳江縣界
吳江縣界
相城鎮
巴城鎮
沙湖

圖書在版編目(CIP)數據
陳淳年譜 / 朱愛娣編著. —上海：上海書畫出版社，2018. 4
(書畫名家年譜大系)
ISBN 978－7－5479－1737－4
Ⅰ. ①陳…　Ⅱ. ①朱…　Ⅲ. ①陳淳(1483－1544)－年譜
Ⅳ. ①K825. 72
中國版本圖書館 CIP 數據核字(2018)第 066744 號

本書爲上海文化發展基金會資助項目

陳淳年譜

朱愛娣　編著

責任編輯　曹瑞鋒
審　　讀　雍　琦
責任校對　周倩芸
封面設計　王　峥
技術編輯　顧　杰

出版發行　上 海 世 紀 出 版 集 團
　　　　　上海書畫出版社
地址　上海市延安西路 593 號　200050
網址　www. ewen. co
　　　www. shshuhua. com
E-mail　shcpph@163. com
製版　上海永正彩色分色製版有限公司
印刷　上海文藝大一印刷有限公司
經銷　各地新華書店
開本　635×965　1/16
印張　24. 5
版次　2018 年 12 月第 1 版　2018 年 12 月第 1 次印刷

書號　ISBN 978－7－5479－1737－4
定價　150. 00 圓